强市之路

中国典型城市高质量发展监测报告

本书编写组　编

中国统计出版社
China Statistics Press

图书在版编目（CIP）数据

强市之路：中国典型城市高质量发展监测报告 / 本书编写组编. -- 北京：中国统计出版社，2024. 12.

ISBN 978-7-5230-0592-7

Ⅰ. F299.21

中国国家版本馆 CIP 数据核字第 2024YQ4778 号

强市之路—中国典型城市高质量发展监测报告

责任编辑 冯诗萌

责任印制 王建生

出版发行 中国统计出版社有限公司

地　　址 北京市丰台区西三环南路甲 6 号

电　　话 （010）63376909

传　　真 （010）63376840

经　　销 全国新华书店

印　　刷 北京捷迅佳彩印刷有限公司

开　　本 889mm × 1194mm 1/16

字　　数 546 千字

印　　张 22. 75

版　　次 2024 年 12 月第 1 版　2024 年 12 月第 1 次印刷

定　　价 360. 00 元

编委会

编辑部

编辑说明

1. 本书 50 强城市是指 2023 年高质量发展水平较高的 50 个城市，按行政区划排序，包括北京、天津、鄂尔多斯、沈阳、大连、上海、南京、无锡、常州、苏州、南通、扬州、镇江、泰州、杭州、宁波、温州、嘉兴、湖州、绍兴、金华、舟山、台州、合肥、芜湖、福州、厦门、泉州、南昌、济南、青岛、淄博、东营、烟台、威海、郑州、武汉、长沙、广州、深圳、珠海、佛山、惠州、东莞、中山、海口、重庆、成都、昆明和西安。

2. 本书所涉及的全国或全部城市统计指标未包括香港特别行政区、澳门特别行政区和台湾省。

3. 本书所涉及东部、中部、西部和东北地区的具体划分为：东部地区有 10 个省（直辖市），包括北京、天津、河北、上海、江苏、浙江、福建、山东、广东和海南。中部地区有 6 个省，包括山西、安徽、江西、河南、湖北和湖南。西部地区有 12 个省（自治区、直辖市），包括内蒙古（不包括蒙东地区，蒙东地区指呼伦贝尔市、兴安盟、通辽市、赤峰市和锡林郭勒盟）、广西、重庆、四川、贵州、云南、西藏、陕西、甘肃、青海、宁夏和新疆。东北地区包括辽宁、吉林、黑龙江和内蒙古蒙东地区。

4. 本书部分数据合计数或相对数由于单位取舍不同而产生的计算误差，均未作机械调整。

5. 本书数据主要来源于城市高质量发展统计监测。部分数据来源于全国及各地区国民经济和社会发展统计公报、相关部门统计公报。部分数据为快报数，正式数据以各地出版的最新年鉴为准。

序言

2024年是中华人民共和国成立75周年，是实现“十四五”规划目标任务的关键一年，我们正意气风发迈上全面建设社会主义现代化国家新征程。新时代新征程，各行各业正以改革激发活力，以创新驱动发展，走高质量发展之路，奋力谱写中国式现代化新篇章。城市是我国经济、政治、文化、社会等方面活动的中心，是高质量发展的主战场，50强城市更是高质量发展的核心空间载体。为全面贯彻落实党的二十大和二十届二中、三中全会精神，更加充分反映城市高质量发展成果，更好发挥对全国高质量发展的引领作用，我们组织编写了《强市之路——中国典型城市高质量发展监测报告》。

《强市之路——中国典型城市高质量发展监测报告》收录了2023年全国50强城市的高质量发展监测报告，共分四大部分，分别为总报告、城市报告、附录和附表。总报告分析了我国50强城市高质量发展的整体情况。城市报告详细论述了50强城市高质量发展的成效，这些城市高质量发展水平较高、优势突出、代表性强，是全国高质量发展的重要引领力量。附录介绍了城市高质量发展统计监测指标体系、测算方法和主要结果。附表列示了城市高质量发展统计监测指标的部分基础数据。因时间仓促，本书难免会有一些不足，欢迎广大读者提出宝贵意见。

编 者

2024年11月

目 录

总报告

城市报告

附录

附表

总报告

50强城市高质量发展监测报告

高质量发展是全面建设社会主义现代化国家的首要任务，是新时代的硬道理。城市是我国经济、政治、文化、社会等方面活动的中心，是全国高质量发展的主战场和核心空间载体。2023年全国城市高质量发展监测结果显示：我国城市高质量发展整体呈稳步推进态势。其中，50强城市高质量发展水平较高、进步较大，发展成效明显，是我国城市中的优秀代表。分维度看，50强城市综合实力强且持续快速提升，创新发展动能足且不断加强，协调发展逐渐走深走实，绿色发展步伐稳健有力，开放发展水平高且韧性彰显，民生福祉好且连续提升。但50强城市也存在发展不平衡、不充分问题，部分城市在高质量发展方面仍有短板弱项。

一、50强城市基本情况

我国高质量发展50强城市呈现南方城市多、东部地区强、城市群集聚分布明显、长江经济带优势突出等特征。从区域看，南方城市[1]37个，占比超七成，北方城市13个；东部城市37个，中部城市6个，西部城市5个，东北城市2个；长三角城市群城市20个，大湾区城市群城市7个，京津冀城市群城市2个，其余城市群城市21个；长江经济带城市26个，黄河流域城市8，其他地区共16个。从城市规模[2]看，超大城市7个，特大城市13个，大城市21个，中等城市9个。从省份看，4个直辖市均为高质量发展50强城市，江苏、浙江、山东和广东等省城市高质量发展成绩较为突出，均有6个及以上城市进入50强城市名单。

1. 以秦岭—淮河一线为南北分界线，以北为北方地区，以南为南方地区。南方城市161个，北方城市135个。
2. 根据《国务院关于调整城市规模划分标准的通知》结合第七次全国人口普查数据确定。

二、50 强城市高质量发展成效明显

2023 年，50 强城市高质量发展成效明显，发展指数[3]为 83.6，比全国城市[4]高 8.2，比 2022 年提升 1.1，提升幅度高于全国城市 0.1。北京、上海、苏州、杭州和深圳等城市高质量发展水平较高，发展指数分别为 91.8、90.8、87.7、88.5 和 89.0。鄂尔多斯、上海、杭州、郑州和海口等城市提升幅度较大，分别提升 1.7、2.1、1.9、2.1 和 2.2。

综合质效、创新、协调、绿色、开放和共享发展指数分别为 82.8、84.3、87.4、88.3、85.2 和 77.9，分别比全国城市高 9.0、10.4、6.7、4.0、12.5 和 7.3，其中创新和开放发展优势尤为明显；综合质效、创新、协调和共享发展指数分别比 2022 年提升 2.5、0.7、0.6 和 1.1。

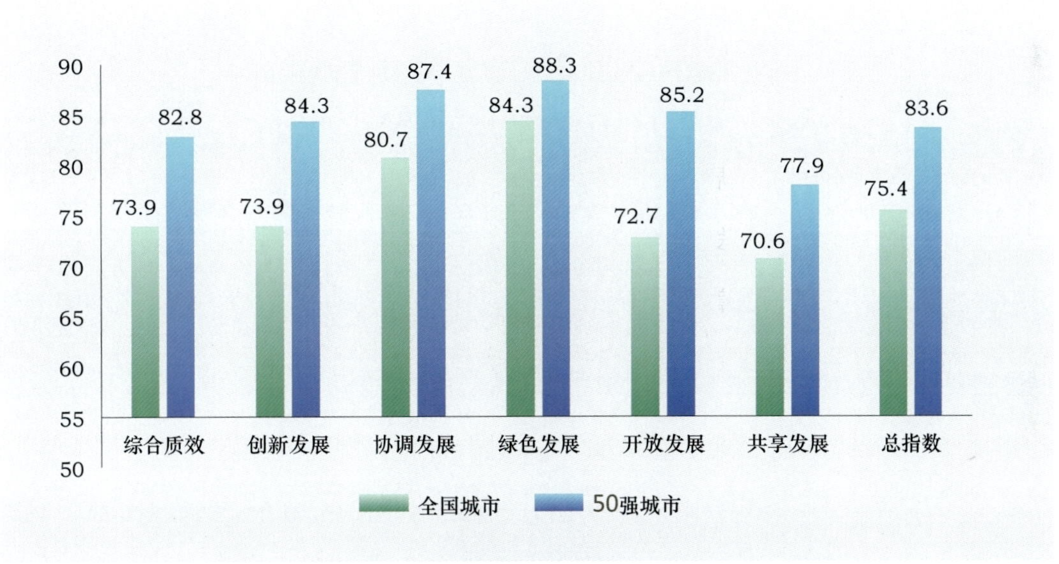

图 1 2023 年全国城市和 50 强城市高质量发展指数

（一）综合实力强且持续快速提升

50 强城市深入贯彻新发展理念，积极落实中共中央、国务院决策部署，因地制宜制定发展规划，统筹出台相关方案推动高质量发展，城市的综合实力进一步提升。2023 年，50 强城市综合质效指数为 82.8，比全国城市高 9.0；比 2022 年提升 2.5，提升幅度高于全国城市 0.6；增长

3. 指 50 强城市高质量发展指数的算术平均值，本文下同。
4. 指全国地级以上城市高质量发展指数的算术平均值，本文下同。

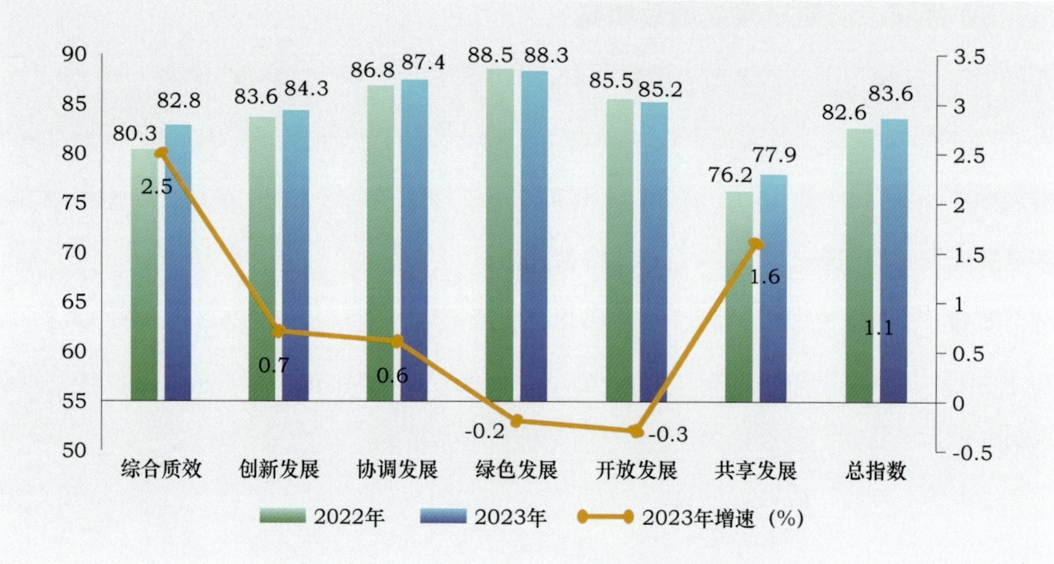

图 2 2022—2023 年 50 强城市高质量发展指数

3.1%，增速快于全国城市 0.4 个百分点。北京、鄂尔多斯、上海、宁波和深圳等城市综合质效发展水平较高，发展指数分别为 91.0、89.4、91.3、89.1 和 90.3。鄂尔多斯、上海、郑州、中山和海口等城市提升幅度较大，分别提升 5.9、5.2、6.4、5.0 和 7.3。

城市经济快速发展。2023 年，50 强城市市辖区[5]地区生产总值（简称 GDP，本文下同）合计约 50.7 万亿元，占全国城市市辖区 GDP 的 65.9%；比 2022 年名义增长 5.1%，快于全国 GDP 名义增速 0.5 个百分点；市辖区人均 GDP 有 47 个城市高于全国平均水平。“万亿俱乐部”[6]城市继续扩容。“万亿俱乐部”城市新增常州和烟台，增至 26 个，且 26 个“万亿俱乐部”成员均为高质量发展 50 强城市。其中北京、上海 GDP 超四万亿元，广州和重庆首次登上三万亿元台阶，和深圳一样成为超三万亿元城市。“万亿俱乐部”城市 GDP 总量为 50.2 万亿元，占全国比重为 39.8%；比 2022 年名义增长 4.8%，增速快于全国 0.2 个百分点，对全国 GDP 名义增速的贡献率为 41.4%。财政收支稳定增长。50 强城市市辖区地方本级一般公共预算收入合计 50732 亿元，占全

5. 本报告使用“市辖区”或“城区”口径时会标明，未标明均为“全市”口径。本次监测评价尽可能使用“市辖区”或“城区”统计口径，“市辖区”是中国行政区划之一，属县级行政区，由地级市、直辖市管辖。“城区”指城市实际开发建设、市政公用设施和公共服务设施基本具备的空间地域范围。“全市”指城市的全部行政区域，包括市辖区和所辖县（市）。

6. 指全市 GDP 超过 1 万亿元的城市。2023 年底，“万亿俱乐部”城市 26 个，分别为北京、天津、上海、南京、无锡、常州、苏州、南通、杭州、宁波、合肥、福州、泉州、济南、青岛、烟台、郑州、武汉、长沙、广州、深圳、佛山、东莞、重庆、成都和西安。

国城市的72.4%，比2022年增长6.6%；地方一般公共预算支出合计65018亿元，占全国城市的60.6%，比2022年增长2.5%。人口集聚趋势未变。50强城市市辖区常住人口合计34649万人，占全国城市的51.5%，比2022年增长4.4‰，其中45个城市人口有所增加。应急管理能力增强。50强城市城区消防救援5分钟可达覆盖率均值为82.2%，高于全国城市11.6个百分点，比2022年提高1.8个百分点。

（二）创新发展动能足且不断加强

50强城市深入实施创新驱动发展战略，创新动能强劲，创新能力持续提升。2023年，50强城市创新发展指数为84.3，比全国城市高10.4；比2022年提升0.7，增长0.8%。北京、上海、武汉、广州和西安等城市创新发展水平较高，发展指数分别为96.6、92.4、90.6、91.2和93.4。嘉兴、绍兴、南昌、济南和武汉等城市提升幅度较大，分别提升2.5、2.0、1.6、1.5和1.8。

创新投入稳定增长。2023年，50强城市全社会研究与试验发展（R&D）经费为33357.1亿元，占全国城市的69.3%，2020年以来年均增长11.0%，其中北京2947.1亿元，上海2049.6亿元；研究与试验发展（R&D）经费投入强度（与GDP之比）为2.65%，比2022年提高0.09个百分点，其中北京6.73%，超过了纽约、柏林等国际知名创新城市。创新成果集中涌现。2023年末，50强城市发明专利有效量占全国城市的81.8%，比2022年增长17.6%。北京发明专利有效量超过50万件，上海和深圳超过20万件。创新成果加速转化。50强城市技术合同成交金额占全国城市的72.6%，比2022年增长21.7%。北京、上海、武汉、广州和西安等12个城市技术合同成交额均超过千亿元，在全国科技成果转化中发挥了引领带动作用。新型工业化蓬勃发展，制造业高端化、智能化、绿色化步伐加快，不断释放增长新动能。创新后备人才充足。全国基础教育综合改革实验区启动建设，高校“双一流”建设加快推进，职业教育创新改革持续深化。全国高等教育毛入学率60.2%，比2022年提高0.6个百分点。上海万人平均高等教育在校生人数达391.7人，较2022年增长3.7%。郑州高等教育在校生数总规模175.1万人，比2022年增长3.5%。全国各种形式的高等教育在学总规模4763万人，比2022年增长2.3%，为城市创新发展奠定了坚实的后备人才基础。

（三）协调发展逐渐走深走实

各地深入实施区域协调等发展战略，坚持产业协同、城乡融合，扎实推动共同富裕，50强城市发展协调性不断增强。2023年，50强城市协调发展指数为87.4，比2022年提升0.6，增长0.6%。上海、杭州、郑州、深圳和东莞等城市协调发展水平较高，发展指数分别为91.7、91.2、91.0、

92.7 和 90.9。南通、舟山、泉州、南昌和昆明等城市提升幅度较大，分别提升 1.0、0.8、1.5、0.8 和 1.3。

经济结构继续优化。各城市大力发展现代服务业，50 强城市市辖区服务业增加值合计占 GDP 比重为 64.1%，比 2022 年提高 1.1 个百分点，显著高于 54.6% 的全国水平。消费市场稳步回升。市场规模稳步扩大，市场活力不断涌现，消费新业态新模式逐步培育壮大。50 强城市城镇社会消费品零售额达 19.3 万亿元，占全国城市比重为 63.1%；比 2022 年增长 7.2%，增速高于全国。城镇化水平持续提高。50 强城市有 49 个城市的年末常住人口城镇化率高于 66.2% 的全国水平。据测算，50 强城市年末常住人口城镇化率为 81.4%，大幅高于全国水平，比 2022 年提高 0.26 个百分点。城乡收入差距继续缩小。农村居民收入增速普遍快于城镇居民，50 强城市的城乡居民收入比均低于 2022 年，46 个城市的城乡居民收入比低于全国水平。

（四）绿色发展步伐稳健有力

50 强城市深入贯彻绿色发展理念，积极推进城市绿化建设，建立健全绿色低碳循环发展经济体系，倡导绿色生产生活方式，高质量发展的绿色底色更加亮丽。2023 年，50 强城市绿色发展指数为 88.3，比全国城市高 4.0。舟山、福州、深圳、珠海和中山等城市绿色发展水平较高，发展指数分别为 92.7、93.0、96.0、93.1 和 92.3。镇江、芜湖、淄博、郑州和西安等城市提升幅度较大，分别提升 0.7、0.8、1.1、1.2 和 0.8。

空气质量保持优良。50 强城市细颗粒物（$PM_{2.5}$）年平均浓度为每立方米 29 微克，好于全国城市平均水平[7]；比 2022 年增加 2 微克，但优于年度目标 4 微克。人居环境明显改善。50 强城市城区实体地域绿化覆盖率中位数为 35.2%，比 2022 年提高 2.5 个百分点；居民小区垃圾分类平均覆盖率 90% 以上。土地利用效率提升。50 强城市市辖区万元 GDP 建设用地面积均值为 5.4 平方米，比全国城市低 26.5%；比 2022 年下降 3.2%，降幅快于全国城市 0.5 个百分点。主要污染物排放强度下降。50 强城市亿元工业增加值主要污染物排放量为 8.5 吨，大幅低于全国城市 19.5 吨的水平，比 2022 年下降 3.5%。

（五）开放发展水平高且韧性彰显

50 强城市认真贯彻落实中共中央、国务院决策部署，有效应对外部多重挑战，积极探索扩大

7. 数据来自生态环境部，为 339 个地级行政区划数据。

制度性开放，扎实推进高水平对外开放，开放发展韧性和活力不断增强。2023 年，50 强城市开放发展指数为 85.2，比全国城市高 12.5。北京、上海、苏州、厦门和深圳等城市开放发展水平较高，发展指数分别为 95.3、97.4、94.6、93.5 和 98.0。鄂尔多斯、无锡、常州、南通和芜湖等城市提升幅度较大，分别提升 6.6、2.8、2.1、1.5 和 1.1。

积极打造高水平对外开放新高地。现代化国际城市加快建设，制度型开放稳步扩大，自由贸易试验区和自由贸易港试点对接国际高标准经贸规则。货物进出口总体平稳。2023 年，50 强城市货物贸易进出口总额约 35.2 万亿元，占全国城市的 82.5%，比 2022 年增长 1.4%，增速高于全国 1.2 个百分点。港口发展处世界前列。按货物吞吐量排名，全球前十大港口中，我国占据八席，其中天津港、上海港、苏州港、宁波舟山港、青岛港和广州港均位于 50 强城市。宁波舟山港全年完成货物吞吐量 13.2 亿吨，连续 15 年蝉联全球第一。外商直接投资规模仍处高位。50 强城市实际使用外资金额约 1354 亿美元，占全国城市的 83.5%，规模仍处历史高位。50 强城市市辖区新设立外商投资企业超 4 万家，占全国城市的 85.9%，比 2022 年增长 44.7%。

（六）民生福祉好且连续提升

50 强城市深入贯彻落实“人民城市人民建、人民城市为人民”的指导思想，把人民宜居安居放在首位，增加人民收入，提升城市品质，教育、医疗、住房保障、社会保障等公共服务水平明显提升。2023 年，50 强城市共享发展指数为 77.9，比全国城市高 7.3；比 2022 年提升 1.6，增长 2.1%。北京、上海、南京、杭州和长沙等城市综合质效发展水平较高，发展指数分别为 88.7、85.6、85.9、85.2 和 84.0。天津、上海、杭州、舟山和合肥等城市提升幅度较大，分别提升 3.6、3.5、3.8、3.2 和 2.6。

居民收入平稳增长。50 强城市城镇居民人均可支配收入均值比全部城市高 43.0%，比 2022 年均有所增长。46 个城市的城镇居民人均可支配收入高于全国平均水平，其中北京、上海、苏州、杭州、绍兴和广州超过 8 万元。教育文化娱乐支出显著提高。50 强城市中 48 个城市城镇居民人均教育文化娱乐支出有所增长，其中南京、苏州和长沙超过 7000 元。医护人员持续增加。50 强城市市辖区合计拥有医护人员约 313 万人，占全国城市的 50.1%，比 2022 年增长 6.8%。其中，执业（助理）医师和注册护士分别增长 6.9% 和 6.7%。社会保障水平不断提高。50 强城市市辖区社会保障和就业支出、住房保障支出和教育支出分别为 8009 亿元、2252 亿元和 10989 亿元，分别占全国城市的 57.3%、56.6% 和 60.6%，分别比 2022 年增长 6.9%、4.0% 和 3.6%。

三、50 强城市高质量发展的经验

近年来，50 强城市以习近平新时代中国特色社会主义思想为指导，认真贯彻落实党的十九届和二十届历次全会精神，完整准确全面贯彻新发展理念，坚持党的全面领导，坚持以人民为中心，统筹实施各项发展战略，着力培育新质生产力，进一步推进改革开放，统筹发展和安全，持续推进高质量发展取得重大成就，其强市之路大致可以总结如下。

（一）立足战略定位，坚持规划引领

各地区各城市立足本地发展基础和资源禀赋，明确发展定位，科学制定规划，狠抓规划落实，推进城市各方面建设和全方位高质量发展。北京把落实首都城市战略定位作为高质量发展的核心要义，严格执行《北京城市总体规划（2016 年—2035 年）》，制定并实施了一系列专项规划和行动方案。实施核心区控规新一轮三年行动计划，全力保障中央政务功能；深入开展疏解整治促提升专项行动，持续改善城市人居环境。上海以强化“四大功能”[8] 为重大抓手，深化“五个中心”[9] 建设，坚持实施《上海市城市总体规划(2016—2040)》，推动高水平改革开放，致力于打造卓越的全球城市，全方位推进高质量发展。威海致力于精致城市建设，出台精致城市建设规划纲要、评价指标体系、可持续发展指数等一系列地方规章、技术导则和管理细则，搭建精致城市建设的“四梁八柱”，率先开展第四代城市设计，依托山水脉络，传承历史积淀，深挖城市资源，塑造城市文化，下足“绣花功夫”设计开放空间和共享设施，不断促进公共服务均等化、普惠化和方便化。

（二）践行“人民城市”理念，保障改善民生

各地区各城市全面践行人民城市理念，坚持以人民为中心的发展思想，不断完善城市治理和服务，改善城市基础设施，加强就业和社会保障，增加优质公共服务供给，优先解决“一老一小”问题。北京在基层治理实践中探索推进“接诉即办”改革，以市民诉求驱动超大城市治理，夯实为民服务机制。天津把保障居民安居乐业作为头等大事，不断增加民生和社会事业投入，每年高质量实施 20 项民心工程。鄂尔多斯发放稳就业补贴补助金 6.9 亿元，新增城镇就业 3.3 万人，荣获全国最佳促进就业奖。大连实施城市更新行动，改造燃气管网 1350 公里，改造老旧小区 192 个、1100 万平方米，惠及 15 万户居民。杭州坚持优化城市功能环境，全域推进海绵城市建设三年行动收官，

8. 指全球资源配置功能、科技创新策源功能、高端产业引领功能和开放枢纽门户功能。
9. 指国际经济中心、国际金融中心、国际贸易中心、国际航运中心和国际科技创新中心。

加快战略性重点区块发展，统筹推进城市大脑 2.0 和数字孪生城市建设，构建超大城市治理操作系统，开展道路易堵路段专项整治。广州以智慧城市建设为着力点，以新基建为抓手，持续推进智慧城市基础设施建设。长沙新建设社区养老服务设施 100 家，新改建室外运动场 155 个，新增停车位 16.3 万个，扩充基础教育学位 7.7 万个，获评"全国公共就业服务能力提升示范项目"。

（三）坚持科技创新和对外开放，培育新质生产力

50 强城市高度重视创新和开放，是我国创新和开放发展的核心载体。北京始终把推进国际科技创新中心建设作为高质量发展的根本动力，注重培育壮大新一代信息技术、生物医药"双引擎"，积极开辟量子、生命科学等未来产业新赛道，高水平推进"三城一区"[10]建设，加快建设全球数字经济标杆城市，率先建成全球性能领先的区块链基础设施，获准向公众开放的生成式人工智能大模型产品占全国近一半。2023 年，北京研究与试验发展（R&D）经费支出占全国的 8.8%，年末发明专利有效量占全国的 14.3%，技术合同成交金额占全国的 13.9%，PCT 国际专利申请量占全国的 15.5%，创新发展指数排全国首位。深圳始终坚持改革开放创新，成为改革开放后党和人民一手缔造的样板城市。PCT 国际专利申请量 1.59 万件，占全国的 21.5%，连续 20 年居全国大中城市首位；全社会研发投入强度为 5.81%，高于全国水平 3.16 个百分点。全年进出口总额占全国的 9.3%，新设立外商直接投资企业数占 14.9%，港澳台居民及外国人数占 12.3%。西安坚定不移推进创新驱动发展战略，技术合同成交额达 3900.1 亿元，占全国 6.3%，万人发明专利拥有量达到 71.5 件，比上年增长 25.1%，获评国家知识产权保护示范城市。50 强城市通过持续提高自主创新能力，不断提高开放型经济水平，推动区域联动和合作，有力促进了本城市和相关区域的现代化建设。

（四）依托都市圈和城市群等战略，谋求协同发展

改革开放以来，我国城镇化飞速发展，逐渐形成以京津冀、长三角和粤港澳大湾区为龙头的 19 个城市群[11]。随着中心城市辐射带动作用不断增强，城市群内核心城市与周边城市共同参与分工合作、同城化趋势日益明显的都市圈不断涌现。近年来，京津冀党政主要领导协商机制建立，三地联合工作专班组建，协同发展更加紧密；沪苏浙皖三省一市以多个"三年行动计划"积极推动长三

10. "三城一区"是北京加强国际科技创新中心建设的主平台。其中，"三城"是指三座科学城——中关村科学城、怀柔科学城、未来科学城，"一区"是指顺义创新产业集群和亦庄新城相关规划。

11. 即京津冀、长三角、珠三角、山东半岛、海峡西岸、哈长、辽中南、中原地区、长江中游、成渝地区、关中平原、北部湾、晋中、呼包鄂榆、黔中、滇中、兰州－西宁、宁夏沿黄和天山北坡城市群。

角一体化发展；粤港澳大湾区则深入实施《粤港澳大湾区发展规划纲要》，持续推动软硬联通；各都市圈积极推进规划共制、交通互通、产业协同、服务共享等，谋求区域一体化发展，也促进了相关城市的高质量发展。50强城市中，南京、杭州、福州、青岛等23个城市属于国家级都市圈[12]中心城市，通过积极推动基础设施互联互通、产业功能协同协作、公共服务共建共享，有力助推了大中小城市协调发展。50强城市均属于某个城市群，其中29个城市位于京津冀、长三角和粤港澳大湾区[13]三大城市群，21个城市属于其他城市群，城市群一体化发展扎实推进，成为我国城市高质量发展的重要引擎。

四、需要重点关注的问题

尽管我国50强城市高质量发展稳步推进，但城市发展不平衡、不充分问题依然存在。城市区域、城市之间和城市内部差距明显，部分城市创新动能仍需加强，部分城市交通拥堵和公共服务不足的问题有待进一步解决。2023年，50强城市绿色发展主要受气象条件不利和污染物排放量增多等因素影响，存在一定困难；开放发展因国际环境严峻复杂，面临较大挑战。

（一）城市发展不平衡问题明显

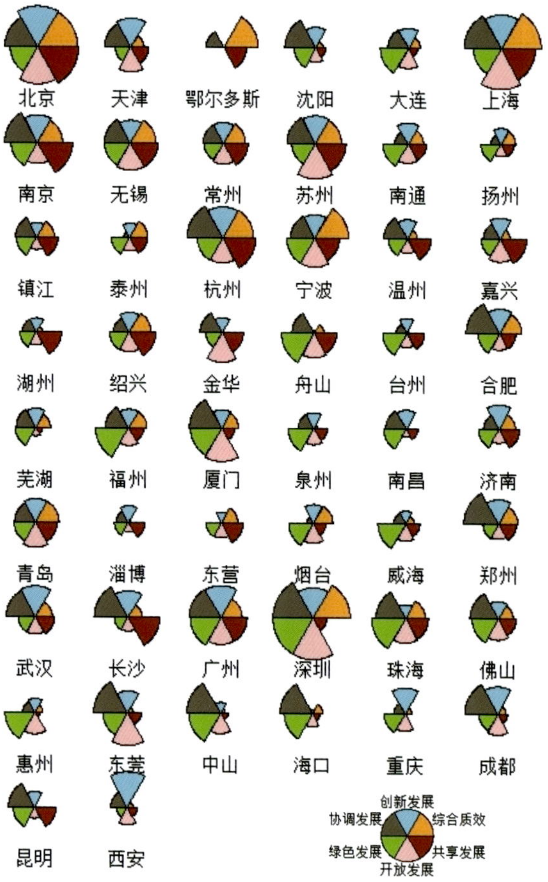

图3 50强城市六大维度高质量发展指数星图

目前我国城市发展区域差距明显，城市间和城市内部差距较大，50强城市亦是如此，空间布局需继续优化。一是南北差距明显。50强城市中南方城市37个，北方城市13个，南方地区明显占优。二是区域发展不平衡。50强城市中，东、中、西和东北城市个数分别为37个、6个、5个和2个，

12. 截至2023年底，获得国家批复的国家级都市圈共13个，分别为沈阳、南京、杭州、福州、青岛、郑州、武汉、长株潭、广州、深圳、重庆、成都和西安都市圈。

13. 本报告暂不评价香港和澳门。

东部地区优势突出。三是城市间发展差距较大。50 强城市中市辖区人均 GDP 最高值为 20.0 万元，是最低值的 2.7 倍；城镇居民人均可支配收入最高值为 89477 元，是最低值的 1.9 倍；城镇居民人均住房建筑面积最高值为 59.2 平方米，是最低值的 2.8 倍；全市货物贸易进出口额最高值为 4.2 万亿元，是最低值的 256.6 倍。四是部分城市内部发展差距突出。某城市所辖人均 GDP 最低的县与最高的区倍差达 5.3，人均可支配收入最低的县与最高的区倍差为 2.2。

（二）部分城市发展存在短板弱项

尽管 50 城市高质量发展成效明显，但与国家发展要求相比仍有不小的差距。一是部分超大特大城市大而不强。人口过多、交通拥堵、环境污染和住房紧张等问题仍然困扰部分超大特大城市。2023 年，超大城市极端通勤（60 分钟以上）人口比重为 17%，特大城市为 11%，北京仍是极端通勤人口比重最高的城市，达到 28%[14]。二是基础设施不够完善。部分城市存在防洪排涝、防灾减灾、应急管理、公共卫生应急等基础设施建设不足，各类基础设施协同不够，智能化改造缓慢等问题，不适应国家发展和安全保障需要。三是民生保障仍需加强。高校毕业生和农民工等重点群体就业形势依然严峻，教育、医疗、社保、养老、托幼和住房等领域服务水平有待提高。2023 年，50 强城市中还有 4 个城市的城镇居民人均可支配收入低于全国平均水平，20 个城市的城镇居民人均住房建筑面积低于全国平均水平。

（三）城市创新发展亟需进一步加强

尽管我国科技创新持续取得突破，50 强城市创新发展动能不断增强，但个别城市基础研究相对薄弱、原创性颠覆性创新成果不足、关键技术受制于人和科技成果转化率较低等短板弱项比较突出。一是部分城市科技创新能力不足。国际政治经济格局变化对我国技术创新和产业升级造成较大影响，部分城市创新发展不足。2023 年，50 强城市中尚有 11 个城市的万人有效发明专利量低于全国水平，27 个城市的技术合同成交额占 GDP 比重低于全国。二是部分城市科技创新投入不够。50 强城市中有 11 个城市的研究与试验发展（R&D）经费投入强度低于 2.65% 的全国水平。全社会万名就业人员中 R&D 人员全时当量为 98.3 人年，与德国和日本等国家相比明显偏低。

（四）绿色发展仍需继续推进

部分城市绿色转型内生动力不强，能源资源利用效率仍然较低，主要污染物排放量反弹，单位

---

14. 为 2023 年数据，来自中规院与百度地图联合发布的《2024 年度中国主要城市通勤监测报告》。

GDP 能耗与发达国家相比仍有一定差距。一是城市绿化总体不足。人均绿地面积偏低，我国城市人均公园绿地面积为 16 平方米左右，远低于联合国提出的 60 平方米的最佳人居环境标准。二是空气质量仍需提高。2023 年，部分城市空气质量优良天数比例出现下降，部分城市 $PM_{2.5}$ 平均浓度未达到国家空气质量二级标准，京津冀及周边地区城市环境空气 $PM_{2.5}$ 平均浓度为 43 微克 / 立方米，高于世界卫生组织规定的 10 微克 / 立方米的安全值标准。

（五）高水平对外开放面临较大挑战

世界百年变局加速演变，国际国内形势更加严峻复杂，城市开放发展的挑战加大，不确定性和不稳定性增加，外贸增长面临较大挑战。2023 年，部分 50 强城市货物贸易进出口总额、实际使用外资额或对外直接投资额有所下降，引进外国高端人才和专业人才工作困难增多，入境游客也远低于疫情前水平。北京接待入境过夜游客 116.8 万人次，仅为 2019 年的 31.0%。上海接待入境游客 364 万人次，只有 2019 年的 41%。

五、持续推进城市高质量发展的建议

党的二十大和二十届三中全会强调，高质量发展是全面建设社会主义现代化国家的首要任务，城乡融合发展是中国式现代化的必然要求。城市是高质量发展的主阵地，是城乡融合发展的主引擎。50 强城市更是高质量发展的核心空间载体，是各城市推进高质量发展的参考学习对象。各地区各部门要坚持以习近平新时代中国特色社会主义思想为指导，认真贯彻落实党的二十届三中全会精神，完整准确全面贯彻新发展理念，进一步全面深化改革，着力培育新质生产力，扎实推进高水平对外开放，坚持人民至上，坚持人与自然和谐共生，统筹发展和安全，坚定不移推进城市高质量发展不断取得新的更大成就。

（一）因地制宜、坚持不懈推进城市高质量发展

牢牢把握城市在中国式现代化建设大局中的核心功能定位，严格执行国土空间规划，统筹推进城市规划、基础建设、经济发展、科技创新、公共服务、生态环境和社会治理等城市发展工作，持续增强城市核心功能，提升城市品质，打造宜居、韧性、智慧、绿色和人文等新型城市，全面促进城市高质量发展。充分发挥 50 强城市的辐射带动作用，着力解决超大特大城市发展中的难点堵点，以城市群、都市圈为依托构建城市协调发展格局，促进生产要素跨区域流动，促进周边地区一体化发展，引领提升区域城市高质量发展水平。

（二）加速培育新质生产力，提高城市创新综合能力

城市是科技创新资源的聚集地，是深入实施创新驱动发展战略的主要阵地。要加速构建系统布局、集中高效、协调发力的国家创新体系和网络，充分发挥50强城市在其中的引领作用。统筹推进基础研究、应用科研、成果转化和新技术推广应用等工作有序高效开展，明确各城市在其中的主要定位和任务，提高城市创新综合能力，以城市创新发展引领带动全国自主创新和结构升级。建设完善由企业、投资者、创业者、学术机构和政府等多方参与的创新生态系统，加速推进教育科技一体化发展，打通高校、科研机构和企业人才交流通道；加快高层次研发人员和国家战略人才培养，加强教育科技国际交流合作，完善国际专业人才引进机制。加大关键核心领域研发经费投入，加速高价值科技成果转化，加速培育新质生产力。充分发挥北京和上海等国际科技创新中心的带动作用，加强与世界主要创新城市的链接，积极融入全球创新网络。

（三）加大协调和共享发展力度，致力于保障民生和增进人民福祉

继续增强区域发展的协调性和平衡性。统筹实施京津冀协同发展等区域重大战略，推动主体功能区、新型城镇化和乡村振兴等战略系统推进，构建优势互补、高质量发展的区域经济布局和国土空间体系。坚持以工补农、以城带乡，加速引导人才、资金、技术和信息等要素向农业农村流动，促进城乡融合发展开创新局面。继续完善基本公共服务制度体系，加强普惠性、基础性、兜底性民生建设，完善就业优先政策，健全社会保障体系，深化医药卫生体制改革，健全人口发展支持和服务体系，完善发展养老事业和养老产业政策机制。加速城市更新，加强社区建设，优化政务服务便民热线发展，及时解决好人民群众急难愁盼问题，增加人民群众的获得感、幸福感和安全感，打造共建共治共享的基层治理新格局。

（四）坚持绿色发展理念打造生态优美城市

党的二十届三中全会对深化生态文明体制改革、健全绿色低碳发展机制提出一系列重大部署，为各地区各部门各城市推进绿色发展提供了根本遵循。要切实推动城市绿色建设和发展，需要在各方面继续加力，既要兼顾国际可持续发展的合作交流，又要统筹国内绿色生产消费；既要推进经济发展要社会经济财富，又要注意生态保护要自然生态财富；既要政府部门加强管理和引导，又要企业居民提高绿色意识，提高生产生活含“绿”量，推进我国经济社会绿色低碳发展迈上新台阶，以高品质生态环境支撑城市的高质量发展。

（五）更加积极主动推进高水平对外开放

百年变局加速演进，对外开放成为新时代新征程实现高质量发展、开创中国式现代化建设新局面的重要法宝。党的二十届三中全会对完善高水平对外开放体制机制作出一系列部署，包括稳步扩大制度型开放、深化外贸体制改革、深化外商投资和对外投资管理体制改革、优化区域开放布局、完善推进高质量共建“一带一路”机制等，各地区各部门各城市要深入贯彻落实三中全会决策部署，加强全国统筹合作应对外部挑战，立足各城市发展基础，依据各城市发展优势，加强人员、资源和货物对外交流，提升外贸质量和效益，积极探索各城市高水平对外开放之路。

（执笔人：张丽萍 袁泽庆 李嵩 韩宜臻）

城市报告 ▶▶

北京市高质量发展监测报告

北京作为国家首都，一直是社会主义现代化建设的前沿阵地。党的十八大以来，习近平总书记多次视察北京、对北京发展发表重要讲话，为做好新时代首都工作指明了方向。近年来，北京坚定不移从“北京发展”转向“首都发展”，从单一城市发展转向京津冀协同发展，从聚集资源求增长转向疏解非首都功能谋发展，从城市管理转向超大城市治理，开启了首都全面建设社会主义现代化新航程。

一、城市概况与发展定位

（一）城市发展基本情况

北京市行政辖区总面积为16410平方公里。截至2023年底，全市常住人口2185.8万人，八成以上为城镇人口。根据《国务院关于调整城市规模划分标准的通知》，北京达到超大城市标准。

（二）城市战略定位

2014年2月和2017年2月，习近平总书记两次视察北京并发表重要讲话，为新时期首都发展指明了方向。为深入贯彻落实习近平总书记视察北京重要讲话精神，紧紧扣住迈向“两个一百年”奋斗目标和中华民族伟大复兴的时代使命，围绕“建设一个什么样的首都，怎样建设首都”这一重大问题，谋划首都未来可持续发展的新蓝图，北京市编制了新一版城市总体规划《北京城市总体规划（2016年—2035年）》，明确“北京的一切工作必须坚持全国政治中心、文化中心、国际交往中心、科技创新中心的城市战略定位，履行为中央党政军领导机关工作服务，为国家国际交往服务，为科技和教育发展服务，为改善人民群众生活服务的基本职责。”

（三）城市空间新格局

《北京城市总体规划（2016年—2035年）》提出，在北京市域范围内形成“一核一主一副、两轴多点一区”的城市空间结构，明确了核心区功能重组、中心城区疏解提升、北京城市副中心和河北雄安新区形成北京新的两翼、平原地区疏解承接、新城多点支撑、山区生态涵养的规划任务。近年来，北京逐步改变单中心集聚的发展模式，加快构建城市空间新格局。核心区人口、建筑、商业、旅游密度下降，中央政务环境持续改善；中心城区常住人口连续 5 年减少；城市副中心所在的通州区保持每年千亿元左右投资强度；平原新城地区逐步发挥首都功能梯度转移承接作用，经济增速快于全市平均水平；生态涵养区营建大规模绿色空间，各区森林覆盖率均在 48% 以上，绿色发展能力显著提升。

二、城市高质量发展主要成效

在以习近平同志为核心的中共中央坚强领导下，北京市委市政府深入贯彻习近平总书记对北京一系列重要讲话精神，自觉从国家战略要求出发谋划和推动首都发展，深入落实首都城市战略定位，大力加强“四个中心”功能建设，提高“四个服务”水平，在“五子”联动服务和融入新发展格局中形成协同、叠加效应，城市现代化建设取得新进展，高质量发展迈出坚实步伐。2023 年，北京城市高质量发展指数为 91.8，比 2022 年提高 1.5，大幅高于全国平均水平。

（一）城市综合发展成效显著

紧紧围绕统筹推动“五位一体”总体布局和协调推进“四个全面”战略布局，深入落实首都城市战略定位，2023 年北京综合质效指数为 91.0，比 2022 年提高 4.2，经济实力稳步增强，国际一流的和谐宜居之都建设不断取得新进展。

经济实力稳步提升。城市经济是推动城市现代化发展的基础和关键，是城市综合实力和竞争力的重要表现。北京地区生产总值先后于 2018 年、2021 年超过 3 万亿元和 4 万亿元，2023 年达到 43760.7 亿元；地方一般公共预算收入于 2023 年超过 6000 亿元，达到 6181.1 亿元。

发展方式深刻转型。北京成为全国第一个提出减量发展的超大城市。全市紧紧抓住疏解非首都功能这个“牛鼻子”，引导“人随业走”，2023 年末全市常住人口 2185.8 万人，比 2016 年末减少 9.6 万人。在减量的同时，着力推动供给侧结构性改革，经济发展内生动力不断增强，经济发展方式向减量集约转变，发展质效持续提升，社会劳动生产率由 2018 年的 27.8 万元 / 人提高至 2023 年的 36 万元 / 人以上，人均 GDP 达到 20 万元，均保持全国领先。

城市更加和谐宜居。立足北京实际，突出中国特色，按照国际一流标准，认真践行以人民为中心的发展思想，努力把北京建设成为在政治、科技、文化、社会、生态等方面具有广泛和重要国际

图 1 北京商务中心区

影响力的城市，建设成为人民幸福安康的美好家园。2005 年以来，全市共有 13 个市辖区被评为文明城区或获得提名。在 36 个省会及副省级以上城市的信用评价中，北京连续多年排名第一。

（二）创新驱动引领高质量发展

发挥创新资源优势，推进国际科技创新中心建设，持续强化科技资源积累，不断加大创新投入，加快培育国家战略科技力量，研发成果产出丰硕，2023 年北京创新发展指数为 96.6，比 2022 年提高 0.7。

国际科技创新中心建设加快推进。建设具有全球影响力的科技创新中心，是中共中央、国务院赋予北京的重大历史使命，也是北京服务国家建设科技强国的重大战略机遇。北京坚持用更宽的全球视野、更高的战略眼光谋划和审视各项工作，在基础研究上瞄准世界科技前沿，在科技成果上对标世界先进水平。2023 年在京全国重点实验室共计 77 家，世界一流重大科技基础设施集群初步形成，已建成投用大设施 11 个，9 家世界一流新型研发机构陆续进入高水平科研状态，加快颠覆性技术培育发展，涌现出国际首个视觉通用分割模型 SegGPT、新一代量子计算云平台等重大原创成果。以“三城一区”为主平台、以中关村国家自主创新示范区为主阵地，推进科技创新中心建设，“三城一区”规模以上法人单位收入占全市的比重为 35.9%，比 2019 年提高 4.5 个百分点，2018 年以来中关村示范区企业总收入年均增长 10% 以上。

创新投入持续加大。北京是全国智力资源最丰富的城市和全国科技力量最集中的地区。截至

2022年底，在京科研机构405家、高校92所。科技人才总体呈现数量继续增长、质量稳步提升的特点，2022年研究与试验发展活动人员折合全时当量37.3万人，比2018年增长39.5%；2023年普通本专科在校生61.8万人，增长6.4%。全市R&D经费投入相当于GDP的比例保持在6%以上；SCI高被引论文2200篇（占全球的11.5%），万人高价值发明专利拥有量137.0件，均稳居全国第一。

创新驱动发展能力进一步增强。2023年技术合同成交额达到8536.9亿元，是2018年的1.7倍，其中流向外省市的占比保持在六成左右，持续发挥创新辐射带动作用；有效发明专利57.4万件，是2018年1.4倍。培育和认定的专精特新企业7180家，拥有国家级专精特新“小巨人”企业795家。高技术产业增加值占GDP的比重达到27.1%，比2018年提高3个百分点。

（三）协调发展新格局加快构建

着力改变单中心集聚的发展模式，全力推动乡村振兴，促进城乡融合发展和区域协调发展，京津冀协同发展十年交出漂亮“成绩单”，2023年北京协调发展指数提高到90.5。

城乡发展更趋协调。紧扣“大城市小农业”“大京郊小城区”的特点，统筹推进农村“五位一体”建设。农村居民收入持续提高，2018年以来，农村居民人均可支配收入年均增速比城镇居民高1个百分点以上，城乡居民收入比（农村居民收入为1）由2018年的2.57缩小为2023年的2.37。全面推进乡村振兴，2800余个村庄基本完成美丽乡村建设，93%的村庄和96%的农户实现清洁取暖，累计有1500多个村庄实现污水收集处理，农村卫生户厕基本全覆盖，率先建成城乡统一、覆盖全民的社会保障体系。

京津冀协同发展纵深推进。2014年2月26日，习近平总书记视察北京并发表对京津冀协同发展工作的重要讲话。十年来，北京深入贯彻落实习近平总书记重要讲话和重要指示批示精神，紧密围绕《京津冀协同发展规划纲要》和各阶段重点任务推动工作。京津冀协同联动日益增强，区域产业协作成果显现，交通一体化向纵深拓展，区域生态环境持续优化；一核两翼格局日渐清晰，“一核”疏解成效显著，“两翼”建设蹄疾步稳。

（四）生态文明建设取得丰硕成果

优美、宜居的城市环境是现代化城市的形象标志，北京持续推进“大城市病”治理，以绣花功夫实现大城善治、焕发城市之美，2023年北京绿色发展指数为90.4，与2022年基本持平。

城市空间清朗有序。全域推进文明城区创建，加强市容景观整治，连续开展背街小巷环境整治提升行动，涌现出一批具有首都风范、古都风韵、时代风貌的文明街巷，得到社会各界广泛好评。

持续抓好垃圾分类、物业管理两个“关键小事”，创建生活垃圾分类示范居住小区（村）2800个，住宅物业服务覆盖率达到97%。

生态环境显著改善。稳步推进碳减排，万元地区生产总值能耗和二氧化碳排放量保持全国省级地区最优水平。全力打好蓝天保卫战，细颗粒物年均浓度降至32微克/立方米，比2018年下降37.3%，被联合国环境规划署誉为“北京奇迹”。强化城乡水环境治理，国家和市级考核劣Ⅴ类断面全面消除，地表水环境质量达到国家目标要求，雁栖湖入选国家美丽河湖优秀案例，野鸭湖湿地入选国际重要湿地名录。加快建设大尺度绿色空间，成功创建全域国家森林城市，森林覆盖率达到44.9%，全市公园总数达到1065个，62%的公园实现无界融通，千园之城不断扩容。

（五）坚定不移推进高水平对外开放

积极推进高水平制度型开放，主动服务融入“一带一路”建设，2023年北京开放发展指数为95.3，受进口商品价格回落带动进出口总值增长放缓影响，比2022年微降0.7。

聚力抓好“两区”建设。2023年服务业扩大开放2.0版工作方案获国务院批复同意，入选国家首批自贸试验区对接国际高标准推进制度型开放试点，迭代推出170余项新的试点举措，着力为国家高水平对外开放闯关探路。2023年，全市规模以上外资企业实现收入6.2万亿元，同比增长10.8%，高于全市企业收入平均增速，其中服务业扩大开放重点行业中的信息服务、文体娱乐、卫生和社会工作3个行业外资企业收入增速均超过30%。

外贸规模迈上新台阶。2023年，对外贸易总额超过4万亿元，其中货物进出口总额由2018年的2.7万亿元增加到3.6万亿元，服务贸易规模近万亿元（2022年），占全国的一成以上。

深化要素流动型开放。双向投资活跃，2018—2023年累计实际利用外资和对外直接投资分别达到893.1亿美元和419亿美元。北京大兴国际机场通航后，国际人员往来更加便利，两大国际机场年旅客吞吐量高峰超过1亿人次，开通北京地区首趟“本地报关、全国通关”的中欧班列。2018年以来年均技术合同出口规模在70亿美元以上。

（六）大力推进共享发展

牢记让人民生活幸福是“国之大者”，坚持把实现人民对美好生活的向往作为城市发展的出发点和落脚点，在发展中保障和改善民生，2023年北京共享发展指数为88.7，比2022年提高2.2。

扎实推进共同富裕。2023年，全市居民人均可支配收入超过8万元，居全国前列。多渠道促进农民和中低收入群体增收，低收入农户收入全面过线、低收入村全面消除，中等收入群体规模持续扩大。千方百计促进就业，城镇调查失业率控制在5%的调控目标内。加大民生服务保障力度，积极推动国际消费中心城市建设，满足居民消费结构升级需求，居民生活品质稳步提高。

公共服务水平提质增效。紧扣“七有”“五性”保障和改善民生，以“接诉即办”为抓手，下大力气补短板、强弱项，人民群众的获得感、幸福感、满足感切实增强。继续实施学前教育三年行动计划，全市小学、初中就近入学比例达到99%以上，15岁及以上常住人口受教育年限达到12.6年（2020年），高于全国平均水平2.7年，居各省区市首位。各项社保待遇标准稳步提高，城乡居民最低生活保障标准、失业保险金最低标准和职工最低工资标准分别比2018年提高39.5%、38.3%和14.2%。持续完善住房保障体系，城镇居民人均住房建筑面积较2018年增加1.5平方米。健全城乡医疗卫生体系，全面实施区属中医医院能力提升工程，支持区级妇幼保健、疾病预防与卫生监督设施建设，全市人均期望寿命达到82.47岁。

三、推进城市高质量发展的经验与启示

总的来看，作为国家首都、超大城市，北京城市发展起点高、速度快，根据城市进化理论，目前已经进入后工业化社会成熟期，在快速发展过程中，北京在城市规划、城市治理、促进经济转型发展方面积累了一些经验。

（一）严格执行城市总体规划，坚持一张蓝图绘到底

城市总体规划是城市建设和管理的依据，首都的规划建设关系到国家的形象，影响与作用更为深远。《北京城市总体规划（2016年—2035年）》是中华人民共和国成立以来北京的第七版城市总体规划，2017年9月13日经中共中央、国务院批复正式实施。新版总规实施以来，北京市坚决贯彻落实中共中央、国务院批复要求，以钉钉子精神抓好规划的组织实施，出台一系列专项规划和行动方案，坚持一张蓝图干到底。目前总体规划实施第一阶段102项重点任务阶段性目标已全面完成，第二阶段110项重点任务已全面启动。

（二）创新城市治理方式，坚持人民城市为人民

将贯彻落实以人民为中心的发展思想作为推进城市高质量发展的出发点，不断完善城市治理和服务，创新探索接诉即办改革，形成了“中国之治”的首都样本，探索出一条超大城市治理的新路。2017年，北京市在基层治理实践中最早探索了“街乡吹哨、部门报到”的工作模式，并将其作为2018年全市的“1号改革课题”；2019年，吹哨报到向接诉即办深化延伸，建立起市委统一领导，政府负责，12345市民服务热线为主渠道，对群众诉求快速响应、高效办理、及时反馈的为民服务

机制；2021年，接诉即办从“有一办一”向主动治理、未诉先办深化，有效匹配了常规治理和专项治理的制度优势，建立“每月一题”工作机制，出台《关于推动主动治理未诉先办的指导意见》。这三个阶段一脉相承、相互衔接，共同构筑了接诉即办改革完整体系，夯实了为民服务机制，强化提升为人民服务的水平。

（三）围绕城市战略定位，推动经济发展方式转变

党的十八大以来，北京沿着习近平总书记指引的方向，坚定不移从“北京发展”转向“首都发展”，积极适应和引领经济发展新常态，深入推进供给侧结构性改革，在产业结构不断升级中推动发展动力和发展方式转变，经济高质量发展迈出坚实步伐。坚持疏解非首都功能不动摇，持续打好疏解整治促提升“组合拳”，清理、外迁和升级了一批区域性专业市场、区域性物流中心、一般制造业企业。加快构建高精尖经济结构，推动产业结构数字化、智能化、绿色化转型。2023年，高精尖产业增加值占GDP的比重达到31.4%，对全市经济增长的贡献率超四成，形成新一代信息技术等3个万亿级以及医药健康、智能装备等6个千亿级产业集群；北京全球数字经济标杆城市建设加速推进，数字经济快速发展，2018—2023年数字经济增加值年均增长9.6%。

面对复杂多变的国际国内环境和北京自身发展中的一系列风险挑战，北京迎难而上，锐意改革创新，持续推动城市高质量发展，但也要看到，前进的道路上还面临许多困难和压力。下阶段，北京将继续立足首都城市战略定位，深入实施京津冀协同发展战略，坚持“五子”联动服务和融入新发展格局，充分发挥首都功能引领作用，把“四个中心”“四个服务”蕴含的巨大能量充分释放出来，大力培育发展新动能、新优势，为推进中国式现代化作出首都贡献。

（执笔人：杜鹃 杨爽）

天津市高质量发展监测报告

近年来，天津坚持以习近平新时代中国特色社会主义思想为指导，完整、准确、全面贯彻新发展理念，经济实力稳步提升，经济结构优化升级，市场活力积蓄释放，民生福祉持续增进，城市高质量发展取得显著成效。

一、城市基本概况与功能定位

天津土地总面积 11966 平方公里，地处太平洋西岸，中国华北平原东北部，海河流域下游，东临渤海，北依燕山，西靠首都北京，凭借优越的地理位置和交通条件，成为连接国内外、联系南北方、沟通东西部的重要枢纽。天津工业基础雄厚，作为高端产业集聚地，天津正加快推进全国先进制造研发基地建设，以发展战略性新兴产业和高端装备制造业为主导，以推进传统产业改造提升为重点，优化产业结构，扩大先进产能，促进高端装备、新一代信息技术、航空航天、新能源汽车、新材料、生物医药、新能源、节能环保、绿色石化、现代冶金等产业集成集约集群发展。天津是中国特殊经济区域形态最齐全的城市之一，拥有国家自贸试验区、国家自主创新示范区、国家级新区——滨海新区，以及天津经济技术开发区、滨海高新区等高水平的功能区和海关特殊监管区，是外商投资的重要聚集地之一。天津港是我国北方重要的对外贸易口岸，致力于打造世界一流的智慧港口、绿色港口，五年来集装箱吞吐量增速保持在世界十大港口前列。

天津在全国发展格局中地位重要，京津冀协同发展、自由贸易试验区建设、国家自主创新示范区建设、滨海新区开发开放、共建“一带一路”等难得机遇，为城市高质量发展创造了有利条件。在《京津冀协同发展规划纲要》中，天津城市功能定位为“一基地三区”，即全国先进制造研发基地、北方国际航运核心区、金融创新运营示范区、改革开放先行区。

二、城市高质量发展取得的成绩

（一）综合质效进步显著

经济总量稳中有增。面对复杂多变的外部环境和艰巨繁重的改革发展稳定任务，天津坚持稳中求进工作总基调，克服多重困难，统筹多重任务，着力打基础利长远、提质量增效益，全市 GDP 由 2018 年的 13362.9 亿元增加到 2023 年的 16737.3 亿元，按不变价格计算，五年年均增长 3.6%；其中第三产业增加值由 8352.3 亿元增加到 10486.2 亿元，年均增长 4.3%，快于地区生产总值 0.7 个百分点。2023 年是三年疫情防控转段后经济恢复发展的一年，天津深入实施高质量发展“十项行动”，持续推动经济实现质的有效提升和量的合理增长，GDP 比上年增长 4.3%。

发展水平稳步提高。人均 GDP 位居全国前列，2019 年突破 10 万元后连跨两个万元台阶，2023 年达到 12.3 万元，按不变价格计算，五年年均增长 4.1%。财税结构持续优化，2023 年税收收入占一般公共预算收入的比重达到 77.9%，比 2018 年提高 0.8 个百分点，人均地方一般公共预算收入达到 1.5 万元，比上年增长 10.2%。社会治理效能不断提升，2023 年度天津城市综合信用指数为 87.6，比上年提高 3.2，天津市西青区、北辰区和滨海新区入选第六届全国文明城市。

（二）创新发展步伐加快

科技创新能力显著增强。2022 年全市 R&D 经费投入强度为 3.5%，高于全国平均水平 0.9 个百分点；规模以上企业 R&D 经费支出 434.5 亿元，比 2018 年增长 17.4%。实施高新技术企业倍增计划，梯次培育科技型企业，截至 2023 年末，国家高新技术企业、国家科技型中小企业均突破 1.1 万家，市级雏鹰企业、瞪羚企业、科技领军（培育）企业分别达到 6230 家、460 家和 343 家。建成 6 家海河实验室，天开高教科创园成功开园，截至 2023 年末，累计注册科技型企业 1200 余家，创新创业生态加快培育。人才规模质量持续向好，科技型人才储备增多，截至 2023 年末，“海河英才”行动计划累计引进人才 47.9 万人，其中战略性新兴产业领域人才占比 26%，全市高等教育学校在校生数 75.8 万人，比 2018 年末增加 13.1 万人，增长 20.8%。

科技创新成果丰硕。全市技术合同成交额逐年增加，2023 年突破 1900 亿元，达到 1957.4 亿元，是 2018 年的 2.7 倍。发明专利增长较快，2023 年全市专利授权 5.9 万件，其中发明专利由 2018 年的 0.6 万件增加到 1.4 万件，五年年均增长 20.5%；2023 年末有效专利达到 36.7 万件，年均增长 16.8%，其中有效发明专利由 2018 年末的 3.2 万件增加到 2023 年末的 6.4 万件，基本实现翻倍增长，年均增长 14.7%。重大创新平台建设成效明显，新一代超算、飞腾 CPU、组分中药国家重点实验室、天津大学大型地震工程模拟研究设施等“国之重器”加快建设，二氧化碳人工合成淀粉实现实验室条件下“从0到1”的突破，银河麒麟操作系统、“神工”脑机交互系统等在解决“卡脖子”问题中发挥重要作用。

新动能发展态势良好。新兴产业较快发展，战略性新兴产业、高技术制造业增加值五年年均增速分别快于规模以上工业0.5个和1.5个百分点，高技术服务业、战略性新兴服务业营业收入占规模以上服务业的比重分别达到31.1%和26.9%。新产品产量快速增长，2023年生产新能源汽车6.3万辆、工业机器人8211套、城市轨道车辆435辆，分别是2018年的401.1倍、68.4倍和24.2倍，服务机器人、集成电路产量分别增至46.6万套和27.0亿块。高技术产业投资增势较好，高技术产业投资五年年均增长13.4%，其中高技术制造业、高技术服务业投资分别增长17.1%和9.5%。

（三）协调发展水平提升

城镇化进程加快。全市常住人口城镇化率逐年升高，2023年末达到85.5%，比2018年末提高1.5个百分点。城乡居民收入差距逐年缩小，农村居民人均可支配收入五年年均增长6.0%，快于城镇0.8个百分点，城乡居民人均可支配收入之比由2018年的1.86缩小至1.79。

产业结构优化升级。立足全国先进制造研发基地建设，持续推动制造业高质量发展，2023年制造业对规模以上工业增加值的贡献率为45.9%，其中装备制造业增加值占规模以上工业的比重达到32.6%，五年年均增长4.4%，快于规模以上工业平均水平，支撑作用明显；12条重点产业链在链规模以上工业企业增加值占比达到79.8%，集成电路、车联网、航空航天、高端装备产业链较快增长。现代服务业蓬勃发展，逐渐成为服务业发展的中坚力量，金融业增加值占服务业的比重超过两成，达到21.5%；信息传输软件和信息技术服务业、租赁和商务服务业、科学研究和技术服务业增加值五年年均分别增长12.4%、5.0%和5.4%，均快于服务业年均增速，合计占服务业的19.3%，比2018年提高2.9个百分点。

消费市场提质扩容。成功举办海河国际消费季、海河文化旅游节、体育消费季等活动，培育众多新的消费热点和消费场景，促进居民消费需求释放，推动消费市场加快恢复，2023年全市社会消费品零售总额比上年增长7.0%。大力发展电商经济，持续促进传统商业转型升级，限额以上单位通过公共网络实现的商品零售额占限上社零额的比重比2018年提高13.4个百分点，限额以上住宿和餐饮业单位通过公共网络实现的餐费收入五年年均增长45.4%。升级类商品零售增长较快，新能源汽车和智能手机等低碳智能商品零售额五年年均分别增长47.7%和27.1%。加快构建商圈体系，持续推进金街、五大道、佛罗伦萨小镇等国际消费承载地建设，2023年末商业综合体总数达到58个。

（四）绿色发展稳步推进

能源生产利用更加绿色高效。扎实实施绿色低碳发展行动，协同推进经济高质量发展和生态环境高水平保护。围绕“双碳”目标要求，出台碳达峰、碳中和促进条例，加快推进清洁能源替代，逐步建立碳达峰碳中和“1+N”政策体系，减污降碳协同增效作用日益显现，规模以上工业万元增加值能耗五年年均下降2.4%。“低碳港区”“低碳港口”建设稳步推进，全国首个“智慧零碳”码头投产运营。规模化开发可再生能源，推动风电、光伏等项目并网发电，截至2023年末，全市可再生能源电力装机超过700万千瓦。

空气环境质量明显改善。全市$PM_{2.5}$年平均浓度由2018年的52微克/立方米下降到2023年的41微克/立方米，改善21.2%；2023年，二氧化硫、二氧化氮、一氧化碳年平均浓度与2019年相比分别下降27.3%、16.7%和33.3%。空气质量优良天数有所提高，扣除沙尘导致超标天数后，2023年优良天数为244天，优良天数比率为66.8%。工业主要污染物排放量明显下降。

水环境质量达到近年最好水平。2023年，全市国控地表水断面优良比例为60.0%，达到历史最好水平，无劣Ⅴ类水体。与2021年相比，优良水体比例升高15.6个百分点，劣Ⅴ类水体比例下

图1 天津之眼

降2.8个百分点。12条入海河流全部消劣，近岸海域优良水质比例达到70.9%。

生态宜居水平稳步提升。推进绿色生态屏障建设，一级管控区蓝绿空间占比提升到65%以上。城区绿化美化提速提效，建成区绿化覆盖率、绿地率分别超过38%和35%。不断推进污水处理厂、垃圾无害化处理厂提标改造，污水处理率达98%以上，生活垃圾无害化处理率达100%。持续推动生态文明示范建设，西青区、蓟州区、宝坻区、津南区、宁河区成功创建生态文明建设示范区。

（五）开放发展步履坚实

外贸结构不断优化。2023年，全市货物进出口总额8008.6亿元，其中出口额3631.4亿元，五年年均增长2.5%。外贸转型趋势明显，2023年一般贸易出口占全市出口的比重达到58.9%，比2018年提高10.4个百分点；机电产品、高新技术产品出口占全市出口的比重分别达到63.8%和20.7%。跨境电商发展较好，2023年进出口总额增长16.7%，其中出口增长17.9%。平行进口汽车总量持续保持全国第一，冷链贸易规模保持全国领先。

外向型经济稳步发展。2023年，全市新批外商投资企业614家，合同外资额122.6亿美元，实际使用外资57.7亿美元，2020—2023年年均增长5.1%。对外经贸合作持续深化，2018年以来年均新设境外企业机构100余家，服务外包接包执行额五年年均增长14.9%，其中离岸接包执行额年均增长20.8%，深度融入共建“一带一路”，累计建成鲁班工坊22个。自贸试验区开放引领作用持续增强，39项试点经验和实践案例在全国复制推广，商业保理公司资产总额和保理融资余额、绿色租赁资产均位居全国第一，飞机租赁规模位居全球第二。

（六）共享发展迈上新台阶

居民生活水平不断提升。多措并举稳定就业，全面落实促进居民增收措施，全市居民人均可支配收入五年年均增长5.4%，2023年突破五万元，达到51271元，其中城镇居民人均可支配收入55355元，农村居民人均可支配收入30851元。居民生活品质不断提档升级，2023年城镇居民恩格尔系数为27.6%，比2018年下降1.2个百分点，城镇居民每百户家用汽车拥有量达到69.5辆，是2018年的1.5倍。

教育和医疗卫生事业发展较好。教育优质均衡发展，全国基础教育综合改革实验区启动建设，高校“双一流”建设加快推进，职业教育创新改革持续深化，2023年末全市共有研究生培养机构25所，普通高校56所，中等职业教育学校59所，普通中学551所，小学873所。居民受教育程度提高，根据第七次全国人口普查数据，2020年15岁以上人口的平均受教育年限为11.3年，比2010年第六次全国人口普查时增加0.9年。医疗卫生服务保障不断完善，市肿瘤医院滨海医院、市一中心医院、海河医院、市中心妇产科医院等新建改扩建项目投入使用，截至2023年末，全市共有各类卫生机构6801个，其中医院459个；卫生机构床位7.3万张，其中医院床位6.7万张，比2018年末增加0.7万张；卫生技术人员13.4万人，其中执业（助理）医师5.6万人，增加1.3万人，注册护士5.2万人，增加1.3万人。

社会保障稳步发展。深入实施全民参保计划，2023年末参加城镇职工基本养老保险人数826.2万人，参加城乡居民基本养老保险172.2万人，分别比2018年末增加143.0万人和11.0万人；参加城乡居民基本医疗保险524.5万人，参加职工基本医疗保险人数659.2万人，增加83.9万人；参加失业保险403.6万人，增加80.2万人；参加工伤保险412.8万人，增加14.3万人；参加职工生育保险425.7万人，增加95.3万人。最低生活保障制度托底作用全面发挥，城乡居民生活保障最低标准由2018年的每人920元/月提升至每人1010元/月，职工工资最低标准由2050元提高到2320元。

三、城市高质量发展积累的经验

近年来，天津扎实推动高质量发展“十项行动”见行见效，全面建设社会主义现代化大都市迈出坚实步伐，同时也在应对各种风险挑战中积累了攻坚克难、砥砺奋进的宝贵经验。

（一）坚持以推进京津冀协同发展为战略牵引，服务重大国家战略成果丰硕

天津把推动京津冀协同发展走深走实行动摆在“十项行动”的首要位置，统领各项行动往深里走、向实处做，研究制定《推动京津冀协同发展走深走实行动方案》，从承接北京非首都功能疏解、“一基地三区”建设、基础设施同城化一体化、产业链创新链人才链融合、生态环境联建联防联治、社会政策和公共服务协同、改革试点示范等七个方面着力推进协同发展走深走实。印发《关于深入学习贯彻习近平总书记视察天津重要讲话精神 进一步推动京津冀协同发展走深走实的意见》，全力推动京津冀协同发展走深走实，在取得更多成果成效上展现新作为。京津冀协同发展上升为国家战略的十年间，天津立足功能定位，聚焦重点领域，经济发展实现突破，产业结构持续优化，功能建设成效显著，重点领域协作不断拓展，服务京津冀协同发展硕果累累。

（二）坚持创新驱动发展，加快培育发展新动能

天津坚持科技是第一生产力、人才是第一资源、创新是第一动力，推动教育优先发展、科技自立自强、人才引领驱动，制定实施《科教兴市人才强市行动方案》，体系化布局、一体化推进科教

人才资源高效配置，打造自主创新的重要源头和原始创新的主要策源地。把创新摆在现代化建设全局的核心位置，大力培育战略科技力量，加快建设全国重点实验室、海河实验室，加强关键领域核心技术攻关，强化企业创新主体地位，培育壮大一批科技领军企业、制造业单项冠军企业、专精特新企业，依托天开高教科创园等创新创业平台，打造科创服务集聚区和成果转化示范区。加快建设高质量教育体系，优化“海河英才”行动计划，深入实施“海河工匠”建设工程，加强顶尖人才、科技领军人才和一流创新团队引育。坚持新兴产业和传统产业并举、提升能级和增强品质并重、制造业和服务业融合，深化重点产业链建设，促进数字经济与实体经济深度融合，抢先布局未来产业新赛道，积极培育和发展新质生产力。

（三）坚持深化改革开放，加速释放发展动力活力

天津坚持把深化改革作为关键一招，出台优化营商环境三年行动计划，深入实施“一制三化”审批制度改革，深化要素市场化配置改革，建设高标准市场体系，积极融入全国统一大市场，营造各类企业一视同仁、公平竞争的公正市场环境。以开展“三量”（盘活存量、培育增量、提升质量）“三新”（科技创新、产业焕新、城市更新）工作为抓手，全面推进国企改革深化提升行动，国企改革连续三次获国务院国资委评估A级。出台实施“支持民营经济发展17条”“民营经济发展壮大29条”等措施，不断增强民营经济活力。加快构建与国际通行规则相衔接的制度体系，更好支持企业参与国际竞争，以自贸试验区引领开放，深化服务贸易创新发展，扎实推进服务业扩大开放综合试点，深度融入共建“一带一路”，不断增强对外交流合作，推动开放型经济发展。

（四）坚持传承发展城市文化，大力发展文化事业和文化产业

天津坚持以文化人、以文惠民、以文润城、以文兴业，深入发掘历史文化资源，印发《天津市加强历史文化街区和特色风貌建筑保护传承利用 促进商旅文融合发展实施方案》，加强城市历史文化遗产和红色文化资源保护，完善公共文化服务体系，用好河、海、楼、山、林、湿地、古镇、乡村等独特资源，强化天津城市形象和旅游资源宣传，擦亮“近代中国看天津”城市名片，培育一批有“津味”的文旅消费场景，推动商贸文旅融合发展，加快建设特色鲜明的文化旅游目的地、国际消费中心城市，推动中华优秀传统文化在天津创造性转化、创新性发展，为实现高质量发展赋能增效。

（五）坚持以人民为中心的发展思想，持续增进民生福祉

天津践行人民城市理念，把保障居民安居乐业作为头等大事，不断增加民生和社会事业投入，每年高质量实施20项民心工程。落实积极的就业政策，促进居民收入增长，加快医疗卫生事业发展，积极推进养老服务体系建设，完善多层次社会保障体系，提高群众出行便利化水平，完善15分钟便民生活圈，打造更多市民身边的休闲健身场所，持续深入打好蓝天、碧水、净土保卫战，深入实施“871”重大生态工程，改善生态环境质量，营造宜居宜业环境，更好满足人民群众高品质生活需求。立足超大城市特点，走内涵式发展路子，扎实推进城市更新提升，加快推进基层治理现代化，构建网格化管理、精细化服务、信息化支撑、开放共享的治理服务体系，加强韧性安全城市建设，切实增强全市人民的获得感幸福感安全感。

四、城市高质量发展中存在的问题及建议

近年来，天津经济发展韧性持续增强，高质量发展的基础不断夯实。但与此同时，天津高质量发展也存在着一些薄弱环节和不足，产业结构调整任重道远，新动能“底盘”仍较小，民营经济活力尚待增强，更好满足人民高品质生活需求仍需不断加力。

下阶段，要深入学习贯彻习近平总书记视察天津重要讲话精神，坚持稳中求进工作总基调，聚焦“四个善作善成”重要要求，深入实施高质量发展“十项行动”，大力推进科技创新、产业焕新、城市更新，进一步盘活存量、培育增量、提升质量，加快形成新质生产力，切实增强经济活力，持续推动经济实现质的有效提升和量的合理增长，增进民生福祉，保持社会稳定，扎实推进中国式现代化的天津实践。

（执笔人：李娜 郑皓珺 张家奇）

鄂尔多斯市高质量发展监测报告

鄂尔多斯位于内蒙古中西部、黄河“几”字弯腹地，总面积 8.7 万平方公里，辖 7 旗 2 区，常住人口 222 万人，是国家规划的呼包鄂榆城市群重要组成部分和黄河流域生态保护和高质量发展战略的重要节点城市，也是国家重要的清洁能源输出基地、现代煤化工基地。党的十八大以来，鄂尔多斯牢牢把握高质量发展这个首要任务，以推动城市转型发展为突破口，不断增强城市综合承载能力，改善城市功能品质，提升城市服务水平，城市面貌经历深刻蜕变，被市民亲切地称为“暖城”。2023 年，鄂尔多斯城市高质量发展指数达 80.5，居内蒙古自治区首位，交出了一份亮眼的城市高质量发展成绩单。

一、城市高质量发展主要成就

（一）把握经济脉动，综合质效步稳行健

2023 年，面对复杂严峻的外部环境和艰巨繁重的改革发展稳定任务，鄂尔多斯全市上下坚持稳中求进工作总基调，踔厉奋发，笃行不怠，攻坚克难，奋力拼搏，经济发展加速，圆满完成全年目标任务。

经济发展韧性和活力持续显现。高质量发展成效显著，综合质效指数达 89.4，比上年提高 6.0。全年 GDP 实现 5849.9 亿元，按不变价格计算，同比增长 7.0%。人均 GDP 达 264699 元，位居全国第一。

工业经济支撑稳定。规模以上工业增加值同比增长 5.5%，保持稳定增长态势。资产总计 15184.8 亿元，同比增长 7.2%。高技术制造业营业收入较上年增加 18.3 亿元，增长 5.8%。

服务业稳步增长。规模以上服务业实现营业收入 564.8 亿元，同比增长 6.7%。实现利润总额 223.6 亿元，同比增长 149.6%，总量及同比增量均稳居内蒙古自治区第一。

投资保持高位增长。全年固定资产投资同比增长 27.4%，位居全区第一。第二产业投资增长 37.9%，第三产业投资增长 7.9%。工业投资同比增长 37.0%，拉动全部投资增长 24.5 个百分点。其中，制造业投资增长 174.5%，占工业投资的比重过半，达到 53.9%。

财政金融保障有力。全市完成一般公共预算收入 910.0 亿元，同比增长 8.0%。全市各类金融机构存款余额 6777.7 亿元，同比增长 12.3%；金融机构贷款余额 4069.5 亿元，同比增长 16.6%。

（二）凝聚创新动能，科技潜力引领未来

鄂尔多斯大力推进科技创新，主动融入国家和内蒙古自治区战略布局，探索资源和创新“双轮驱动”发展路径，打造全国一流创新生态。

科技投入动能增强。2023 年有研发活动的规上企业户数达到 264 家，较上年增加 17 户，占规模以上工业和服务业企业总户数的 29.4%，研发费用首次突破 90 亿元。高技术产业投资同比增长 158.0%，其中高技术制造业投资增长 2196.5%。新能源投资同比增长 265.7%。财政科技投入达到 19 亿元，同比增长 55.7%，兑现“科技新政 30 条”资金 3.6 亿元，惠及创新主体 260 家。

技术成果水涨船高。全市专利授权数保持在 4000 件以上，发明专利有效量同比增长 39.2%。技术合同成交额达到 7.8 亿元，同比增长 35.3%。

人才科创工作蹚出新路子。2023 年，鄂尔多斯迭代推出人才新政 2.0 版，建成并投用鄂尔多斯人才科创中心和北京、深圳人才科创飞地，面向全球举办首届“鄂尔多斯杯”创新创业大赛。

2023 年，鄂尔多斯创新发展指数为 72.2，摘得“全国城市创新能力百强”的殊荣。北京大学鄂尔多斯能源研究院、矿鸿工业互联创新国家重点实验室挂牌运行，与清华大学共建的鄂尔多斯实验室获批建设省级实验室。

（三）深耕协调发展，经济结构持续优化

鄂尔多斯加快探索产业结构转型升级新路径，依托区位优势，拉长能源长板，培育新质生产力，为资源型城市实现高质量发展“投石探路”。

三次产业协同推进。第一产业增加值 202.6 亿元，同比增长 6.3%；第二产业增加值 3938.6 亿元，同比增长 5.7%；第三产业增加值 1708.7 亿元，同比增长 8.9%。第一产业和第三产业增长速度均快于第二产业，对经济增长的贡献作用增强。第二产业增加值全年对 GDP 贡献率达 48.5%，高于第二产业 0.4 个百分点，拉动 GDP 增长 3.4 个百分点。

民营经济贡献突出。全年民营经济增加值实现 3480.9 亿元，同比增长 4.7%，占 GDP 比重

达 59.5%。规模以上工业民营企业增加值同比增长 6.5%，占规模以上工业增加值比重 50.8%。全市民间投资同比增长 31.1%，占全市固定资产投资比重达 54.1%。其中，民间工业投资同比增长 55.6%，占工业投资比重达 50.9%。全市民营社会消费品零售总额实现 621.9 亿元，同比增长 11.3%，占全市社会消费品零售总额的 92.6%。规模以上服务业民营企业实现营业收入 310.7 亿元，同比增长 9.3%，占规模以上服务业比重 55.0%。

2023 年，鄂尔多斯协调发展指数为 85.7，荣获“国家文化和旅游消费示范城市”“全国产业转型升级示范区建设良好城市”称号，获批建设国家可持续发展议程创新示范区。

（四）厚植生态优势，绿色发展成色更足

鄂尔多斯市委、市政府持续推动蓝天、碧水、净土保卫战取得更优成效。

城市土地“绿意盎然”。全市绿化覆盖面积 12120 公顷，城区绿化覆盖率 43.5%；绿地面积 11412.3 公顷，建成区绿地率 41.0%。市辖区人均公园绿地面积 30.2 平方米，连续三年保持全区第一。

城市水源“碧波净澜”。全市水资源总量 29 亿立方米，用水总量 17.5 亿立方米。工业化学需氧量（COD）排放量连续三年控制在 200 万吨以下，减排力度居全区之首。地表水达到或好于Ⅲ类水体比例（国控断面）为 90.5%，较上年提高 4.8 个百分点。

城市上空“天朗气清”。空气质量优良天数比例继续保持在九成左右，细颗粒物（$PM_{2.5}$）年平均浓度为 20 微克 / 立方米，在全区仅呼伦贝尔的 18 微克 / 立方米低于该值。

城市发展“节能高效”。能源消费总量为 7897.4 万吨标准煤，单位 GDP 能耗下降 3.3%，较上年下降率扩大 1.3 个百分点，节能降耗形势进一步巩固。

2023 年，鄂尔多斯市绿色发展指数达到 78.2，荣获“国家生态文明建设示范区”“全国绿化模范城市”等称号，率先完成“建设国家生态治理典范”核心目标。

（五）扩大对外开放，营商环境不断提升

近年来，鄂尔多斯聚焦推进贸易高质量发展，打造政策最贴心、办事最省心、投资最安心、服务最暖心、生活最舒心的“暖城・五心”营商环境品牌。推动政务环境、市场环境、法治环境、社会环境“四个环境”一体化建设，全力以环境之“优”，夯实经济之“稳”，推动发展之“进”。立足建设我国向北开放的重要桥头堡、西部地区对外开放的新高地的战略定位，不断融入“一带一路”机制，发展更高层次的开放型经济、营造更高质量营商环境，坚持“引进来”+“走出去”，推动鄂尔多斯对外开放成为高质量发展“加速器”。

消费市场活力盎然。全年实现社会消费品零售总额 671.4 亿元，同比增长 9.1%。限额以上单位消费品零售额 263.2 亿元，增长 17.6%。网络消费成倍增长。通过公共网络实现商品销售额 18.9 亿元，同比增长 1.3 倍，拉动全市限额以上单位消费品零售额增长 3.3 个百分点。汽车类商品贡献突出。全市限额以上单位汽车类商品实现零售额同比增长 31.0%，占全部限额以上单位商品零售额 41.6%，贡献率达 65.8%，其中，新能源汽车同比增长 187.8%。

外贸外资回升有力。疫情结束以来，全市进出口和实际利用外资均实现较快增长。2023 年实现进出口总值 164.2 亿元人民币，同比增长 13.7%。实际使用外资金额实现 44494 万美元，约合人民币 30.6 亿元，超过全区其他城市总和，同比增长 224.7 倍。对外直接投资 26848 万美元，约合人民币 19.6 亿元，居全区之首，同比增长 973.9 倍。新设立外商直接投资企业数 17 家。

2023 年，鄂尔多斯开放发展指数达 73.0，比上年提高 6.6，连续三年在全区营商环境评估中排名第一，获评“中国高质量发展十大标杆城市”“中国最具投资吸引力城市”“企业家幸福感最强城市”“营商环境创新示范城市”“中国投资环境质量十佳城市”等荣誉称号。

（六）感受暖城温度，发展成果全民共享

鄂尔多斯市委、市政府坚决贯彻执行新发展战略，落实城乡共进、服务共享、环境共美理念，把为民造福作为最重要的政绩，建设福祉更高的幸福鄂尔多斯。

居民收入稳步提高。全市全体居民人均可支配收入达 50765 元，同比增长 5.1%。分常住地看，城镇常住居民人均可支配收入 58615 元，同比增长 4.7%；农村牧区常住居民人均可支配收入 27151 元，同比增长 7.6%。城乡收入差距进一步缩小。居民人均消费支出也相应提高，达到 36572 元，城镇居民人均消费支出 40487 元，同比增长 21.8%，其中以教育文化娱乐和医疗保健类消费支出增幅最大，分别达到 29.7% 和 30.2%，体现出鄂尔多斯居民对文化需求和健康需求的整体提高。农村居民人均消费支出也上升到 23954 元，同比增长 28.5%。

民生实事保障有力。地方一般公共预算支出 1119.5 亿元，同比增长 12.4%。出台教育新政 30 条，新建改扩建中小学幼儿园 38 所，新增学位数 15120 个，设立 1.24 亿元职业教育专项资金，用于职业教育高质量发展。发放稳就业补贴补助金 6.9 亿元，新增城镇就业 3.3 万人，荣获全国最佳促进就业奖。年末共有医疗卫生机构 1820 个，其中医院 103 个，三级甲等医院 4 个。医疗卫生机构床位数达到 14022 张，其中三甲医院床位数 3004 张，较上年增长 17.0%。执业（助理）医师数达到 7850 人，注册护士数 8544 人，医护人员合计比上年增长 16.1%。

城市生活便利通畅。城区公园绿地、广场步行 5 分钟覆盖率以及城区消防救援 5 分钟可达覆盖率均达到六成以上。城镇居民人均住房建筑面积达 43 平方米，仅次于乌海位居全区第二。每百户城镇居民家庭家用汽车拥有量达 103 辆，远超自治区其他城市。

2023 年，鄂尔多斯共享发展指数达 79.8，远超自治区其他城市。连续三届荣获国家卫生城市，四届蝉联全国文明城市，入选中国最具幸福感城市，并获评全国社会管理综合治理优秀市、平安中国建设最高奖项“长安杯”、国家首批公共文化服务体系示范区等荣誉称号。

二、城市高质量发展存在问题

产业结构转型升级有待加快。近年来，虽然非煤产业、高新技术产业及新能源相关产业发展迅速，但整体规模仍然偏小，对经济增长的支撑作用有限。传统产业转型升级步伐缓慢，新兴产业培育尚需时日，产业链条较为薄弱，难以形成新的经济增长点。

科技创新上升空间仍然较大。横向比对呼包二市数据，研发投入强度偏低，国家级高新技术企业数量仍有差距，科技成果转化率不高，科技研发人员少，人才储量与城市总体发展进程不够匹配，反向制约了产业结构升级和经济高质量发展。

节能环保绿色发展压力尚存。部分工业污染物排放量仍然较高，尤其是工业颗粒物排放量高于自治区其他城市。全社会用电量同比增长 8.6%，其中城乡居民生活用电增长 16.2%，节约用电的社会倡导仍需加强。

教育医疗服务投入比例不高。尽管财政支出各项投入居全区前列，但从市辖区层面来看，2023 年教育支出仅占市辖区一般公共预算支出的 10.3%，在全区各城市中排名靠后。需进一步加大投入比例，提升公共教育医疗的服务质量。

开放发展外贸服务仍有短板。虽然外贸保持增长态势，但外部经济环境的复杂多变对商品出口带来挑战。2023 年鄂尔多斯出口总额仅增长 0.2%。需优化进出口商品结构，增加高附加值产品的比例。

三、城市高质量发展相关建议

（一）进一步优化产业结构，培育经济增长新动能

依托资源禀赋和区位优势，加快构建多元发展、多极支撑的现代化产业体系。推动煤炭、电力等传统优势产业转型升级，延伸并提升产业链供应链韧性和安全水平，推进创新链、供应链深度融合，提高附加值，打造具有国际竞争力的产业集群。发展新材料产业。依托丰富的稀土、煤炭等资源，

发展稀土功能材料、高性能纤维材料、先进陶瓷材料等新材料产业，打造新材料产业基地。围绕能源、化工、电力等领域需求，发展高端数控机床、智能机器人、大型工程机械等高端装备制造产业，提升装备制造业水平。积极发展现代服务业。大力发展现代物流、文化旅游、健康养老等现代服务业，推动产业结构优化升级，提升服务业对经济增长的贡献率。

（二）进一步强化科技创新，引领科创时代新活力

深化产学研合作，提升科技创新能力。加快科技成果转化，提升从“书架”到“货架”的转换率，促进科技与经济深度融合，推动产业转型升级。聚焦清洁能源、新型化工、节能环保、装备制造等重点领域，实施一批科技重大专项和成果转化项目。培育壮大科技型企业。坚持企业创新主体地位，完善科技型企业培育体系，促进科技型中小企业发展壮大。落实好研发费用加计扣除、高新技术企业所得税优惠等普惠性政策，加大对科技型中小企业的财政资金支持力度，引导金融机构加大信贷支持力度。

（三）进一步推进生态保护，营造绿色发展新气象

坚定走生态优先、绿色发展之路，将生态优势转化为发展优势。推动煤化工产业向高端化、精细化、循环化方向发展，延伸煤炭产业链条，提高附加值。依托宝丰能源煤制烯烃、伊泰煤制油等项目，打造国家级煤化工产业示范基地。大力发展循环经济。推进工业园区循环化改造，鼓励企业开展清洁生产，构建资源节约型、环境友好型产业体系。推动工业固体废物综合利用，发展再制造产业，提高资源循环利用效率。倡导绿色生活方式。加强生态文明宣传教育，引导公众树立绿色消费理念，践行绿色低碳生活方式。

（四）进一步提升公共服务，提高暖城生活新品质

增加高品质公共服务新供给。坚持以人为本的发展思想，不断提升城市建设管理水平，加快推进教育现代化，加大优质教育资源供给，鼓励引进优质医疗资源，提升教育医疗服务水平。用活用好人才第一资源。深入实施“人才鄂尔多斯”战略，全面落实“人才新政 2.0”，加大柔性招才引智力度，紧扣产业所需引育更多产业工人、技能人才。构建多层次社会保障新体系。加快形成以中等收入群体为主体的橄榄型分配结构，在全方位高质量发展中促进共同富裕。

（五）进一步改善营商环境，迈上对外开放新台阶

积极融入呼包鄂榆城市群发展。加强与呼包榆地区在产业发展规划、产业链协同、科技创新等方面的合作，推动形成区域经济增长新引擎。加强交通基础设施互联互通。积极融入全国高速铁路网，持续提升鄂尔多斯机场通达和保障能力，促进人流、物流、信息流的快速流动。进一步增强营商环境竞争力。推行“极简”审批，强化“极优”服务，深化“四办”工作，加强“极惠”扶持。深入挖掘开放合作潜力。调整和优化进出口商品结构，增加高附加值产品比例，积极融入共建“一带一路”和中蒙俄经济走廊，深化与东南亚、中亚、美欧、日韩等国家和地区的务实合作，增强羊绒制品、化工、汽车、建材、铁合金等特色产品出口竞争优势，以高水平开放促进高质量发展。

（执笔人：史轩）

沈阳市高质量发展监测报告

沈阳市是辽宁省的省会城市，东北地区的重要经济、文化、交通和商贸中心，国家重要的工业基地和先进装备制造业基地，是现代工业的摇篮。沈阳是一座富有底蕴、资源汇聚的厚重之城，历史文化悠久，产业基础扎实，科创优势明显，发展条件优越；沈阳是一座加速奔跑、蓄势腾飞的奋斗之城，经济实力不断壮大，发展动能日益集聚，改革开放步伐加快，城市品质焕然一新，民生福祉持续增进；沈阳是一座前景无限、成就梦想的希望之城，正在锚定建设国家中心城市，加快产业发展与转型、城市发展与转型、社会发展与转型。作为东北振兴的排头兵，新发展理念已深深植根于沈阳的沃土之中，推动这座城市向着更高质量、更高水平的发展迈进。

一、城市概况

沈阳地处中国东北南部、辽宁中部，不仅是中国工业重镇、全国著名的历史文化名城和首批中国优秀旅游城市，还具有丰富的自然资源和人文景观。沈阳历史文化绵延不息，素有“一朝发祥地、两代帝王城”之称；工业文化积淀厚重，享有“共和国工业长子”美誉，第一枚金属国徽等数百个“新中国工业第一”在这里诞生，如今的“嫦娥”登月、“祝融”探火、“蛟龙”入海等都闪耀着“沈阳制造”的身影。沈阳市行政辖区总面积 12860 平方公里，市辖 13 个县级政区。截至 2023 年末，全市常住人口 920.4 万人，其中城镇人口 783.4 万人，占常住人口的比重为 85.1%。

二、城市高质量发展主要成效

沈阳深入贯彻落实习近平总书记关于东北、辽宁振兴发展的重要讲话重要指示批示精神，大力实施全面振兴新突破三年行动及“振兴新突破、我要当先锋”专项行动，奋力推动全面振兴新突破三年行动实现首战告捷，在科技创新、协调发展、生态文明建设、对外开放、共享发展等方面取得更加显著的成就。2023 年，沈阳城市高质量发展指数为 81.9，比上年提高 1.1，高于全国平均水平。

（一）经济发展向上向好，综合质效稳步提升

经济实力实现跃升。2023年，沈阳综合质效指数为79.9，比上年提高2.6，高于全国平均水平。沈阳坚持稳中求进工作总基调，完整准确全面贯彻新发展理念，着力推动高质量发展，2023年全市GDP首次突破8000亿元，达到8122亿元，按不变价格计算，比上年增长6.1%，自2022年二季度以来连续第7个季度超过全国、全省。人均GDP不断提高，达到88519元，增长5.6%。一般公共预算收入800.9亿元，增长12.2%，增幅近10年来首次突破两位数。财税结构持续优化，税收收入占一般公共预算收入的比重为76.0%，比上年提高1.8个百分点。

发展态势向上向好。2023年末，沈阳实有经营主体比上年末增长18.0%、突破132万户。固定资产投资比上年增长1.5%，开复工重大工程项目3695个，招引落地亿元以上项目1129个，工业和基础设施投资占比达到55%，高技术产业投资增长113.5%。社会消费品零售总额4210.4亿元，增长9.0%，高于全国1.8个百分点，高于全省0.2个百分点。持续释放消费潜力，举办1000余场促消费活动，3.2亿元消费券和汽车消费补贴拉动消费上百亿元。服务业增加值增长5.5%，拉动经济增长3.5个百分点。开展四季游主题文旅活动，接待游客1.4亿人次，旅游收入实现倍增。实施外贸"双量增长"计划，新增外贸企业216家，加工贸易增长37.5%，获批国家加工贸易梯度转移重点承接地。

（二）创新发展步伐加快，转型升级持续推进

科技创新能力显著增强。2023年，沈阳创新发展指数为84.5，比上年提高0.8，大幅高于全国平均水平。辽宁材料实验室、辽河实验室投入运行，太行实验室辽宁基地正式挂牌，超大型深部工程灾害物理模拟设施开工建设，产业技术研究院累计落地项目51个。获批全国重点实验室9个，国家级科技创新平台达到76个，高新技术企业突破5000家，科技型企业突破2.1万家，技术合同成交额增长41.4%。新增两院院士5人，全年引育高层次人才634人、高技能人才4.2万人、"带土移植"创新团队102个，科技创新能力全面提升。

转型发展动能更加强劲。沈阳持续强化数字赋能，在东北率先出台"灯塔工厂"支持政策，沈飞公司、沈鼓集团获批国家级智能工厂。数字产业发展公司成功组建，智能网联汽车产业生态园投入运营，沈阳人工智能计算中心正式纳入全国人工智能算力战略体系。大力发展现代服务业，国家服务型制造示范城市建设扎实推进，东北首家续贷服务中心在沈阳落地，十月稻田等3家企业境外上市。精心组织全球工业互联网大会、中国计算机大会、国际飞行大会等高规格展会，沈阳方城、

小河沿早市等火爆出圈，沈阳鸡架荣获中国特色旅游商品大赛金奖，兼具人情味、烟火气、国际范的城市魅力充分彰显。

（三）经济结构持续优化，协调发展水平全面提升

城乡发展更趋协调。2023 年，沈阳协调发展指数为 89.9，比上年提高 0.6，高于全国平均水平。全市常住人口城镇化率逐年升高，城乡居民收入相对差距逐年缩小。2023 年，沈阳城镇居民人均可支配收入 53650 元，比上年增长 3.8%；农村居民人均可支配收入 24197 元，增长 8.3%。城乡居民收入比缩小至 2.22。乡村振兴取得新进展，粮食产量突破 81.5 亿斤，实现“二十连丰”。加快推进农业现代化，6 个国家优势特色产业集群加快建设，全市食品产业产值突破千亿元。建成美丽庭院 20 万个、美丽村屯 105 个、美丽田园 20 个。

优势产业竞争力提升。2023 年，沈阳规模以上工业增加值比上年增长 6.2%，高于全国 1.6 个百分点，高于全省 1.2 个百分点；其中，主导产业装备制造业增加值增长 8.9%，高于规模以上工业增加值增速 2.7 个百分点。新型工业化加速推进，8 条重点产业链规模突破 8000 亿元，航空航天、集成电路、新能源等新兴产业产值分别增长 20.0%、39.1%、25.0%，高端装备占装备制造业比重提升至 35.0%，“储能之都”建设迈出坚实步伐，特高压电工装备产业集群获评国家级中小企业特色产业集群。头部企业配套和特色园区加快提档升级，头部企业本地配套率达到 40.0%。

（四）环境面貌焕然一新，绿色发展成效显著

城市空间清朗有序。2023 年，沈阳绿色发展指数为 87.7，高于全国平均水平。城市发展空间格局全面拉开，35 个城市核心发展板块规划全部完成，386 个项目加快建设。地铁 2 号线南延线、4 号线开通运营，沈阳正式进入“空铁联运”时代。新建口袋公园 1000 座，新增城区绿地 11.3 平方公里，建成区绿化覆盖率 42.6%，建成区绿地率 40.7%，人均公园绿地面积 14.7 平方米。

生态环境明显改善。积极稳妥推进“双碳”工作，全力打好蓝天保卫战。全年大气优良天数比例达到 88.2%；$PM_{2.5}$ 平均浓度 33 微克 / 立方米；省考以上断面全部达到Ⅴ类及以上水质；重点建设用地安全利用率和危险废物安全处置率保持 100%。“绿满沈阳”等工程深入实施，科尔沁沙地歼灭战全面启动，沈北新区获评国家生态文明建设示范区，大东区成为全国自然资源集约节约示范县，沈阳入选全国首批碳达峰试点城市。

（五）开放发展成果丰硕，营商环境进一步优化

高水平对外开放持续扩大。2023 年，沈阳开放发展指数为 81.5，大幅高于全国平均水平。全

年新设外商投资企业188家，比上年增长49.2%，实际利用外资12.1亿美元。着力打造开放新前沿，新开通沈阳至洛杉矶、芝加哥等跨境电商全货机航线，临空经济区进入实质建设阶段，桃仙机场再次跻身“2000万级俱乐部”，中欧班列（沈阳）集结中心全面运营，国际友城达到102个。沈阳都市圈成为东北唯一国家级都市圈。

营商环境持续优化。12345热线进社区全面铺开，“只提交一次材料”改革被国务院列为政务服务效能提升典型案例，“信用+智慧市场监管”模式获国务院专项督查激励，沈阳被评为中国政务热线40周年特别贡献城市、全国“2023国际化营商环境建设标杆城市”、全国城市营商环境创新城市。

（六）人民生活水平稳步提升，共享发展迈上新台阶

民生福祉持续增进。2023年，沈阳共享发展指数为73.3，比上年提高1.8，高于全国平均水平。城镇新增就业14.4万人，义务教育优质资源覆盖率保持100%，幸福教育进社区获评全国新时代“终身学习品牌项目”，健康沈阳进社区经验向全国推广，“医养康孝”老年友善服务模式入选国家医养结合典型案例。

公共服务水平不断提升。2023年末，沈阳共有普通高等院校45所（含独立学院2所），万千学子涌动城市发展“新势力”。居民受教育程度提高，根据第七次全国人口普查数据，2020年15岁及以上人口平均受教育年限为11.4年，比2010年提高0.7年，分别比全国（9.9年）和全省（10.3年）高1.5年和1.1年。医疗卫生服务保障不断完善，2023年末，全市共有医疗卫生机构5583个，其中医院312个；医疗卫生机构床位79480张，其中医院床位74320张。城镇居民人均住房建筑面积34.1平方米。人均期望寿命达到80.3岁。

三、城市高质量发展的薄弱环节与不足

（一）经济能力不够，经济规模有待扩大

沈阳作为东北地区的重要城市，拥有广阔的发展空间和潜力。然而，沈阳的城市规模还远远不够大，与其城市发展定位和目标有一定差距。2023年，沈阳综合质效指数为79.9，作为辽宁省会城市，综合发展水平有待进一步提高。主要表现在：沈阳市辖区人均GDP不高。初步测算，2023年，沈阳市辖区人均地区生产总值为93118元，居辽宁省第三。同时，在经济总量、人口规模、财政水平等方面均有较大提升空间。

（二）国际化程度不高，开放水平有待提高

沈阳毗邻韩国、俄罗斯等国家，处于东北亚经济圈和环渤海经济圈的中心地带，具有很强的地缘优势，但是区位优势没有得到充分发挥，在国际贸易、国际投资等方面已形成明显差距。2023 年，沈阳开放发展指数为 81.5，比上年下降 1.4 个百分点。主要因为货物出口规模占比不高、增速不快。2023 年，沈阳市进出口总额 1469.3 亿元，比上年增长 4.6%，其中出口总额 524.5 亿元，增长 0.8%。

（三）内生动力不足，创新能力有待提升

沈阳科研机构、大专院校数量众多，具备一定的科技创新资源基础，但在国内外缺乏足够的知名度和吸引力，随着高端人才不断流失，科技创新资源差距逐渐扩大。虽然目前沈阳现有各类本专科院校数量较多，但在一流大学和一流学科建设大学领域的高校数量仅各有一所。同时，研发投入仍显不高，2022 年，沈阳 R&D 经费支出（规上）110.2 亿元，R&D 人员（规上）3.4 万人，居辽宁第二。

四、推动城市高质量发展的对策建议

（一）增强带动能力，加快提升城市发展能级

抢抓新时代东北全面振兴战略机遇，努力在辽宁打造国家重大战略支撑地中当好排头兵。一是做大做强经济实力，提高城市竞争力。要着眼于创造能够参与国际竞争的新优势产业，加快转方式、调结构步伐，继续坚持在结构调整中做大总量，在做大总量中提升质量，努力形成以新型工业为支撑、以现代服务业为主导、以现代都市农业为基础的产业发展新格局。立足于突出发展支柱产业，推动能级再跃升，培育具有国际影响力的先进装备制造业基地；加快发展新能源汽车及智能网联汽车、高端智能装备、新型材料等战略性新兴产业，打造发展增长点；超前布局具有前瞻性、战略性的前沿产业，抢占技术产业高地。二是打造现代综合枢纽城市，增强辐射带动能力。不断加强面向国际视野的交通设施建设，不仅成为区域内的核心枢纽城市，更要成为世界范围内的交通枢纽城市。全面拓展“空陆海网”大通道，加快临空经济区建设，实施东北海陆大通道建设行动，积极构建与沿海城市的陆海联动体系，打造海铁联运快速通道，形成航空枢纽、铁路枢纽、公路枢纽一体化。借助于中蒙俄经济走廊、“一带一路”东北亚物流大通道，建立起衔接高效、费用低廉、方式多样的多式联运国内国际物流中心。

（二）深化对外开放，提升国际化城市功能

进一步完善体制机制，持续提升开放合作水平，努力在辽宁打造东北亚开放合作枢纽地中当好

排头兵。发挥区位优势，向东共建“东北亚经济走廊”，向南打造高质量向海之路，向西构建亚欧新纽带，向北扎实推进中蒙俄经济走廊建设，优化升级国际航空港建设，多层面、多层次开展与周边国家经贸合作，全力打造东北亚国际化中心城市。进一步完善“空陆海网”通道体系，积极创建国家临空经济示范区和国家中欧班列集结中心，规划建设面向周边国家的产业投资贸易合作平台以及合作园区。以高水平开放推动先进制造业和现代服务业深度融合，推动重大装备和优势产能“走出去”。同时，着力打造国际化城市环境，加快推进国际化城市建设，积极举办国际性交易博览会、国际文化体育交流等活动，加强国际教育、医疗等领域合作，推进国际化餐饮、社区等配套建设，提升城市国际化功能，吸引更多国际投资者投资创业，建成面向东北亚开放包容的国际化城市。

（三）加强科技创新，建设科技创新高地

聚焦建设综合性国家科学中心，把丰富的科教资源存量转化为振兴发展的优质增量。一是推进企业技术创新。企业是自主创新的主体，加大对自主创新企业的扶持力度，支持龙头骨干企业，聚焦产业创新发展短板，加强研究开发和科技创新，鼓励中小企业开发具有自主知识产权的产品和技术。二是健全和完善创新链。形成通畅的从知识创新到技术创新再到产业创新的创新链，促进创新要素流动和加快科技成果转化，实现创新链与产业链的深度融合。支持有条件的企业联合科研院所、高等院校、行业组织等牵头组建制造业行业创新中心，打造汇聚国内外高端创新资源的创新平台，促进科技成果资本化、产业化，引领发展战略性新兴产业和未来产业，加快形成新质生产力。三是优化创新创业生态。加强知识产权保护和市场监管，完善制造业创新主体的激励机制，建立有利于大众创新的政策环境。

（执笔人：贺彦飞 依雪）

大连市高质量发展监测报告

2023年，大连市委、市政府坚持以习近平新时代中国特色社会主义思想为指导，深入学习贯彻习近平总书记关于东北、辽宁、大连振兴发展重要讲话重要指示批示精神，锚定高质量发展，大力实施开放引领、转型发展、民生优先和品质立市的发展战略，统筹推进全域城市化、新型工业化、城市智慧化和农业现代化，形成营商环境优、创新能力强、开放程度深、生态环境良、幸福指数佳、文明程度高的可持续高质量发展新局面。

一、城市发展现状

大连地处辽东半岛最南端，辖7个区、2个县级市、1个海岛县，下设102个街道办事处、47个乡镇，常住人口753.9万人。大连历史文化悠久，17000年前就有人类活动，1899年开埠建市，连续六届荣膺“全国文明城市”，八次荣获“全国双拥模范城”，蝉联全国社会治安综合治理最高奖“长安杯”。大连生态环境良好，依山傍海，风景秀美，气候宜人，是我国大陆海岸线最长的城市，鲍鱼、刺参、海胆、大樱桃等优质产品驰名国内外，荣获中国十大“美好宜居”城市等称号，是有影响力的国际旅游目的地城市。大连产业基础雄厚，装备制造、船舶制造、石油化工等传统产业优势明显，创造了我国第一艘航空母舰、第一台大功率内燃机车、第一套核工业轴承等一批大国重器，被誉为中国“海军舰艇摇篮”“机车摇篮”“轴承工业摇篮”。大连是我国第一批沿海开放城市，拥有3家国家级经济技术开发区、1家国家级高新技术产业园区、1家国家旅游度假区，各类开放平台30余家，大连自贸片区占中国（辽宁）自由贸易试验区总面积的50%。

二、城市高质量发展成绩显著

2023年，大连市高质量发展指数为82.4。从六大维度看，综合质效指数81.5，绿色发展指数90.5，开放发展指数85.1，创新发展指数84.1，共享发展指数72.8，协调发展指数86.6。

（一）经济总量稳步增长，综合实力明显增强

经济运行总体平稳，稳中向好。2023 年，全市 GDP 为 8753 亿元，按可比价格计算，同比增长 6.0%，比上年提高 2.0 个百分点，高于全国 0.8 个百分点。其中，第一产业增加值 596 亿元，增长 4.9%；第二产业增加值 3715 亿元，增长 9.0%；第三产业增加值 4442 亿元，增长 3.8%。按常住人口计算，人均 GDP 为 11.7 万元，比上年增长 5.6%。

图 1 大连东港商务区

第一产业稳中有进。主要农产品保障有力，2023 年，全市蔬菜及食用菌产量 192.5 万吨，同比增长 3.4%；水果产量 206.9 万吨，同比增长 5.0%；猪牛羊禽肉产量 101.6 万吨，同比增长 0.6%；地方水产品产量（不含远洋渔业产量）243.8 万吨，同比增长 4.5%。

第二产业快速增长。2023 年，全市规模以上工业增加值同比增长 12.0%，比上年提高 6.9 个百分点，分别高于全国、全省 7.4 个和 7.0 个百分点，居全省首位。其中，高技术制造业增加值同比增长 30.3%；占规模以上工业比重八成的石化工业和装备制造业增加值分别增长 11.1%、19.7%。

第三产业持续恢复。2023 年，全市水路、航空运输总周转量同比分别增长 20.6%、1.4 倍，复苏显著。消费市场持续恢复，2023 年，全市社会消费品零售总额同比增长 8.8%，比上年提高 12.1

个百分点，高于全国 1.6 个百分点。升级类商品消费保持快速增长，新能源汽车类零售额同比增长 88.0%。

（二）动能转换接续发力，创新活力加速释放

创新人才不断聚集。深化产教融合、市校协同，金普新区入选首批国家级市域产教联合体，大连理工大学和海事大学 4 个学科列入全国“双一流”。全市共有普通高等学校 31 所，本、专科在校生 32.8 万人；在学研究生 6.8 万人，其中在学博士生 0.9 万人。深入实施“兴连英才计划”，引进“带土移植”团队 13 个，新增高层次人才 792 人。开展“青年学子留连来连高校行”等活动，接收应届高校毕业生 6.5 万人、增长 27.0%。

科创平台不断突破。英歌石科学城建设进入快车道，首批 235 个细分领域实验室确定入驻，先进光源大科学装置预研项目主体完工，辽宁滨海实验室、黄海实验室投入使用，水路交通控制全国重点实验室正式获批，大连人工智能计算中心获批国家新一代人工智能公共算力开放创新平台。新注册科技型中小企业 2093 家。年末全市共有国家级重点实验室 9 个、工程技术研究中心 4 个；省级重点实验室 157 个、技术创新中心 114 个；市级重点实验室 175 个、工程技术研究中心 156 个。共有科技企业孵化器 32 个，备案众创空间 78 家。

创新能力不断加强。开展关键核心技术攻关，实施“揭榜挂帅”132 项，“大连 1 号”卫星成功发射，高铁轴承等技术取得实质性突破。全年发明专利授权 4514 件，比上年增长 5.4%。有效发明专利拥有量 2.7 万件，每万人口有效发明专利拥有量 36.2 件。全年技术合同成交额 505.8 亿元，比上年增长 18.4%，科技成果本地转化率达 42.2%。2022 年，全社会研发投入增长 10.8%、占 GDP 比重达 3.1%，是东北地区唯一超过 3% 的城市。

（三）城乡面貌焕然一新，陆海协调发展统筹推进

海洋经济稳健发展。2023 年，全市海洋经济总产值超 4200 亿元，增长 9% 以上。“蓝色粮仓”加快建设，新建国家级海洋牧场 3 个，新认定国家级、省级良种场 6 个；全市近岸海域优良水质比例达 99.1%。

乡村振兴扎实推进。新建改造提升高标准农田 7 万亩，实施保护性耕作 63.5 万亩，完成粮食播种面积 402.1 万亩，粮食总产量实现“八连丰”。国家级现代农业产业园、农业现代化示范区、乡村振兴示范县数量居副省级城市首位，“大连大樱桃”等 4 个地标农产品获得国家级博览会金奖。完成农村公路大中修 200 公里，创建省级美丽宜居村 161 个。

城市品质全面提升。完善城市基础设施，升级改造重点道路35条，新增停车泊位4万个，建成“口袋公园”116处，建设海绵城市项目24个。实施城市更新行动，改造燃气管网1350公里、老旧供热管网276公里、老旧排水管网111公里，筹集保障性租赁住房6036套。改造老旧小区192个、1100万平方米，惠及15万户居民。

（四）绿色发展深入人心，生态文明建设成效显著

环境质量向好向优。蓝天、碧水、净土三大污染防治攻坚战取得阶段性成果，2023年，全年$PM_{2.5}$平均浓度为29微克/立方米，空气质量优良天数319天，13个国考河流断面水质优良比例达100%，重点建设用地安全利用率、危险废物安全处置利用率保持100%。

生态保护修复纵深推进。统筹推进山水林田湖草沙一体化保护和修复，创新实施“土壤修复+开发建设”模式试点，深入实施“绿满大连”工程，完成人工造林2万亩，复绿废弃矿山1.5万亩，庄河市被生态环境部命名为“生态文明建设示范区”，长海县被评为国家首批自然资源节约集约示范县。

发展方式绿色转型。推进碳达峰碳中和，全市规模以上工业能耗总量、强度实现“双下降”，入选全国首批碳达峰试点城市。产业结构、能源结构、交通运输结构优化调整，2023年，非化石

图2 北大桥

能源发电量占比达 73.8%。大力发展循环经济，高质量建设“无废城市”，绿色低碳生产生活方式成为大连人的新时尚。

（五）对外开放纵深拓展，“三个中心”建设不断加速

对外开发持续加力。自贸试验区推出 30 项首创性制度创新成果，2 项成果入选国务院改革试点经验在全国复制推广。RCEP（大连）国际商务区功能不断拓展，公共服务平台上线运行，跨境商品展贸中心启动运营。

“三个中心”建设加快。航运中心能级提升，开通大连—符拉迪沃斯托克、大连—羽田航线，全年空港吞吐量 1613 万人次，比上年增长 153%，增速超过全国平均水平，集装箱吞吐量增速居全国沿海港口前列。物流中心体系不断完善，畅通海陆大通道，开通大庆至大连海铁联运班列，海铁联运量占比居全国前列。金融中心建设初具规模，大连商品交易所是全国五家期货交易所之一。

（六）社会事业多点开花，共享发展成果显现

就业优先深入推进。健全就业公共服务体系，开展助企稳岗扩岗促就业活动，突出抓好高校毕业生、退役军人等重点群体就业创业，2023 年，全年城镇新增就业 13 万人，零就业家庭动态清零。扶持创业带头人 2314 人，带动就业 1.6 万人。

居民生活持续改善。2023 年，全体居民人均可支配收入 47608 元，比上年增长 4.0%。按常住地分，城镇居民人均可支配收入 53689 元，比上年增长 3.4%；农村居民人均可支配收入 26430 元，比上年增长 6.8%。全体居民人均消费支出 31178 元，比上年增长 8.8%。按常住地分，城镇居民人均消费支出 35684 元，比上年增长 8.1%；农村居民人均消费支出 15484 元，比上年增长 13.8%。

民生保障有力有效。城乡居民最低生活保障标准、城乡特困供养人员基本生活标准全面提升。截至 2023 年末，全市共有城镇居民 1.58 万人和农村居民 2.81 万人享受政府最低生活保障。全市参加城镇职工基本养老保险人数 397.1 万人，比上年末增加 10.7 万人。参加基本医疗保险人数 633.8 万人。其中，参加职工基本医疗保险 364.1 万人，参加城乡居民医疗保险 269.6 万人。市场化养老产业集群快速发展，区、街、社区三级联动的居家和社区养老服务设施网络初步形成。

健康大连建设成果丰富。新增国家临床重点专科 5 个，发热门诊、住院楼建设等 10 个项目投入使用，市民就医条件明显改善，公立医院“一院多区”改革入选全国典型案例。

文化服务水平显著提升。实施文化惠民工程，开展“艺术点亮城市”等惠民文化活动 410 场，建成城市书房、非遗工坊等新型公共文化空间 20 个。开展全民健身运动，大连国际徒步大会和马拉松赛成功举办。老铁山和长山群岛候鸟栖息地通过世界遗产中心评估。入选“东亚文化之都”，城市知名度和美誉度进一步提升。

三、城市高质量发展存在的问题

（一）产业结构有待进一步优化

大连作为沿海经济较为发达城市，产业结构发展水平与经济整体进入新的发展阶段还不相适应。2023 年，三次产业增速分别为 4.9%、9.0%、3.8%，占 GDP 的比重分别为 6.8%、42.4%、50.8%，相较于全国 7.1%、38.3%、54.6% 的平均占比，服务业占比偏低，二、三产业融合发展不够，服务业发展落后于工业化进程，且发展差距仍在加大，产业协同发展合力尚未形成。

（二）对外开放有待进一步加强

受世界经济复苏乏力，国外需求萎缩等外部环境及大宗商品价格波动等因素影响，2023 年，全市进出口总额 4552.8 亿元，比上年下降 5.0%，其中，出口额下降 0.3%，进口额下降 8.6%。全市新增外商投资企业 286 家，比上年下降 17.3%，新增企业比 2022 年减少 60 家。商务部统计口径实际利用外资 9.7 亿美元，比上年下降 52.5%，外向型经济运行面临更多挑战，外资外贸基本盘还需进一步巩固。

（三）消费需求有待进一步提振

2023 年，大连社会消费品零售总额 2008.6 亿元，比上年增长 8.8%，增速与全省持平，比全国高 1.6 个百分点，但市场规模偏小，消费对经济增长的基础性作用发挥不够充分。从商品类别看，限额以上 21 类商品中，有 8 类同比下降，家用电器和音像器材类、建筑及装潢材料类等房地产关联商品零售降幅较大，市场恢复态势尚显不足。

四、推动城市高质量发展的意见建议

（一）推动产业转型升级，构建现代化产业体系

加快推动产业结构转型升级，改造提升传统产业，大力发展现代生产性服务业，积极培育新产业新赛道，深挖服务业发展潜力。在稳一产、强二产的基础上，根据三产服务业细分行业特点，加强分析研究，有针对性的制定政策措施、完善配套政策、压实工作责任，协调处理服务业发展中的重大问题，在推动增加市场主体、培育新兴业态、促进行业发展等方面出实策、见实招。

（二）聚力高水平对外开放，全面提升开放能级和水平

深入实施自贸试验区提升战略，积极争取国家政策支持，推进大连片区整合提升，高标准对接

国际经贸规则，完善以投资贸易自由化便利化为核心的开放型制度体系，打造面向世界的高水平开放平台。着力优化利用外资结构，探索实施海外并购等进资路径，吸引跨国公司在连设立区域总部、结算中心等功能性机构。支持跨境电商等新业态新模式，用好“一带一路”、RCEP、国际展会等平台，拓展出口潜力，帮助企业稳订单、拓市场，促进外贸保稳提质。

（三）挖掘潜力增加供给，激发城市消费需求

坚持“政策＋活动”双轮驱动，大力推动汽车、家电等以旧换新；围绕节日消费热点，举办各类消费促进活动，营造浓厚消费氛围，为居民提供更多元、更丰富的消费体验。聚焦科技服务、现代物流、软件和信息技术等领域发力，通过人工智能、云计算、大数据、工业物联网等新一代信息技术联结制造与服务。探索建立各类互联网生活服务平台，引进、培育更多互联网商贸企业，扩大经营和辐射范围。支持发展电子商务、网络教育、网络娱乐等在线消费新业态新模式，挖掘更多消费增量。

（执笔人：魏来）

上海市高质量发展监测报告

上海市位于中国华东地区，东濒东海，南临杭州湾，西接江苏和浙江两省，北界长江，是中华人民共和国直辖市、国家中心城市、国家历史文化名城，是中国共产党的诞生地。上海市辖区面积6340.5平方公里，有16个市辖区、107个街道、106个镇、2个乡，2023年末，全市常住人口达2487.45万人。新时代，上海坚定不移深化改革开放，扎实推进国家重大战略任务，以创新驱动引领高质量发展，不断增强城市核心竞争力。面向未来，上海将继续以开放的姿态，迎接挑战，抓住机遇，深入贯彻落实中共中央和国务院决策部署，努力在推进中国式现代化中充分发挥龙头带动和示范引领作用。

一、城市高质量发展成效

把上海建设成为国际经济、金融、贸易、航运和科技创新中心，是习近平总书记和中共中央全面研判国内国际大势、统筹把握改革发展大局作出的重要决策。习近平总书记明确要求，上海要统筹牵引经济社会发展各方面工作，坚持整体谋划、协同推进，重点突破、以点带面，持续提升城市能级和核心竞争力。2023年，上海城市高质量发展指数达到90.8，仅次于北京，且相较2022年，上海得分与北京的差距有所缩小。具体来看，综合质效、创新发展、协调发展及共享发展四个维度得分均较上年有所提升。

上海高质量发展指数

年份	综合质效	创新发展	协调发展	绿色发展	开放发展	共享发展	总指数
2023	91.3	92.4	91.8	90.4	97.4	85.6	90.8
2022	86.2	91.5	91.2	90.9	97.8	82.1	88.7

（一）综合发展成效

2023 年，上海以习近平新时代中国特色社会主义思想为指导，全面贯彻落实党的二十大精神，深入贯彻落实习近平总书记考察上海重要讲话精神，坚决贯彻落实中共中央、国务院的决策部署，坚持稳中求进工作总基调，深化高水平改革开放，推动高质量发展，着力提升城市能级和核心竞争力。

一是经济平稳提升。2023 年，上海实现地区生产总值（GDP）达到 47219 亿元，比上年增长 5.0%，经济总量继续保持全国经济中心城市首位，其中，第二产业增加值增长 1.9%，第三产业增加值增长 6.0%。

二是效益持续增长。2023 年，上海第三产业增加值占地区生产总值的比重达到 75.2%；人均地区生产总值 19.0 万元；2023 年末，上海市城镇化率达 89.5%。

（二）创新发展成效

2014 年 5 月，习近平总书记在上海考察时强调："上海要努力在推进科技创新、实施创新驱动发展战略方面走在全国前头、走在世界前列，加快向具有全球影响力的科技创新中心进军。"10 年来，上海一刻不停，沿着习近平总书记指引的方向奋力前进，在关键技术领域厉兵秣马，提升原创性、引领性、战略性。上海国际科技创新中心建设从"建框架"向"强功能"跃升，跨入创新活力持续迸发、创新成果不断涌现的新阶段。

一是创新投入稳步提升。2023 年，上海财政科技支出总额为 528.1 亿元，较 2020 年 406.2 亿元累计增长了 30.0%，年均增长率达 9.1%。2023 年，上海全社会研发经费支出相当于全市生产总值的比例达 4.4% 左右。2023 年，共落实研发费用加计扣除上年度减免税额 823.2 亿元，享受企业数 4.15 万家；落实高新技术企业减免所得税额 248.7 亿元，享受企业数 3007 家；落实技术先进型企业减免所得税额 13.2 亿元，享受企业数 146 家。

二是创新人才不断集聚。2023 年，上海新增两院院士 18 位，占全国新增院士总数的 13.5%；万人平均高等教育在校生人数达 391.7 人，较上年增长 3.7%；每万名就业人员中研发人员数量达 253 人。

三是创新主体节节攀升。2023 年，上海新增科技"小巨人"企业和"小巨人"培育企业 155 家，累计超 2800 家。年内新认定高新技术企业 8052 家，有效期内高新技术企业数突破 2.4 万家。新认定技术先进型服务企业 42 家，有效期内 243 家。全年共认定高新技术成果转化项目 837 项，其中，电子信息、生物医药、新材料、先进制造与自动化等重点领域项目占 82.2%，累计认定高新技术成果转化项目 15929 项。

四是创新成果量足质稳。2023 年，上海全市专利授权量 15.9 万件，其中发明专利授权量 4.4 万件，比上年增长 20.5%。截至年末，有效发明专利拥有量 24.1 万件，比上年增长 19.5%；每万人口高价值发明专利拥有量 50.2 件，较上年增加 9.3 件。全年经认定登记的各类技术交易合同 50824 项，合同金额达 4850 亿元，分别比上年增长 32.8%、21.1%，成交金额排名全国第二。其中，高校院所等科研事业单位技术合同成交额达 182 亿元，同比增长 26.6%。2023 年，上海集成电路、生物医药、人工智能三大先导产业规模达 1.6 万亿元；战略性新兴产业增加值同比增长 6.9%，占全市 GDP 比重的 24.8%。

（三）协调发展成效

早在“十三五”规划制定过程中，上海即提出要推进协调发展，整体优化城市发展格局。上海积极实施乡村振兴战略，不断推进城市基础设施建设，贯彻落实“人民城市人民建，人民城市为人民”的理念，致力于提升人民群众的获得感、幸福感、安全感，让经济发展真正惠及每个市民群众。

一是高水平实施乡村振兴战略。上海在实施乡村振兴战略中，始终以高水规划为前提，因地制宜、因村施策，着力打造能够凸显整体功能和示范引领作用的示范村。本市完成第五批乡村振兴示范村建设，本批次示范村建设中的社会资本投入首次超过财政资金投入，并在实施路径、资金投入、产业导入、评估监测等方面形成了更加完善的工作机制，本市乡村建设水平进一步迭代和提升。2023 年，全市已完成 309 个美丽乡村示范村和 112 个乡村振兴示范村建设。城乡居民收入比则由 2018 年的 2.24 降至 2023 年的 2.08。

二是高质量推进城市基础建设。2023 年全年，上海城市基础设施建设投资总额比上年增长 3.3%，其中交通运输、邮电通信投资增长 2.8%，公用设施投资增长 6.9%。全年实施老旧小区改造 1310 万平方米，完成 29.6 万平方米小梁薄板房屋等不成套旧住房改造，启动 10 个城中村改造项目，推动既有多层住宅加装电梯 3001 台，建设筹措 8.1 万套（间）保障性租赁住房，筹措供应 1.1 万张“新时代城市建设者管理者之家”床位。

（四）绿色发展成效

2023 年是全面贯彻党的二十大精神的开局之年，也是生态环境领域具有里程碑意义的一年。7 月，中共中央时隔五年再次召开全国生态环境保护大会，习近平总书记出席会议并发表重要讲话，为我们在新时代新征程继续推进生态文明建设提供了行动纲领和科学指南。9 月，上海市召开生态环境保护大会，提出高标准谋划、高水平推进美丽上海建设，加快打造人与自然和谐共生的社会主义现代化国际大都市。全市生态环境系统深入学习贯彻习近平生态文明思想，全面落实市委、市政府的决策部署，坚定不移走生态优先、绿色发展之路，坚持以高水平保护推动高质量发展，生态环境保护工作取得新进展。

一是空气质量持续改善。2023 年，上海市环境空气质量指数（AQI）优良天数为 320 天，较 2022 年增加 2 天，AQI 优良率为 87.7%，较 2022 年上升 0.6 个百分点，全年无严重污染天数。全市 $PM_{2.5}$ 年均浓度为 28 微克 / 立方米，近五年的监测数据表明，全市 $PM_{2.5}$ 年均浓度总体呈下降趋势。

二是水资源治理成效显著。2023 年，上海积极推进三水统筹、系统治理，落实碧水保卫战重点工作。水环境方面，全面开展入河入海排污口排查整治，全市累计排查河湖、海湾岸线长度约 2.3 万公里，发现各类排污口数量约 70 万个，并完成 1467 个长江入河排污口整治销号。273 个地表水断面优Ⅲ类占比为 97.8%，其中，40 个国控断面优Ⅲ类占比为 97.5%，无Ⅴ类和劣Ⅴ类断面。

三是绿色发展全面落实。2023 年，上海持续推进绿化资源建设，绿地面积、公园面积、公园绿地面积等指标较 2022 年分别增长 0.4%、5.1%、2.3%，人均公园绿地面积达 9.4 公顷每万人，较上年增长 1.8%。主要污染物重点工程减排量完成国家下达的年度目标任务，持续高标准推进全域“无废城市”建设，全年未发生较大及以上突发环境事件。

（五）开放发展成效

上海市深入贯彻落实习近平总书记关于共建“一带一路”的重要讲话和重要指示批示精神，立足国家需要和上海优势，积极搭建合作平台、拓展合作网络、共建合作项目，服务共建“一带一路”迈上新台阶。

一是全力推进国家战略。2018 年以来，中国国际进口博览会已成功举办六届，依托中国大市场优势，上海发挥国际采购、投资促进、人文交流、开放合作平台功能，对加快构建新发展格局和推动世界经济发展作出了积极贡献。2023 年第六届进博会圆满举办，128 个国家和地区的 3486 家企业参展，其中世界 500 强和行业龙头企业达 289 家，数量为历届之最。按年计意向成交金额 784.1 亿美元，比上届增长 6.7%，创历史新高。

二是贸易结构优化升级。2023 年上海市进出口总值 4.21 万亿元人民币，较 2022 年同期增长 0.7%。其中，出口 1.74 万亿元，增长 1.6%；进口 2.47 万亿元，增长 0.1%。出口产品中，电动载人汽车年度出口值首超千亿元大关，达 1208.9 亿元，增长 43.9%；锂离子蓄电池 382.4 亿元，增长 50.5%；太阳能电池 86.6 亿元，增长 0.9%。此外，出口船舶 445 亿元，增长 48.8%，全年增长规模近 150 亿元。

三是外资引入量质齐升。2023 年，上海实际使用外资达 240.9 亿美元，增长 0.5%，创历史新高。全年新设外商投资企业 6017 家，比上年增长 38.3%；年末，在上海投资的国家和地区达 193 个；上海市累计认定跨国公司地区总部 956 家，年内新增 65 家；外资研发中心 561 家，年内新增 30 家。

（六）共享发展成效

习近平总书记考察上海提出了“人民城市人民建，人民城市为人民”的重要理念，深刻揭示中国特色社会主义城市发展规律。幼有善育、学有优教、劳有厚得、病有良医、老有颐养、住有宜居、弱有众扶，这些美好风景是人民群众的热切期待，也是城市温度的集中体现。

一是社会保障水平持续提升。2023 年城镇新增就业岗位 60.6 万个，全年帮助就业困难人员实现就业 66686 人，新消除零就业家庭 57 户，全年创业帮扶 15176 户，帮助 12314 名长期失业青年实现就业创业。全年全市居民人均可支配收入达 89477 元，同比增长 6.5%。年末全市基本养老参保人数超 1761 万人、失业保险参保人数超 1023 万人、工伤保险参保人数超 1188 万人，城市低保平均保障标准达到 1510 元 / 人月，社会保障指标均实现增长。

二是公共服务能力持续改善。2023 年年末全市公共图书馆数为 20 个，藏书量达 8307 万册，博物馆数 165 个，人均接受文化场所服务次数达 3 次，基础文化设施建设迈上新台阶。年末，上海卫生健康机构、床位、卫生技术人员分别较上年增加 110 个、9654 张、10149 人，分级诊疗体系下沉社区，卫生健康服务普惠群众。2023 年全市一般公共预算支出中教育支出同比增长 7.4%；普通本专科在校生 57.2 万人，比上年增加 3.2%；研究生在校生 25.8 万人，其中博士生 5.7 万人，比上年增加 11.1%，硕士生 20.1 万人，比上年增加 4.0%；教育事业普惠群众。

二、城市高质量发展的经验

上海以强化“四大功能”为重大抓手和战略路径，深化“五个中心”建设，推动高水平改革开放，实现高质量发展，努力把习近平总书记和中共中央赋予的重大战略、交办的重大任务、提出的重要要求，持之以恒地细化为“施工图”，高质量地转化为“实景画”。

强化全球资源配置功能。上海建设了国际人才发展引领区，创新吸引和集聚世界优秀人才的体制机制，健全急需紧缺专业人才全链条培养使用体系，为外籍人才提供入出境和停居留便利。上海引进培育了一批具有全球市场运作能力的高能级企业和机构，支持再保险“国际板”等功能性平台强化国际服务功能，在便利资金、人才、数据等跨境流动上进一步深化探索创新。

强化科技创新策源功能。上海一手抓创新源头，服务保障大科学设施建设和运营，健全以国家实验室为引领的战略科技力量体系，加大对基础研究的投入。一手抓创新转化，优化创新孵化体系、科技公共服务体系、科技投融资体系、大中小企业协同创新体系，四大体系协同并进帮助企业打造“从 0 到 1 到 10 到 100”的创新全链条。

强化高端产业引领功能。上海一方面在规模上引领，加快建设以实体经济为支撑的现代化产业体系，另一方面在技术上引领，抢占价值链高端环节，在高端装备、基础模型、关键材料、特种试剂、核心基础零部件等关键环节加大布局和支持力度，夯实产业基础。

强化开放枢纽门户功能。上海硬件方面重点是持续打造世界级航运枢纽，全力保障东方枢纽上海东站、浦东国际机场四期等重大项目建设。软件方面是深化落实自由贸易试验区提升战略，对接国际高标准经贸规则，推进高水平全方位制度型开放，并且提升走出去发展竞争力。

（执笔人：陆嘉歆）

南京市高质量发展监测报告

近年来，面对严峻复杂的国际环境和艰巨繁重的改革发展稳定任务，南京坚持以习近平新时代中国特色社会主义思想为指导，深入学习贯彻习近平总书记考察江苏重要讲话重要指示精神，致力于打造更有产业硬度的实力之城、更有创新高度的活力之城、更有开放强度的枢纽之城、更有文化厚度的魅力之城、更有民生温度的幸福之城，奋力推进中国式现代化南京新实践。

一、城市基本概况

南京，古称金陵、建康，是江苏省省会、副省级城市、南京都市圈核心城市，是国家规划明确的东部地区重要中心城市、长三角特大城市，市域面积6587平方公里，常住人口超950万人，下辖11个区和国家级江北新区。南京地处中国东部、长江下游、濒江近海，是长江国际航运物流中心，长三角辐射带动中西部地区发展的重要门户城市，也是东部沿海经济带与长江经济带战略交汇的重要节点城市。同时，南京自古以来就是一座崇文重教的城市，有“天下文枢”“东南第一学”的美誉，2023年末拥有普通高校51所（不含部队院校），在校大学生（含研究生）超100万人，是国家重要的科教中心。

二、高质量发展成就斐然，综合实力稳步增强

2023年南京城市高质量发展指数为87.5，分别高于全国平均、全省平均12.1和5.3，较上年提升1.0。从六个具体维度看，综合质效指数（85.9）较上年提升2.4，创新发展指数（88.3）提升0.5，协调发展指数（90.4）提升0.4，绿色发展指数（89.9）提升0.1，开放发展指数（86.2）回落0.5，共享发展指数（85.9）提升1.5。

（一）综合发展成效显著

南京综合质效指数为85.9，高于全省平均水平3.1。党的十八大以来，全市经济规模不断实

图 1 南京城市夜景

现跨越，2016 年南京成为全国第 11 座 GDP 万亿元城市，2020 年首次跻身全国十强城市行列，2023 年经济总量达到 17421.4 亿元。人均 GDP 为 183015 元，居省会城市首位。年末全市常住人口 954.7 万人，比上年末增加 5.6 万人。

经济建设成效显著。2023 年人均 GDP 达到 25972 美元，超过葡萄牙、接近捷克的发展水平。供给领域回升向好，2023 年规上工业增加值较上年提升 1.2 个百分点，新签约华天科技晶圆级先进封测基地、美埃高端装备等百亿级产业项目 9 个；服务业增加值比上年增长 5.6%，对全市经济总量增长贡献率达 78.2%。需求领域稳步改善，2023 年组织开展消费促进活动 1600 余场，出台汽车、家电消费等专项支持政策提振大宗消费，社会消费品零售总额站上八千亿元新台阶；出台全省首个促进民间投资发展政策文件，发布第一批面向民间资本推介项目清单，民间投资占固定资产投资比重达 44.6%。

财政金融实力增强。2023 年，全市一般公共预算收入 1620 亿元，增长 4%，税收占比 84.4%。一般公共预算收入与 GDP 之比提升至 9.3%。公共财力不断增强，为加大教育、医疗、社保等民生领域投入，增强政府调节收入分配能力提供有力资金保证。金融机构本外币存贷款余额、证券交易额、保费收入规模均居全省第一、全国前列，年末本外币存贷款规模突破 10 万亿元，全年新增 7 家境内外上市公司，总数达到 161 家。

城市影响力不断提升。成功举办 2013 年亚青会、2014 年青奥会、2016 年世界速度轮滑锦标赛等国际赛事，连续举办南京国际马拉松赛、南京历史文化名城博览会、中国南京周，被授予“世界文学之都”“国际和平城市”“联合国人居奖特别荣誉奖城市”等荣誉称号。入选“中国国际传播综合影响力十大先锋城市”，“发现南京”平台粉丝数突破 170 万。出台《南京市新时代爱国主义教育实施方案》《南京市文明行为促进条例》，推进文明典范城市创建，先后四次获得“全国文明城市”荣誉称号。

（二）创新发展引领增长

南京创新发展指数为 88.3，高于全省平均水平 6.1。出台《南京市推进产业强市行动计划（2023—2025 年）》，培育壮大“2+6+6”创新型产业集群。全年研发经费投入强度超 3.8%，高新技术产业产值占规模以上工业产值比重达 57.1%。有效期内高新技术企业总数超 1 万家，入库科技型中小企业 23569 家、增长 16.8%。市级新型研发机构 376 家，全年市级新型研发机构及其关联带动企业实现营收 562.5 亿元。

科技成果加速转化。深化与中国科学院战略合作，开源软件供应链重大基础设施平台“源图”成功构建全国规模最大的开源软件供应链知识图谱。“问天Ⅰ”类脑超级计算机发布重要技术成果，突触智能规模达到全球第二。万人有效发明专利拥有量达 146.8 件，全市技术合同成交额突破 1000 亿元，同比增长 16.9%。国家科技企业孵化器绩效评价获优数量连续 3 年位居全国城市首位；《国家创新型城市创新能力评价报告 2023》南京位列第四，仅次于北京、上海和深圳。

科创平台成果丰富。紫金山实验室发布 6G 全频段全场景普适信道建模与仿真技术、跨广域网络编码分布式存储系统、无线内生安全芯片等多项创新成果，生物育种钟山实验室成功克隆水稻籼粳亚种关键基因，累计 23 家单位获批通过全国重点实验室重组。国家集成电路设计自动化技术创新中心正式揭牌运行，国家第三代半导体技术创新中心（南京）在国内率先突破 6 英寸碳化硅器件批量生产技术，“南京智能计算中心”获批成为全国首批、全省唯一的国家新一代人工智能公共算力开放创新平台。

（三）协调发展有力推进

南京协调发展指数为 90.4，高于全省平均水平 5.3。国家新型城镇化综合试点、户籍制度改革和居住证制度先后推进实施，城镇化水平进一步提升。2023 年末全市常住人口城镇化率达 87.2%，比上年提升 0.2 个百分点。稳步实施乡村振兴战略，在全省率先完成农村环境连片整治，累计建成市级以上美丽乡村 2800 多个、省级特色田园乡村 81 个、中国美丽休闲乡村 10 个。

城市空间品质提升。编制国土空间总体规划，构建“南北田园、中部都市、拥江发展、城乡融合”的总体格局，统筹推进山、水、林、田、湖、草一体化保护和系统治理。全市地下空间开发规模达到 8000 万平方米左右，地下综合管廊超 100 公里，地铁公共交通分担率达 65.5%，均居全省首位。大力发展现代农业，拓宽农民增收途径，2023 年，全市农业特色优势产业融合产值增长 14.6%，休闲农业接待游客超过 3817 万人次、综合收入达 150 亿元，城乡居民收入比由上年的 2.21 缩小至 2.17。

区域一体化进程加快。抢抓长江经济带、长三角一体化、南京都市圈等重大发展战略机遇，加强区域一体化建设。京沪高铁、宁杭高铁、宁安城际相继开通，形成沪宁杭“一小时圈”；127 省道宁滁快速通道、353 省道扬滁公路等交通干线项目建成；完成芜申线航道整治，形成以禄口国际机场、南京南站和南京站综合客运枢纽为主体的客运主枢纽格局。宁淮智能制造产业园、宁淮科创走廊不断涌现创新合作成果，都市圈公交 IC 卡“一卡通”发行总量持续增长，南京都市圈已实现高快速铁路设区市节点通达率 100%。

（四）绿色发展步伐坚定

南京绿色发展指数为 89.9，高于全省平均水平 3.0。全市深入贯彻落实习近平生态文明思想，牢固树立和践行“两山”理论，形成了生态优先、绿色发展的城市发展理念，经济“含绿量”不断提高，水环境、大气环境、自然生态环境质量持续改善。

绿色发展步伐加快。2023 年全市单位 GDP 能耗下降 1.7%，超半数工业产品单位能耗同比下降。新能源汽车、集成电路、工业机器人等绿色、智能产品产量增长较快，分别比上年增长 7.2%、61.6%、27.6%。随着市场供给不断优化以及绿色环保理念有效推广，居民对绿色、智能产品消费需求持续释放。2023 年，全市限额以上单位智能家用电器和音像器材类、智能手机类、新能源汽车类零售额分别比上年增长 94.8%、25.3%、10.8%。

生态环境持续改善。全年共完成 2045 个减排项目，其中水污染减排项目 61 个、大气污染减排项目 1984 个，主要污染物全部完成年度削减任务。$PM_{2.5}$ 年均浓度 29 微克 / 立方米，全年空气优良天数比率 81.9%。地表水国省考断面水质优良比例 100%，长江南京段水质符合国家地表水环境质量Ⅱ类水质标准，主要集中式饮用水源地水质达标率 100%。建成区绿化覆盖率、建成区绿地率、人均公园绿地面积均位居全国同类城市前列。

（五）开放发展激发活力

南京开放发展指数为86.2，高于全省平均水平3.1。全市大力实施“全面开放、全城开放、全方位开放”战略，成为全国首批服务外包示范城市、跨境电商综合试验区、全省唯一叠加“服务业扩大开放+自由贸易试验区”两大国家开放战略的城市。成功举办2023江苏跨境出海峰会、中国（南京）工业品跨境电商高峰论坛。江苏自贸试验区南京片区累计形成近200项制度创新成果，其中11项成果在全国复制推广。

外贸结构持续优化。聚焦加强企业精准服务、加大市场开拓力度、加快跨境电商发展，加大企业对接客户、货物通关、人员出入境等方面政策支持力度。出口结构不断优化，新能源汽车、锂离子蓄电池、太阳能电池等“新三样”产品出口增幅达21.2%，占外贸出口比重提升2.9个百分点至10.6%，规模跃居全省第一。支持外贸新兴业态发展，累计创建4个省级跨境电商产业园和21个省、市级公共海外仓，保税物流贸易增长27.2%，跨境电商进出口规模全省第一。

更大力度吸引外资。创新实施“跨国公司总部行”活动，积极搭建进博会专场推介、全球服贸会、金洽会等高能级招商平台，强化外资重大项目推进服务，把南京打造成外商投资热土。一批标志性外资项目企业相继落户，希尔顿、巴斯夫等知名跨国公司亚太区或中国区共享中心落地运营，西门子全球首座原生数字化工厂成功投产，全球零售业巨头开市客中国首家全生态模式旗舰店建成运营。2023年全市实际使用外资49.4亿美元，新设及增资项目717个，合同外资58.6亿美元。“一带一路”国家在宁实际投资2.4万美元，同比增长139%。

（六）共享发展进程加快

南京共享发展指数为85.9，高于全省平均水平9.6。2023年制定出台推动经济运行率先整体好转“33条”、促进经济持续回升向好“23条”等政策举措，激发市场主体活力。各类经营主体累计享受各项减税降费及退税缓费327亿元，各类金融机构提供金融支持超2700亿元。年末，全市在库“四上”单位突破2万家，实际经营且有纳税申报记录的个体工商户总数突破50万户。

全力保障改善民生。深入推进全民参保，为2.95万名困难人员实施社保费代缴、代缴金额4956万元。优化“一老一小”等服务供给，纳入常态化探访对象老年人20万人、残疾人3.7万人，改造提升省级示范性未保工作站12家，获评首批国家婴幼儿照护示范城市。扎实推进保障性安居工程建设，进一步破解新市民、青年人住房难题，基本建成保障房1143.7万平方米，筹集保障性租赁住房2.3万余套，超额完成全年目标。

富民惠民扎实推进。坚持就业优先战略，为高校毕业生筹岗超45万个次、举办招聘会2448场，培育自主创业者4.55万人，帮扶1.93万名就业困难人员实现就业。十类49项民生实事项目顺利完成，发布《南京市公共设施配套标准》，获批全省老旧住宅电梯安全评估民生实事项目试点城市，基本公共服务水平指数连续6年排名全省第一，第14次获评“中国最具幸福感城市”。

三、问题不足需关注，取长补短促进步

尽管南京高质量发展成果丰硕，但也要看到近年来受宏观经济环境变化等因素影响，对标先进城市、对标高质量发展目标仍有一定差距，主要表现在：一是新兴产业培育仍需加快。支柱产业中，化工、钢铁、石化等传统行业占比偏高，汽车产业中新能源整车企业数量较少，新兴产业完整度、支撑度有待提高。二是民营经济有待壮大。南京作为省会城市，国企、省属企业数量较多，民营企业占比偏低，与深圳、杭州等城市相比，入围中国500强企业数量较少。三是区域发展差异度较大。全市12个板块中，江北新区、鼓楼区、江宁区经济总量均超2000亿元，而浦口区、六合区、高淳区经济规模在600亿元左右，区域之间发展差异度较大。

下阶段，将继续坚持稳中求进、以进促稳、先立后破，扎实推进中国式现代化南京新实践。

一要围绕稳中求进，抓政策落实，稳市场预期。不断拓宽政策适用面、增强政策针对性，全力破解国企敢干、民企敢闯、外企敢投的制约因素，深入研究实施国企改革深化提升行动，增强国企竞争优势。以民营经济高质量发展大会为契机，加大政策宣传解读，支持民营资本进入先进制造业、现代服务业、战略性新兴产业等领域，提升民营企业“含金量”。

二要围绕以进促稳，促消费回升，稳项目投资。持续办好南京国际消费节“四季有约”系列活动，深入挖掘都市圈、长三角文商旅消费潜力，变流量经济为增量经济。深挖优质项目资源，以世界500强企业、央企二三级总部、重点民营企业、高成长性科技型企业为重点，加强拜访对接，争取项目落地。积极落实项目前期条件，强化要素资金保障，促进条件成熟的重大项目尽快开工建设，形成投资项目良性有序衔接。

三要围绕先立后破，强创新动力，调行业结构。充分利用在宁高校院所和重要平台资源，鼓励其与企业、园区合作创新，加强科研成果转化落地。聚焦全市“2+6+6”创新型产业发展方向，积极争创国家、省试点示范任务，高标准推进国家人工智能创新应用先导区建设，争创国家产业链供应链生态体系试点、元宇宙创新应用先导区、区块链发展先导区。

（执笔人：张妍妮）

无锡市高质量发展监测报告

“太湖佳绝处、江南水弄堂、运河绝版地、百年工商城”，无锡地处江苏省东南部，东邻苏州，南濒太湖，西接常州，北临长江，人文底蕴深厚，自然风光秀美，区位环境优越，总面积 4627.5 平方公里，常住人口 749.5 万人，现辖江阴、宜兴 2 个县级市和梁溪、锡山、惠山、滨湖、新吴 5 个区以及无锡经济开发区。先后获评国家历史文化名城、营商环境最佳口碑城市、全国最佳促进就业城市和中国最具幸福感城市等称号。在 2023 年度城市高质量发展监测评价中，无锡城市高质量发展指数 86.3，较 2022 年提高 1.0，高于全国平均 10.8，城市竞争力影响力稳步提升，高质量发展继续走在前列。

一、稳住宏观经济基本盘，综合实力实现新跨越

2023 年，无锡经济运行稳中有进，经济总量实现攀升，GDP 突破 1.5 万亿元、达 15456 亿元，人均 GDP 达 20.63 万元，连续四年位居全国大中城市首位。无锡综合质效指数 86.0，较 2022 年提高 2.1，高于全国平均 12.1。一是工业规模迈上新台阶，全市规上工业总产值迈上 2.5 万亿元台阶，达 25453 亿元；规上工业增加值总量突破 6000 亿元，比上年增长 7.8%，26 个行业增加值实现增长，增长面达 78.8%；规上民营工业增加值同比增长 10.2%，占规上工业比重达到 55.8%，较上年提高 1.7 个百分点。二是服务业稳定增长，消费市场持续复苏，社会消费品零售总额 3567.6 亿元，比上年增长 6.9%；服务业增加值达 7942.8 亿元，占 GDP 比重超过一半；现代服务业引领发展，2018 年现代服务业增加值占服务业增加值比重超过 50%，2023 年达到 54.9%，总量规模超过 4000 亿元。

二、强化科技创新源动力，创新发展构筑新优势

2023 年，无锡大力实施创新驱动发展战略，不断强化政策供给，服务发展贡献不断提升。无锡创新发展指数 85.4，较上年提高 0.3，高于全国平均 11.5。一是“两新”产业持续发力，高新技

图 1 无锡市区天际线

术产业产值占规上工业产值比重达 52.3%，比上年提高 1.9 个百分点；战略性新兴产业产值首次突破万亿元大关，占全市规上工业产值比重为 41.4%，比上年提高 0.1 个百分点。二是集群规模不断扩大，规上营收超 2000 亿元产业集群达到 6 个、较上年增加 4 个，其中，物联网、生物医药、高端纺织等 3 个先进制造业集群入选“国家队”；数字经济加速发展，数字经济核心产业规模突破 7000 亿元、达 7012.3 亿元，同比增长 4.3%。三是新质生产力加快培育，2023 年，全市发明专利授权量 11750 件，比上年增长 39.2%，万人有效发明专利拥有量达 74.7 件。创新型企业集群不断壮大，有效期内高新技术企业超 6300 家，年内全市新认定省级企业技术中心 113 家，占全省近 1/6，在国家创新型城市创新力评价排名中位居全国地级市第二。

三、融入区域发展大战略，协调发展打开新局面

无锡坚决贯彻一体化发展战略，扎实推动城乡融合发展走深走实，城镇化建设步伐加快。2023 年，无锡协调发展指数 88.3，较上年提高 0.5，高于全国平均 7.6。一是区域协同发展全面推进，深度参与上海大都市圈建设，协同编制苏锡常轨道交通融合发展规划，积极融入“一带一路”交汇点建设，对接粤港澳大湾区成功做法获全省推广，江阴—靖江新一轮跨江融合发展取得新成效。二是基础设施建设不断提速，地铁 6 号线、硕放机场配套设施工程开工建设，“五线共建”“六航齐治”加码加速，锡澄 S1 线开通运行，沪宁沿江高铁开通运营、无锡步入全域高铁，成功创成生产服务

型国家物流枢纽。三是城市更新步伐持续加快，改造老旧小区 1053 万平方米、全省最多，实施房屋征收 1338 万平方米，完成既有住宅电梯加装 385 台；新增绿地 306 公顷，运河艺术公园建成开放，梁溪河“十里画廊”全线焕新。最干净城市建设成效显著。四是乡村全面振兴扎实推进，获批整区域推进高标准农田建设国家试点，建成高标准农田 12 万亩、历年最多；夏粮播种面积和产量实现双提升，粮食生产再获丰收，绿色优质农产品比重达 74%；开展“三清三治”农村环境卫生专项整治，新增省特色田园乡村 13 个，国家级农业产业强镇 1 个、中国美丽休闲乡村 1 个、全国乡村治理示范村镇 5 个。

四、深入打好污防攻坚战，绿色发展呈现新面貌

无锡协同推进经济高质量发展和生态环境高水平保护，持续深入打好污染防治攻坚战，生态环境质量不断改善。2023 年，无锡绿色发展指数 89.6，较上年提高 0.6，高于全国平均 5.3。治水方面，连续两年投入超百亿元实施治太工程，太湖无锡水域连续 16 年安全度夏，新增城镇污水日处理能力 6.6 万吨，农村生活污水治理全覆盖，国省考河流断面水质优Ⅲ比例连续两年保持 100%。治气方面，“双碳”目标持续推进，制定形成“1+1+N+X”政策体系，锡东新城获评省首批城乡建设碳达峰碳中和先导区，江阴成功实现生态券交易，3 家企业领取全国首批分布式光伏电力绿证；全市 $PM_{2.5}$ 年均浓度持平上年，较 2019 年下降 28.2%，环境空气质量优良天数比率达 82.5%，$PM_{2.5}$ 浓度和空气质量优良天数比例“双达标”、全省唯一。治土方面，完成《无锡市国土空间生态保护和修复规划》，净增造林 7207 亩，湿地修复 4000 余亩，新增绿地 306 公顷，深化国家土壤污染防治先行区建设，重点建设用地安全利用率 100%。治固废方面，出台“无废城市”建设实施方案，统筹推进环太湖地区城乡有机废弃物处理利用示范区建设，高质量发展生态底色更加鲜明。

五、推动外贸经济再升级，开放发展取得新突破

无锡积极落实各项推动外贸保稳提质举措，开放型经济稳步发展，利用外资规模实现突破。2023 年，无锡开放发展指数 90.0，较上年提高 2.8，高于全国平均 17.3。一是外贸结构持续呈现优化，2023 年全市外贸进出口规模 7065.3 亿元、保持全省第二；全市一般贸易出口占出口总值比重达到 62.1%，较上年提高 1.6 个百分点；向“一带一路”国家出口同比增长 5.1%，持续呈现增长态势，占出口总值比重达到 33.7%，较上年提高 2.8 个百分点。二是跨境电商蓬勃发展，在省内率先启动“跨境电商 + 产业带”培育计划，开展“一区一产业”跨境电商出海行动，引进跨境电商公共服务平台 7 家，布局省级海外仓 7 个、数量全省第一，全年辖区跨境电商进出口货值 104.5 亿美元，

同比增长 135.9%。三是对外合作不断深入，全市服务外包产业接包合同总额 284.8 亿美元，比上年增长 53.7%，执行金额 139.4 亿美元，比上年增长 9.1%；离岸合同总额 212.7 亿美元，比上年增长 68.1%，离岸执行金额 87.6 亿美元，比上年增长 6.1 %。四是引进外资再创新高，近年来年度实际使用外资稳定在 38 亿美元以上，2023 年达到 41.2 亿美元、创历史新高，其中高技术产业实际使用外资占比达 46.9%；至 2023 年底全球财富 500 强企业中有 117 家在无锡投资兴办了 247 家外资企业。

六、筑牢民生服务保障网，共享发展获得新提升

2023 年，无锡持续补齐民生短板，“三个口袋”更加殷实，人民生活品质不断提高，群众获得感幸福感显著增强。无锡共享发展指数 82.1、较 2022 年提高 0.3，高于全国平均 11.5。一是财政收入平稳增长，一般公共预算收入累计完成 1195.4 亿元，财税收入质量有所提升，税收占比较上年显著提高、持续位居全省前列，为全市经济社会高质量发展提供了坚实的财力保障。二是城乡居民收入差距缩小，居民人均可支配收入 69016 元，同比增长 4.9%，与经济增长基本保持同步；城乡融合步伐加快，农村常住居民人均可支配收入增速持续高于城镇常住居民，城乡居民人均收入比为 1.72，较上年缩小 0.03。三是生活保障持续增强，城镇新增就业 16.4 万人，发放失业保险稳岗返还资金 6.2 亿元，低收入人口动态监测和精准帮扶行动覆盖 30 万人，市区月人均低保标准提高至 1095 元，全市参加城镇职工基本医疗保险增加 9.7 万人，生育保险增加 1.6 万人，失业保险增加 0.33 万人，工伤保险增加 4.6 万人。

七、积极应对内外新形势，稳舵定锚扬帆再启航

总的来看，2023 年无锡经济运行持续回升向好，高质量发展扎实推进，主要预期目标圆满实现，在全面推进中国式现代化无锡新实践开局中交出了一份优异答卷。但也要清醒认识到，国际环境的复杂性、严峻性、不确定性上升，需求不足矛盾突出，企业预期不稳；新质生产力和产业核心竞争力有待增强，传统产业转型升级仍需加快，科技创新与经济交融赋能需再提升；就业、收入、教育、医疗等民生领域仍有较多短板，高质量发展稳步向前仍面临一些困难和挑战。下阶段，无锡仍要坚持稳中求进、以进促稳、先立后破，全力稳预期、稳增长、稳就业，聚焦转方式、调结构、提质量，推动无锡各项事业蹄疾步稳、行稳致远。

一是聚力稳定经济运行，坚决当好重要压舱石。要持续夯实产业发展基础，加大技术改造力度，积极主动解决产能结构性过剩与结构性短缺问题，加快统筹重大工程、重点项目推进，解决企业投

产达产痛点难点；聚焦未来产业培育发展新动能，实现科技自立自强和全产业链发展，实现规模效应。要持续激发民营经济活力，优化民营经济发展环境，稳固企业发展信心，确保惠企政策落到实处；研究制定民营企业培育提升计划，支持民营企业加大改造升级力度，实施市场主体培育工程，引导支持民间投资参与涉及社会民生、文化旅游、基础设施等领域项目建设。要持续促进消费持续带动，充分结合环境特点、资源条件，积极培育旅游新业态、新场景，进一步挖掘全市消费市场潜力；加强对重点商贸企业“一企一策”精准服务，摸清企业当前面临的实际困难，加大帮扶力度，全面提升企业竞争力，打造经营者与消费者“双赢”局面，不断提升利好政策措施对全市消费市场的回补作用。

二是强化创新引领支撑，加快发展新质生产力。要坚定实施创新驱动核心战略，顺应产业变革方向、地区间竞争合作趋势，围绕产业强市主导战略，全力促进产业基础高级化，深化“造链、补链、强链、延链”工程，着力提升产业基础能力和产业链现代化水平，壮大物联网、集成电路、生物医药等重点产业集群规模，积极布局低空经济、人工智能等未来产业。要加强重大科创载体平台建设，主动对接长三角一体化战略，集聚整合科创资源，引进重大科创项目，建设标志工程，发挥示范引领作用，以点带面，建设更多科创平台，做强做多科创主体，持续增强创新发展能力。要加大科技创新人才引育，把引才聚才作为科创工作重中之重，更大力度实施“太湖人才计划”，制定更具针对性、更有吸引力人才政策，依托太湖人才发展大会、物博会等国际化会展活动，汇聚全球智源，注重科技成果转化，提高科技创新策源能力，助推更高质量、更有效益、更可持续发展。

三是持续增进民生福祉，创造美好生活新图景。要不断增加人民收入，强化实施各类就业优先政策，坚持减负、稳岗、扩就业并举，大力发展“新就业形态”，鼓励创业带动就业，加强低收入人口动态监测和精准帮扶，重点支持高校毕业生、退役军人、农民工等重点群体就业创业，着力扩大中等收入群体规模，不断拓宽富民增收渠道。要持续强化生活保障，落细落实常住地提供基本公共服务制度，完善社会保障制度，加大民生保障力度，稳步提高居民养老待遇和困难群体保障标准；围绕补齐民生事业短板，深化医疗卫生体制改革，持续加大教育领域投入，有效促进文体事业发展，有效满足群众高品质生活需求。要更加注重环境保护，坚持生态文明建设为优先，深刻把握绿水青山就是金山银山的重要发展理念，围绕“美丽无锡”建设目标，全面加强环境综合治理，持续加大生态整治投入，统筹推进水、气、土、固废协同治理，建立绿色低碳经济体系，强化资源高效利用，实现经济效益和生态价值同步提升，打造美丽宜居城市。

（执笔人：任彩云）

常州市高质量发展监测报告

常州，古称延陵、兰陵，别称“龙城”，一座具有2500多年建邑史的中国历史文化古城，是近代民族工商业的重要发祥地和乡镇企业发起地之一，也是一座充满现代气息的先进制造业基地。党的十八大以来，全市上下坚持以习近平新时代中国特色社会主义思想为指导，深入贯彻习近平总书记对江苏工作重要讲话重要指示精神，围绕“强富美高”美好蓝图，聚焦“国际化智造名城、长三角中轴枢纽”城市定位，凝心聚力、踔厉奋发，坚持内涵式集约化发展，在高质量发展道路上走在前列。

图1 常州市民文化广场

一、城市发展基本情况

常州自古便是鱼米之乡、富庶之地，历史上被誉为“八邑名都、中吴要辅”。宋代的时候已经是全国第四大城市，开封、杭州、苏州之后就是常州，所以有“苏常熟、天下足”的说法；20世80年代，常州被国务院列为全国经济体制综合改革试点城市，也成为远近闻名、颇具影响的改革城市、工业明星城市，在全国掀起了中小城市学常州的热潮。十八大以来，“强富美高”新常州建设取得显著成效，在城市发展的新赛道上赢得先机和主动。2023年，常州成为省内第5座，全国第26座“GDP万亿之城”。常州新能源产业集聚度全国前三，投资热度全国第一。连续三年在中国先进制造业百强市榜单上排名第16位，2023年首次入围全国制造业高质量发展十强城市、位列第8位。常州先后获得“国家园林城市”“国家森林城市”“国家生态文明建设示范区”等国家级“金字招牌”。全市总面积4372平方公里，下辖1市5区，常住人口537.5万人。全市以全省4%的面积，承载了6%的人口，贡献了7%的财政收入和8%的GDP，成为全国人口最少、地域面积较小、人均水平较高的万亿之城。2023年常州城市高质量发展指数84.5，比上年提高1.5。其中综合、创新、协调、开放、共享等发展指数均比上年有所提升。

（一）综合实力跨越新台阶，经济结构持续优化调整

经济总量迎来历史性突破。2023年全市经济社会综合发展成绩斐然，综合质效指数85.0，全省第四，指数比上年增加3.0。全市GDP达10116.4亿元，按不变价格计算，比上年增长6.8%，增速分别高于全国和全省1.6个、1.0个百分点。人均GDP达18.8万元。

财政金融稳健增长。2023年，全市完成一般公共预算收入680.3亿元，比上年增长7.7%，高于全省平均0.4个百分点，增速位列苏南第一。其中，税收收入完成585.4亿元，增长16.5%，增幅位列苏南第一；税收占比86.0%，位列全省第一。年末，金融机构本外币存、贷款余额分别为1.8万亿元、1.6万亿元，分别增长13.5%和18.0%。

产业结构持续优化。中华人民共和国成立之初，常州经济以农业为主，工业及服务业比例较小，1949年全市三次产业比重结构为69.8∶12.8∶17.4。经过75年的发展演变，全市产业结构战略性调整加快，先进制造业和现代服务业快速发展。2015年，三产比重首次超过二产比重，全市“三二一”产业格局初步形成，经济发展实现了由第二产业主导向二、三产业双轮驱动的新格局。2023年全市三次产业结构继续调优，比重为1.8∶48.0∶50.2。

（二）创新驱动形成新优势，现代化产业体系加快构建

创新引擎动能强劲。2023 年出台创新政策 2.0 版，推动创新链、产业链、资金链、人才链深度融合。全年新增高新技术企业 1040 家，增量全省第一。新增国家级专精特新“小巨人”企业 86 家、净增独角兽和潜在独角兽企业 17 家。全市高新技术产业实现产值 9346.6 亿元，增长 5.5%，占规模以上工业产值的比重达 56.2%，占比高于全省平均 6.3 个百分点，位列全省第二。规模以上服务业中，科学研究和技术服务业营业收入增长 14.9%，高于规模以上服务业营业收入增速 3.4 个百分点。科技进步贡献率达 68%，荣获全国创新驱动示范市。

新能源产业蓬勃发展。2023 年，全市聚焦新能源产业集中发力，出台 10 条重磅政策，成立新能源集团，设立新能源产业投资基金，举办世界新能源博览会，推动“发储送用网”深度融合，新能源投资热度集聚指数位列全国第一。全年新能源领域制造业实现产值 7680.7 亿元，比上年增长 15.0%，对全市规模以上工业产值增长贡献率达 98.9%；其中新能源整车、新型电力装备、光伏行业产值分别增长 126.6%、11.0% 和 6.1%。新能源领域产品强势增长，见车率、见桩率、见板率不断提升，全年新能源整车产量近 68 万辆、占全省产量的 70%，比上年增长 100.6%；光伏行业规模接近全国十分之一，光伏发电装机容量达 220 万千瓦，太阳能电池产量同比增长 21.9%；动力电池产业链完整度达 97%、居全国首位；新增充电场站 436 座、充电桩超 4600 个。

数实融合加速推进。2023 年，全市深入实施“十链突破、百企领航、千景应用”工程释放“智改数转网联”效力，全面提升“人工智能 +”“机器人 +”“工业软件 +”应用水平，累计为 6200 家企业开展数字化免费诊断。新增“灯塔工厂”1 家、国家级智能工厂 3 家、国家 5G 工厂 5 家，均实现零突破。获评国家中小企业数字化转型试点平台 2 家，10 家链主企业建成产业链协同平台，带动超 1700 家本地企业转型升级。规上信息传输、软件和信息技术服务业营业收入增长 19.4%，高于规上服务业 7.9 个百分点，拉动规上服务业营业收入增长 3.1 个百分点。

（三）协调发展展现新气象，城乡差距稳步缩小

城乡居民收入差距继续缩小。2023 年，全市居民人均可支配收入 62592 元，比上年增长 5.2%。其中，城镇居民人均可支配收入 71744 元，增长 4.6%；农村居民人均可支配收入 40401 元，增长 6.7%。城乡居民收入比 1.78，比上年缩小 0.03。居民低保标准提升至每人每月 1020 元，“低保扩围”在全省率先实现正增长。城乡融合程度不断加深。全市城镇化率达 78.5%，比上年提升 0.5 个百分点。区域发展差距不断缩小，各辖市区呈现齐头并进的趋势，溧阳、金坛 GDP 增速分别为 9.7%、8.2%，

高于全市平均2.9、1.4个百分点。

城乡建设呈现新面貌。推动老城厢精彩蝶变，萃园、老图书馆改造完工开放，季子文化展示中心、大观楼和止园复建、约园修缮、亚细亚现代影视城改扩建等项目稳步推进，完成城镇老旧小区改造98个、棚户区改造4948套、既有住宅加装电梯164部。持续提升城市精细化管理水平，新改建公园绿地92.6公顷，新增口袋公园29个、绿化景观路21条、示范幸福河湖25条、美丽街区7个。获评国家绿色出行创建达标城市、国家低碳城市试点优良城市。实施美丽乡村“十百千”工程，完成现代化宜居农房建设1.48万户，新增省级特色田园乡村11个。

（四）绿色发展呈现新面貌，污染防治攻坚成果丰硕

生态环境持续优化。2023年，全市优良天数改善幅度位居全省前列，是全省唯一连续两年持续改善的城市。国省考断面优Ⅲ比例达近年最好水平，长江常州段水质连续6年稳定保持Ⅱ类。从能源消耗看，产业综合能耗快速下降，能源集约利用取得成效。全年规模以上工业综合能源消费量为1578.8万吨标准煤，比上年下降9.3%。其中，规模以上工业六大高耗能工业企业综合能耗量1094.8万吨标准煤，比上年下降14.9%，能耗占比由上年同期的74.5%下降至69.3%，高能耗产业占比继续降低。

污染防治攻坚战成效明显。深入实施新一轮太湖综合治理“1+8”行动方案，实施227个重点工程、超额完成年度目标，推动建立企业“磷账本”、污水收集处理“五统一”机制，新建污水管网162.6公里、新增污水处理能力7万吨/日，完成竺山湖、滆湖清淤450万方，长荡湖水质稳定达到Ⅳ类、治理经验全省推广，太湖治理高水平实现“两保两提”，天目湖荣获全国“美丽河湖”优秀案例。加速推进工业片区治理，整治提升企业4350家，盘活利用存量建设用地3万亩，削减主要污染物排放量1269吨，入选全国低效用地再开发试点城市。郑陆镇发展生态产业案例入选全国生态产品价值实现典型案例。

（五）扩大开放构建新格局，经济活力不断增强

国际循环质量水平有效提升。2023年，全市进出口总额3183.6亿元，其中出口2498.4亿元、进口685.3亿元。从结构看，一般贸易、民营企业进出口占比有所提高，分别为83.0%、57.1%，比上年提高0.9、2.3个百分点。“新三样”产品出口299.7亿元、增长12.3%，占全省份额15.4%，其中锂离子蓄电池出口增长36.5%，电动载人汽车出口增长165.4倍；对“一带一路”国家出口增长10.8%。外贸企业通过跨境电商方式开拓国际市场已成为最新发展态势，全年跨境电商进出口 140 亿元，同比增长 108%。外贸企业出口信用保险渗透率居全省第一。

民营经济支撑有力。高水平推进政务服务“一网通办”，优化市场准入、项目建设、民生服务“一件事一次办”改革。上线营商环境 4.0 版，推出重点任务 100 项、创新举措 19 项，营商环境不断优化。全年规模以上工业中民营企业产值同比增长 8.6%，高于规模以上工业平均 2.1 个百分点，对全市规模以上工业增长贡献率达 104.4%，拉动规模以上工业产值增长 6.8 个百分点。从服务业看，规模以上服务业中民营企业营业收入同比增长 9.9%，占全市规模以上服务业营收比重达 71.3%。

（六）共享发展迈出新步伐，民生福祉持续改善

近年来，常州打造“常有善育、常有优学、常有健康、常有颐养、常有安居、常有众扶”等“六个常有”民生名片，医疗卫生体制改革、住房保障、公交优先、公园免费开放，旨在保障基本民生，不断增进人民福祉，持续提升市民的生活质量和幸福感。2023 年，全市共享发展指数 81.0，在全省排第四，比上年增加 1.8。

民生保障有力有效。财政支出进一步向民生领域倾斜，一般公共预算支出中，民生领域支出 658.7 亿元，占一般公共预算支出比重达 77.1%。其中，科学技术、社会保障与就业、教育支出分别增长 36.0%、10.2% 和 8.7%。民生领域投资热度持续，全市基础设施投资降幅持续收窄，全年实现由负转正，增长 0.1%，分别较上半年和前三季度提升 15.0、13.1 个百分点。其中全年在建交通基础设施项目 78 个，完成投资增长 8.7%，占基础设施投资比重达 36.1%，较上年提高 2.9 个百分点。

就业形势总体改善。全年新增就业 11.5 万人，城镇失业人员再就业 5.3 万人，就业困难人员实现就业 1.2 万人。新建“零工市场”4 家，建成“家门口”就业服务站 22 家。支持城乡劳动者自主创业 1.4 万人，创业带动就业 7.0 万人。创建省级创业示范基地 3 家，认定市级创业基地 9 家。推荐备案省级大学生优秀创业项目 33 个，认定市级大学生优秀创业项目 100 个。全市开展职业技能补贴培训 7.3 万人次，职业技能等级（职业资格）认定取证人数达 7.7 万人。

二、城市高质量发展面临的挑战

（一）人口人才集聚有待加速

全国第七次人口普查数据显示，2020 年全市常住人口比十年前六人普增加 68.6 万人；2021 年全市常住人口增加 7 万人，2022 年增加 1.66 万人，2023 年增加 0.88 万人。从这两年的趋势来看，全市人口总量还在上升，但人口增速在放缓。同时，近年来周边大城市都在“抢人”，产生的“虹吸”

效应不利于全市高端人才的引进、高端智力资源的集聚。从近几年数据看，全市每年引进的硕博研究生仅占人才引进总数的4.2%，与周边大城市有较大的差距。

（二）产业高端供给能力有待提升

常州拥有较为完整、规模较大的工业体系，具备强大的生产能力和完善的配套能力，供给体系产能比较大。工业门类齐全，41个大类有37个、207个中类有191个、666个小类有605个。但当前供给体系的现代化发展水平还不够高，企业“小而散”的特点尚未转变，产业供给中低端居多，转型升级步伐较慢。

（三）高水平创新主体培育仍需加强

在跨过万亿之后，各城市都不约而同地把下一程的重点放在创新上。比如东莞提出“加快打造大湾区科创新高地，举全市之力建设松山湖科学城”。在创新上，虽然拥有中以、中德等国际化创新平台，去年龙城实验室也揭牌运营，但与周边先进城市相比常州的创新平台能级还不高，集聚吸纳承载高端创新要素的能力还不强。国家级经开区尚未突破，高水平开放平台仍然欠缺，高新企业数量与周边大城市比相对不足。

三、城市高质量发展的几点建议

（一）坚持“筑巢引凤”，打造聚才“强磁场”

人才是第一资源，是培育和发展新质生产力最活跃、最具决定意义的“关键变量”。坚持以产业聚人才、以人才兴产业，更大力度全方位培养、引进、用好人才，不断完善全周期的人才综合服务体系，持续优化人才发展环境，加快培育符合新质生产力发展要求的高素质人才队伍，着力打造全国青年创新创业最向往城市。更大力度实施“龙城英才计划”，迭代完善人才政策体系，加快龙城科创学院和人才科创集团建设，深入推进“未来产业人才集聚”行动，常态化开展“名城名校合作行、创新创业赢未来”活动，持续推动人才公寓智慧赋能、提升服务、拓展功能，不断释放品牌引才磁吸效应，让更多的年轻人在长三角城市群中选择常州、留在常州。

（二）聚力项目攻坚，扎实推进产业转型升级

一是紧扣重大项目攻坚。全力引进总部型、龙头型、基地型项目和强链、延链、补链项目，推广拿地即开工、桩基先行施工、竣工即交付模式，不断提升列统投资完成率。二是大力推进产业数字化。引导高端制造企业由生产制造智能化向服务全流程智能化发展。以“网联”放大“智改数转”效应，实施新一轮“十百千”工程，培育更多个典型数字应用场景，推进中小企业数字化转型。三

是深入推进传统产业升级。围绕加快建设具有国际竞争力的先进制造业基地，创新发展方式，扎实推动传统产业高端化智能化绿色化发展。

（三）加快培育创新主体，提升科技创新水平

坚持把科技创新作为“首选项”“必答题”，以高标准打造长三角产业科技创新中心为抓手，加强科技创新和产业创新深度融合。要建设高能级创新平台。主动融入新型举国体制，深化“一核一园两室三中心”建设，积极对接国家、省战略科技力量和资源，加快提升创新策源能力。充分发挥科教城“创新之核”作用，做实做强产科教联盟，培育壮大新型研发机构，更好发挥对全市的辐射带动作用。要培育高质量创新企业。深入实施科技型企业“倍增行动”，落实独角兽企业成长发展 10 条，加快培育创新型企业集群，不断培育壮大领军企业、专精特新企业和科技型中小企业。

（执笔人：黄小琳）

苏州市高质量发展监测报告

苏州是用实践印证邓小平同志小康构想的地方，是习近平总书记作出“勾画现代化目标”殷殷嘱托的地方。改革开放以来，苏州先后抓住农村改革、乡镇企业发展、浦东开发开放、中国加入WTO、新一轮科技革命和产业变革等重大历史机遇，实现了“农转工”“内转外”“量转质”的华丽转变。近年来苏州突出高质量发展导向，持续深化创新转型，综合实力显著增强。习近平总书记2023年7月亲临苏州考察，指出“苏州在传统与现代的结合上做得很好，不仅有历史文化传承，而且有高科技创新和高质量发展，代表未来的发展方向。”

图1 苏州工业园区

一、城市高质量发展成效

党的十九大以来，面对复杂严峻的外部环境和新冠疫情冲击等多重超预期挑战，苏州坚持以习近平新时代中国特色社会主义思想为指导，完整、准确、全面贯彻新发展理念，认真落实中共中央、国务院和省委、省政府决策部署，牢牢把握高质量发展主题主线，加快创新转型、推进动能转换，苏州经济底盘更稳韧性更足，现代经济结构性特征愈发明显，各项事业取得了来之不易的成绩。

2023 年苏州城市高质量发展指数 87.7，居江苏省首位。苏州经济密度、创新浓度、开放程度均居全国前列，以全国 0.09% 的国土面积和 1% 的人口，贡献了全国 2% 的经济总量、3% 的工业增加值、4% 的实际使用外资、5% 的上市公司数量和 6% 的进出口总额。

（一）一以贯之求发展，综合实力不断跃升

经济总量持续增强。2020 年苏州地区生产总值迈上 2 万亿元新台阶，2023 年达到 24653.4 亿元，稳居全国第 6 位，人均 GDP 突破 19 万元。全市一般公共预算收入 2456.8 亿元，居全国第 5 位。2023 年末金融机构人民币存、贷款余额双双突破 5 万亿元大关，分别达 5.08、5.12 万亿元。

工业结构不断优化。深入推进新型工业化，全面实施“苏州智造”强基提质行动，构建“1030”产业体系，统筹推进传统产业升级、新兴产业壮大、未来产业培育。2023 年全市规模以上工业总产值 44343.9 亿元，居全国第 2 位。装备制造、电子信息两大万亿级产业沉锚压舱。高新技术产业产值、战略性新兴产业产值占规模以上工业总产值比重分别达 52.7%、47.6%。

现代服务业活力增强。2023 年全市服务业增加值占 GDP 比重为 52.4%；生产性服务业增加值占服务业增加值的比重达 58.0%，金融业增加值占 GDP 比重提高到 10.1%，高技术服务业营业收入占规上服务业的 36.4%。苏州入选首批国家服务型制造示范城市，先进制造业和现代服务业“两业融合”经验在全国推广。

数实融合深入推进。以推动“智改数转网联”工作为主要抓手，对制造业进行系统性重塑。2023 年全市数字经济核心产业增加值占地区生产总值比重达 16.2%，智能化改造和数字化转型实现规上工业企业全覆盖。拥有国家级智能制造示范工厂 7 家，全球“灯塔工厂”7 家，居全国第 1 位。

内需潜力持续释放。实施一系列强信心、优供给、扩内需政策措施，持续释放投资和消费潜力。有效投资积蓄新势能。2023 年全市完成固定资产投资 6031.2 亿元，高新技术产业投资占工业投资的 47.7%，新兴产业投资占固定资产投资的 32.4%，比 2017 年分别提高 12.5 和 7.4 个百分点。消费市场恢复向好。持续打响“五五”“双十二”“夜 ZUI 苏州”购物节品牌，2023 年实现社会消费品零售总额 9582.9 亿元，居全国第 7 位。“互联网 +”消费新模式和新业态崛起，全市限上批发和零售业通过公共网络实现零售额占社会消费品零售总额的比重由 2017 年的 6.5% 提高至 2023

年的11.9%。苏州入选国家首批综合型信息消费示范城市，跻身十大首店城市行列。

（二）持之以恒谋创新，创新驱动持续发力

实施科技创新“八大工程”，聚焦建载体、强企业、聚人才、优生态，加快建立以企业为主体、市场为导向、产学研深度融合的技术创新体系，加快推进高水平科技自立自强。

科技创新成果丰硕。2023年全社会研发投入占地区生产总值的比重预计达4.1%。技术合同成交额突破千亿，达1011.5亿元。有效发明专利量13.0万件，万人发明专利拥有量达100.2件。

创新载体加快建设。苏州实验室挂牌组建，“一区两中心”（国家生物药技术创新中心、国家第三代半导体技术创新中心、国家新一代人工智能创新发展试验区）三大国家级平台落户。拥有国家级科技企业孵化器76家，跃升至全国第1位。拥有省级以上企业技术中心1284家，省级以上工程技术研究中心1540家，省级以上工程研究中心161家，省级以上众创空间424家。累计培育建设创新联合体120家，市级以上新型研发机构106家。全国首个先进技术成果区域转化中心——长三角转化中心落地苏州。

创新型企业梯队壮大。2023年末全市有效高企数达15717家，国家级专精特新“小巨人”企业401家，均居全国第4位。国家科技型中小企业2.54万家，居全国第1位。2023年入选中国独角兽企业17家、潜在独角兽企业75家，分别居全国第六位和第3位。2022年全市有R&D活动的企业数占规模以上工业企业的比重达57.4%，比2017年提高12.5个百分点。

人才资源加速汇聚。实施人才乐居工程，举办国际精英创业周等活动，引育一流创新人才。2023年末全市人才总量387.3万人，其中高层次人才和高技能人才分别达41.8万人和101.4万人。入选江苏省“双创计划”人才1571人，支持姑苏创新创业领军人才3458人，分别比2017年增长100.9%、241.7%。南京大学苏州校区实现首届招生，C9高校全部在苏州实现重大布局。

（三）合作开放纵深推进，开放引领发展动力强化

深度实施国家重大区域战略，做好“内聚”“外联”两篇文章，统筹推进深层次改革和高水平开放，激发体制机制新活力。

区域合作不断拓展。积极融入长三角一体化、长江经济带、省内区域协调发展和上海大都市圈建设，扎实推进长三角生态绿色一体化发展示范区、虹桥国际开放枢纽北向拓展带、G60科创走廊建设，扎实推进嘉昆太一体化，与上海、浙江共建全国首个跨省域高新区，与临港新片区共建长三角车联网，设立上海交通大学长三角（苏州）创新研究院。轨交11号线与上海轨交实现“无感换乘”。

外贸结构持续优化。2023 年全市进出口总额 24514.1 亿元，其中出口额 15081.6 亿元，分别保持全国第 4 位和第 3 位。2023 年苏州一般贸易出口占出口额比重为 41.5%，比 2017 年提高 9.1 个百分点。服务贸易进出口 220.6 亿美元，比 2017 年增长 35.9%。积极参与“一带一路”建设，大力开拓新兴市场，2023 年对“一带一路”共建国家和地区进出口占进出口总额的比重达 36.2%。

双向开放持续扩大。2023 年全市实际使用外资 69.0 亿美元，比 2017 年增长 53.3%。175 家世界 500 强跨国公司在苏州投资设立了 486 个项目。全市拥有省认定跨国公司地区总部和功能性机构 210 家，占全省的 53.2%。中荷科技创新港启用，中国·沙特中心落户苏州。“走出去”步伐加快，2023 年中方境外协议投资额 27.0 亿美元，其中对“一带一路”共建国家和地区投资占协议投资额比重达 63.9%。

（四）用心用情办实事，民生福祉全面增进

用情用力做优公共服务，通过惠民生、兜底线、防风险，不断提升公共服务水平，增进民生福祉。

居民收入不断增长。2023 年城乡居民人均可支配收入分别为 82989 元和 46385 元，与 2017 年相比年均分别增长 5.9% 和 7.5%。

社会事业全面发展。2023 年城乡公共服务支出占一般公共预算支出的比重达 81.1%，比 2017 年提高 4.9 个百分点。教体文卫等领域资源供给不断加大。2023 年末全市中小学、幼儿园分别有 817 和 1034 所，四星级普通高中实现各板块全覆盖。拥有各类卫生机构 4484 所、卫生技术人员 11.2 万人，比 2017 年分别增长 41.9% 和 41.0%。率先实现国家卫生城市、国家卫生镇全覆盖。苏州与上海、浙江跨省异地就医门诊费用实现直接结算。建成苏州第二图书馆、吴文化博物馆等一批大型公共文化设施，荣获全球首个世界遗产典范城市称号。体育设施加快建设，人均体育场地面积从 2017 年 3.5 平方米增加到 2023 年 4.0 平方米。

社会保障提档升级。城乡居民最低生活保障标准从 2017 年的 875 元 / 月提升到 2023 年 1115 元 / 月，职工最低工资标准从 1940 元 / 月提升到 2280 元 / 月，市区城乡居民基本养老保险基础养老金标准提升到 655 元 / 月。“一老一小”服务更加暖心。截至 2023 年末全市累计完成家庭适老化改造 3.4 万户，建成 64 个区域性养老服务中心、2284 个日间照料中心，市老年病医院正式挂牌。拥有普惠性托育机构 179 家、托位 1 万多个，获评全国首批婴幼儿照护服务示范城市，入选国家儿童友好城市建设名单。

（五）加快推进城乡融合发展，居民幸福指数稳步提升

全面推进乡村振兴战略，加快新型城镇化建设，深化城乡融合发展。

城乡融合加快推进。2023 年全市常住人口城镇化率达 82.5%，比 2017 年提高 3.9 个百分点，城乡收入比从 1.96 缩小至 1.79。2023 年全市村级集体总资产达 1325 亿元，建成全国农村一二三产业融合发展先导区 1 个、国家农业产业强镇 4 个、现代农业产业园区 75 个，培育新型职业农民 1.55 万人。城乡一体"10 分钟公共文化圈"和"10 分钟体育健身圈"基本建成。苏州连续 3 年获评中国最具幸福感城市。

城乡基础设施建设全面提速。城市轨道交通成网运营，从 2017 年的 3 条线、120.7 公里增加到 2023 年的 6 条线、251.2 公里。沪苏通长江公铁大桥暨沪苏通铁路建成通车，沿江三市结束了不通铁路的历史，中环快速路全线贯通。2023 年末全市公路里程数 11322.2 公里，内河航道通航里程 2786.3 公里，苏州港沿江港区集装箱吞吐量达到 933.4 万标箱。实现大市范围 5G 网络全覆盖。苏州入选全国综合型流通支点城市。

（六）扎实推进绿色集约发展，生态底色日益鲜明

坚持生态优先绿色发展，打好污染防治攻坚战，协同推进降碳、减污、扩绿、增长，积极构建碳达峰碳中和政策体系。

绿色低碳转型加快。加快绿色制造体系建设，推动冶金、化工、纺织、轻工等传统产业加快转型升级，在全国率先建立工业企业资源集约利用大数据平台与工业企业综合评价体系。2023 年末累计创建国家级工业产品绿色设计示范企业 12 家、绿色工厂 77 家、绿色工业园区 6 家，数量均居全省首位，创新开展"近零碳"工厂培育建设，评选苏州市"近零碳"工厂 17 家。

生态环境持续改善。2023 年苏州市区空气质量优良天数比例 80.8%，比 2017 年提高 9.3 个百分点。市区 $PM_{2.5}$ 年均浓度 30 微克 / 立方米，比 2017 年下降 30.2%。国省考断面水质优Ⅲ比例达 95.0%，阳澄湖湖心水质首次达到Ⅲ类，太湖水质创十年来最好水平。全市湿地保护率 72.0%，市区人均公园绿地面积 15.0 平方米，建成区绿化覆盖率 45.0%。苏州建成全国首个"国家生态园林城市群"。

二、城市高质量发展的薄弱环节和不足

在看到成绩的同时，我们也清醒认识到，对标高质量发展目标，苏州经济社会发展中仍然存在一些矛盾和问题。主要表现在：一是新动能培育仍需增强，高端制造业支撑度有待进一步提高，现

代服务业发展水平与先进城市相比还有差距。二是科技创新整体实力仍需提升。创新“策源性”、成果“转化性”等方面仍存在短板，研发支出与地区生产总值之比在省内领先，但与上海、深圳等城市仍有差距。本地优质高等教育资源较为短缺。三是民生领域优质供给仍需强化。对标广大人民群众对美好生活的期盼，对标先进城市，苏州优质教育、卫生健康、养老服务等公共服务供给有待优化增强。四是生态环境治理仍需久久为功。苏州工业企业数量众多，能源消费量巨大，节能减排任务较重。尽管近年来苏州生态环境治理取得了明显成效，但反弹性、波动性问题仍然存在，长效化管理、持续性改善仍需加力。

三、城市高质量发展对策建议

下一步要贯彻落实“因地制宜发展新质生产力”重大要求，全力推进新型工业化，加快培育新兴产业新动能，促进先进制造业与现代服务业深度融合，加快打造现代化产业体系。坚持科技创新引领，强化高能级载体建设，培育壮大科技领军企业，激发企业创新源动力，推动关键技术攻关，加快科研成果转化落地，持续构建产学研有效衔接、大中小企业融通创新的格局与生态。持续加强民生保障，实施更加积极的就业创业和更加有效的富民增收政策，推进优质教育资源扩容提升，建设高效的医疗卫生服务体系，健全多层次社会保障体系，多点发力不断提高公共服务水平。加快推进绿色制造体系建设，发展清洁低碳能源体系，赋能生态环境高水平保护，全面提升发展“含绿量”。

（执笔人：王伟）

南通市高质量发展监测报告

南通位于中国东部海岸线与长江交汇处、长江入海口北翼，拥有江岸线长 166 千米、海岸线长 206 千米。作为习近平总书记亲临视察、点赞勉励的城市，全省高质量发展的重要板块，南通坚持以习近平新时代中国特色社会主义思想为指导，全面贯彻党的二十大精神和习近平总书记对江苏工作重要讲话重要指示精神，认真落实“四个走在前”“四个新”重大任务，全力强信心、稳预

图 1 从老城区到新城区的城市绵延

期、促发展，高质量发展扎实推进，“强富美高”新南通现代化建设取得新成效。2023 年南通城市高质量发展指数为 83.3，比 2022 年提高 1.5，分别高于全省、全国平均水平 6.8、7.9。

一、夯实产业根基，筑牢经济回升向好“压舱石”

（一）综合实力持续提升

2023 年，南通 GDP 总量 11813.3 亿元，比上年增长 5.8%。其中，第一产业增加值 519.6 亿元，增长 2.9%；第二产业增加值 5728.1 亿元，增长 7.1%；第三产业增加值 5565.5 亿元，增长 4.7%。人均 GDP15.3 万元，比上年增长 5.7%。财政收入保持快增，全年实现一般公共预算收入 680.2 亿元，比上年增长 11.0%，高于全省平均 3.7 个百分点。其中，税收收入 538.8 亿元，增长 30.6%，高于全省平均 13.3 个百分点。

（二）重点产业集群量增质提

南通制造业门类齐全，现有 120 多万市场主体，船舶海工、高端纺织、新一代信息技术、新材料、高端装备、新能源等六大重点产业集群总产值突破 1 万亿元，比上年增长 10.7%，其中高端纺织、船舶海工、新材料产业产值实现两位数增长，分别增长 20.5%、18.6%、14.6%。新材料、高端纺织、新一代信息技术产业产值均突破 2000 亿元。加快工业大企业、制造业领航企业、专精特新企业培育，新增国家级专精特新“小巨人”企业 64 家，新增数量超过历年总和。

（三）头部企业支撑有力

全市百亿级工业企业共 11 家，净增 2 家。百强工业企业产值比上年增长 18.9%，高于规上工业 11 个百分点，对规上工业总产值增长贡献率达 81.3%，拉动规上工业增长 6.4 个百分点。全市批发业 50 强企业销售额增长 27.1%，拉动批发业销售额增长 9.9 个百分点。

二、突出创新驱动，锻造高质量发展“强引擎”

（一）科技赋能增添新动能

2023 年，南通创新发展指数为 84.5，比 2022 年提高 1.4，分别高于全省、全国 8.3、10.5，列全省第 4 位，位次比 2022 年前移 1 位。数字经济带动新领域迅速成长，全市实施“智改数转网联”项目 8171 个，新增省级以上智能制造、工业互联网标杆示范 57 个，列 2023 年度全国制造业高质量发展 50 强城市第 12 位。

（二）创新驱动发展战略深入实施

颁布实施《南通市科技创新促进条例》，制定新科创“30 条”。南通开发区在国家级开发区排名由第39位跃升至第21位，南通高新区排名首次跻身全省十强，如皋获评国家创新型县（市）。科研投入力度加大，R&D经费投入强度达到2.82%。全市共拥有南通籍中国科学院和中国工程院院士54人，比上年增加2人。实施“揭榜挂帅”项目20个、省重大成果转化项目7个，获省科学技术奖26项。创成全国版权示范城市，获评国家知识产权强市建设示范城市。

（三）科技创新成果丰硕

2023年，新认定高新技术企业1608家，累计拥有3622家。2家企业入选中国独角兽企业，实现榜上零突破；3家企业入选省独角兽企业。全年专利授权量33535件。其中，发明专利7437件，增长19.8%。年末全市累计有效发明专利45120件，增长18.9%；万人发明专利拥有量58.3件，增长18.7%。全年建成国家级孵化器4家，国家级载体总量全省第五；新备案省级众创空间23家，累计121家；新认定省级孵化器6家，累计59家，省级以上载体总量全省第三。

三、注重协调统筹，重塑“南通好通”新格局

（一）城乡融合协同发展

城乡居民收入差距显著缩小。城乡居民收入比由上年的1.93缩小至1.90。现代农业加快发展。全年新建和改造提升高标准农田30.1万亩，“7+2”农业产业联盟建设全年实现营销总额184.5亿元。培育省级以上龙头企业84家，数量列全省第3位。获评中国美丽休闲乡村5个，比上年增加1个。

（二）综合交通枢纽地位凸显

与苏州签约共建全国性综合交通枢纽，北沿江高铁、张靖皋长江大桥、海太长江隧道超序时推进。年末全市铁路总里程452公里，其中高速铁路66公里；全市公路里程17565公里，其中高速公路里程486公里。南通机场全年执行客运、货运航线共62条。其中，国内客运航线44条，国际（地区）客运航线2条；国内全货机航线11条，国际全货机航线5条。

（三）有效需求扩容提质

统筹抓好产业投资和基建投资，全市制造业投资比上年增长2.6%，占固定资产投资的比重为50.2%，对固定资产投资增长的贡献率达50%。持续开展“招商引资突破年”活动，全年新签约并注册超5亿元内资项目389个、超3000万美元外资项目97个，其中百亿级项目3个。社会消费品零售总额首次突破四千亿元，达4215.1亿元，比上年增长6.5%。新型消费增势强劲，全市限额以上消费品市场实现网络零售额比上年增长15.4%，快于限上零售额增速11.2个百分点。

四、筑牢绿色基底，历经“沧桑巨变”焕新颜

（一）生态文明质量持续改善

全年 $PM_{2.5}$ 浓度 27 微克 / 立方米，优良天数比例 83.6%，均列全省第一。地表水国省考以上断面优Ⅲ比例 100%，主要入江支流和入海河流断面全面消除劣 V 类。土壤保护和污染治理修复工作有力推进。化学需氧量、氨氮、氮氧化物、挥发性有机物四项主要污染物减排完成省下达任务。获评创成国家生态文明建设示范区，全市累计建成国家“绿水青山就是金山银山”实践创新基地 1 个，国家生态文明建设示范区 3 个，省级生态文明建设示范区全覆盖。

（二）清洁能源占比提升

全市完成 146 家重点企业绿色化改造，新增国家级绿色工厂 8 家、绿色工业园区 1 家，新能源装机容量占比超 60%。创成全国绿色货运配送示范城市。作为全国唯一地级市代表参加“一带一路”高峰论坛绿色发展高级别论坛，并分享实践成果。全市清洁能源发电量 217.2 亿千瓦时，比上年增长 8.5%，占全社会发电量的比重达 35.7%。其中，太阳能发电量达 38.3 亿千瓦时，增长 51.8%，占全社会发电量的比重为 6.3%，比上年提高 1.6 个百分点。

（三）新能源汽车消费强劲

在各类汽车促消费活动助力下，全市限额以上汽车类商品零售额 417.8 亿元，比上年增长 5.4%，其中新能源汽车零售额增长 63.8%，占汽车零售比重为 21.6%，比上年提升 6.2 个百分点。全市新能源汽车保有量达 13.1 万辆，占汽车总量的 5.7%，其中纯电动汽车保有量占比达 85.7%。全年新注册登记新能源汽车 5.6 万辆，与 2019 年相比增长 10.1 倍，呈高速增长态势。

五、深化开放融合，打造“江海门户”添活力

（一）江海联运优势提升

加快打造新出海口，洋口港通用码头改扩建 5 万吨级泊位、吕四东港池一期码头竣工投运，横港沙 10 万吨级粮油泊位、金牛码头区码头一期 3 个 5 万吨级泊位开工建设。通扬线南通市区段航道整治工程开工。全年南通港货物吞吐量 30857.9 万吨，比上年增长 8.2%；集装箱吞吐量 204.2 万标准箱。

（二）对外贸易稳中提质

全年外贸进出口总值 3500.3 亿元，比上年下降 4.3%。从贸易方式看，一般贸易进出口 2379.6 亿元，下降 9.8%，占进出口总值比重 68.0%；加工贸易进出口 852.2 亿元，增长 12.0%。从出口产品看，

船舶和海工平台、自动数据处理设备、电线电缆、锂电池出口比上年分别增长 144.8%、103.6%、55.6%、37.2%。

（三）双向投资稳步推进

全年实际使用外资 19.9 亿美元，新设及净增资 3000 万美元以上项目 98 个。全年新增境外投资项目 69 个，中方协议投资额 25171 万美元。新增共建“一带一路”国家投资项目 37 个，中方协议投资额 10906 万美元。

（四）民营经济发挥支撑作用

举办第五届通商大会暨全市民营经济发展大会，出台《关于进一步激发民间投资活力的若干措施》，向民间资本推介基础设施、城市更新、医疗卫生等领域重点项目 39 个。全年规上民营工业增加值比上年增长 9.4%，占规上工业比重为 64.1%，对规上工业的增长贡献率高达 68.3%，拉动规上工业增加值增长 6.0 个百分点。

六、践行共享为民，创造“生活幸福”获点赞

（一）就业物价总体平稳

有力推进“就在南通”行动，全年城镇新增就业 11.85 万人，比上年增长 4.6%，扶持群众创业 1.7 万人，建成 30 家标准化“家门口”就业服务站，兜底帮扶 7231 名困难群体就业，就业工作获省政府督查激励。物价水平保持平稳，全年居民消费价格上涨 0.5%，其中服务价格上涨 0.7%，消费品价格上涨 0.3%。

（二）民生福祉持续改善

办好 20 项民生实事，财政民生支出占比超 80%。新增职工基本养老保险参保 17.6 万人、基本医疗保险参保 7.1 万人，城乡居民基础养老金实现“十二连增”。新改扩建中小学 12 所，新增省优质幼儿园 20 所、省高品质示范高中 3 所。综合医改获国务院督查激励，连续三年获评全国健康城市建设样板市。居家和社区基本养老能力提升获国家政策支持，完成医养结合首批国家试点任务。改造提升 24 个城市街道综合性养老服务中心及 90 个示范性乡村互助养老睦邻点。成立市托育服务指导中心，新建 12 家省级普惠托育机构。

（三）社会大局和谐稳定

纵深推进重大事故隐患专项排查整治，安全生产协作组覆盖全市 2.7 万家企业，生产安全事故起数、死亡人数分别下降 13.3%、9.3%。超额完成年度化债任务，债务综合成本持续下降。全力做

好保交楼、保民生、保稳定工作。严厉打击涉黑涉恶、电信网络诈骗等违法犯罪，群众安全感、政法队伍满意度均位居全省前列。

七、坚持问题导向，奏响勇挑大梁“最强音”

（一）向高而攀，勇往直前夯实“稳”的基础

着力提振需求，彰显经济发展高质量。一是全力以赴争取有效投资。切实优化民间投资环境，拓宽民间融资渠道，激活民间投资潜能和创新活力。建立民间投资重点产业项目库，完善政府投资激励政策，鼓励和吸引更多民间资本参与交通、能源、环保和新基建项目建设。二是多措并举促消费激潜能。适时推出专项消费补贴政策，提升居民消费信心激发消费潜能。大力招引社交电商、网络直播、智慧商超等新零售平台，吸引高端餐饮、大型零售、品牌连锁企业在通布局。三是积极推动外贸外资稳中提质。大力推进内外贸一体化，积极拓展“一带一路”沿线市场，扩大招商引资“朋友圈”，以机制优化提升 17 个省级以上开发园区载体功能。

（二）向新而生，勇立潮头激发“进”的动能

做优产业集群，积蓄制造强市新动能。一是打造科创强引擎。加大科技招商力度，强化科技型企业梯次培育，加快科创项目引进和高新技术企业培育，放大船舶海工、高端纺织国家先进制造业集群效应，奋力打造中国现代工业名城。二是深化数实融合。加快推进“智改数转网联”，全覆盖开展规模以上工业企业免费诊断，以更优政策培育标杆示范。加快构建优质高效的服务业新体系，持续关注现代物流、软件和信息技术服务、科学研究和技术服务等生产性服务业发展质效，着力推动生活性服务业向高品质升级。三是推进建筑业转型升级。引导本土企业业务向综合管廊、水利工程、大型桥梁等产业延伸，向城市更新、新基建、智慧城市等领域拓展，推动建造方式数字化绿色化转型。

（三）向远而行，勇于担当提升“立”的实效

抢抓发展机遇，经济行稳致远有底气。一是深入落实省委“做实长江口产业创新协同区”要求。抢抓长三角一体化、长江经济带发展等国家战略机遇，发挥南通“好通”优势，加快北岸先行区规划建设，探索“基地 + 拓展区”“总部 + 协同中心”“飞地孵化”“离岸创新”等协同路径，在园区共建等方面推动一批标志性重大项目落地。加快通州湾石化双循环基地建设，推进中石油新材料基地等龙头型、基地型项目开工建设，打造海洋产业高质量发展先行区。二是促进政策机遇转化为发展动力。高效承接国家结构性减税降费政策，推广免申即享、直达快享模式。落实就业优先战略、稳岗扩岗政策，梳理带动就业能力强的重点产业链企业清单，重点开展岗位收集、技能培训、

送工上岗等服务，促进制造业就业提质、服务业就业扩容。推动各项惠企政策落地落实，持续优化营商环境，切实降低企业负担，提高市场竞争力。加大民营企业、小微企业、科技创新企业支持力度，不断增强政策的协同性、针对性和有效性。

（执笔人：郁婷婷）

扬州市高质量发展监测报告

扬州地处江苏省中部，长江与京杭大运河交汇处，是长江经济带重要节点城市和商贸港口旅游城市，是全国首批24座历史文化名城之一。自吴夫差十年（前486年）开邗沟、筑邗城始，已有2500多年建城史。历史上的扬州留下了李白、杜牧、白居易、欧阳修、苏轼、郑板桥、朱自清等历代大批名人雅士的足迹。新时期的扬州生态环境秀美，是联合国“人居奖”城市和国家环保模范城市、国家森林城市、国家卫生城市、国家园林城市、国家生态示范市，是住房和城乡建设部美丽宜居试点重点城市之一。近年来，扬州持之以恒推进文旅融合发展，先后荣获“世界运河之都”“世界美食之都”“东亚文化之都”称号，城市影响力和美誉度不断提升。2023年，扬州城市高质量发展指数为81.3，比上年提高1.1，跻身全国50强。

一、城市高质量发展基本情况

（一）综合实力稳步提升，产业结构不断优化

2023年，全市GDP总量7423.3亿元，同比增长6.0%。分产业看，一产增加值337.1亿元，同比增长3.7%；二产增加值3509.6亿元，同比增长6.6%；三产增加值3576.6亿元，同比增长5.6%。人均GDP为161940元。财税收入稳健运行。2023年，全市一般公共预算收入347.6亿元，同比增长6.8%，税收占比为79.7%，较上年提升6.5个百分点。

工业生产小幅回升，重点行业支撑有力。2023年，全市规上工业增加值同比增长7.2%。工业用电量同比增长9.0%，高于省均1.8个百分点；规上工业行业增长面为67.6%。其中，规模较大的三个行业增速较快，通用设备制造业增长10.9%，电气机械和器材制造业增长8.5%，计算机、通信和其他电子设备制造业增长7.2%。三个行业对规上工业贡献率达到69%。

服务业发展稳中提质，生活性服务业持续回暖。2023年，全市规模以上服务业营业收入778.1

亿元，同比增长 11.9%，高于省均 2.5 个百分点，高于国均 3.6 个百分点；实现利润总额 52.9 亿元，同比增长 80.6%，高于省均 49.8 个百分点，高于国均 53.8 个百分点。全市规上生活性服务业营业收入同比增长 14.1%，高于规上服务业整体增速 2.2 个百分点。

（二）有效需求持续扩大，发展动能不断增强

投资保持较快增长，工业技改步伐加快。2023 年，全市固定资产投资同比增长 10.5%，高于省均 5.3 个百分点。从投资类型看，项目投资较快增长。项目投资占投资比重 81.2%，投资额增长 17%，拉动投资增长 13 个百分点。亿元项目投资增长 22.9%，其中新开工项目发挥支撑作用，占全部亿元项目投资比重为 43.6%，投资额增长 22.8%。工业技改投资保持两位数增长，2023 年工业技改投资增长 29.1%，高于省均 25.2 个百分点，列全省第 1 位。工业技改投资占全部工业投资的比重为 32%，比去年同期提高 1.7 个百分点。从项目数来看，技改投资项目达 1112 个，比上年增加 215 个，其中本年新开工项目 709 个，比上年增加 114 个。

消费市场欣欣向荣，新型绿色消费持续升温。陆续出台扩消费“19 条”、稳定房地产“8 条”等政策措施，持续开展“好地方·好生活”系列促消费活动、“四季旺游”系列文旅活动。2023 年，全市社会消费品零售总额 1660.6 亿元，同比增长 9.3%，增幅连续 19 个月全省领先。新能源汽车消费潜力持续释放，市场占有率不断提高。2023 年，全市限上新能源汽车零售额同比增长 102.9%，拉动全市限上零售额增速 1.5 个百分点，占限上汽车类商品零售额的比重为 10.8%，较去年同期提高 5.2 个百分点。智能类商品消费有所回升，限上智能家用电器和音像器材类同比增长 32.4%、限上通讯器材类同比增长 69%，两类商品拉动全市限上零售额增速 1.3 个百分点。

对外经济回稳向好，对外开放持续扩大。2023 年，全市实现进出口总额 1055.8 亿元，其中，出口 851.4 亿元。全市加工贸易进出口增长较快且比重提升，进出口额达 209.9 亿元，同比增长 13%，占全市外贸总额 19.9%。对东盟进出口规模首次突破 100 亿元，对欧盟再次突破 200 亿元，对共建“一带一路”国家贸易持续增长，实现进出口 380.5 亿元，同比增长 14.2%。2023 年，全市实际到账外资 12.2 亿美元，新招引世界 500 强及跨国公司项目 6 个，新设外资企业 153 家。新增国际友好交往城市 2 个。

（三）城市品质加快提升，民生保障扎实有力

惠民工程务实推进。2023 年，全市民生类支出完成 543.5 亿元，占一般公共预算支出比重达 75% 以上，同比增支 17.3 亿元，增长 3.3%，高于一般公共预算支出增幅 1.6 个百分点。全市财政支持改造老旧小区249万平方米、棚户区改造安置住房1.2万套，新增保障性租赁住房2.7万套（间）。城镇新增就业6万人，来扬就业创业大学生超2.5万人。市民获得感、幸福感、安全感进一步增强。

居民收入稳步增加。2023年，全市全体居民人均可支配收入47717元，同比增长6.4%，列全省第2位，高于省均0.8个百分点。其中，城镇常住居民人均可支配收入56781元，同比增长5.8%，列全省第2位，高于省均0.8个百分点；农村常住居民人均可支配收入31488元，同比增长7.4%，列全省第4位，高于省均0.4个百分点。

（四）转型升级步伐加快，内生动力加速释放

产业布局优化提升。2023年，全市聚焦制造强市建设，研究谋划“6群13链”产业体系，配套出台支持产业高质量发展系列专项政策，扬州高端装备产业集群入围中国百强产业集群，邗江数控成形机床产业集群入围全国特色产业集群。启动建设航空工业国家卓越工程师学院暨中国航空研究院研究生院，设立运营域外创新中心7家，挂牌成立航空科技扬州实验室，打造全国有影响力的航空科技创新策源地和成果转化地。新申报高新技术企业、新招引认定科技型企业均创历史新高。

改革攻坚持续强化。2023年，扬州建成全省首家地级市政务服务“云勘验”平台，成功开展92个“标准地＋定制地＋双信地”试点，年内通过“行政＋司法”“行政＋仲裁”“行政＋市场”等模式处置各类存量土地1万亩以上。启动新一轮国企改革深化提升行动，促进市区不同层级国有资本协同优化，组建运行市大数据集团、能源集团，联环集团获评全国科改示范企业标杆，产投集团信用评级提升至3A。

（五）城乡区域协调发展，宜居品质不断提升

区域发展协调推进。近年来，扬州主动融入长三角一体化建设。开工建设宁盐高速扬州段、扬泰国际机场二期，京沪高速扬州段改扩建工程建成通车。扬泰国际机场年旅客吞吐量超320万人次，扬州东站年到发旅客突破千万人次。新增市县公交线路11条。全市城乡交通运输一体化发展水平达5A。推动公共服务均等化、普惠化，组建县域医共体15家，高邮市通过国家学前教育普及普惠县评估验收。

基础设施更加完善。近年来，扬州加快基础设施建设，扬子津路西延二期、金湾路南延和江平东路东延涉铁应急段、开发路东延快速化改造等项目有序推进，新增公共停车泊位3800个，假日期间拥堵指数较2019年下降20%。2023年，扬州获批第三批国家系统化全域推进海绵城市建设示范城市。

（六）生态文明建设纵深推进，绿色低碳加快转型

生态环境显著提升。2023 年，扬州实施大气污染防治项目 1300 个，淘汰国Ⅲ及以下柴油货车 1.2 万辆。与淮安、滁州建立跨界河湖联保共治机制，省考以上断面水质优Ⅲ比例稳定在 95.7%。建成生态安全缓冲区 7 个，新增成片造林 3492 亩、修复湿地 3250 亩，建成幸福河湖 100 条。邵伯湖西湿地生态修复项目入选“中国山水工程”典型案例。瘦西湖入选全省“十佳生态环境治理改革创新案例”。“七河八岛”入选国家级森林康养试点基地。

绿色低碳转型加快。2023 年，扬州实施企业绿色化改造项目 110 个，创成国家级绿色工厂 9 家、省级 17 家。落实“双碳”目标，可再生能源装机占比达 42%。新增绿色建筑 850 万平方米。编制氢能产业发展中长期规划，新建加氢站 2 座，开通氢能公交专线。进一步开展扬农化工等地块土壤污染风险管控，重点建设用地安全利用率达 100%。

（七）创新发展动力不断增强，文化传承统筹推进

科技创新不断激发。2023 年，扬州启动建设航空科技扬州实验室，布局设立域外创新中心 11 个。新招引科技型企业 695 家，新增省创新型中小企业 811 家。组织实施产业前瞻与关键核心技术攻关、重大科技成果转化项目 206 个。扬州大学碳中和技术创新研究中心、种子创新研究院等建成投运。成立青年企业家人才服务中心，建成高品质人才公寓 1.25 万套、青年人才驿站 14 家。

文化建设有力推进。2023 年，扬州举办世界运河城市论坛，启动建设双宁运河世界遗产园和“十里外滩”项目。十二圩“江上盐都”、南河下历史街区入选国家文化保护传承利用工程项目储备库。建成隋炀帝墓遗址公园，广陵“有盐”文化街区、文汇阁、马可·波罗纪念馆、淮扬菜博物馆全新开放。东关街、运河·盂城驿创成国家级旅游休闲街区。城市书房获评全国全民阅读优秀项目。开展“我要上村晚、‘艺’起下扬州”等文化惠民活动 2560 场次。举办第十四届市运动会、鉴真半程马拉松赛。高质量承办全国乒乓球锦标赛决赛、首届东亚 U20 田径锦标赛。扬州健儿在成都大运会、杭州亚运会取得优异成绩。

二、城市高质量发展存在的问题

对照“四个走在前”“四个新”重大任务要求，对标先进发达城市，扬州仍存在一些问题和不足，主要表现在：一是企业创新主体作用不够突显，关键核心技术和自主知识产权相对较少，创新平台载体能级有待提升；二是链主型、头部型企业较少，旗舰型、基地型项目储备不足，产品科技含量、附加值不高；三是对外开放仍需加快步伐，融入全球和国家区域战略、链接优质资源的主动性、创造性需进一步增强，沿江沿河地区之间发展不平衡不充分问题依然存在；四是农业“接二连三”发展水平不高，粮食安全和耕地保护压力较大；五是优秀传统文化创新发展能力不强，文化产业规模不大；六是应对人口变化趋势的前瞻性措施不多，优质公共服务布局和供给不能充分满足群众高品质生活需求。

三、城市高质量发展对策建议

（一）做优做强实体经济，积极构建现代化产业体系

一是提升产业质态。健全“613”重点产业“八个一”工作机制，坚持拓展增量、优化存量并重，招大引强、培优育强并举，鼓励优质企业垂直整合、股改上市。二是做强产业园区。优化开发园区管理运营、行政审批、考核评价等工作机制，推动经开区、高新区错位竞争、联动发展，瞄准专业化、特色化、国际化方向，提升规划、产业、运行整体水平。三是集聚产业项目。紧盯世界 500 强、中国 500 强、行业前 10 强，大力开展产业链招商、乡贤招商、基金招商、以商引商。

（二）推进美丽扬州建设，提升城市现代化建设水平

一是提升城市功能品质。积极构建互联互通高效快捷交通网，加快建设扬泰国际机场二期、北沿江高铁、宁扬城际、龙潭过江通道等重大项目。不断提升扬州港能级，打造江淮区域集装箱枢纽港。持续推进古城保护和城市有机更新，加快海绵城市建设。二是提升精细化管理水平。用好城市管理“红黑榜”制度，创建一批洁美镇街，推动农贸市场整治提升，推进垃圾分类处置，争创省城市管理示范市。三是全面推进乡村振兴。持续推进高标准农田建设，学习借鉴“千万工程”经验，加快农村片区规划开发，打造宜居宜业和美乡村。

（三）坚持以人民为中心，着力保障和改善民生

一是着力促进高质量充分就业。全面推进“一县（市、区）一零工市场”和“家门口”就业服务站建设，确保零就业家庭动态清零。二是着力办好人民满意教育。进一步优化全市教育资源布局，全面推进现代化教育名城建设。三是着力推进健康扬州建设。加快建设幸福颐养之城和儿童友好城市，加快医疗资源补短补缺，深入推进公立医院改革与高质量发展示范项目，推动中医药传承创新发展。四是着力提升社会保障水平。推进企业职工基本养老保险全国统筹和工伤保险省级统筹，推进社保扩面征缴提质增效。五是着力提升社会治理能力。完善立体化智能化社会治安防控体系，持续推进雪亮工程、智慧版技防城建设，全力打造平安扬州，以高水平安全保障高质量发展。

（执笔人：王敏）

镇江市高质量发展监测报告

镇江地处江苏南部，长江与京杭大运河“十”字交汇处，东南接常州，西邻南京，北与扬州、泰州隔江相望。镇江现辖丹阳、句容、扬中 3 个市，丹徒、京口、润州 3 个区和镇江经开区、镇江高新区 2 个国家级开发区。全市总面积 3840 平方公里，常住人口 322 万人。2014 年，习近平总书记莅临镇江考察时对镇江深情寄语“镇江很有前途”，这一简洁而有力的话语，承接了这座城三千年的历史底蕴，开启着这座城蓬勃而广阔的光辉未来。2023 年，全市上下深入贯彻落实习近平总书记考察江苏重要讲话精神，以及中央和省委、市委各项决策部署，一体推进产业强市“一号战略”，全力拼经济、稳民营、增信心、保民生，生产持续恢复，需求协同带动，新兴动能不断增强，民生保障有力有效，城市高质量发展取得实效。

一、城市发展综述

2023 年末，全市常住人口城镇化率为 80.7%，8 个市辖区合计土地面积 3840.33 平方公里、常住人口 322.6 万人。2023 年，镇江城市高质量发展指数 82.7，比 2022 年提高 1.19，比全省平均高 0.42，位列全国前 30 名。

二、城市高质量发展现状

（一）深化发展改革实践，综合实力稳步提升

近年来，镇江始终以习近平总书记关心关怀为不竭动力，深入学习贯彻习近平新时代中国特色社会主义思想，锚定“创新创业福地、山水花园名城”城市愿景，努力把优势做优、特色做特，奋力交好“镇江很有前途”的时代答卷。2023 年，镇江综合质效指数 83.4，比 2022 年提高 3.4，比全省平均高 1.1。

经济总量迅速增长。党的十八大以来，全市经济总量连续攀升，规模不断扩大，连续跨越

3000亿元、4000亿元、5000亿元大关，综合发展实力实现新跨越。2023年，全市经济总量由2013年的2659.1亿元提高到5264.1亿元，年均增长6.7%，分别快于全国、全省0.8、0.1个百分点。随着全市经济发展水平的稳步提升，人均GDP也得到大幅提升，由2013年的84145元增长到2023年的163273元，按可比价计算，年均增长5.9%。

产业结构优化调整。十年来，全市在加快经济发展的同时，不断加大产业结构调整力度，国民经济整体布局和增长结构都得到了有效调整，产业结构进一步优化。全市三次产业结构呈现出第一产业比重不断下降、第三产业比重逐渐提升的趋势。三次产业之比由2013年的4.2∶52.6∶43.3调整到2023年的3.2∶47.6∶49.2，三次产业对地区生产总值增长的贡献率分别为1.9%、45.9%和52.2%。

（二）创新驱动潜力凸显，科技引领作用增强

镇江市始终把科技创新摆在核心位置，加快培育发展新质生产力。2023年，镇江创新发展指数80.8，比2022年提高0.8，比全国平均高6.9。

创新活力持续显现。深入实施创新驱动发展战略，推动全市科创主体、平台、人才等持续增效扩容。引进大专以上人才4万人，其中高层次创新创业人才178人；新入选省“登峰计划”2人、省“双创计划”45人。镇江入选“全国城市创新能力百强榜”，列第28位。获省级以上科技计划项目立项356项、省科学技术项目奖35个，4家企业与江苏产研院共建联合创新中心，28家企业获批省级工程技术研究中心，建成省航空航天新材料产业计量测试中心。丹阳市获评国家创新型县（市）。

创新产业深度融合。2023年末，全市新增全国独角兽企业2家、国家级专精特新“小巨人”企业22家、国家高新技术企业525家、省级瞪羚企业10家。新增省级工业设计中心6家、省级工程（技术）研究中心37家，省船舶与海洋工程设计研究院实体化运营。全年新认定国家高新技术企业525家，有效期高企数达1429家，比2013年增加1043家。

（三）区域发展统筹推进，城乡一体协同发展

近年来，镇江市注重发展协调推进，产业结构持续优化，聚焦富民持续提高城乡居民收入水平，切实解决群众急难愁盼问题，让高质量发展成果更多更公平惠及普通大众。2023年，镇江协调发展指数86.9，比2022年提高0.7，高于全省平均1.8，居全省第4位。

城乡一体化持续推进。城镇化率提高较快，是经济社会持续发展、人力资源和人才资源有效配置的体现，也是部分地区经济发展活力增强的结果。2023 年末，镇江常住人口城镇化率达到 80.7%，城镇化水平比 2013 年提高了 13.2 个百分点，与发达国家水平相当。近年来，镇江紧抓长三角一体化发展机遇，围绕“创新创业福地、山水花园名城”这一城市愿景，构筑“一体、两翼、三带、多片区”的市域总体格局，着力提高中部城市协同发展区集聚度，推动镇江城区向西、向南“双向”拓展。先进制造业发展空间和创新功能承载空间不断集聚，用地绩效显著提高。各类设施供给更加完善，布局更加均衡，宜居、韧性和智慧城市建设水平明显提升。

居民收入增长与经济发展基本同步。全市居民人均可支配收入由 2013 年的 26327 元增长到 2023 年的 55565 元，增长 2.1 倍，年均增长 7.8%。其中城镇居民人均可支配收入由 32748 元增长到 64602 元，增长 2.0 倍，年均增长 7.0%；农村居民人均可支配收入由 15876 元增长到 35466 元，增长 2.2 倍，年均增长 8.4%。城乡居民收入差距不断缩小，城乡居民收入比由 2013 年的 2.06 缩小至 2023 年的 1.82。居民收入逐步增多，2023 年，全市城镇居民工资性收入 40669 元，比 2013 年增加 20076 元；农村居民工资性收入 22230 元，比 2013 年增加 12380 元。居民储蓄存款余额增长，2023 年全市金融机构居民储蓄存款余额达 4292.31 亿元，是 2013 年的 3 倍，年均增长 11.3%。

（四）推进绿色集约发展，描绘生态文明画卷

近年来，镇江市坚持逐“绿”前行，积极实践，提交了绿色转型、低碳发展的“镇江答卷”。2023 年，镇江市绿色发展指数 87.2，比 2022 年提高 0.7，高于全省水平 0.3。

绿色发展践行有力。镇江入选全国首批生态文明先行示范区、全国首批海绵城市建设试点城市、全国绿色交通试点城市、生态文明综合改革试点城市，在“双碳”实践中勇当先行者、探路者、引领者。低碳试点十年来，全市单位 GDP 能耗累计下降 37.3%，$PM_{2.5}$ 浓度下降 50%，优良天数比率上升 19 个百分点，实现了经济高质量发展、环境持续优化和碳排放强度大幅降低“三个同步”。国考、省考断面水质优Ⅲ比例均保持 100%，长江镇江段水质保持Ⅱ类。镇江在全国率先建成城市碳排放核算与管理云平台，扬中成为全国 4 家高比例可再生能源示范城市之一；全市公交车基本实现 100% 清洁化，城镇绿色建筑占新建建筑比重 100%，生活垃圾无害化处理率达到 100%。

转型升级步伐坚定。随着新技术的发展应用和节能环保意识的不断增强，镇江逐步将高耗能、高排放的小锅炉、小机组淘汰出清，积极推进高效低耗的大型发电机组建设，能源加工转换效率稳步提升。2023 年，全市规上工业二次能源加工转换总效率为 49.6%，较 2013 年提升 0.4 个百分点。围绕能耗总量和强度“双控”目标任务，不断优化能源生产、消费结构，提高能源循环利用水平，工业领域降耗增效取得积极进展，有力支撑全市节能降耗工作的顺利推进，2023 年单位 GDP 能耗较 2013 年累计下降 37.3%，全市节能成效显著。

（五）对外贸易稳中提质，开放水平整体提升

镇江市坚持用开放为高质量发展赋能，持续塑造开放型经济新优势。2023 年，镇江开放发展指数 80.5，超全国平均 7.8。

积极加强国际交流。国际“朋友圈”不断扩大，镇江已拥有 16 个国际友好城市、20 个国际友好交往城市，遍及 5 个大洲。积极参与创建“东亚文化之都”，加强与共建“一带一路”国家和地区的国际友好城市交流合作，目前与 63 个共建“一带一路”国家建立贸易往来。2023 年，镇江已连续举办六届国际低碳大会，低碳发展成为镇江国际交流和对外开放的城市新名片。

贸易结构持续优化。2013 年至 2023 年间，镇江市外贸进出口总额从 99.50 亿美元增长到 140.42 亿美元，年均增长 3.5%，其中出口总额年均增长 4.8%。一般贸易进出口额占全部进出口额的比重由 71.3% 提高至 76.8%，民营企业进出口额占全部进出口额的比重由 33.5% 提高至 58.7%。

（六）城市发展共建共享，消费结构不断优化

2023 年，镇江共享发展指数 78.9，比 2022 年提高 0.6，高于全省水平 0.3。

公共服务持续健全。2023 年全市九年义务教育巩固率达 100%，学前教育毛入学率达 99%；城乡居民基本养老保险人均养老金达每月 327 元，连年增长；新建居住区配建养老服务设施达标率达 100%。加快推进医养结合养老服务体系建设，新建全国示范性老年友好型社区 3 个，新增普惠型托育机构 18 家。落实困难群众救助保障标准动态调整机制，坚决兜牢基本民生底线，全面发放救助金 4.5 亿元，覆盖困难群众 7 万人。优化保障性租赁住房供给结构和模式，统筹老旧小区改造和既有建筑加装电梯、物业管理服务提升；加强完整社区建设，新建改建“口袋公园”、公园绿地 11 处，构建“15 分钟便民生活圈”。

居民消费结构改善。随着收入水平的提高，人民的消费水平发生变化，消费升级步伐加快，从以“衣”“食”为主的基本生活性消费，逐步向“用”“住”“行”消费转变。2023 年，全市居民人均消费支出 34985 元。其中，城镇居民人均消费支出 37866 元；农村居民人均消费支出 28576 元。住房条件明显改善，城镇居民人均住房面积由 2013 年的 33.9 平方米增加到 2023 年的 51.2 平方米；农村居民人均住房面积由 2013 年的 53.7 平方米增加到 2023 年的 64.1 平方米。

三、城市高质量发展中存在的问题及对策

（一）产业布局方面

镇江在产业布局上主要存在主导产业不突出、区域产业发展存在同质化、碎片化等问题。从产业体系看，镇江现代化产业体系基础尚嫌薄弱，传统产业发展面临转型升级，新产业经济发展还不够充分。2023 年，镇江数字经济核心产业增加值占 GDP 比重 7.3%，低于全国平均水平。目前，镇江规上数字经济核心产业企业仅 545 家，占“四上”单位的比重不足 10%，六成企业营收不足 5000 万元。

当前，镇江要继续坚定不移实施产业强市战略，聚焦重点产业，深耕细分领域，着力构建战略布局合理、产业链条完整、创新迭代活跃、质量高效益好、区域协调发展的现代产业体系。

（二）城市建设方面

镇江城区发展空间较小，整体的城市建设顶层设计不够，城市总体设计与地域社会经济发展未形成有效联动。“城市山林”“大江风貌”“江河交汇”等城市的个性特质彰显还不充分。公共服务方面，公交交通资源布局与城乡居民生产生活需要还有较多不匹配之处，与高质量发展和高品质生活的要求差距较大。区域发展方面，2023 年，镇江市区仅占全市面积的 28.3%，GDP 的 45.6%，人口总量的 39.5%，工业应税销售收入的 39.5%，一般公共预算收入的 32.9%，均未达到 50%。

未来，镇江应围绕如何有效促进中心城区、丹阳、句容、扬中等板块联动协同，因地制宜地开展区域化布局，优化城市建设，实现区域协调、优势互补的高质量发展。

（三）机制推动方面

市场的主导作用尚未完全发挥。营商环境是城市高质量发展的重要动能，而如何优化全市的营商环境，是镇江跑出城市发展加速度的关键。据《中国城市营商环境研究报告 2023》显示，镇江的城市营商环境指数为 39.8，全国排名第 67 位，在苏南五市中排名倒数第一，得分不及省均（41.1）；其中环境均衡度 25.9，全国排名第 255 位，趋向失衡；政务环境、法治环境指数分别为 52.3 和 30.7，全国排名第 80 和 163 位。

当前，优化营商环境要重点解决的是体制机制等方面的“软环境”，应当坚持市场化、法治化、国际化原则，以市场主体需求为导向，以深刻转变政府职能为核心，创新体制机制、强化部门间的协同联动、完善法治保障、加快服务型政府建设，拓宽“1+3+N”营商环境工作机制，探索持续优化营商环境的新路线。

（执笔人：杨帆）

泰州市高质量发展监测报告

2023年，在市委、市政府的坚强领导下，全市上下坚持以习近平新时代中国特色社会主义思想为指导，全面贯彻党的二十大精神和习近平总书记对江苏工作重要讲话重要指示精神，深刻领会“走在前、做示范”重大要求，全面落实“四个走在前”“四个新”重大任务，聚焦发展首要任务，落实“四敢”重大要求，拼出高质量发展新图景，2023年泰州获评全省高质量发展绩效评价考核“第一等次”，全国城市高质量发展监测指数进入全国城市50强。

一、基本情况

泰州古称海阳、海陵，有2100多年的建城史；地处江苏中部，长江北岸，是长三角中心城市之一，也是上海都市圈、南京都市圈、苏锡常都市圈重要节点城市；1996年组建地级泰州市，下辖靖江、泰兴、兴化三个县级市，海陵、泰州医药高新区（高港区）、姜堰区三个区，全市有61个镇、2个乡、25个街道；全市总面积5788平方千米，市区面积1567.75平方千米；全市户籍人口484.13万人，常住人口450.70万人；2023年，全市地区生产总值6731.66亿元，人均地区生产总值149383元，三次产业结构之比为5.1∶48.4∶46.5；全市地方一般公共预算收入439.70亿元，人均地方一般公共预算收入9758元；全市居民人均可支配收入49255元，居民人均消费支出31630元。泰州有自然“三水”，自古为长江、淮河、黄海三水汇聚之地，境内大小河流2.4万多条，是著名的水城水乡；泰州还有人文“三水”，泰州人施耐庵的“水浒”、郑板桥的“水墨”、梅兰芳的“水袖”，代表了泰州独特的文化底蕴和城市气质，走出了40位两院院士和一大批名家大家；泰州是长江经济带大健康产业集聚发展试点城市，医药产销规模全国领先，拥有全国首个国家级医药高新区—中国医药城，目前泰州正全力推动产业转型，重点打造“一个产业体系、四个特色产业集群”，“一个产业体系”就是大健康产业体系，“四个特色产业集群”分别是海工装备和高技术船舶、汽车零部件和精密制造、化工及新材料、光伏和锂电产业集群，2023 年全市拥有规模以上工业企业 3764 家，规上工业企业营业收入达 7335.3 亿元。

二、城市高质量发展成就

中国城市高质量发展监测体系包括综合质效、创新发展、协调发展、绿色发展、开放发展、共享发展六个领域、34 项监测指标，运用综合指数法，对中国城市开展高质量发展监测。2023 年泰州城市高质量发展指数 81.6，较上年提高 1.1，比全国平均高 6.2。

（一）综合发展趋势向好，城市建设稳步提升

2023 年，泰州综合质效指数 83.5，高于全省平均水平 0.7；较上年提升 3.1，提升点数高于全省平均水平 0.1。一是中心城市首位度提升。2023 年，市区常住人口 173.14 万人，占全市的比重为 38.4%；市区地区生产总值 2842.9 亿元，增长 6.4%，占全市的比重为 42.2%；市区地方一般公共预算收入 218.1 亿元，增长 21.6%，占全市的比重为 49.6%，同比提升 6.6 个百分点。二是中心城市发展水平较高。2023 年，泰州市区人均地区生产总值 164218 元，人均地方一般公共预算收入 12599 元，分别为全市平均水平的 1.1、1.3 倍。三是中心城市建设力度加大。2023 年，泰州市区市政公用固定资产投资 31.2 亿元；2017 年以来城镇老旧小区累计改造 344 个，2023 年完成投资 8.4 亿元；实有地下综合管廊长度 12.13 公里，城市道路面积 3199 万平方米，排水管道长度 2476 公里；累计建成 5G 基站数 1958 个；市区消防救援 5 分钟可达覆盖率达 23.0%。四是新动能持续培育壮大。2023 年，全市数字经济核心产业增加值 491.4 亿元，增长 18.8%；数字经济核心产业增加值占比 7.3%，较上年提升 0.8 个百分点；规模以上战略性新兴产业产值占比 38.3%，同比提升 0.3 个百分点。

（二）创新投入持续增加，高等教育发展加快

2023 年，泰州创新发展指数 80.6，低于全省平均水平 1.6；较上年提升 0.01，提升点数低于全省平均水平 0.55。一是创新投入不断增加。2022 年，全市规模以上工业企业 R&D 人员 41954 人，R&D 经费内部支出 150.6 亿元，分别较上年增长 5.3%、6.0%。二是创新产出明显提升。2023 年，全市发明专利授权量 3756 件，增长 82.2%；累计有效发明专利数 16254 件，增长 27.9%；每十亿元 GDP 发明专利拥有量 24.2 件，增长 21.0%；技术合同成交额 245.2 亿元，增长 15.7%；技术合同成交额与地区生产总值之比为 3.6%，同比提升 0.3 个百分点；高新技术企业数 1898 家，增长 18.7%；每万家企业中拥有高新技术企业数 112.9 家，增长 9.6%。三是高等教育发展加快。泰州学院纳入省属普通高校，全市拥有普通、职业高等学校 7 所；专任教师数 2769 人，在校生数 77354 人，

分别增长 7.3%、5.1%。

（三）城乡融合进程加快，经济社会更加协调

2023 年，泰州协调发展指数 82.3，低于全省平均水平 2.8；较上年提升 0.66，提升点数高于全省平均水平 0.01。一是城镇化进程加快。2023 年，全市城镇常住人口 315.8 万人，市区城镇常住人口 137.9 万人，较上年分别增加 3.9 万人、1.2 万人，分别增长 1.2%、0.9%；全市常住人口城镇化率达 70.1%，较上年提升 0.8 个百分点；市区常住人口城镇化率 79.7%，同比提升 0.7 个百分点。二是城市功能提升。2023 年，市区第三产业增加值占地区生产总值比重为 48.3%，较上年提升 1.1 个百分点，高于全市平均水平 1.8 个百分点；市区社会消费品零售总额与地区生产总值之比为 26.0%，同比提升 0.4 个百分点，高于全市平均水平 0.4 个百分点；市区地方财政一般公共预算支出收入占比为 154.2%，同比提升 24.3 个百分点，低于全市平均水平 4.4 个百分点。三是城乡居民收入消费差距缩小。2023 年，全市城乡居民人均收入比为 1.87，差距较上年缩小 0.05；城乡居民人均消费支出比为 1.48，差距较上年缩小 0.06。四是区域发展差距缩小。2023 年，全市人均 GDP 差异系数为 0.33，较上年下降 0.01；居民人均可支配收入地区差异系数为 0.13，同比持平。

（四）生态环境保持优良，“双碳”目标落实加快

2023 年，泰州绿色发展指数 86.3，低于全省平均水平 0.6，较上年下滑 0.07。一是生态环境质量保持优良。2023 年，全市 $PM_{2.5}$ 年平均浓度 34.2 微克 / 立方米，空气质量优良天数比率 80.5%，国省控断面地表水达到或好于Ⅲ类水体比例保持 100%；全市污水处理厂集中处理率 97.7%，提高 2.26 个百分点。二是加快落实“双碳”目标。2023 年，全市累计新能源装机容量 207 万千瓦，增长 61.7%；规模以上工业综合能耗 967.1 万吨标准煤，下降 0.8%；规模以上工业万元产值能耗 0.1189 吨标准煤 / 万元，下降 4.6%。三是中心城市绿色增加。2023 年，市区绿化覆盖面积 8053 公顷，市区实体地域绿化覆盖率 37.0%；市区绿地面积 7442 公顷，市区实体地域绿地率 34.2%。四是主要污染物排放下降。2023 年，全市工业化学需氧量、氨氮排放量分别下降 21.2%、41.2%；单位工业增加值化学需氧量、氨氮排放强度分别达到 63.71、1.67 克 / 万元，分别下降 25.5%、45.4%。

（五）外贸总量继续扩大，开放水平整体提升

2023 年，泰州开放发展指数 81.1，低于全省平均水平 1.9；较上年下滑 0.25，提升点数低于全省平均水平 0.54。一是对外贸易总量扩大。2023 年，全市进出口总额 1344.39 亿元，增长 2.8%；其中，出口总额 938.14 亿元，增长 4.7%；进口总额 406.26 亿元，下降 1.4%；外贸依存度（进出口总额占地区生产总值比重）为 20.0%，较上年下降 0.4 个百分点；人均货物和服务贸易总额 4600 美元，下降 1.0%。二是利用外资下滑。2023 年，全市实际利用外资 9.3 亿美元，下降 18.4%；协议利用外资 15.9 亿美元，下降 35.3%；人均实际使用外资 206 美元，下降 18.3%；高技术产业实际利用外资 4.7 亿美元，增长 16.1%；高技术产业实际利用外资占比为 50.8%，同比提升 16.1 个百分点。三是对外投资扩大。2023 年，全市对外直接投资额 25145 万美元，增长 51.4%；人均对外直接投资额 56 美元，增长 51.6%。四是入境游客人数增加。2023 年，全市入境游客 21403 人次，增长 224.4%；国际旅游收入 4138 万美元，增长 241.1%。

（六）生活水平不断提高，公共服务能力提升

2023 年，泰州共享发展指数 77.0，高于全省平均水平 0.6；较上年提升 1.8，提升点数高于全省平均水平 0.6。一是城镇居民生活水平提高。2023 年，全市城镇居民人均可支配收入 59604 元，增长 5.4%，其中，工资性收入、经营净收入、财产净收入、转移净收入分别为 36823 元、7745 元、6672 元、8363 元，分别增长 6.9%、4.4%、0.9%、3.2%；城镇居民人均消费支出 35991 元，增长 7.1%；其中，食品烟酒支出、教育文化娱乐支出分别为 10080 元、4739 元，分别增长 6.4%、16.9%；恩格尔系数为 28.0%，同比下降 0.2 个百分点；教育文化娱乐支出占比为 15.0%，同比提升 2.9 个百分点；全市每百户城镇居民家庭家用汽车拥有量 71 辆，增长 12.7%；城镇居民人均住房建筑面积 50 平方米。二是中心城市基本公共服务能力提升。2023 年，市区人均公共图书馆图书藏量 1.6 册，增长 79.8%；市区人均拥有体育场地面积 5.21 平方米；市区每千人拥有医护人员数 7.72 人，增长 5.6%；市区人均教育、文化旅游体育与传媒、卫生健康、社会保障和就业、住房保障财政支出 8338 元，增长 44.6%。三是社会保障水平提升。2023 年，全市城镇职工基本养老保险参保人数、城乡居民基本养老保险参保人数分别为 151.36 万人、191.94 万人，分别增长 3.0%、1.3%；职工基本医疗保险参保人数、城乡居民基本医疗保险参保人数分别为 173.73 万人、279.36 万人；失业保险参保人数 76.57 万人，增长 0.5%；工伤保险参保人数 100.56 万人，增长 1.5%；城乡居民基本养老保险月人均养老金 327.50 元 / 人，城乡最低生活保障标准提高到每月每人 800 元，城市居民 2934 人、农村居民 28752 人得到最低生活保障。

三、城市高质量发展薄弱环节

总的来看，2023 年泰州高质量发展呈现向上向好态势，但由于泰州城市建设和社会事业起步晚，高质量发展中还存在一些困难、问题和薄弱环节：

从产业看，泰州产业发展的层次还不高，转型升级的任务很重。泰州瞪羚企业 18 家、创新型领军企业 10 家，数量还不多，分别占全省的 2.4%、6.3%；重工业占比达到 70%，生产性服务业发展不充分，高端服务业项目较少，数字经济核心产业增加值占比比全省平均水平低 4.1 个百分点；含金量高、含新量高、含绿量高、含碳量低的“三高一低”项目不多，在能耗指标控制、环保和安全等方面还面临很大制约压力。

从创新看，泰州缺乏大院大所，基础研究较少。泰州研究与试验发展经费支出占 GDP 比重低于全省平均；基础研究经费支出占比仅有 1.25%，低于全省平均水平；产业创新能力还不强，创新型企业数量少于苏州、南京、无锡、常州等兄弟城市，省列统新型研发机构占全省比重不高，高层次和高技能人才总量和占比偏低。

从城市看，泰州中心城市凝聚力有待增强，公共设施水平不高。泰州城市化进程滞后于工业化进程，泰州常住人口城镇化率低于全省平均水平；城市老龄化较重，65 岁及以上老龄人口比重为 24.38%；城市公共交通与全省平均水平有一定差距。

从民生看，泰州基本公共服务有待进一步提升。泰州每千人拥有医生人数，每千名老人拥有养老机构床位张数均少于全省平均水平，人口变化、需求升级与公共服务供给还不够适配，教育医疗、养老托育事业与群众期待还有差距。

四、推动城市高质量发展意见建议

一是奋力推动产业提质。紧扣推进新型工业化，深化“智改数转网联”行动，推动先进制造业和现代服务业深度融合，打造“一个产业体系、四个特色产业集群”。

二是奋力推动城市提级。主动策应长三角一体化发展战略，深入参与“1+3”功能区建设，立足“一轴一核三极三城”，分类推进六大片区建设。

三是奋力推动民生提档。坚持以人民为中心，不断优化公共服务供给，推动公共服务标准化、社会保障互联互通、社会事业联动发展。

四是奋力推动环境提优。坚持生态优先、绿色发展，严格落实“共抓大保护、不搞大开发”决策部署，系统推进生态保护修复，全面实施生态监测保护。

五是奋力推动开放提速。聚焦大健康、新能源等重点产业领域，推动项目落地和产业链延伸；稳住外资外贸基本盘，深化与海内外投资者沟通交流，加快拓展经贸合作交流的新领域、新空间。

（执笔人：樊留国 王胜）

杭州市高质量发展监测报告

杭州是人文荟萃的历史文化名城，勇立潮头的创新活力之城，风景秀丽的生态文明之都。近年来，面对严峻复杂的国际环境和艰巨繁重的改革发展稳定任务，杭州坚持以习近平新时代中国特色社会主义思想为指导，深入贯彻落实习近平总书记考察浙江重要讲话精神，坚持高质量发展与城市内涵式提升双向发力，深入贯彻创新、协调、绿色、开放、共享的新发展理念，奋力打造世界一流的社会主义现代化国际大都市、锦绣繁华的人间新天堂，向着中国式现代化城市范例目标不断迈进。

一、市情概况

“杭州”得名于“余杭”，古称临安、钱塘，地处浙江省西北部，是浙江省省会和经济、文化、科教中心，长江三角洲中心城市，“丝绸之路经济带”和“21 世纪海上丝绸之路”的延伸交点、“网上丝绸之路”战略枢纽城市，是我国七大古都之一、首批国家历史文化名城，良渚是实证中华5000多年文明史的圣地。杭州是2016年G20峰会举办地、第19届亚运会举办城市。全市总面积1.68万平方公里，下辖上城、拱墅、西湖、滨江、萧山、余杭、临平、钱塘、富阳、临安10个区，桐庐、淳安2个县，代管建德1个县级市。2023年末，全市常住人口1252.2万人，城镇人口1054.3万人，城镇化率84.2%。

杭州是国家级都市圈一杭州都市圈的中心城市，是全国首批国务院批准设立的跨境电子商务综合试验区，习近平总书记赋予杭州“历史文化名城、创新活力之城、生态文明之都”的城市定位。近年来，杭州获最具国际影响力十大城市、中国十大创新城市、中国十大智慧城市、全球15个旅游最佳实践样本城市、综合型信息消费示范城市、新时代数字治理标杆城市、国家级服务型制造示范城市等系列殊荣，连续17年蝉联中国最具幸福感城市，被评为全国唯一的“幸福示范标杆城市”、首批全国平安综治优秀市，连续5年在全国工商联的“万家民营企业评营商环境”调查中排名第一，人才、海外人才、互联网人才净流入率连续多年保持全国第一。杭州民营经济发达，全国民营企业500强数量连续21年居全国城市首位。

图1 杭州钱江新城

二、城市高质量发展成效

近年来，杭州始终以高质量发展统揽全局，加快构建特色现代化产业体系，持续带动产业集聚、人口集聚、创新集聚。根据国家城市高质量发展评价指标体系统一测算，2023年，杭州城市高质量发展指数为88.5，较上年提高1.9。综合质效、创新发展、协调发展、绿色发展、开放发展、共享发展等六大指数均较上年实现提升，高于全国、全省平均水平。

（一）综合实力不断跃升

2023年，杭州综合质效指数88.1，较上年提高3.4。全市GDP达20059亿元，居全国省会城市第三、副省级城市第四、大中城市第八，比上年增长5.6%。市场活力持续提升，全年新设市场主体36.5万户，其中新设企业15.3万户，分别增长26.7%和14.6%。人口规模持续扩大，2023年末常住人口1252.2万人，比上年末增加14.6万人，人口增量在26个GDP万亿城市中排名第三。财政收入稳健提质，全市一般公共预算收入2617亿元，税占比达89.7%，居全国副省级城市第一。

金融市场稳健运行，金融机构本外币存贷款余额居全国大中城市第五，全年新增上市企业22家，总量302家，稳居全国大中城市第四。

（二）创新动力持续激发

2023年，杭州创新发展指数90.5，较上年提高1.2。截至2023年末，全市拥有全国重点实验室18家，位居全国第四；国家级孵化器数量居全国省会城市第一；有效发明专利拥有量15.3万件，比上年增长26.5%，持续保持省会城市第一。技术交易市场活跃、交易金额高速增长，其中技术输出金额1076亿元，增长65.6%；技术吸纳金额1084亿元，增长36.1%。创新投入力度持续加大，2022年，全市R&D经费支出与GDP之比为3.81%，较2021年提高0.15个百分点。

（三）协调发展成效显著

2023年，杭州协调发展指数91.2，较上年提高0.3。城乡收入差距持续缩小，城乡居民人均可支配收入分别为80587元和48180元，分别增长4.6%和6.6%，城乡居民收入倍差缩小至1.67，比上年缩小0.04，连续13年缩小。公共服务支撑有力，稳步提高城乡居民基本养老保险基础养老金标准、社会救助保障标准，最低生活保障标准从上年每人每月1216元提升至1259元。民生支出保持平稳，一般公共预算支出2636亿元，增长3.7%，其中民生支出2065亿元，民生投入占比保持在75%以上。

（四）绿色发展稳步推进

2023年，杭州绿色发展指数89.3，较上年提高0.3。经济活动低耗高效，全市万元GDP能耗达0.23吨标准煤，比上年下降0.02吨标准煤，入选首批国家碳达峰试点城市。绿化覆盖显著提升，绿化覆盖面积为3.9万公顷，城区实体地域绿化覆盖率达42.9%，比上年提高2.0个百分点。生态环境保持稳定，全年空气优良天数优良率84.4%，比上年提高1.1个百分点；地表水市控以上断面优于Ⅲ类比例、功能区达标率、饮用水水源地水质达标率连续3年实现100%。

（五）对外开放持续深化

2023年，杭州开放发展指数88.1，较上年提高0.2。利用外资量增质优，全市批准外资项目1066个，总投资3000万美元以上外资项目108个，实际利用外资88.3亿美元，比上年增长13.0%，其中制造业外资占比51.5%。外贸进出口逆势而进，全市货物进出口8030亿元，增长6.1%，出口总额5339亿元，增长3.7%，高于全国3.1个百分点。外贸新业态发展较快，全年跨境电商出口1400亿元，增长16.4%；服务贸易出口182亿美元，增长7.4%，其中数字服务贸易出口额128

亿美元，增长 17.3%。

（六）民生福祉持续改善

2023 年，杭州共享发展指数 85.2，较上年提高 3.7。坚持就业优先战略，全市城镇新增就业 32.9 万人，基本养老保险参保率达 99.0%，发布实施国内首个《大学生创业园服务规范》地方标准，连续 4 年荣获“中国年度最佳促进就业城市”奖项。民生底色持续擦亮，全市居民人均可支配收入 73797 元，比上年增长 5.0%，城乡居民人均可支配收入分别为 80587 元和 48180 元，居副省级及以上城市第 3 和第 2 位。社会保障日益完善，聚焦“一老一小”，成功入选全国首批婴幼儿照护服务示范城市、个人养老金制度国家级试点，连续 3 年获评全国健康城市建设样板市。

三、城市高质量发展经验

一是全力构建现代化产业体系。杭州把制造业作为强市之基，推进制造业高端化、绿色化、集约化，确保制造业比重和质效显著提升。全市高水平重塑全国数字经济第一城，加快建设五大产业生态圈，出台平台经济、总部经济、人工智能等系列专项政策，大力开拓未来产业新赛道，着力打造现代化产业体系。2023 年，全市数字经济核心产业增加值 5675 亿元，比上年增长 8.5%，占 GDP 比重达 28.3%，比重再创新高；五大产业生态圈规模壮大，智能物联、绿色能源产业营业收入分别增长 7.0% 和 12.3%。

二是强力推进创新深化改革攻坚。举全市之力推动城西科创大走廊高质量融合发展，积极构建以国家实验室为龙头的新型实验室体系，全力争创综合性国家科学中心，2023 年，国家实验室正式挂牌运营，国家级孵化器总数达 65 家。加快打造科技成果转移转化首选地“概念验证之都”，新增市级概念验证中心创建单位 15 家。深化“名校名院名所”工程，西湖大学累计在全球范围内引进优秀科学家 200 余位，国科大杭高院汇聚院士 15 名、国家级领军人才 68 人、国家级青年人才 99 人、累计进站博士后 315 人，扎实开展青年发展型城市建设试点，打造全球人才蓄水池。

三是激发经济发展内生动力。全面落实省“8+4”经济政策体系，推出“抢先机、拼经济”30 条、经济高质量发展 64 条、扩大有效投资 18 条等一揽子政策，持续激发市场活力、提振发展信心，推动经济平稳健康运行，2023 年安排财政资金 480 亿元，为市场经营主体减负 926 亿元。实施新一轮“腾笼换鸟、凤凰涅槃”攻坚行动，处置闲置土地、低效用地、批而未供土地 9.5 万亩。深入实施营商环境优化提升“一号改革工程”，实施《杭州市优化营商环境条例》，推出新一批营商环境国家试点改革举措 150 项，率先实现 279 个事项凭营业执照“一照通办”。

四是持续深化对外开放水平。深入实施“地瓜经济”提能升级“一号开放工程”，加快打造世界一流的社会主义现代化国际大都市。对外交流持续深化，开展“双百双千”拓市场行动，加速企业拓市场抢订单，2023 年出行团组 773 个，出行企业 3485 家次，参加展会数量超过 520 个，获取订单金额达 1115 亿元。在全国率先开展数字贸易立法，推进《杭州数字贸易促进条例》出台；7 项案例入选商务部外贸新业态创新实践案例。加快推进国际性综合交通枢纽城市建设，开通 8 条国际全货机航线，全货机航线数量累计达 18 条，建成国内首个“多层结构 + 智能化”的国际航空货站——萧山机场东区国际货站，提升年货邮吞吐量 60 万吨级。

五是全面提升城市风貌。杭州成功举办了一届“中国特色、亚洲风采、精彩纷呈”的亚（残）运盛会，实现“办好一个会、提升一座城”，以亚运会举办为牵引，优化城市功能环境，全域推进海绵城市建设三年行动收官，聚焦城市性质和核心功能定位，加快战略性重点区块发展。统筹推进城市大脑 2.0 和数字孪生城市建设，构建超大城市治理操作系统，开展道路易堵路段专项整治。加快建设国际赛会之城，成功举办第 4 届联合国世界数据论坛、第 2 届全球数字贸易博览会，高水平举办 2023 年世界羽联世界巡回赛总决赛等国际体育赛事。

六是扎实推进共同富裕。坚持以人民为中心，全力推动高质量发展建设共同富裕示范区城市范例取得新进展。持续推进以集体经济为核心的强村富民乡村集成改革，深入实施五个“百千亿”工程，推动农村地区农民增收，2023 年实现村集体经济总收入 197 亿元，经营性收入 154 亿元，均列全省第一，经营性收入 50 万元以上行政村占比达 96.6%。全力推进共富单元建设，建成省级未来社区 106 个、城乡风貌样板区 29 个、未来乡村 30 个，数量全省第一；创建现代化美丽城镇 35 个，缤纷社区等 3 个社区入选全国首批完整社区试点，数量居全国首位。

四、城市高质量发展的薄弱环节和不足

经济增长基础还不稳固。2023 年，全市高新技术产业增加值占规模以上工业增加值达 70.0%，但增速仅为 1.3%，低于规模以上工业增加值 1.1 个百分点；全市指标基本实现进位回升，但持续增长的动能不足，如基础设施投资持续负增长，后亚运时期基建项目仍待跟进，稳投资压力较大；依然面临着有效需求不足，消费回升不快，社会预期偏弱等风险挑战；预计房地产市场调整将会持续，未来房地产投资也将进入低速增长阶段，房地产市场存在供需两端压力和结构性分化。

工业发展持续承压。工业与全省差距逐渐扩大，2022 年、2023 年，全市规模以上工业增加值比上年分别增长 0.3% 和 2.4%，低于全省 3.9 和 3.6 个百分点，与全省差距拉大，规划布局仍需完善，

杭州制造业的空间布局呈现出分散、影响力小、产业集中度低的特点，重大工业平台布局存在短板，导致新兴制造业承接能力不足，制约了高新制造业发展。

发展不平衡矛盾依然存在。杭州东部与西部地区之间互利共赢的局面还没有完全打开，人均GDP最低的淳安县与最高的滨江区倍差达5.3，比上年提高0.06，差距仍在扩大；人均可支配收入，最高的西湖区为86521元，淳安县为39762元，倍差比上年虽略有缩小，但仍达到2.18；同时，区、县（市）特色产业布局不够合理优化，导致区域要素资源配置效率不高、产业发展协同性不足，成为制约产业能级跃升的重要因素。

五、城市高质量发展政策建议

深入推进优势产业发展。全力打造产业生态，加快打造五大产业生态圈，把握智能化、基建化、实体化和全球化的趋势和机遇。提升产业平台承载力，全面推进“一园一主业”，引导全市产业平台根据各自定位，聚力发展主导产业，强链补链延链，不断提升产业集中度加快形成上下游产业集群优势。

做好引才留才用才工作。促进人口结构优化，在人口落户政策方面更加注重引进劳动力人口、技能人才、紧缺人才，在稳定人口总量的同时，降低老龄人口比重，提高劳动力素质。补齐社会功能短板，继续深入实施公共服务“七优享”工程，加快完善“15分钟公共服务圈”，高水平打造城乡社区民生幸福共同体。

持续激发有潜能的消费。发挥亚运长尾效应，全力打造国际新型消费中心，升级打造后亚运时代城市文旅品牌，积极引进、组织承办国际国内顶级文体活动，加快建设国际赛会之城。培育新型消费模式，招引和推动更多优质电商项目落户杭州，全力招引各类首店，打响“不夜天堂·乐购杭州”城市消费品牌。

统筹推进区域高质量发展。纵深推进区域协调发展，主动融入长江经济带、长三角一体化等国家战略，加快杭州都市圈协同发展，持续打造山海协作升级版，深化开展对口支援、对口帮扶和对口合作。持续拓展跨区合作共富，以产业合作园、飞地等形式进一步拓展跨区合作领域，共同推动优势互补高质量发展的区域经济布局。

（执笔人：徐聪 罗壮）

宁波市高质量发展监测报告

近年来，面对复杂严峻的国际形势和艰巨繁重的改革发展稳定任务，宁波坚持以习近平新时代中国特色社会主义思想为指导，全面贯彻党的二十大和习近平总书记考察浙江重要讲话精神，紧扣“勇当先行者、谱写新篇章”新定位新使命，坚持稳中求进、以进促稳、先立后破，以三个“一号工程”为引领、“三支队伍”建设为支撑，深入推进“六大变革”，全力打造“六个之都”，加快建设现代化滨海大都市，城市综合竞争力和影响力持续提升，高质量发展和高品质生活取得显著进步，为争创共同富裕和中国式现代化示范引领的市域样板打下坚实基础。

一、城市发展基本概况

宁波简称“甬”，是计划单列市、副省级城市。唐代称明州，明洪武十四年取“海定则波宁”之意，改称为宁波，沿用至今。全市陆域面积9816平方公里，海域面积8356平方公里，“五山一水四分田”，兼具江南水乡和滨海城市特色。现辖海曙、江北、镇海、北仑、鄞州、奉化6个区，余姚、慈溪2个县级市，宁海、象山2个县，有73个街道、73个镇、10个乡，2152个行政村、840个社区。宁波的特色，主要体现在五个方面：

世界第一大港。宁波是古代“海上丝绸之路”的始发港，被习近平总书记誉为记载“一带一路”历史的活化石。海洋资源丰富，拥有3大港湾、600余个海岛，海岸线1678公里，其中深水海岸线达139公里。宁波舟山港拥有国内国际航线300余条，万吨级以上大型泊位近170座。

国际开放门户。宁波拥有中国—中东欧国家经贸合作示范区、浙江自贸试验区宁波片区等高能级开放平台和全部海关特殊监管区域形态，是全国唯一的中国—中东欧国家博览会承办城市。与220多个国家和地区建立了投资贸易关系，与109个城市建立国际友城关系。

先进制造基地。宁波制造业实力强劲，培育了汽车零部件、绿色石化等5个国家级产业集群，拥有中国注塑机之都、中国模具之都、中国紧固件之都等 11 个全国唯一的特色产业之都称号，110 家企业主导产品市场占有率全球第一，拥有国家级制造业单项冠军企业 104 家、专精特新“小巨人”企业 352 家。

民生幸福家园。宁波 14 次获评中国最具幸福感城市，实现全国文明城市“六连冠”、全国双拥模范城“八连冠”、省平安市创建“十七连冠”，先后入选国家首批环保模范城市、全国生态文明先行示范区试点城市，连续 6 年夺得全省治水“大禹鼎”。

“亦文亦武”之城。习近平总书记在浙江工作期间赞扬“宁波人亦文亦武，文是院士，武是商家，文武相济，大事必成”。以井头山、河姆渡史前文明为起点，宁波开启了 8000 多年文明史，孕育了海丝文化、阳明文化、商帮文化等地域特色文化，涌现了王阳明、黄宗羲等硕学大儒，拥有宁波籍“两院”院士 122 人，诺贝尔奖获得者 1 人。

二、城市高质量发展取得积极成效

宁波作为实体经济“重镇”、对外开放“前沿”、国家战略“枢纽”，近年来锚定“打造一流城市、跻身第一方阵”目标，以高质量发展统揽全局，推动城市竞争力、创新力、美誉度全面提升。根据国家城市高质量发展评价指标体系统一测算，2023 年，宁波城市高质量发展指数为 87.0，较上年提升 0.9，其中综合质效、创新发展、协调发展、绿色发展、开放发展、共享发展等六个指数均比上年提升。

表 1 宁波城市高质量发展指数

年份	综合质效	创新发展	协调发展	绿色发展	开放发展	共享发展	总指数
2023 年	89.2	86.1	87.8	90.6	90.4	80.8	87.0
2022 年	87.2	85.0	87.2	90.3	90.4	80.2	86.1
较上年增加	2.0	1.1	0.6	0.4	0.04	0.6	0.9

（一）经济总量跨越攀升，综合实力显著增“强”

2023 年，宁波综合质效指数为 89.2，比上年提升 2.0，实现地区生产总值 16452.8 亿元，比上年增长 5.5%，高于全国平均水平 0.3 个百分点，分别高于南京、天津 0.9 和 1.2 个百分点。人均地区生产总值 170363 元，比上年提高 6452 元。一是财政实力稳步提升。全年财政总收入 3384.1 亿元，增长 0.8%，其中一般公共预算收入 1785.9 亿元，增长 6.3%，税收占一般公共预算收入的比重为 82.0%；一般公共预算支出 2235.1 亿元，增长 2.2%。二是工业压舱石不断夯实。年产值百亿以上企业 32 家，中国制造业 500 强企业 18 家，境内外制造业上市企业超过百家，规模以上工业企业达 10460 家。工业增加值达 6770 亿元，超过广州（6729 亿元），行业集中度较高，化学原料、汽车制造业和电气机械制造业三大行业增加值占规模以上工业的比重超四成。三是市场主体加快培育。截至年末，拥有各类市场主体 138.6 万户，增长 6.3%；其中私营企业 52.4 万户。全市累计实有个体工商户 81.7 万户。境内外上市企业 143 家，10 家企业入围中国企业 500 强。四是民营经济迸发活力。截至年末，民营主体 134.1 万户，占各类市场主体总量的 96.7%，20 家企业入围中国民营企业 500 强。规模以上民营工业企业增加值 3042.8 亿元，增长 8.2%，对规模以上工业增加值增长的贡献率达 69.2%；民营企业进出口总额 9632.8 亿元，占全市进出口总额的 75.4%。

（二）科创生态持续优化，科技领域加速向“新”

2023 年，宁波更加突出创新引领，积极推进“四链”深度融合，出台科技新政 15 条，新发展动能加速积蓄，全市创新发展指数为 86.1，比上年提升 1.1。一是创新投入大幅增加。全年财政科技支出比上年增长 20.6%，高出一般公共预算支出 18.4 个百分点，增速比上年提高 5.5 个百分点。高新技术产业投资增长 13.2%，高出固定资产投资增速 5.7 个百分点。规模以上工业企业研发费用投入增长 3.8%，高于同期利润增速 6 个百分点。二是科创平台持续锻强。国家自主创新示范区、甬江科创区等高能级科创平台建设积极推进，甬江实验室、宁波东方理工大学（暂名）等建设全面实施，宁波自主培养两院院士实现零的突破，有效发明专利达 5.5 万件，完成技术交易额 888.0 亿元，增长 72.1%。三是新兴产业提速发展。全年新认定高新技术企业 1920 家，年末全市高新技术企业 7021 家，比上年增长 31.6%。规模以上工业中，新能源和环保产业增加值分别增长 20.3% 和 10.2%；规模以上服务业中，时尚创意服务业、数字经济服务业、科技服务业营业收入均实现两位数增长。四是新需求加速释放。网络消费日益活跃，通过公共网络实现零售额 654.3 亿元，增长 26.8%。新能源汽车、智能手机、照相器材零售额分别增长 87.5%、74.3% 和 46.4%。

（三）城乡发展协调并进，区域一体化进程加“快”

2023 年，宁波统筹城乡发展，促进区域协调发展，加快构建新发展格局，全市协调发展指数为 87.8，比上年提升 0.6。一是城乡收入差距持续缩小。全市城乡居民人均可支配收入分别达到 80144 元和 48350 元，城乡居民收入倍差降至 1.66，比上年缩小 0.03，连续 20 年呈缩小态势。二是区域发展更趋协调。围绕薄弱地区抓区域协调，深化南翼地区崛起、四明山区域振兴行动，各区

（县、市）经济总量极值比 3.64，较上年缩小 0.16，人均 GDP 极值比 2.48，较上年缩小 0.07；全体居民人均可支配收入极值比从 1.41，较上年缩小 0.01。三是城镇化水平稳步提高。全市常住人口 969.7 万，城镇化率为 79.9%，较上年提高 1.0 个百分点。四是民生保障更加有力。城乡社区支出、社会保障和就业支出、教育支出等重点民生支出分别增长 8.7%、6.6% 和 6.4%，均高于一般公共预算支出增速。城镇新增就业人员 25.99 万人，增长 6.5%；年末城镇登记失业率 1.91%，保持较低水平。

（四）生态环境显著改善，城市底色焕新添“绿”

2023 年，宁波深化践行“两山”理念，协同推进降碳、减污、扩绿、增长，生态环境质量持续改善，全市绿色发展指数为 90.6，比上年提升 0.4。一是环境治理深入推进。宁波中心城区空气质量优良天数比率为 93.7%，$PM_{2.5}$ 浓度为 22 微克 / 立方米，地表水市控以上断面水质优良率达 96.8%，连续 6 年获评“大禹鼎”，垃圾分类工作稳居全国前列。二是低绿色低碳转型加快。稳步实施“碳达峰十大行动”，新能源发电量居全省最高，完成全国首单蓝碳拍卖交易，累计建设国家级绿色工厂 98 家。新增光伏、风电装机 171 万千瓦，提前实现“十四五”风光装机目标，入选国家首批废旧物资循环利用体系建设重点城市、首批国家绿色出行城市。三是生态修复成效显著。年末全市累计建成国家级生态文明建设示范县（区）6 个、国家级“两山”实践创新基地 2 个，杭州湾国家湿地公园入选国家重要湿地名录，花岙岛入选国家级“和美海岛”示范创建名单。绿色建筑覆盖率达 100%。

（五）“硬核力量”不断彰显，对外开放日益扩“大”

2023 年，宁波牢记“再创开放新优势”重大要求，着力锻强港口“硬核力量”，扩大内外一体双向开放，全市开放发展指数为 90.4，比上年提升 0.04。一是硬核强港全球领先。宁波舟山港荣获全省首个中国质量奖，原油、铁矿石吞吐量分别占全国港口的 21% 和 12%，石油储备能力占全国的 11.2%。完成货物吞吐量 13.2 亿吨，比上年增长 4.9%，连续 15 年蝉联世界首位；完成集装箱吞吐量 3530.1 万标箱，增长 5.8%。二是对外合作不断深化。成功举办三届中国—中东欧国家博览会，自中东欧国家进口占全国的 6.3%，宁波自贸片区 16 项制度成果在全国复制推广，6 项成果列入历届“一带一路”国际合作高峰论坛成果清单，与 58 个国家 114 个城市建立友城关系。海外仓面积占全国 1/6，实际利用外资累计达到 726 亿美元，跨境电商进出口额达 2302 亿元，跨境电商网购保税业务规模连续 6 年居全国首位。三是对外贸易加速拓展。全年口岸进出口总额 23984.5 亿元，直接与宁波开展贸易往来的国家和地区达 231 个，完成国际服务贸易进出口额 1728.3 亿元。

全年承接服务外包执行额 725.0 亿元，增长 7.4%。

（六）民生福祉持续增进，公共服务优质共“享”

2023 年，宁波牢记“让城乡居民共享现代化大都市的文明和生活”重大要求，迭代完善共同富裕示范先行市建设工作体系，推进公共服务均衡可及、优质共享，全市共享发展指数为 80.8，比上年提升 0.6。一是社会保障体系日臻完善。扎实推进“扩中提低”、强村富民等改革，实现集体经济总收入 50 万元和经营性收入 30 万元以下行政村“双清零”，新增三甲医院 3 家，每千人口托位数提升至 4.21 个，年末共有养老机构 266 个，床位数 4.6 万张，最低生活保障标准提高到 1255 元 / 月，基础教育优质均衡水平位居全国前列。二是民生底色持续擦亮。全年居民人均可支配收入 71731 元，比上年增长 4.9%，居民人均生活消费支出 45503 元，增长 5.8%。每百户城镇家庭、农村家庭汽车拥有量分别为 67 辆和 47 辆。三是城乡建设品质大幅提升。城市轨道交通里程达到 185 公里，高速公路网密度达到 6.7 公里 / 百平方公里，八成以上乡镇实现“15 分钟上高速”，生活垃圾分类、污水治理、公厕改造实现行政村全覆盖，成为首批全国“四好农村路”示范市。

三、城市高质量发展存在的薄弱环节

近年来，宁波全市上下认真贯彻国家、省市各项决策部署，统筹推进稳增长、促改革、调结构、惠民生、防风险、保稳定各项工作，扎实推动经济迈向高质量发展。宁波城市高质量发展态势良好，但也存在一些薄弱环节和不足：

产业结构有待进一步优化。宁波服务业占 GDP 比重偏低，在副省级城市中靠后，二产占 GDP 比重超过 45%，传统产业转型升级不够快，制造业仍以石化、汽车制造等周期性产业为主导，数字经济、现代服务、文化经济短板明显，缺少新质生产力领域的大项目好项目。

创新能力有待进一步加强。宁波研发投入强度不高，低于全省平均水平，高能级创新平台不多，高水平大学数量偏少，仅 1 家省实验室、1 家全国重点实验室，缺乏国家实验室、大科学装置等支撑。入围全省民营企业研发投入百强的仅 13 家。人才队伍对现代化建设的支撑力不足，2023 年新引进大学生中硕博士比例仅为 5.3%。

城市能级有待进一步提升。宁波中心城区人口 367.7 万人，未达到特大城市中心城区集聚人口 500 万以上标准，余姚、慈溪等地县域经济发达，中心城区集聚辐射能力不够强；“大港口”与“小空铁”的局面亟待改变，宁波机场是在副省级城市中唯一没有洲际航线的机场。

部分民生领域有待进一步改善。宁波仅 9 家三甲医院，每千人拥有医疗机构床位数和执业医生数、每万人拥有公共文化设施面积等均低于全省平均，优质公共服务供给不足、配置不够均衡，与群众期待仍有差距。

四、推进城市高质量发展的对策建议

（一）坚定不移强实体，聚力打造现代化产业体系

坚持以“大优强、绿新高”为导向壮大实体经济，全面推动数智化、新能源化、组织化、品牌化、国际化转型。以打造“361”万千亿级产业集群行动为引领，全力实施数字经济创新提质“一号发展工程”，培育壮大数字经济核心产业。聚焦未来产业重点领域，在新材料、空天科技、生命科学等领域培育新增长点。推动前湾新区、宁波经济技术开发区、宁波高新区等产业平台提能，加快服务业创新发展示范区建设，打造一批产城融合大平台。

（二）内外一体促开放，聚力建设双循环枢纽城市

全力推进“地瓜经济”提能升级“一号开放工程”，积极融入和服务构建新发展格局。全力建设世界一流强港，打造国家战略资源配置中心。放大中东欧国家经贸合作示范区先发优势，持续提升中东欧国家博览会能级，全力推进梅山港口基础设施重点项目建设。大力开拓以共建“一带一路”国家和地区为重点的新兴市场，加快发展数字贸易、服务贸易等新业态，主动参与上海大都市圈建设，错位协同唱好杭甬“双城记”，做强宁波都市区辐射带动力。

（三）创新驱动塑优势，聚力服务科技自立自强

坚持科教人一体推进，强化企业科技创新主体地位，加快形成新质生产力。锻强甬江科创区创新策源能力，高标准打造甬江实验室，提升发展产业技术研究院。支持宁波大学“双一流”建设，支持中科院宁波材料所争创海洋新材料与应用技术全国重点实验室，推动大院大所提升能级。深入推进“关键核心技术登峰”“前沿引领技术 2035”“重大场景应用”三大计划，强化企业创新主体地位。实施“科创甬江 2035”计划，迭代实施甬江人才工程。

（四）惠民利民增福祉，聚力推进共同富裕先行

持续缩小“三大差距”，扎实推进公共服务“七优享”工程，兜住、兜准、兜牢民生底线。完善城乡区域均衡协调发展机制，加强重点群体就业支持，完善灵活就业保障制度，培育壮大银发经济。协同推进新型城镇化和乡村振兴，积极稳步推进城中村改造，迭代未来社区、未来乡村等基本单元建设。一体建设更高水平的平安宁波、法治宁波，迭代完善“141”基层治理体系。

（执笔人：郑浩然 陈巧云）

温州市高质量发展监测报告

温州是一座底蕴深厚、历史悠久的国家历史文化名城，是我国改革开放先行区、民营经济重要发祥地。近年来，温州坚持以习近平新时代中国特色社会主义思想为指导，深入学习贯彻习近平总书记考察浙江重要讲话重要指示批示精神，持续推动“八八战略”走深走实，紧扣“勇当先行者、谱写新篇章”新定位新使命，深入实施“强城行动”，全面推进“四大振兴”，打造全省高质量发展第三极，全力建设更具活力的“千年商港、幸福温州”，奋力谱写中国式现代化温州新篇章。

一、市情概况

温州古称瓯，因气候温和而得名，是国家历史文化名城、全国文明城市、国家卫生城市、国家园林城市、国家森林城市。陆域面积 12102 平方公里，海域面积 8649 平方公里，现辖鹿城、龙湾、瓯海、洞头 4 个区，乐清、瑞安、龙港 3 个县级市，永嘉、文成、平阳、泰顺、苍南 5 个县。2023 年末户籍人口 830 万人，常住人口 976 万人。

温州是一座赓续“千年文脉”的历史文化之城。中原文化、海洋文化、山地文化、移民文化等交汇交融，形成了独特的瓯越文化。永嘉学派奠定了温州思想的主脉，中国山水诗、中国南戏和中国数学家绘制了温州文化的底色。近年来，温州创成国家公共文化服务体系示范区，荣获中国工艺美术之都、全国版权示范城市、“全民阅读示范城”，当选“东亚文化之都”，非遗保护发展指数连续六年全省第一。

温州是一座“商行天下”的民营经济之城。拥有“中国鞋都”等 44 个全国性生产基地，250 万世界温州人嫁接联通世界，与近 200 个国家和地区有贸易关系。近年来，温州深化新时代“两个健康”先行区建设，“利企安企暖企”等经验全国推广，“万家民营企业评营商环境”稳居全国第一方阵，市场经营主体总量超 145 万户，其中个体工商户突破 100 万户。

温州是一座“港通未来”的活力开放之城。温州是海上丝绸之路重点节点城市，北宋时就是港口重镇、对外贸易口岸，朔门古港遗址入选 2022 年度全国十大考古新发现。作为我国 14 个首批沿海开放城市、长三角 27 个中心区城市之一，温州拥有长三角一体化发展、粤闽浙沿海城市群建设两大战略机遇。近年来，温州聚力建设“世界的温州”，深化“四港联动”发展，建设金丽温开放大通道，入选国家级现代流通战略支点城市。

温州是一座“敢为人先”的改革创新之城。温州勇挑改革创新的使命担当，创造了中国第一张个体工商户营业执照、第一个实行利率市场化改革、中国第一座农民城等许多个“全国第一”，龙港新型城镇化改革入选中国改革典型案例，要素市场化配置、“大综合一体化”行政执法改革、农村“三位一体”综合改革走在前列，获批全国低效用地再开发等改革试点，“数据得地”等改革成效显著。“一区一廊一会一室一集群”创新能级持续提升，五届世界青年科学家峰会成果丰硕。

温州是一座“幸福温暖”的宜居品质之城。温州四季温润，集山、江、海、湖、岛、瀑、湿地之大成，旅游景区面积占比约 1/4，空气质量保持全国前列，获评“中国气候宜居城市”。近年来，温州加快区域中心城市建设，构建沿江发展轴、沿海产业带、生态发展区“一轴一带一区”城市发展格局。加快全龄友好社会建设，“好学温州”“健康温州”“温馨善育”“颐养温州”等品牌打响，建设瓯江红“共享社·幸福里”2200 多个，获评平安中国建设示范市，连续 5 年获评中国最具幸福感城市。

二、城市高质量发展成就

近年来，温州完整、准确、全面贯彻新发展理念，服务和融入新发展格局，以高质量发展的确定性应对外部环境的不确定性，发展基础持续夯实，发展优势持续显现，发展态势持续向好。2023 年温州高质量发展指数在综合质效、创新发展、协调发展、绿色发展、共享发展等五个方面均比上年有所提升，高质量发展总指数由 81.5 提升至 82.9，提高 1.4。

（一）区域经济跨越增长，综合发展成效斐然

温州锚定做强做大“全省第三极”，全面推进“四大振兴”，全力激发新经济动能，综合质效指数强势增长，由 2022 年的 77.7 提升至 2023 年的 80.8，提高 3.1，提升幅度明显。一是综合实力稳步增强，2023 年，温州 GDP 达 8730.6 亿元，占全省比重达 10.6%，较上年提高 0.2 个百分点，经济总量连续 5 年居全国城市前 30 强。GDP 同比增长 6.9%，分别高于全国、全省 1.7、0.9 个百分点。二是人口规模持续扩容，2023 年末，全市常住人口 976.1 万人，比上年末增加 8.2 万人，人口总量和增量均居全省第二，距离“千万级常住人口”目标更近一步。常住人口城镇化率为 74.7%，比

上年提高 1.0 个百分点。三是财政收支运行稳健。2023 年，全市一般公共预算收入 622.7 亿元，增长 8.5%，其中税收收入 502.3 亿元，税占比为 80.9%。一般公共预算支出 1175.9 亿元，增长 5.8%，全年民生支出占一般公共预算支出比重为 79.3%。四是金融支撑有力有效。2023 年末，全市金融机构本外币存款、贷款余额均超 2 万亿元，分别增长 14.7%、15.4%。其中，制造业贷款余额 2870 亿元，增长 15.2%。

（二）科技进步引领发展，创新驱动成果丰硕

温州深入实施科技创新“八大抓手”，创新发展掀起热潮。2023 年，创新发展指数 83.4，比上年提升 0.9。一是创新驱动显著增强。“一区一廊”落地创新型重大项目 83 个，国家创新型城市、温州高新区排名分别进入全国前 30%、前 40%，瓯江实验室集聚高水平科研团队 50 个。引育高能级科创平台 11 家、技术转移中心 31 家。二是创新环境不断优化，谋划推出 20 项优化营商环境突破性举措，266 项高频事项办理实现“24 小时不打烊”，探索形成市场化服务创新创业新模式新生态，获批建设国家级知识产权保护中心。三是科创投入强度继续加大，2022 年，全市 R&D 经费支出占 GDP 比重达 2.61%，首次超过全国平均水平。四是技术要素潜能持续释放，2023 年，全市专利授权量 48747 件，累计有效发明专利 28323 件。技术合同成交额 496 亿元，比上年增长 50.0%。五是创新人才加快集聚，引育大学生 12.9 万人、技能人才 9.5 万人，新增全职顶尖人才 6 名，引进培养省级及以上高层次人才 68 名、创历史新高。

（三）产业发展协调推进，区域协同成效显著

温州牢固树立协调发展理念，健全区域协调发展机制，扎实推进产业优化提升。2023 年，协调发展指数 87.5，比上年提升 0.6。一是三次产业齐头并进，第一、二、三产增加值分别比上年增长 4.9%、7.2% 和 6.8%，二产驱动、三产支撑、一产稳定的发展格局更趋巩固。二是民营经济量质齐增，规模以上民营工业增加值增长 9.9%，对规模以上工业增长贡献率达 94.5%。民间投资增速趋稳结构向好，民间项目投资增长 7.3%，其中，民间制造业投资增长 12.6%。三是区域发展更加协调，城市人均 GDP 变异系数由 2022 年的 0.29 缩小至 0.28。山区 5 县居民人均可支配收入增长 7.5%，比全市平均高 0.6 个百分点。城乡收入比由 2022 年的 1.91 继续缩小至 1.87。全市低收入农户人均可支配收入 19304 元，比上年增长 14.0%，增速居全省第二。

（四）绿色转型全面发力，生态友好持续推进

温州坚持绿色低碳发展，深入践行绿水青山就是金山银山理念，绿色低碳建设取得新成效。

2023年，绿色发展指数86.5，比上年提升0.4。一是经济发展“含绿量”持续提高，先进制造业不断发展壮大，五大战新产业规模以上工业增加值比上年增长9.9%，环保、生命健康等产业增加值分别增长9.5%和10.7%。二是资源利用效率平稳提升，加快构建“核风光水蓄氢储”新能源产业全链条，2023年万元GDP能耗为0.29吨标煤，比上年下降0.8%，规模以上工业单位增加值能耗下降率2.9%。三是生态环境质量高位改善，地表水国控断面Ⅰ—Ⅲ类水质比例和跨行政区域河流交接断面水质达标率均保持100%，近岸海域水质优良比例84%；市区环境空气质量优良天数比例为97.5%，较上年提高2.4个百分点。

（五）内外开放纵深发展，“世界温州”格局加快构建

2023年，温州深入实施“地瓜经济”提能升级“一号开放工程”，开展“百团千企出海拓市场抢订单”活动180场，持续开拓海外新兴市场，开放发展指数81.8。一是外贸市场不断拓展，2023年，全市有进出口贸易的国别（地区）达223个，持续开拓“一带一路”、RCEP和金砖国家等海外新兴市场，全年对俄罗斯、墨西哥等新兴市场出口比上年分别增长24.3%、8.0%。国家级境外经贸合作区数量居全国地级市首位，省级以上境外经贸合作区数量位居全省第一。二是出口动能换挡提速，传统劳动密集型产品出口占比由2022年的34.9%降至32.9%；机电产品出口占比达54.2%；“新三样”出口额33.5亿元，增长54.5%。全年服务进出口增长36.6%。三是物流能力加快提升。截至2023年末，中欧班列（温州）累计开行130列；创成省级以上公共海外仓2个。温州港新增近洋航线4条、国际（地区）客货运航线8条。全年航空旅客吞吐量1168.8万人次，航空货邮吞吐量10.6万吨，分别增长108.4%和71.3%。

（六）社会事业全面进步，共享发展成果丰硕

温州全面深化社会事业改革建设，努力提升人民幸福感。2023年，共享发展指数达80.2，比上年提升2.3，提升幅度仅次于综合质效指数。一是全民参保持续扩面，新增企业职工养老保险参保人数6.6万人，城乡居民基础养老金标准调整至315元及以上。二是就业形势总体稳定，全市城镇新增就业9.6万人；城镇失业人员实现再就业1.96万人。三是教育卫生事业提质增效，开展“城乡均优”行动，新改扩建中小学、幼儿园203所，高等教育在校生达18.4万人，比上年增加0.2万人；三甲医院增至11家，医院床位数44130张，比上年提升5.1%，卫生技术人员增至87281人，比上年提升6.0%。四是文体事业繁荣发展，《温州大典》首批成果发行，创成全国版权示范城市，获评全国第三座“中国工艺美术之都”。人均体育场地面积增至2.98平方米。

三、城市高质量发展的短板与不足

（一）区域协调发展水平有待提升

一是区域间综合实力差距较大，受制于县域间客观条件的差异，长期以来温州各县域产业要素布局不均，经济发展水平不一，2023 年乐清市 GDP 分别是洞头区、文成县的 11.1 倍、12.2 倍；人均 GDP 最高的龙湾区（124066 元）是最低的文成县（47013 元）的 2.64 倍。二是优质公共服务供给不充分，2023 年每千人口医疗卫生机构床位数最少的县域（3.25 张）仅为全市平均（5.13 张）的 63.4%，每千人常住人口执业（助理）医师数最少的县域（2.62 人）仅为全市平均（3.80 人）的 68.9%。

（二）科技创新力度还需加大

一是研发投入强度不够高，2022 年，温州全社会研发投入强度 2.61%，与杭州（3.86%）、宁波（2.91%）等市差距较大。二是关键核心瓶颈有待突破，一些企业产品研发深度不足，在核心技术、设计、核心零部件、关键设备等环节上，自主可控能力不足，部分关键环节的缺失造成行业发展的基础薄弱。三是人才要素配置相对不足，信息服务业、科研服务业和生产性服务业等高技术产业人才较为紧缺。2022 年每万名就业人员拥有人才资源数 3374 人，低于全省平均水平。

（三）对外开放水平有待提高

一是外向型经济量级较小，近年来，全球经济环境复杂多变，温州对外贸易在起伏波动中趋于疲弱。2023 年，温州外贸进出口总额 2821.9 亿元，比上年下降 4.2%；外贸依存度为 32.3%，低于全省平均水平。二是尚未实现“因港而兴”，2023 年温州港货物吞吐量 8813 万吨，与宁波舟山港（13.2 亿吨）差距较大。

四、城市高质量发展对策建议

（一）以产业提质夯实经济发展基底

一是强化产业链协同发展，围绕集群化发展配置资源要素，聚焦产业共性短板，采取“一群一策”方式，推动产业链上下游、产供销、大中小企业整体配套、协同发展，形成“工业企业——规模以上工业企业——高新技术企业——专精特新企业——上市企业”的先进制造体系。二是培育壮大新兴产业，以“336X”产业体系为核心，引进数字化技术及产业上下游供给链，加快 5G 技术、人工智能、大数据、虚拟现实等技术在主导产业的融合应用，落地一批竞争优势明显的产业“赋能者”，形成产业多元发展多点支撑局面。

（二）以创新升级积蓄经济内生动能

一是加速创新资源集聚发展，突出市场化和产业化导向，集聚技术、资金、人才等创新资源，通过重大科技基础设施群，推动平台间错位互补发展格局的形成，充分发挥创新资源集聚优势。二是推进企业自主创新，实施创新资金“扶持”与“激励”同步走，提高对战新产业等专项资金的使用效率，将扶持资金进行分类、分等级划分，让规模不同、资质不同的企业享受到不同程度的资金扶持，着力解决中小企业因创新失败导致资金链断裂的后顾之忧。

（三）以开放提能拓展经济向上空间

一是立足侨资引外资，温州是全国著名侨乡，要充分发挥世界温州人资源优势，深度实施“在外温州人贸易回归”战略，借力重点开放平台，招引重大项目和企业筑巢温州。二是优化对外贸易结构，发挥综保区高能级开放平台的作用，加大力度引育加工贸易企业，鼓励企业探索开展保税维修业务。三是多元参展保订单，持续追踪全市出海拓市场情况，梳理重点展会信息，落实重点展会信息推送工作，积极组织企业参加国际性重点展会，推动出口市场多元化发展。

（四）以深化协作加快区域融合发展

一是加强区域内山海协作，深入实施山海协同发展行动，畅通市内循环、产业循环，合理规划产业服务半径，推动主导产业上下游产业链配套项目向山区县延伸拓展，实现优势互补、互惠共赢。立足山区特色产业，加大技术开发和成果转化，提升县域经济整体竞争力。二是补齐公共服务短板，统筹城乡优质公共服务资源，合理配置教育、卫生、文化、体育等公共服务设施，促进全民共享发展成果。实行定点挂钩帮扶机制，由名校在不同城区设立分校 + 帮扶定点农村学校，由三甲医院在县级医院设立专家门诊 + 帮扶定点镇街卫生院，带动提升整体教育医疗水平。

（执笔人：林亚敏 陈璐 朱世霞）

嘉兴市高质量发展监测报告

近年来，嘉兴坚决扛起红船起航地的政治担当，深入学习贯彻习近平总书记考察浙江重要讲话精神，始终牢记习近平总书记26次到嘉兴考察指导时作出的重要指示指引，进一步全面深化改革，持续推动“八八战略”走深走实，强力推进三个“一号工程”，全面加强“三支队伍”建设，加快打造长三角城市群重要中心城市，努力在全省勇当先行者谱写新篇章中勇挑大梁、勇立潮头。

一、市情概况

嘉兴位于浙江省东北部、长江三角洲杭嘉湖平原腹心地带，是长江三角洲重要城市之一。东临东海，南倚钱塘江，北负太湖，西接天目之水，怀抱大运河。市域处于江、海、湖、河交会之位，扼太湖南走廊之咽喉，与沪、杭、苏、湖等城市相距均不到百公里，区位优势明显。拥有7000年人类文明史、2500年文字记载史、1780年建城史，自古便是“野稻自生”的“龙兴之地”，素有“鱼米之乡”“丝绸之府”“文化之邦”的美誉。陆域面积4237平方公里，海域面积1523平方公里。全市常住人口558.4万人，城镇人口408.5万人，城镇化率73.2%。下辖南湖、秀洲2个区，平湖、海宁、桐乡3个县级市和嘉善、海盐2个县，是世界文化遗产城市、国家历史文化名城、全国文明城市、中国优秀旅游城市、全国健康城市建设样板市、国家园林城市。

二、城市高质量发展成效

近年来，嘉兴坚持以习近平新时代中国特色社会主义思想为指导，完整、准确、全面贯彻新发展理念，在全省率先出台推动经济高质量发展60条、贯彻民营经济32条等政策措施，全力以赴稳增长、促转型、提质效，加快建设长三角城市群重要中心城市，推动全市高质量发展行稳致远。2023年，嘉兴城市高质量发展指数83.8，比上年提高1.3，分别高于全国、全省平均8.3和0.8，并在综合质效、创新发展、协调发展、绿色发展、开放发展、共享发展等六大维度指数均高于全国平均水平。

（一）产业发展支撑有力，综合实力持续跃升

2023 年，嘉兴经济发展加快回稳，经济总量稳步扩大，生产端企稳回升，需求端持续回暖，支撑端保障有力，综合实力持续跃升，综合质效指数为 80.9，比上年提升 2.0，高于全国平均水平。经济总量迈上新台阶。全市 GDP 突破 7000 亿，达 7062 亿元，居全省第 5 位，比上年增长 6.3%，分别高于全国、全省平均 1.1 个和 0.3 个百分点。人均 GDP 达 12.7 万元，增长 5.6%，高于全省平均 0.3 个百分点。产业发展有效支撑。农业生产稳进向好，粮食播种面积 232.0 万亩、粮食产量 100.3 万吨，面积和产量连续 18 年居全省首位。工业生产总体稳定，规上工业增加值 2933.6 亿元，增长 7.6%，增速高于全省平均 1.6 个百分点。服务业稳步恢复，第三产业增加值 3144.5 亿元，增长 6.4%，其中信息软件业增长 8.4%。消费市场较快恢复。社会消费品零售总额 2513.5 亿元，比上年增长 7.3%，高于全省平均 0.5 个百分点。新能源汽车销售持续火热，零售额为 80.3 亿元，增长 65.4%，占限上汽车零售额比重由上年同期的 16.6% 提升至 26.2%。财政金融运行良好。一般公共预算收入 632.0 亿元，总量居全省第 3 位，增长 6.0%。年末金融机构本外币存贷款余额分别为 15440 亿元和 16585 亿元，增长 12.6% 和 15.6%。

（二）科技投入持续加大，创新驱动成效明显

2023 年，嘉兴把握创新深化这一关键之举，聚焦“315”科技创新体系建设，一体谋划推进教育科技人才强市建设，创新强市建设取得显著成效，创新发展指数为 84.8，比上年提升 2.5，高于全国平均水平。高能级科创平台多。嘉兴充分发挥自身区位优势和产业优势，着力引进顶尖大院名校，中电科南湖研究院、南湖实验室、浙大国际联合学院等创新载体不断涌现和集聚。目前全市共有政府参与共建的创新载体 44 家，以此构建起覆盖全域、融通“基础应用研究——工程技术创新——成果转移转化”创新链的科创平台体系。创新投入力度大。2022 年，全市 R&D 经费支出 232.4 亿元，增长 10.7%，R&D 经费投入强度达 3.45%，高于全省平均 0.34 个百分点，连续 16 年居全省第 2 位，仅次于杭州。创新人才支撑足。2022 年末，全市人才资源总量 129.1 万人，比上年末增加 2.2 万人；占全市就业人数的比重为 39.3%，同比提升 0.8 个百分点。创新发展成效显。2023 年，全市专利授权量 3.64 万件，其中发明专利授权量 4869 件。累计拥有国家级高新技术企业 4207 家、省级及以上科技企业孵化器 25 家、省级以上众创空间 33 家。新增国家级专精特新“小巨人”企业 51 家，居全省第三。

（三）城乡差距持续收窄，协调发展走在前列

2023年，嘉兴深入推进城乡一体化发展战略，居民收入水平不断提升，城乡居民收入差距缩小，基本公共服务均等化不断推进，统筹城乡发展水平走在全国、全省前列，协调发展指数为85.5，比上年提升0.7，高于全国平均水平。城乡差距持续收窄。农村居民人均可支配收入连续20年保持全省首位，城乡居民收入比为1.53，较上年缩小0.03，保持全省最优。三产结构持续优化。三次产业之比为2.0:53.5:44.5，服务业占比较上年提升0.7个百分点，对经济增长的贡献率达46.8%。社会保障提标扩面。完善就业帮扶、社会保险、社会救助体系，城镇新增就业14.6万人，零就业家庭实现动态清零，为2.5万名困难群众发放基本生活保障金2.4亿元，低保标准提高到每人每月1135元，最低工资标准提高到2260元/月，城乡居民养老保险保障水平列全省第一。公共服务不断优化。扩大教育医疗、养老托幼、文化体育等领域服务供给，新增中小学和幼儿园45所、学位3.1万个，县域三级综合医院实现全覆盖，养老服务队伍建设经验全国推广，入选国家儿童友好城市建设试点。共富乡村基础不断夯实。全面实施“强村富民”行动，全市859个村集体经济组织年总收入达48.5亿元，年经营性收入达23.7亿元。强化政策支持和多元保障兜底，全市低收入农户年人均可支配收入27420元，高于全省平均5980元，居全省首位；比上年增长10.7%，高出农村居民收入增速4.7个百分点。

（四）生态治理持续攻坚，美丽嘉兴加快呈现

2023年，嘉兴坚持绿水青山就是金山银山理念，深化美丽嘉兴建设，生态环境持续改善，绿色发展指数为86.5，高于全国平均水平。绿化覆盖稳步提升。 全市绿化覆盖面积超2万公顷，比上年增长5.5%，人均公园绿地面积17.9平方米，建成区绿地率达39.0%。生态治理持续攻坚。国控、省控断面Ⅲ类及以上水质比例保持100%，空气质量优良天数比例比上年提高2.8个百分点，列入国家级宁静小区建设试点城市，入选全省首批四星级“无废城市”。耕地保护扎实推进。新建高标准农田14.9万亩，粮食播种面积和产量连续18年保持全省首位。环保产业规模扩大。环保产业增加值456.4亿元，居全省第三，仅次于杭州和宁波，增长12.7%，高于全省平均2.7个百分点。新能源产业增势强劲。新能源产业增加值260.1亿元，规模列全省首位，增长21.1%，增速列全省第2位。绿色制造体系建设加快推进。11家企业入选国家级绿色工厂，6家企业入选国家级绿色供应链管理企业，入选数量分列全省第3和第2位。生态环境公众满意度不断提升。公众对生态文明建设的满意度达88.1%，比上年提升0.4个百分点。

（五）营商环境持续优化，开放发展成果丰硕

2023 年，嘉兴持续优化开放包容的营商环境，外资规模名列前茅，对外贸易稳进向好，有力推动嘉兴外向型经济高质量发展，开放发展指数为 86.8，高于全国平均水平。吸引外资规模列全省前列。全市新批外商投资项目 404 个，新增商务部重点外资专班项目 10 个，增量和总量均列全省第一。实际使用外资 30.1 亿美元，总量列全省第 3 位。其中，制造业实际利用外资 12.2 亿美元，服务业实际利用外资 17.2 亿美元。高技术产业实际利用外资 13.3 亿美元。对外贸易稳进向好。全市外贸进出口总额 4409.9 亿元，较上年增长 0.3%。其中，出口 3337.5 亿元，增长 3.8%，出口占全国份额创近六年来新高，列全国外贸百强城市第 16 位。货物贸易进出口总额与 GDP 之比为 62.4，居全省第 4 位。出口商品结构持续优化，出口高新技术产品 697.6 亿元，增长 1.9%，高于全省平均 9.2 个百分点；出口机电产品 1721.0 亿元，增长 3.6%，其中，光伏、锂电池、新能源汽车等“新三样”出口增长 40.9%。外贸新业态迅速发展。跨境电商进出口 125.7 亿元，增长 34.3%；其中，保税电商进口增长 4.6 倍，增速居全省首位。

（六）居民收入稳步增长，民生福祉持续增进

2023 年，嘉兴着力增进民生福祉，居民收入稳步增长，公共服务优质共享，共同富裕典范城市建设迈上新台阶，共享发展指数为 81.7，比上年提高 2.0，高于全国平均水平。居民收入稳步增长。城乡居民人均可支配收入分别为 75909 元、49643 元，比上年分别增长 5.3% 和 7.3%。民生支出保障有力。一般公共预算支出中民生支出 644.2 亿元，占一般公共预算支出的比重达 77.9%。医疗卫生条件不断改善。年末共有医疗卫生机构 1915 个，各类卫生技术人员 54997 人，医疗床位 31494 张。平均每千户籍人口拥有执业（助理）医师 5.93 名，每千户籍人口拥有医院床位 8.36 张。文化体育建设持续强化。年末共有县级以上公共图书馆 8 家，文化馆 8 个，文化站 72 个，博物馆 35 个，农村文化礼堂 791 家。县级文化馆和图书馆覆盖率均达 100%，乡镇文化站和行政村文化活动室覆盖率均达 100%，建成城乡一体的“10 分钟品质文化生活圈”1102 个。年末共有体育场地设施 21625 个，人均体育场地面积 2.96 平方米，城乡居民国民体质合格率为 94.4%。

三、城市高质量发展的薄弱环节和不足

（一）创新成果转化率还需提升

近些年，嘉兴通过引进大院大所、支持企业开展研发等一系列举措，全力支持科技创新，但高能级科创平台偏少，重点创新载体多为近三年引进落地，标志性成果不多，全省布局的 10 大省实

验室和 10 大省技术创新中心嘉兴均为空白。同时，技术创新产业化体系不够清晰，创新平台落地发展与现有产业对接不畅，地方引进创新研发机构以后，招引孵化企业的效果不明显，也无法深入“嫁接”到现有本土制造业上。大部分科研机构主要与头部企业开展产学研合作，而忽视了中小企业的“微创新”需求，面向中小企业提供产业应用科研服务的机构较少。

（二）重点行业拉动力还需持续巩固

从工业看，前十大行业合计占规上工业增加值的 76.3%，其中仅电气机械、汽车、化学原料、金属制品等 4 个行业增速高于全市平均，通用设备、电力热力生产和供应业为负增长。从房地产看，商品房销售面积下降 19.8%，房屋施工面积、新开工面积和房地产投资等先行指标也均呈下降态势，房地产市场仍在筑底调整。

（三）市场需求还需持续提振

居民消费意愿仍趋保守，储蓄理财意愿更强，2023 年末住户人民币存款比上年末增长 19.7%，高于全市金融机构人民币存款余额增速 7.2 个百分点，但住户贷款增长仅 3.5%。民间投资占比、增速均下降，全年民间投资下降 3.7%，占比 52.4%，比重较上年下降 6.0 个百分点。外需持续增长有难度，四季度出口增长压力加大，10 月、11 月当月出口均下降，12 月略有增长。

四、城市高质量发展政策建议

（一）以科技创新聚力产业发展

深入实施创新驱动发展战略，整合集聚科技创新资源，推动创新链产业链资金链人才链深度融合，加快发展新质生产力，不断塑造发展新优势。深入实施“315”科技创新体系建设工程，持续加大科技创新投入力度，加快提升创新策源能力。支持科技领军企业牵头组建创新联合体，推动更多行业龙头企业打造总部研发中心，加强企业公共研发平台建设，建成省级以上企业研究院、研发中心。完善产学研协同创新机制，构建众创空间、孵化器、产业园全链条孵化体系，依托一流高校和科研院所，探索建设科创飞地，有力推进科技创新与产业创新跨区域协同。加强高层次科技人才引育、高能级创新平台打造、关键核心技术攻关、科技企业培育等，以科技创新塑造发展新优势，支撑引领产业高质量发展。

（二）以智能化和绿色化聚力制造业升级

紧紧围绕“135N”先进制造业集群发展，不断培育壮大新兴产业，积极前瞻布局未来产业，着力转型升级传统产业，加快形成一批国家级乃至世界级的先进制造业集群。加强质量支撑和标准引领，打造智造创新强市。迭代推进“两化”改造，突出数字化赋能、绿色化提升，支持企业加大技术改造投入，发挥“灯塔工厂”示范引领作用，打造一批未来工厂、数字化车间。大力发展数字经济，全面推进“两业融合”，实施先进制造业和现代服务业双提升行动，加快发展研发设计、软件信息、检验检测等生产性服务业。

（三）以有效投资聚力高质量发展后劲

坚持项目为王，深入实施省“千项万亿”工程、市“551”计划，加强项目谋划储备，聚焦重大战略和政策导向，建立近期能实施、长期有储备、定期可滚动的项目库，确保项目建设接续有力。狠抓项目招引，支持企业上项目、扩投资，发挥龙头企业、链主企业带动作用，助力更多企业深耕嘉兴、发展壮大。强化项目保障，坚持要素跟着项目走、服务围绕项目转，推动更多项目纳入国家、省重大计划盘子。完善投融资机制，积极推进政府和社会资本合作，大力争取专项债、特别国债等政策性资金。加强土地要素供给，深化跨乡镇土地综合整治工程，推进低效用地整治、存量用地盘活，为发展留足空间。

（执笔人：白银芬 徐国萍 赵志奇）

湖州市高质量发展监测报告

“行遍江南清丽地，人生只合住湖州”。湖州为浙江省所辖的设区市，位于浙江北部、太湖南岸，是环太湖唯一因湖得名的城市。湖州是习近平总书记绿水青山就是金山银山理念诞生地、中国美丽乡村发源地、绿色发展先行地。党的十八大以来，习近平总书记先后13次对湖州工作作出重要指示批示，特别是2020年3月30日，习近平总书记亲临湖州考察，赋予“再接再厉、顺势而为、乘胜前进”的新期望新要求。近年来，全市上下深入学习贯彻习近平总书记对浙江和湖州工作重要指示批示精神，全面落实浙江省委、省政府决策部署，牢记嘱托、感恩奋进、实干争先，不断开辟“在湖州看见美丽中国”新境界。

一、市情概况

湖州自古人杰地灵、平安富庶，素有“丝绸之府、鱼米之乡、文化之邦”美誉，“苏湖熟，天下足”道出了两宋时期湖州东南望郡、国之仓禀的重要地位。作为长三角中心区域的节点城市，同属“上海大都市圈”和“杭州都市圈”，是“接沪融杭、联通苏皖、环湖协同、辐射内陆”的重要枢纽。全市总面积5820平方千米，下辖吴兴、南浔2个区，德清、长兴、安吉3个县和南太湖新区、长三角（湖州）产业合作区。2023年末，全市常住人口343.9万人。

（一）立足生态文明，打造绿色宜居之城

作为绿水青山就是金山银山理念诞生地，近年来湖州深入学习贯彻习近平生态文明思想，坚持美丽城市、美丽城镇、美丽乡村“三美同步”，不断推进新型城镇化建设。湖州是全国首个地市级生态文明先行示范区、首批国家生态文明建设示范市，被联合国生物多样性保护公约组织认定为全球唯一的生态文明国际合作示范区。2023年6月28日，全国人大将习近平总书记在湖州首次提出“两山”理念的8月15日设立为“全国生态日”，首个全国生态日主场活动在湖州举行，习近平

总书记作出重要指示，副总理丁薛祥出席开幕式并发表重要讲话。湖州连续 2 年成功举办绿色低碳创新大会，联合国秘书处在中国设立的首个直属专门机构——全球地理信息知识与创新中心挂牌成立，国务院批复同意湖州建设国家可持续发展议程创新示范区。

图 1 湖州太湖旅游度假区

（二）立足工业强市，打造创新智造之城

湖州历来商贾繁盛、经济富庶，改革开放后民营经济蓬勃发展，形成了多个具有湖州特色的块状经济，吴兴童装、南浔木地板、德清板材、长兴蓄电池、安吉椅业的产销量分别占到全国的 65%、66%、70%、80%、33%。近年来，湖州抢抓长三角一体化发展战略机遇，打造了以南太湖新区和长三角（湖州）产业合作区为龙头的“2+8”高能级平台体系，培育了高端装备、现代纺织、休闲旅游 3 个千亿级产业集群，数字经济核心产业、金属新材、绿色家居 3 个 500 亿级产业集群，拥有 6 家中国民营企业 500 强、8 家中国民营企业制造业 500 强、57 家上市企业、102 家国家级专精特新“小巨人”企业。规模以上工业增加值突破千亿元，2 次被国务院评为促进工业稳增长和转型升级成效明显市，在 2023 年全国先进制造业百强市榜单中，湖州列第 27 位。

（三）立足共富先行，打造幸福和谐之城

湖州自古就有“放尔生，放尔命，放尔湖州做百姓”的美誉，是全国城乡发展最均衡的地区之一。近年来，湖州聚焦打造共同富裕绿色样本，扎实推进全市域“缩小城乡差距”、建设共同富裕现代化基本单元等 9 大省级试点，连续 2 年获高质量发展建设共同富裕示范区绩效考核评价优秀等次，群众“四感”监测指数连续 2 年列全省首位。2023 年全市城乡居民人均可支配收入比为 1.57，比上年缩小 0.04，居全省第三。在全省率先实现集体经济年经营性收入 50 万元以下欠发达村“清零”，90% 的行政村集体经济年经营性收入达到 80 万元以上，村均集体经济年经营性收入达 171 万元，被列为国家城乡融合发展试验区。基本公共服务满意度评价连续 4 年居全省首位，荣获“中国最具幸福感城市”称号。高水平统筹发展与安全，荣获全省平安建设考核“十六连冠”、全国双拥模范城“八连冠”，获评全国社会治理创新典范城市、全国首批法治政府建设示范市、首批法治浙江（法治政府）建设示范市，成为全国最安全的地区之一。

二、城市高质量发展成效

湖州始终坚持以习近平新时代中国特色社会主义思想为指导，持续深化“在湖州看见美丽中国”实干争先主题实践，加快打造“六个新湖州”，高水平建设生态文明典范城市，高质量发展取得明显成效。2023 年湖州城市高质量发展指数为 81.6，比上年提高 1.0，高于全国平均值 6.2。

（一）综合实力持续增强，经济总量迈上新台阶

湖州上下积极应对复杂局面，多措并举助企纾困，经济运行总体恢复向好，经济发展提质增效。2023 年综合质效指数为 79.6，比上年提高 2.9，高于全国平均 5.7。经济总量再上新台阶。2023 年，湖州 GDP 首次突破 4 千亿元大关，达到 4015.1 亿元，比上年增长 5.8%。这是继 2014 年、2019 年陆续突破 2 千亿元、3 千亿元之后，再次跃升新台阶。三次产业比例为 4.0∶49.3∶46.7。人均 GDP 达到 11.7 万元，居全省第六位，增长 5.3%。一般公共预算收入 410.5 亿元，增长 6.0%。税占比为 84.4%，高于全省 1.6 个百分点。

（二）科技要素持续聚集，创新动能充足完备

湖州加快实施人才强市创新强市首位战略，依靠培育新动能塑造新发展优势。2023 年创新发展指数为 80.5，比上年提高 0.5，高于全国平均 6.6。研发投入不断提升。2022 年，湖州 R&D 经费支出 126.9 亿元，比上年增长 11.7%。R&D 经费投入强度达 3.3%，比上年提高 0.18 个百分点，分别高于全国、全省 0.76、0.19 个百分点，投入强度稳居全省第 3 位，所辖三县二区 R&D 经费投

入强度首次全部超过全国平均水平。2023年，全市发明专利有效量1.93万件，比上年增加0.04万件。规模以上工业高新技术产业增加值907.2亿元，增长5.5%，占规模以上工业的比重为67.1%，提高1.4个百分点。接受高等教育的学生数逐年增加，全市各级各类学校511所，在校学生数52.2万人，其中高等教育在校学生数4.33万人，增加0.24万人。西塞科学谷成为“科创中国”首批创新基地，工业控制技术全国重点实验室成功落户，省部共建莫干山地信实验室正式揭牌，列国家创新型城市创新能力评价第30位。

（三）共同富裕加快推进，城乡发展均衡协调

湖州坚持统筹城乡发展不动摇，致力共同富裕，不断深入推进品质湖州建设。2023年协调发展指数为84.6，比上年提高0.8，高于全国平均4.0。城镇化率稳步提升。2023年末，湖州常住人口343.9万人，比上年增加2.6万人；城镇化率67.5%，比上年提高1.1个百分点。2023年，全体居民人均可支配收入为63972元，比上年增长5.6%。全市第三产业增加值1877.5亿元，占GDP比重为46.8%，其中市辖区第三产业增加值占其GDP比重为48.3%，比全市高出1.5个百分点。社会消费品零售总额1707.1亿元，增长7.1%。民生领域投入重点保障。实施公共服务“七优享”工程，全市财政民生支出447.5亿元，占一般公共预算支出的73.7%。

（四）生态文明加快建设，城市品牌持续擦亮

湖州全力促进发展方式绿色转型，加快建设绿色智造名城，获批建设国家绿色金融改革创新试验区，搭建了全国首个竹林碳汇收储交易平台，“碳效码”得到《人民日报》头版点赞，入选全国“碳效领跑者”案例“示范项目”。2023年绿色发展指数为85.5，高于全国平均1.2。绿色发展稳步推进。湖州实施能耗“双控”三年攻坚行动，成为首批国家碳达峰试点城市和减污降碳协同创新试点城市。全市单位GDP能耗比上年下降1.0%，居全省第4位，规模以上工业单位增加值能耗下降1.3%。全市建成区绿化覆盖率44.1%，人均公园绿地面积20.4平方米，比上年增加2.9平方米。$PM_{2.5}$平均浓度每立方米34微克，空气优良率79.5%；地表水监测断面Ⅲ类及以上水质比例、交接断面水质满足功能要求比例、县级以上集中式饮用水水源地水质达标率均保持100%，入太湖水质连续16年保持在Ⅲ类及以上。在全国首创“河长制”，是全省唯一美丽浙江考核“十一连优”的地市，十夺“大禹鼎”，连续四年蝉联金鼎。

（五）改革创新释放活力，发展环境开放包容

湖州坚持创新深化、改革攻坚、开放赋能，不断推进活力城市建设。2023年开放发展指数为

80.9，高于全国平均 8.2。全面深化改革，着力打造“企业最有感”的营商环境，新增国家重要改革试点 37 项、省级试点 101 项，绿色金融改革创新领跑全国。对外开放持续扩大。 全市外贸进出口总额 1618.8 亿元，其中出口 1490.4 亿元，对共建“一带一路”国家出口额达 607.2 亿元，比上年增长 13.6%；外贸依存度为 39.0%，比全国高出 5.8 个百分点。全市新批外商投资企业 234 家，全年合同外资达 58.0 亿美元，实到外资达 5.8 亿美元，分别居全省第 3 和第 5 位。湖州地处长三角地理中心，沪苏湖高铁将于 2024 年底建成通车，“十字型”高铁网即将成型，将形成 30 分钟到上海、60 分钟到长三角主要城市、90 分钟到长三角所有地级市的“369 交通圈”。

（六）社会事业稳步推进，人民生活富足安康

湖州深入贯彻共享发展理念，坚持社会公平、激发经济发展活力、着力提升公共服务均等化，推动社会共同进步。2023 年共享发展指数为 80.8，比上年提高 2.1，高于全国平均 10.2。居民生活水平不断提升。2023 年，湖州城镇居民可支配收入比上年增长 4.7%，高于全国平均水平 0.3 个百分点；城镇居民人均教育文化娱乐支出 5768 元，增长 11.7%；城镇居民人均住房建筑面积 44 平方米，增长 1.2%。医疗健康保障覆盖持续扩大。全市年末拥有医疗卫生机构 1678 个，其中医院 87 家；等级医院 25 家，其中“三甲”医院 6 家，三级医院实现全域覆盖。社会保障充分到位。财政支出中住房保障、社会保障和就业支出 89.9 亿元，增长 8%。城市和农村最低生活保障平均标准实现一致，达到 1105 元 / 月。

三、城市高质量发展中存在的问题

（一）助推高质量发展的城市竞争力还不够强大

湖州位于长三角核心区域，近年来深度融入长三角一体化发展战略取得明显成效，但周边城市如上海、杭州、南京等均为经济发达、资源丰富、就业机会多、生活品质高的大都市，对湖州人才、资金、技术、信息等资源要素产生一定的虹吸效应，这些资源要素的流失，使湖州在高质量发展中面临挑战。

（二）提升高质量发展的质效驱动力还不够突出

近年来，湖州以绿为底、以质突围，高质量赶超发展取得重大成就，但在发展质量效益方面仍有较大的提升空间。如，近年来投资效果系数呈现下降趋势，投资效率有待提升；单位 GDP 建设用地使用面积等指标水平不高。

（三）支撑高质量发展的产业集聚力还不够充分

近年来，湖州通过改造提升传统产业、培育发展新兴产业、淘汰产能落后企业，产业层次得到明显优化提升，但传统产业比重偏高，加快转型升级压力依然较大；高新技术产业和战略性新兴产业产值占比虽逐年提升，但与发达地区相比仍有一定差距；平台集聚度和产业集中度不够高，产业竞争力相对较弱。

四、城市高质量发展意见建议

（一）立足生态环境之变——聚力全域美丽的生态环境现代化变中求新

坚持"在湖州看见美丽中国"的美好愿景，以实现"双碳"目标为契机，坚持变中求新，把绿色低碳理念贯穿各个领域，大力提高能源利用效率。同时，进一步加大环境保护力度，坚决保护好生态资源，让独特的生态资源成为打开湖州生态经济的"金钥匙"、成为促进湖州经济发展的"金饭碗"。

（二）立足产业升级之新——聚力湖州模式的产业体系现代化新中求进

坚持以"绿色 +"为发展基础，稳中求新。着力优化产业链，以实体经济为根基，充分发挥湖州区位优势、开放优势、政策优势和战略叠加优势，构建产业集群，大力推进补链延链强链，打通上下游、链接左右端。着力做强创新链，要坚持自主创新。充分发挥"科技 +""人才 +"乘数效应，强化企业创新主体地位，发挥人才的核心作用，促进产业竞争力。着力提升价值链，要紧紧抓住数字经济发展浪潮，深入推动数字产业化、产业数字化，促进产业向高端化、智能化层级提升，持续释放产业发展强劲动能。

（三）立足百姓生活之安——聚力幸福宜居的生活品质现代化安中求乐

坚持以更好的生活品质增加城市吸引力，聚集更多人口资源。继续加大社会保障力度，拓宽保障种类，尤其是提高养老和困难保障水平，解决百姓的后顾之忧。不断丰富百姓生活，提高文化、旅游、体育、休闲娱乐等各种活动和设施水平，让湖州老百姓足不出户就可以体验高端城市的精神滋养模式。进一步致力于城乡协调发展，持续提高农村的物质生活水平，丰富文化精神世界，打造城乡统一体持续推进现代化建设。

（四）立足科教品质之实——聚力内涵丰富的人文素养现代化实中求强

坚持把提升科教品质作为兴市要务，不断强化城市文化和素养的传承。加快推进教育现代化，切实提升教育资源丰富性和高端性，强化教育队伍素质、强化教育方式拓展，为湖州青少年和各类人才的培养创造良好环境。强化原始创新、加大科研投入力度，以研促学，研学互融，推动教育与社会发展、科学研究的有机衔接，不断提升人文素养现代化的源头动力。

图 2 湖州城市夜景

（执笔人：邱国欣 战飞飞 曹慧）

绍兴市高质量发展监测报告

绍兴，古称越州，素有“山清水秀之乡、历史文物之邦、名人荟萃之地”的盛誉，是首批中国历史文化名城、首批中国优秀旅游城市、最佳中国魅力城市，是“枫桥经验”发源地。近年来，全市上下深入学习贯彻习近平总书记考察浙江重要讲话和考察绍兴重要指示精神，紧扣“谱写新时代胆剑篇”新定位新使命，持续推动“八八战略”走深走实，全面推动三个“一号工程”落实见效，图更强、争一流、敢首创，深入贯彻创新、协调、绿色、开放、共享的新发展理念，勇闯中国式现代化市域实践新路子，推动实现高质量发展与城市内涵式双向提升。

一、城市基本情况

绍兴地处长江三角洲南翼，浙江中北部，西接杭州、东临宁波、北濒杭州湾。建城史超过2500年，被称为“没有围墙的博物馆”，被命名为“东亚文化之都”，中国的上下5000年文明，都能在绍兴找到遗存、得到印证。1万多年前嵊州小黄山已有先民活动，7000多年前绍兴属河姆渡文化区域，春秋战国时期绍兴是越国的中心，南宋定名为绍兴并延续至今。绍兴文化几千年来绵延不绝：越王勾践“卧薪尝胆”造就的越文化，源于大禹治水、马臻筑湖的治水文化，“天下黄酒源绍兴”的黄酒文化，以兰亭“曲水流觞”为源头的书法文化，以越剧和绍剧为主体的戏曲文化，由1万多座桥梁和600多座古桥构成的桥文化，由唐代400多位诗人游历绍兴、咏叹“稽山鉴水”形成的“唐诗文化”等等，都已成为中华文明的璀璨明珠。

绍兴下辖越城区、柯桥区、上虞区、诸暨市、嵊州市和新昌县，面积8279平方公里，先后被评为全国科技进步先进市、国家环境保护模范城市、全国文明城市、国家卫生城市、中国品牌经济城市、中国黄酒之都，荣获中国人居环境奖和联合国人居奖。近年来，绍兴着力创建创新之城、开放之城、生活之城、品质之城、善治之城，成功入选国家创新型城市。2023年，全市经济总量居全国地级市第34位；城乡居民人均可支配收入分别达8.04万元和4.88万元，比上年分别增长5.5%和6.8%。

二、城市高质量发展成效

近年来，绍兴始终坚持高质量发展思路谋篇布局，加快构建特色现代化产业体系，持续带动产业集聚、人口集聚、创新集聚，全方位推动高质量发展取得新成效。2023年，绍兴城市高质量发展指数在综合质效、创新发展、协调发展、绿色发展、开放发展、共享发展等六大维度指数均比上年实现提升，高质量发展指数由2022年的82.7提升至2023年的84.3，提高1.6。

（一）经济运行回升向好，综合实力量质齐升

绍兴全面落实经济高质量发展组合政策，夯实工业经济“压舱石”，打好扩投资、稳外贸、促消费组合拳，推动经济平稳健康运行，2023年，全市综合质效指数84.8，比上年提升3.4。经济总量实现跃升。全市GDP为7791亿元，比上年增长7.8%，增速居全省第二。人均GDP达144992元，增长7.2%。人口规模持续扩大。2023年末全市常住人口539.4万人，比上年末增加4.1万人；城镇化率73.1%，比上年提高1.0个百分点。市场主体扩面增量。全年新设市场主体11.6万户。其中，企业3.05万户，增长4.1%。年末在册市场主体77.9万户，比上年末增长6.3%。截至2023年末，累计实现企业上市100家，其中现存境内A股上市公司80家，位居全国同类城市第三。产业发展向新向优。集成电路、高端生物医药、先进高分子材料、智能视觉等四大新兴产业实现“万亩千亿”平台全覆盖。数字经济核心产业增加值386亿元，增长20.0%。规模以上工业中，装备制造业、战略性新兴产业和高技术产业增加值分别占规模以上工业的34.3%、42.0%和16.2%。高质量发展成效显著。财政总收入927亿元，增长12.8%，一般公共预算收入579亿元，增长7.2%，其中税收收入450亿元，增长9.4%。规模以上工业企业研发费用支出增长6.9%，增速高于营业收入8.5个百分点。民营经济贡献突出。民间项目投资增长11.0%；民营企业出口增长13.9%，进口增长75.4%。规模以上工业中，民营企业占88.8%，增加值增长11.4%。规模以上服务业中，民营企业占85.2%，营业收入增长7.3%，期末用工人数增长16.8%。

（二）创新活力有效释放，产业体系提质增效

绍兴不断聚集各类创新要素，充分激发企业创新活力，推动创新人才政策吸引，为高质量发展提供创新动能。2023年，全市创新发展指数84.0，比上年提升2.0。科技创新赋能转型升级。率先启动教育科技人才“三位一体”高质量发展试验区建设，列入全省创新深化唯一综合性试点。抓实

绍兴科创走廊标志性工程和重点建设项目，R&D 经费投入强度首次突破 3.0%。新增博士 929 名、高技能人才 3 万名，城市人才吸引力居全国第 23 位。先进制造业“集群式”发展。大力实施先进制造业强市“4151”计划，连续两年获国务院“工业稳增长和转型升级成效明显市”督查激励，获批海峡两岸（绍兴）数字产业合作区，集成电路、现代纺织与服装等四个产业集群入选省特色产业集群核心区，新昌滚动轴承产业集群创成国家级中小企业特色产业集群。深化“腾笼换鸟、凤凰涅槃”行动。盘活工业用地 1.5 万亩，18 个化工跨域集聚项目全部用地摘牌启动建设，“绍芯谷”列入城市更新省级试点。市场活力加速迸发。获批全国消费品工业“三品”战略示范城市，军民融合创新示范建设综合评价连续 4 年居全省同类城市首位。入选全国城市一刻钟便民生活圈试点地区，越城、柯桥、上虞获评省级夜间经济样板（特色）城市。

（三）城乡发展结构优化，共同富裕显见成效

绍兴统筹城乡发展，促进区域协调发展，加快构建新发展格局。2023 年，全市协调发展指数 85.2，比上年提升 0.6。服务业发展壮大。三次产业结构为 3.1∶47.9∶49.0，第三产业增加值比上年增长 8.2%。居民收入进一步均衡。全体居民人均可支配收入 69707 元，居全国第 10 位，增长 6.0%。城乡居民可支配收入比为 1.65，居全省第 4 位。民生福祉有效增进。全市城乡低保标准提高到每人每月 1134 元，实现乡镇（街道）残疾人之家全覆盖。一般公共预算支出民生支出 593 亿元，增长 4.0%，占比 76.1%。

（四）生态文明全域推进，绿色发展谱写新篇

绍兴全面深入建设美丽工程，生态环境质量持续改善。2023 年，全市绿色发展指数 86.8，比上年提升 0.3。生态环境保护有效推进。圆满完成全国“无废城市”建设试点，荣获中国城市精细化管理创新典范。经济活动趋于低耗。全年 GDP 能耗下降 1.9%。规模以上工业增加值能耗下降 4.4%。着力深化新时代“千万工程”。新建和改造提升高标准农田（粮食功能区）8.2 万亩，新增省级城乡风貌样板区 13 个、未来社区 41 个、未来乡村 35 个，柯桥、诸暨获首批“神农鼎·铜鼎”。巩固提升生态文明建设成效。河湖长制工作获国务院督查激励，水利工作获得大禹鼎“金鼎”、第 23 届水利“大禹杯”金杯奖。绿化覆盖显著提升。全市绿化覆盖面积 2.6 万公顷，绿地面积 1.9 万公顷，全年共完成国家造林 0.9 万亩，森林质量精准提升面积 11.8 万亩。生态环境保持稳定。全市 $PM_{2.5}$ 浓度 28 微克 / 立方米，空气质量优良天数比例达 94.5%；县级及以上饮用水源水质达标率保持 100%。

（五）对外贸易稳增提质，开放发展保持韧性

绍兴不断优化升级外贸结构，提升对外开放水平。2023 年，全市开放发展指数 84.6，比上年提升 0.4。外贸出口彰显韧性。进出口总额 4225 亿元，比上年增长 14.5%。其中，出口 3810 亿元，增长 11.8%；进口 414 亿元，增长 47.4%。出口结构持续优化。劳密产品、机电产品、文化产品、高新技术产品出口分别增长 6.8%、17.4%、13.2%、11.5%，对共建“一带一路”国家、RCEP 其他成员国出口增长 17.2%、16.1%。市场开拓卓有成效。组织 4478 家次企业境外参展，举办中国会展经济国际合作论坛、世界布商大会、中日韩工商大会。

（六）社会事业全面进步，共享发展成果丰硕

绍兴深入聚焦群众期盼，公共服务水平持续提升。2023 年，全市共享发展指数 81.5，比上年提升 1.1。聚焦就业政策落地。推进全国公共就业创业服务示范城市创建，全年新增城镇就业人员 9.7 万人、城镇失业人员实现再就业 2.8 万人、就业大学生 14.6 万人。教育事业发展欣欣向荣。国家学前教育普及普惠县在全国率先实现市域全覆盖，国家义务教育优质均衡发展县创建通过率、教育现代化发展指数居全省首位。老幼服务日臻完善。建成婴幼儿照护机构 590 家，每千人拥有 3 岁以下婴幼儿托位数达 4.5 个，每万名老年人拥有持证养老护理员数 24.9 人。社会治理护航和谐稳定。广泛开展“枫桥式”特色创建，成为全国市域社会治理现代化试点合格城市，入选全国首批社会治安防控体系建设示范城市。

三、城市高质量发展的薄弱环节和不足

站在新的历史起点，绍兴正处于突围发展的关键期，但受多重因素影响，绍兴经济社会高质量发展仍存短板。

（一）经济稳进发展态势有待加固

经济运行仍然承压。国际宏观形势严峻复杂，全球经济复苏动能不足，世界经济高通胀、高利率、高债务、低增长“三高一低”新特征更加明显，产业链“去中国化”影响逐步加深；国内经济仍面临经济周期性、产业结构性问题叠加的严峻挑战，面临新旧矛盾互相交织、两难多难问题增多的复杂局面，经济发展存在诸多不确定因素。要素支撑蓄势不足。人力资源优势不明显，城市人口集聚度和人才吸附力依然不高，空间集聚效应不明显，对高层次人才吸引力和承载力不够；效率要素蓄能趋慢，随着工业经济快速发展，工业用地供需矛盾日益突出，项目土地需求仍有需求；土地利用效益不高，2023 年规模以上工业亩均税收 23.3 万元 / 亩，规模以上工业中资源要素供给和产出能

效发展仍不平衡不充分。

（二）绿色创新发展水平有待提高

动能转换仍需加快。绍兴工业主要以中间产品为主，附加值不高，且板块内同质化竞争严重，核心产业优势不强，新质生产力集聚不足；创新强度依然偏低，科技支撑能力相对偏弱，根据科技部科学技术信息研究所发布的《国家创新型城市创新能力评价报告 2023》显示，全国 101 创新型城市创新能力指数排位中，绍兴仅列 37 位，低于省内的杭州、宁波、嘉兴和温州。产城融合有待深化。载体赋能孵化有限，城市开放格局拓展不宽，文商旅融合发展有待突破，文化产业能级一直处于较低水平。2022 年，绍兴文化产业增加值 329 亿元，占全省的比重 6.0%，文化产业增加值占 GDP 比重 4.5%，低于全省平均（7.0%）。

（三）优质均衡发展能力有待提升

区域发展均衡不够。区域均衡发展协调发展任务艰巨，地区人均 GDP 差异系数为 0.17，人均 GDP 指标最低的嵊州市（10.8 万元）与最高的柯桥区（18.1 万元），倍差达 1.67，比上年提高 0.01，差距仍在扩大。城市能级尚需突破。网络大城市建设任重道远，城市精细管理仍需持续加强，养老、托育、老旧小区改造等民生领域仍存短板；空气质量改善承压，生态环境宜居、公共服务优质共享需持续发力。

四、城市高质量发展政策建议

策马扬鞭奋蹄疾，乘势而上正当时。绍兴正处在厚积薄发、爬坡过坎、经济转型升级高质量发展的关键期，在新的赶考之路上，还需再出实招硬招，加快推动各项政策落地显效，为谱写新时代胆剑篇提供有力支撑，推动高质量发展再创新篇。

（一）向环境要潜力，巩固发展基础

全力拓展优势外贸。加快构建区域对外开放平台，深度接轨上海、杭州、南京等地，深耕江浙沪主场地，全域承接上海、江苏的辐射带动；高标准打造新型贸易示范区，用好 RCEP 红利，巩固欧美日等传统市场，全面融入“一带一路”，推动中日韩、中非等地方国际经贸合作；强化市场采购贸易试点、跨境电商综试区、综保区三大平台牵引作用，增强专业市场的国际竞争力和集聚辐射带动作用，打造国际开放合作大平台。着力强化要素支撑。深入实施“315”科技创新体系建设工程，着力完善教育科技人才“三位一体”高效协同推进机制，更大力度推进“名士之乡”英才计划，让人才从“抢过来”到“抢着来”，实现人才与城市“双向奔赴”，加快蓄积新兴未来产业发展新动能；

优化资源要素配置，持续深化“亩均效益”改革，推进资源集约化利用，强势推进工业空间升级，整体提升工业用地利用效率，积极向亩均要效益、向投入要产出。

（二）向融合要动力，提升发展效能

塑造长期发展优势。根据绍兴区位优势和产业基础，以超常规举措深入实施创新驱动发展战略，大力发展新质生产力，一链一策推动集成电路、生物医药、交通、高端智能装备、智能家居家电、新材料等 6 大新兴产业提质扩量，前瞻布局“5+2”未来产业，走有差异化和比较优势的发展之路，全力打造具有鲜明辨识度的先进制造业强市。构筑产城融合格局。坚持全域统筹，市县互联互动，做好“生态 +”文章，加快文商旅深度融合；持续推进文商旅重点项目建设，多元探索开发古城文旅资源，让生态高颜值变成经济高价值；高标准建设全域旅游示范地，打造文商旅融合发展的千亿级产业集群，把文化资源优势转化为发展优势，推动城市消费载体功能深度融合，提高文化产业的贡献率。

（三）向城市要活力，实现均衡发展

推动市域一体协同。增强吸引集聚和辐射带动功能，深入实施“融杭联甬接沪”战略，深化推进长三角一体化发展，深度接轨上海和杭州，全域承接上海辐射带动，努力构筑成为杭州都市区杭绍同城主中心；坚持片区化开发理念，大力推动越城、柯桥、上虞交界区域融合发展，提高中心城市集聚力带动力；谋划实施县域承载能力提升重大项目，推动人口向县城集聚、产业向园区集聚。加快城市能级提升。坚持“跳出绍兴发展绍兴”，加快交通基础设施建设，打造公铁水空立体交通网，缩短时空距离、彰显同城效应；全域开展老年友好城市、婴幼儿照护服务示范城市、儿童友好城市建设，优化“一老一小”服务供给，兜底民生保障底线；有序开展传统民居微改造、基础设施微更新，持续扩大“15 分钟社区生活圈”覆盖面；以绿色低碳为导向改善生态环境，加强环境保护、生态修复，推动绿色低碳发展，高标准打造美丽浙江的“绍兴样板”。

（执笔人：胡金燕 徐琼琰 赵珂）

金华市高质量发展监测报告

金华素有“历史文化之邦、名人荟萃之地、文风鼎盛之城、山清水秀之乡”盛誉。2023年，习近平总书记亲临金华考察调研时赋予金华“根据实情、发挥优势、扬长补短、再创辉煌”的时代使命，全市上下坚持以习近平总书记重要指示精神统领全局、统一思想、统一行动，认真学习贯彻党的二十大精神，强力推进创新深化改革攻坚开放提升，锚定“港”“廊”“链”主战场攻坚突破，以示范引领姿态打造国际枢纽城，奋进现代都市区，全力谱写中国式现代化生动实践的金华篇章。

一、市情概况

金华有2200多年建制史、1200多年建城史，因位于金星与婺女（星）分野而得名，古称婺州，是浙江“七山一水二分田”的经典代表，面积1.1万平方公里，常住人口716.3万，下辖婺城、金东2个区，兰溪、东阳、义乌、永康4个县级市，浦江、武义、磐安3个县。

金华是历史名城、人文之都，万年上山世界稻源，千年婺学绵延不绝，儒释道交相辉映；金华是浙江之心、枢纽之城，“水通南国三千里，气压江城十四州”，通江达海包容并蓄，规划建设有18条铁路、15条高速公路，金华和义乌两站每天经停高铁462列；金华是百工之乡、市场大市，义乌中国小商品城、永康中国科技五金城、东阳横店影视城等享誉海内外，是浙江唯一个体工商户总数超百万的城市，有年成交额超亿元市场84家；金华是改革前沿、开放高地，依托义新欧、义甬舟、金丽温等开放大通道，与233个国家和地区建立贸易关系，出口总额居全国城市第六，快递业务量全国第一；金华是浙中花园、宜居福地，“明月双溪上，胜景号金华”，拥有5个国家级风景名胜区、1个国家5A级旅游景区、21个国家4A级旅游景区。

二、城市高质量发展成效

2023年，金华大事盛事交汇，大战大考叠加，全市聚焦高质量发展，切实贯彻创新、协调、绿色、开放、共享的新发展理念，超常发力打好经济发展突围战，经济运行稳进前行、回升向好，全年 GDP 首次超过 6000 亿元关口，为奋进现代都市区奠定坚实基础。2023 年，金华高质量发展指数在综合质效、创新发展、协调发展、绿色发展、开放发展、共享发展等六大维度均表现良好，高质量发展指数由 81.0 提升至 82.1，提升 1.1，高于全国平均水平 6.7。

（一）看综合：向稳而进，发展能力稳步增强

2023 年，金华综合质效指数 77.4，比上年提升 3.8，高于全国平均水平 3.5。经济总量实现跃升。全年 GDP 达 6011.3 亿元，比上年增长 6.8%，分别高于全国、浙江省 1.6 个、0.8 个百分点；人均 GDP 为 84133 元，增长 6.4%。产业发展稳进提质。全年实现农林牧渔业总产值 264.9 亿元，增长 3.7%，实现增产丰收；规模以上工业增加值 1246.0 亿元，增长 4.4%，33 个行业大类中，25 个行业实现正增长；服务业增加值增长 8.0%，高于 GDP 增速 1.2 个百分点。财政收入质效提升。全年一般公共预算收入 525.8 亿元，增长 7.5%。一般公共预算收入中，税收收入 452.5 亿元，增长 10.3%；其中增值税 189.5 亿元，增长 37.8%。市场主体集聚壮大。年末在册市场主体 183.2 万户，增长 14.8%，总量居全省第 2 位。其中，企业法人 53.9 万户，增长 11.8%；个体工商户 128.9 万户，增长 16.3%。资本市场持续扩容。全市新增 5 家境内外上市公司，共有境内外上市公司 44 家，总市值 3102.8 亿元。金融服务支持有力。全年金融机构本外币贷款余额 15959.8 亿元，增长 16.5%，各项贷款本年新增 2265.3 亿元，比上年增 165.59 亿元，增量创历年新高。其中，民营经济、制造业贷款增速提升，分别增长 18.5% 和 15.4%，全市小贷公司本年贷款累放 204.2 亿元，发放普惠金融贷款 100.5 亿元。

（二）看创新：向新而行，发展质态有效提升

2023 年，金华创新发展指数 81.1，比上年提升 0.6，高于全国平均水平 7.2。研发强度提升。2022 年，R&D 经费与 GDP 之比达 2.46%，比上年提高 0.2 个百分点，提升幅度连续两年居全省第二。创新投入增加。2023 年，财政科技支出 33.4 亿元，比上年增长 18.8%。列入市级以上科技项目 1569 项，规模以上工业企业研发费用增长 6.7%，高于营业收入增速 6.5 个百分点。研发费用占营业收入比重为 3.4%，提高 0.2 个百分点，有研发费用的企业占规模以上工业企业比重达到 86.8%，提高 7.8 个百分点。创新成果涌现。累计有效发明专利数 1.7 万件，增长 24.3%；技术合同交易额 208.9 亿元，增长 23.9%。创新要素汇集。浙江大学金华研究院获批省级新型研发机构，浙江大学“一带一路”国际医学院、浙江光电子研究院、复旦大学义乌研究院全面启用。2023 年新增省企业研究院、省高新技术企业研发中心 169 家，居浙江省第 3 位，新增国家专精特新“小巨人”企业 10 家、高新技术企业 408 家、省科技型中小企业 1506 家，新增省级以上高层次人才 103 人、技术技能人才 12.2 万人。

（三）看协调：向质而立，发展基础加快夯实

2023 年，金华协调发展指数 87.1，比上年提升 0.4，高于全国平均水平 6.4。三次产业协同发展。三次产业增加值结构优化调整为 2.6：39.4：58.0，对 GDP 增长的贡献率分别为 1.6%、29.9%、68.5%，第三产业成为经济增长的主要动力。三大差距持续缩小。深入实施“扩中”“提低”等改革，推动金义新区—磐安、永康—武义“产业飞地”落地建设项目 15 个。城乡居民收入倍差 1.93，比上年缩小 0.02 个百分点。低收入农户人均可支配收入增长 13.4%，高于全市居民收入增速。政策撬动精准。深入实施营商环境优化提升“一号改革工程”，以打造长三角营商环境最优市为标杆，兑现惠企资金 108.6 亿元，入选全国工商联万家民营企业评营商环境地级市“双十强”榜单。民生支出稳健增长。全市一般公共预算支出 848.5 亿元，增长 2.2%，其中 77.7% 用于保障和改善民生。

（四）看绿色：向优而行，绿色低碳深入推进

2023 年，金华绿色发展指数 85.4，比上年回落 0.5，但仍高于全国平均水平 1.04。环境质量高位提升。市区 $PM_{2.5}$ 平均浓度 31 微克 / 立方米，AQI 优良率 91.3%，全市 6 项主要空气质量指标连续 5 年达到国家二级标准，全域创成省级“清新空气示范区”。全市 47 个干流地表水断面和 11 个县级以上集中式饮用水源地水质保持 100% 达标，跨行政区域河流交接断面水质保护管理获考核全优。绿化覆盖持续优化。全年新增“一村万树”示范村 27 个，“一亩山万元钱”基地 7 个；省级森林人家 10 个、浙江森林氧吧 11 个；全市森林覆盖率为 56.3%，拥有省级以上湿地公园 12 个，实现县域全覆盖。减污降碳协同增效。获评国家优秀低碳试点城市，成功发放全国首笔燃煤发电企业碳捕集技改项目贷款，绿色低碳循环产业园“双循环”发展模式入选全国首批减污降碳协同增效创新试点典型案例。美丽金华成果丰硕。统筹生态文明示范创建，义乌入选“绿水青山就是金山银山”实践创新基地，武义上黄观测站入选全国首批生态质量综合监测站，浦江入选国家环境健康管理试点。实体化运作全国首个生物多样性保护博士工作站，熊猫猪猪国际牧场入选省级生物多样性体验地。生态环境联动治理。在浙江率先启动全域环境空气质量预报预警，全域创成省级清新空气示范区，江河干流断面、县级以上集中式饮用水源地水质达标率 100%，再夺五水共治“大禹鼎”金鼎，蝉联美丽浙江考核优秀。

（五）看开放：向高而攀，外贸优势不断巩固

2023年，金华开放发展指数90.8，比上年提升0.3，高于全国平均水平18.1。内陆开放水平跃升。全年进出口总额7697.5亿元，比上年增长12.6%，其中，出口6630.7亿元，增长11.3%，分别占全国、全省出口比重的2.8%和18.6%，总量跃居全国第6位。服务贸易进出口总额205.2亿元，增长17.9%，其中出口136.9亿元，增长6.0%。枢纽通道能力增强。“义新欧”班列共开行2380列，共发运19.5万个标箱，增长4.4%，宁波舟山港金义“第六港区”挂牌落地，集装箱海铁联运量32.1万标箱，增长5.2%。外商投资总量扩大。全市新批外商投资企业1541家，实际使用外资5.3亿美元，增长13.2%。第二产业实际使用外资4.2亿美元，增长103.0%。外经合作领域深化。全市新批备案境外投资项目93个，境外投资总额9.9亿美元。其中中方投资9.6亿美元，向“一带一路”共建国家投资8.9亿美元，占比达92.8%。对外承包工程劳务合作营业额2.1亿美元。全年设立境外营销网络项目93个，中方投资额9.6亿美元。开放服务改革优化。跨境人民币结算量2394.2亿元、增长53.8%。圆满承办浙江省“一带一路”建设大会，举办中国（浙江）中非经贸论坛暨中非文化合作交流月活动，对非出口额占全国比重达8.8%。新增市级公共海外仓10个。

（六）看共享：向深而耕，民生福祉持续增进

2023年，金华共享发展指数79.0，比上年提升0.8，高于全国平均水平8.4。居民收入稳步增长。全市居民人均可支配收入61710元，比上年增长6.3%；其中，城镇、农村居民人均可支配收入分别为73639元、38136元，分别增长5.8%、7.0%。社会福利优化完善。“一老一小”服务场景加快建设，全域推行养老服务“爱心卡”，全市三甲医院增至10家，创新设立医保驻院服务站，入选国家紧密型城市医疗集团建设试点。成功入选全国首批婴幼儿照护服务示范城市、个人养老金制度国家级试点。就业保障优先实施。全市累计城镇新增就业11.1万人，累计帮扶重点群体实现就业6.6万人，帮扶失业人员实现就业26637人，其中就业困难人员6412人。社会保障有效发挥。全年累计发放低保资金4.2亿元，城乡低保标准1100元/月，发放抚恤补助33345.3万元，发放义务兵家庭优待金10737.4万元，发放困难退役军人生活援助经费45.2万元，发放自主就业一次性经济补助5549万元。

三、城市高质量发展的薄弱环节和不足

（一）都市区能级提升还不明显

城市能级和辐射带动力有待进一步提升。一是都市区能级还不够强。2023年，全市GDP占全

省的比重为7.4%，较2002年降低0.6个百分点。二是市区首位度还不够高。都市区“散”的问题仍需破解，近二十年来，市区GDP占全市比重持续下降，2023年占比仅为18.7%，居浙江各地市末位。三是都市区交通短板仍较明显。在浙江四大都市区中，金华是唯一没有建成绕城高速的城市，市区与东阳、永康等核心节点联系较弱，缺乏点对点直达快速通道。

（二）科技创新活力还不够强

近些年来，全市大力推进浙中科创走廊建设，呈现出了良好的创新策源效应，但科技创新底子薄和基础弱的问题仍然突出。研发创新投入和能力建设还有不足。2022年R&D经费投入强度低于全省水平，创新型企业数量与省内先进地市相比还有差距。高能级研发机构，尤其是省级以上重点研发机构数量不多、能级不高，省级新型研发机构6家，有组织科研攻关的成效还未显现，科研成果产业化能力还需提升。

（三）共富共享成色还需提高

“三大差距”仍然突出，教育、医疗、养老等优质公共服务水平有待提升。一是居民收入水平还需提升。2023年，金华城乡居民人均可支配收入均低于浙江平均水平，处于全省靠后位置。二是城乡区域差距还需缩小。2023年全市城乡收入比1.93，居浙江末位。人均可支配收入最高的义乌和最低的磐安收入倍差达到2.18，比2022年扩大0.04。三是重点领域体制机制改革需深化。共富型大社保体系建设有待加强，用人单位人员参加社会保险还未全覆盖，中小微企业职工、农业转移人口等群体参加养老保险、医疗保险、工伤保险的比率较低。

四、城市高质量发展政策建议

（一）全力推动八婺共建图强，让都市区发展能级更加彰显

一是主轴聚合带动。加快《金义都市区规划》《金义一体化规划》修改编制，开展市区“五瓣聚心”等十大板块规划，以规划引领金义一体、同向发力。二是基础设施共建。强化市级发展规划统领，健全资源要素差别化配置、跨区域统筹、市场化交易机制。推进都市区半小时交通圈建设，推动市域铁路二期项目前期规划。三是现代都市共创。深化实施城市更新行动，融合联动城市体检，加快推进老旧小区、老旧管网改造，推动以县城为重要载体的新型城镇化建设，全域推进全国文明城市创建、海绵城市建设，打造宜居、韧性、智慧城市。

（二）全力推动科技教育人才一体发展，让创新驱动引擎更加有力

一是加快浙中科创走廊对标提能。对标杭州城西科创大走廊，加快建成金华“长三角协同创新

先行地、全省科产贸融合发展示范地、浙中创新发展引领地”目标，制定科创走廊专项政策，深入推进科创强基重大项目建设。二是推进高等教育强市攻坚提质。大力实施“名城名校名学”工程，支持浙江师范大学争创“双一流”大学。加快推进职业教育提级赋能发展，实施高校与研发机构融合发展。三是推动科技教育人才一体化融合提速。实施“十百千万”科创赋能工程，强化项目、人才、资金一体化配置，促进科创平台、高等院校、产业园区、高新技术企业紧密对接。

（三）全力推进共富优享惠民，让人民群众生活更加幸福

一是八婺同心结对共富。纵深推进“十县区域联动”“百镇共建强基”“千团联千村”“万名乡贤助共富”行动，持续打好缩小“三大差距”攻坚战。迭代升级市域版山海协作，推动人才、技术、教育、医疗等资源向山区县倾斜，加快推进市域结对“产业飞地”建设。二是就业创业促进共富。深入实施稳岗就业扩容、重点群体“就帮到底”先锋护航行动，支持和规范发展新业态吸纳就业，建立个体工商户分型分类扶持培育机制，积极培育“浙中创客”，实施能力提升、空间提质等“十大创业行动”。三是社会保障托底共富。加快推进共富型大社保体系建设，发展多层次多支柱养老保险体系，持续提高企业职工基本养老保险、工伤保险参保水平，深入推进家庭型医疗保障政策试点，提升医保市级统筹水平。

（执笔人：赵奇峰 于春来 盛成）

舟山市高质量发展监测报告

舟山是海韵悠长的千岛之城，潮起潮落的海洋经济强市，碧海蓝天的生态宜居之地。近年来，全市上下坚持以习近平新时代中国特色社会主义思想为指导，深入学习贯彻习近平总书记考察浙江重要讲话精神，强力推进创新深化改革攻坚开放提升，坚持经略海洋，向海图强、实干争先，经济运行态势持续稳进，民生福祉日趋改善，高水平建设现代海洋城市迈出坚实步伐。

一、市情概况

舟山古称“海中洲”，位于我国东南沿海，中国大陆海岸线的中心，背靠上海、杭州、宁波等大中城市和长江三角洲等辽阔腹地，面向太平洋，是长江流域和长江三角洲对外开放的海上门户和通道。作为我国第一个以群岛建制的地级市，拥有 2085 个岛屿和全国近 1/5 的深水岸线，是中国第一大群岛和重要渔业基地。海岛特有的景致赋予了这里无穷的迷人魅力，蓝天、碧海、绿岛、金沙、白浪是舟山生态环境的主色调，以海、渔、城、岛、港、航、商为特色，集海岛风光、海洋文化和佛教文化于一体，素以“海天佛国、渔都港城”闻名中外。全市总面积 2.22 万平方公里，其中海域面积 2.08 万平方公里，下辖定海、普陀两区和岱山、嵊泗两县。2023 年末，全市常住人口 117.3 万人，城镇人口 86.8 万人，城镇化率 74.0%。

近年来，随着舟山群岛新区和浙江自贸试验区的设立，通过各项政策创新和制度改革，推动舟山在油气全产业链发展方面快速提升，目前已形成万亿级油气产业，建成全国规模最大的石化基地、全国最大的油气储运基地和全国第一大油气贸易港。全市经济发展依托独特的海洋资源和港口优势，形成了现代渔业、港口物流、船舶制造和石化产业等为主导的经济结构，成为国家实施“海洋强国”的战略基点和推动海洋经济发展的重要引擎。

二、城市高质量发展成效

近年来，舟山聚力高质量发展首要任务，全力以赴拼经济，集中力量推动城市高质量建设出成果、见实效。2023 年，舟山城市高质量发展指数为 82.6，较上年提高 1.5。其中，综合质效、创新发展、协调发展、开放发展、共享发展等五个方面指数均比上年实现提升。

（一）综合实力稳步提升，经济增速保持领先

舟山聚焦聚力高质量发展首要任务，统筹抓好三个“一号工程”和“十项重大工程”，全市经济社会高质量发展取得新成就，高水平建设现代海洋城市迈出坚实步伐，2023 年舟山综合质效指数为 80.8，比上年提高 2.7。经济总量迈上新台阶，2023 年全市 GDP 突破 2 千亿大关，达 2100.8 亿元，比上年增长 8.2%，高出全省平均水平 2.2 个百分点，增速连续两年居全省首位；人均 GDP 达 17.9 万元，分别高于全国和全省 9 万元、5.4 万元，居全省首位。财税收入较快增长，全市实现财政总收入 529.9 亿元，增长 30.0%，其中一般公共预算收入 193.5 亿元，增长 23.9%；其中税收收入 139.0 亿元，增长 29.6%。

（二）创新驱动不断增强，发展潜力逐步释放

舟山加快创新平台建设、核心技术攻关和科技型企业培育，不断激发创新动能，为现代海洋城市建设提供更有力支撑，2023 年舟山创新发展指数为 74.0，比上年提高 0.7。绿色石化产科教创新共同体建设列入浙江省首批创新深化试点，长三角海洋生物医药创新中心、东海微芯院等创新平台启动建设，浙江省首家海洋经济人力资源服务产业园开园运营。2023 年，全市规模以上工业企业研发费用比上年增长 30.9%，有研发经费支出企业占规模以上工业企业的比重为 71.2%，比上年提高 9.5 个百分点。新增浙江省级专精特新企业 34 家、国家级“小巨人”企业 2 家。新引育高层次人才 117 人，省顶尖人才实现“零突破”，新引进高校毕业生超 2 万人。

（三）协调发展成效显著，保障水平稳步提升

舟山统筹区域协调发展，加快推进新型城镇化和共同富裕建设，稳步提升城乡发展平衡度、融合度，2023 年舟山协调发展指数为 87.2，比上年提高 0.8。城镇化率稳步提高，2023 年末全市常住人口城镇化率为 74.0%，比上年提高 0.8 个百分点。城乡收入差距缩小，城乡居民收入倍差为 1.55，较上年缩小 0.02。服务业稳步提升，全市服务业增加值比上年增长 6.5%，增速比上年提高 3.2 个百分点。养老保障水平稳步提高，全市户籍人员养老保险参保率达到 96.2%，上调低保、基础养老金标准到每人每月 1110 元、330 元，保障水平均为浙江第 5 位。

（四）生态环境全域增美，空气质量全国领先

舟山统筹推进迎亚运三大提升行动，城市品质、城市治理、城市文明整体跃升，生态环境质量持续改善，2023年舟山绿色发展指数为92.7，比上年回落0.5，但仍明显高于全国平均水平（84.3）。深化污染防治攻坚，2023年，市区$PM_{2.5}$日均浓度为17微克每立方米，市区空气质量优良率96.7%，空气质量总体保持浙江首位、全国前列。省控断面Ⅲ类以上水质比例为97%，连续5年无劣Ⅴ类水质断面。

（五）对外开放扎实推进，外贸外资活力增强

舟山在开放中开新局，借助众多国家战略平台，扎实推进高水平对外开放，2023年舟山开放发展指数为87.9，比上年提高0.1。2023年，宁波舟山港总规修订通过部省联审，3个港区规划调整获批，启运港退税政策落地。完成货物吞吐量6.5亿吨，其中外贸货物吞吐量2.1亿吨，比上年增长14.4%。新增海港口岸开放面积112.5平方公里。普陀山机场对外开放通过国家验收，旅客吞吐量突破200万人次，舟山成为海空一体综合性口岸。全年实现外贸进出口总额3578.6亿元，增长5.8%。产业链招商取得实效，全市实际利用外资5.6亿美元，其中制造业外资增长2.3倍。

（六）民生福祉更加殷实，公共服务不断优化

舟山聚焦民生优质共享，推进公共服务“七优享”工程，高质量完成民生实事项目，民生保障水平稳步提高，2023年舟山共享发展指数为79.6，比上年提高3.2。2023年，全市居民人均可支配收入68110元，比上年增长6.7%。其中，城镇居民人均可支配收入76435元，增长6.2%；农村居民人均可支配收入49379元，增长7.5%，农村居民人均可支配收入水平居浙江省第二。全年民生支出占一般公共预算支出比重保持在72%以上，其中，住房保障支出、社会保障和就业、教育等领域支出分别增长15.2%、14.2%、12.8%，进一步满足人民群众对公共产品和公共服务的需求。

三、推动城市高质量发展的实践经验

近年来，舟山强力推进创新深化改革攻坚开放提升，一以贯之续写向海图强、向海开放新篇章，经济运行稳增长提质效，在推动经济社会高质量发展方面积累了一些实践经验。

（一）转型升级持续推进，发展动能显著增强

一是主导产业支撑有力。深入推进“415X”先进制造业集群培育工程，成功创建省级石化、船舶产业集群“3个核心区+1个协同区”。2023年，全市规模以上工业增加值比上年增长16.6%，增速列浙江首位。二是新兴动能培育壮大。实施海洋经济翻番行动，深化打造九大产业

链，2023 年，高新技术产业增加值占规模以上工业的比重为 82.3%。规模以上战略性新兴制造业、高新技术制造业增加值分别增长 21.6%、18.6%，增速均居浙江首位。三是现代服务业势头较好。2023 年，全市规模以上现代服务业营业收入 385.6 亿元，增长 6.2%，其中，信息传输及软件和信息技术服务业、科技服务业、时尚创意服务业营业收入分别增长 7.1%、37.2%、76.9%。

（二）要素保障扎实有力，营商环境优化提升

一是金融市场运行稳健。2023 年末，全市金融机构本外币存贷款余额 7825.3 亿元，比上年末增长 11.6%。贷款不良率 0.7%，比上年末下降 0.2 个百分点。二是交通运输发展良好。2023 年，全市水路货运周转量 3797 亿吨公里，增长 12.6%，增速比上年提高 8.5 个百分点。公路货运周转量 167.2 亿吨公里，增长 17.8%，增速比上年提高 15.3 个百分点。三是营商环境持续优化。制定实施民营经济支持政策，推进 153 项举措落地，2023 年，新增小微企业 5265 家、“个转企”230 家，经营主体总量达 16.2 万家。推进便民利企“舟到办”，实现一般企业投资项目环评、能评、安评、稳评“四评合一”，营商环境事项一次性化解率 100%。

（三）国家战略纵深推进，自贸试验区建设深化发展

一是江海联运服务能力持续增强。成功争取江海直达船舶检验权，船队总运力增至 18.6 万载重吨、规模全国最大。深化江海直达“运力池”经营模式，打通重庆万州、湖北宜昌等长江上游物流节点，实现粮矿进江、矿建出海“重进重出”，2023 年，江海联运量达 3.2 亿吨，比上年增长 6.6%。二是积极融入长三角一体化。小洋山北作业区项目涉海工程全面开工，上海 LNG 站线扩建项目加快推进。深化与上期所期现合作，首次在保税燃料油加注领域应用“舟山价格”。甬舟异地通办提质扩面，通办事项拓展至 211 个。教育医疗、政务服务“异地通办”、应急联动等一体化合作深入推进。三是自贸区提升发展加速推进。“一中心三基地一示范区”加快建设，浙江自贸试验区舟山片区获评浙江省十佳开放平台。2023 年新增油气储存能力 160.4 万方；油气吞吐量达到 1.57 亿吨，增长 18.4%；累计集聚油气贸易企业 1.4 万余家；完成保税燃料油加注 704.6 万吨，增长 17.0%，全国首单港外锚地 LNG 加注、集装箱船海上新型生物燃料油加注落地，成为全球第四大船加油港。成功举办第六届世界油商大会，累计集聚油气贸易企业 1.4 万余家。

（四）海岛共富扎实推进，城市品质全面提升

一是探索海岛共富路径。一岛一策发展海岛特色产业，推进 17 个示范岛创建，打造花鸟爱情岛、蚂蚁红色研学岛等一批精品小岛，23 个偏远海岛实现“菜篮子”商品保供全覆盖。健全“一老一小”

服务保障体系，2023年新建10家“幸福食堂”。二是城市有机更新加快。舟山历史文化名城保护规划获省政府批准实施。实施“花海彩林”行动，新增绿道25.6公里，新改建城市道路35条，农村生活污水处理设施行政村覆盖率达95.6%。三是社会事业加速推进。完成7所公办中小学（幼儿园）新（改扩）建项目，新增学位5091个。实施医疗卫生“山海”提升工程，引进浙二医院等优质医疗资源，新改扩建规范化村卫生室（站）12家。提升“15分钟品质文化生活圈”运行品质，新增文化驿站5个、岛与书房7个，舟山群岛马拉松、东海音乐节等赛会活动圆满举办。

四、城市高质量发展存在的不足

经济总量较小，产业结构相对单一。近年来，尽管舟山的经济增速较快，但总体经济规模与省内其他经济强市相比仍然较小，全市GDP总量占全省的比重不足3%。受石化产业较快发展带动，近五年全市工业增加值年均增速达24.8%，快于全省平均水平18.8个百分点，但服务业发展则相对较缓，服务业增加值占GDP比重持续下降。石化产业为推动舟山经济发展发挥了重要作用，但同时也造成经济结构单一化，受外部因素的影响较大。

区域差距扩大，经济发展仍不平衡。全市人均GDP倍差由2017年的1.52扩大到2023年的3.20。2023年，最高县区岱山县人均GDP高于最低县区普陀区26万元。且近两年全市人均GDP倍差均在3.0以上的较高水平。

人口规模受限，人才吸引及留用较难。受海岛地区资源禀赋、地理环境等因素限制，舟山人口基数较小，常住人口不到120万且增长有限，户籍人口一直没破百万且近年来逐年减少。发达地区和周边城市更为优质的教育、医疗等公共服务和就业机会产生的虹吸效应进一步加剧了舟山人才流失。

五、加强城市高质量发展的对策建议

促进产业多元化发展，推动服务业锻长补短。聚力实施“985”行动，着力构建九大现代海洋产业链，做强八大高能级发展平台。在继续巩固海洋经济和石化产业优势的基础上，积极引进和培育高附加值产业，增强经济韧性。深入实施服务业“百千万”工程，大力发展生产性服务业、港航服务业、专业服务业和航运金融、航运交易、海事法律等高端服务业。支持龙头、特色航运企业发展，推进锚地供应服务从单一供油向物料补给、检验检测等“一站式”服务拓展。

加强区域协调发展，深化共富先行。聚焦城乡一体、均衡可及，把握海岛区域分散和人口增减分化、老龄化的趋势性特征，扎实开展市域公共服务一体化试点，促进资源和要素的流动，缩小各区域间的经济发展差距，健全常住地提供基本公共服务制度，推动服务跟着人口走、保障跟着服务走，大力提升民生投入质效和公共服务共享性。大力实施“小岛你好”共富行动，发展壮大新型集体经济，激发渔农村资源要素活力，挖掘财产性收入潜力。

优化人才发展生态，推动人才集聚。完善交通、能源等基础设施网络，提高市内岛际交通的便利度和舒适度。以营商环境拓展产业发展提升服务业，以宜居环境留住各类群体，以海岛特色教育和医疗服务吸引人群，从精从细从快从惠抓好政策措施落实，促进外来人口转化为常住人口和争取落户。结合本地资源优势，锚定海洋经济发力，创造更多元的就业环境，增加就业机会，把产业作为发展之基，以产业集群发展促进人口集聚，积极助推高水平建设现代海洋城市。

（执笔人：徐妍 马雨洁）

台州市高质量发展监测报告

台州是浙江沿海的区域性中心城市和现代化港口城市，是中国民营经济发祥地、股份合作经济发源地和市场经济先发地，具有“山海水城、和合圣地、制造之都”的城市金名片。近年来，面对严峻复杂的国际环境和艰巨繁重的改革发展稳定任务，台州坚持以习近平新时代中国特色社会主义思想为指导，深入贯彻落实习近平总书记考察浙江重要讲话精神，坚定不移沿着“八八战略”指引的方向，聚焦聚力创新深化、改革攻坚、开放提升三条路径，锚定“推动高质量发展、打造高能级城市、促进高水平共富”三大任务，在建设中国式现代化城市道路上奋力谱写台州篇章。

一、市情概况

台州地处中国黄金海岸线中段，陆地面积10050平方公里，海域面积8万平方公里。2023年，GDP总量6241亿元，居全国GDP百强城市第47位，年末常住人口671.2万人。曾先后荣获中国民营经济最具活力城市、中国优秀创新型城市、中国优秀旅游城市、国家卫生城市、全国文明城市、全国十大“心仪之城”等称号。

台州发展特色鲜明。一是富有魅力。既有自然美的资源禀赋，拥有3个5A级景区、17个4A级景区、4个国家级风景名胜区；也有人文美的韵味，是距今近万年的下汤文化的发祥地，是佛教天台宗和道教南宗的创立地，是大陈岛垦荒精神的诞生地，也是被习近平总书记称为中华优秀传统文化精髓的“和合文化”的发源地。二是充满活力。在经济体制创新上，中国第一家经工商注册的股份合作企业、第一个支持股份合作企业发展的政策文件、第一条民营资本参股的高速公路、第一条民营资本控股的高铁均源于台州。市场主体超过70万户。制造业门类齐全，已形成汽车、医药等21个上百亿元的块状产业，有70个国家级产业基地，299个工业产品国内外市场占有率第一；有72家上市公司，其中境内上市企业68家，居全国地级市第四。金融改革创新引领，是全国唯一拥有 3 家城市商业银行的地级市，2016 年获批全国小微企业金融服务改革创新试验区，正在向小微金改示范区加速迈进。三是更具潜力。拥有大陆海岸线 726 公里，占全省 28%，可开发岸线 156 公里。长三角一体化发展上升为国家战略，接轨大上海、融入长三角迎来重大机遇。现有 6 条高速公路、3 条铁路经过台州，市域铁路 S1 已经通车，S2 也已开工建设、计划 2027 年通车。

二、城市高质量发展成效

近年来，台州走深走实高质量发展道路，经济持续、健康、较快发展，综合实力显著提升，创新环境持续优化，各项社会事业全面发展，城市环境和人民生活明显改善，城市现代化水平取得新突破。2023 年，台州城市高质量发展指数提升至 81.1，比上年提高 0.8。其中，综合质效、创新发展、协调发展、开放发展、共享发展五个方面指数均比上年实现提升，绿色发展略有下滑。

（一）综合实力稳步提升，发展动能逐渐累积

2023 年，台州以三个“一号工程”和“十项重大工程”为主要抓手，积极出台各项稳链补链、扩投资、促消费、稳外贸的举措，全力以赴打好拼经济的各项组合拳，推动经济高质量发展，全市综合质效指数为 78.1，比上年提高 1.5。产业结构进一步优化。全市地区生产总值 6240.7 亿元，比上年增长 4.5%，其中，第一产业增加值 334.0 亿元，增长 3.8%；第二产业增加值 2628.4 亿元，增长 1.3%；第三产业增加值 3278.2 亿元，增长 7.2%；三次产业结构为 5.4：42.1：52.5，服务业占比进一步提高。新兴产业引领明显。数字经济核心产业增加值 261.7 亿元，增长 13.0%，高于全省增速 2.9 个百分点。新兴服务业保持较快增长，规模以上科技服务业和高技术服务业营业收入分别增长 10.4% 和 7.2%。市场活力不断增强。拥有各类商品交易市场 304 家，成交额 1419 亿元，其中成交额超亿元的市场有 132 家。新设经营主体 16 万家，年末在册经营主体达到 91.4 万家，其中，企业 27.5 万家，个体工商户 63 万家。财政金融稳健运行。财政总收入 831.9 亿元，增长 14.5%；一般公共预算收入 494.3 亿元，增长 12.1%。年末金融机构本外币存款余额 15641.6 亿元，增长 12.2%；年末金融机构本外币贷款余额 15960.0 亿元；增长 16.0%。

（二）创新环境加快优化，创新能力显著增强

2023 年，台州深入实施“创新台州”首位战略，坚持走深走实科技新长征，围绕高水平建设国家创新型城市目标，深入推进台州湾科创走廊、省技术创新中心创建、科技型企业培育、高层次人才引育等重点工作，不断激发创新活力，全市创新发展指数为 81.3，比上年提高 0.5。创新投入力度加大。2022 年，全市全社会 R&D 经费投入 155.6 亿元，比上年增长 11.6%。R&D 经费投入

强度为2.58%，比上年提高0.17个百分点。2023年全市财政科技投入31.6亿元，比上年增长17.8%。创新队伍发展壮大。全市规上企业研究开发人员10.2万人，增长9.1%。新入选国家级高层次人才特殊支持计划科技创业领军人才1人，新引进外国人才322人，新增省领军型创新创业团队1家，国家级海外引才计划实现了“零的突破”；建设特定国家工程院台州创新中心，新认定省级国际科技合作基地1家。创新能力不断增强。全市专利授权量为29236件，其中发明专利2921件。全年共获省科学技术奖20项，获奖总数创历史新高。入选省“尖兵、领雁”研发攻关计划项目26个，取得重大科技成果6项。

（三）协调发展稳步推进，城乡差距逐步缩小

2023年，台州围绕“城乡统筹、一体发展”理念，推动城乡、区域经济协调发展，加快构建新发展格局，全市协调发展指数为83.5，比上年提高0.7。城乡差距进一步缩小。城镇常住居民人均可支配收入73879元，比上年增长4.4%；农村常住居民人均可支配收入40153元，增长6.5%，城乡居民收入差距倍数为1.84，比上年缩小0.04。地区人均GDP和地区人均可支配收入最高最低倍差均缩小0.03。困难群众托底保障进一步增强。稳步提高城乡居民基本养老保险基础养老金标准、社会救助保障标准，最低生活保障标准从每人每月950元提升至1110元。年度门诊救助限额2万元，低保和低边困难群众住院救助比例分别为80%和70%，全年共支出医疗救助资金1.8亿元，医疗救助179.2万人次。困难群众大病保险支付比例85%。全市享受医疗救助的困难群众共计7.1万人，救助金额1.8亿元。公共服务进一步优化。普惠性幼儿园在园幼儿占比达94.7%，比上年提高0.5个百分点；每千人口拥有执业（助理）医师人数达3.4人，增长4.4%；城镇住房保障收益覆盖率达24.9%，提高3.3个百分点。一般公共预算支出836.6亿元，增长0.2%，其中民生支出638.8亿元，增长0.5%，民生支出占比保持在75%以上。

（四）生态环境稳步改善，绿色发展深入推进

近年来，台州以美丽台州建设为总抓手，以改善环境质量为核心，坚决打好污染防治攻坚战，努力争创美丽浙江建设台州样板，走出了一条生产发展、生活富裕、生态良好的绿色发展道路。2023年，全市绿色发展指数为88.7，高于全省平均水平0.9个百分点。生产生活趋向环保。全市工业化学需氧量、工业氨氮排放量、工业二氧化硫排放量、工业氮氧化物排放量，以及工业颗粒物排放量均较上年有所下降。重点建设用地安全利用率100%、受污染耕地安全利用率达96.9%。城镇生活垃圾无害化处理率为100%。环境质量向好发展。省控以上32个断面中Ⅰ—Ⅲ水质断面占比 90.6%，地表水满足水环境功能区达标率为 96.9%。城市空气质量综合指数为 2.9，居全省 11 市第 3 位，在全国 168 个重点城市中排名上升 1 位至第 13 位。市区环境空气质量达到二级标准以上的天数有 350 天，占全年总天数的 95.9%。全市绿化覆盖面积为 1.7 万公顷，建成区绿化覆盖率达 44.2%，比上年提高 1.2 个百分点。

（五）对外贸易平稳增长，对外投资明显加快

2023 年，台州坚持实施外贸出口多元化战略，出口产品结构不断改善，新兴市场不断开拓，对外开放呈现良好发展态势，开放发展指数为 81.4，比上年提高 0.1。对外贸易保持平稳。进出口总额 2744.5 亿元，比上年下降 1.0%。其中，出口 2514.5 亿元，下降 0.5%；进口 230.0 亿元，下降 6.4%。主导行业机电产品出口 1498.3 亿元，增长 4.0%。外贸新业态发展较快。服务贸易进出口总额 53.4 亿元，其中出口额 10.6 亿元，前三大出口领域分别为运输服务、其他商业服务和旅游服务。服务贸易离岸合同执行额 17029 万美元，增长 3.7%。利用外资大幅增长。新批外商投资项目 103 个，增长 53.7%。合同利用外资 8.4 亿美元，增长 1.3 倍；实际利用外资 3.5 亿美元，增长 47.0%。对外投资步伐加快。新批 65 家境外投资企业，增长 54.8%；中方备案额 5.5 亿美元，增长 1.3 倍。

（六）民生福祉加快提高，生活水平不断提升

2023 年，台州深入推进共富型社会事业体系建设，公共服务水平加快提升，全市共享发展指数为 77.2，比上年提高 1.4。就业形势基本稳定。全市城镇新增就业 8.96 万人，帮扶 1.6 万名城镇失业人员实现再就业。全国首创《技能型社会基本单元建设标准》，高标准建成一批基本单元。生活水平不断提升。全体居民人均可支配收入 61067 元，比上年增长 5.2%。住房条件不断改善，城镇居民人均住房建筑面积 52.03 平方米，增加 0.03 平方米。每百户城镇居民家庭家用汽车拥有量 74 辆，增加 1 辆。社会保障日益完善。年末职工基本养老保险（含机关事业）、基本医疗保险、工伤保险和失业保险参保人数分别达到 302.4 万人、225.2 万人、235.2 万人和 131.2 万人。

三、城市高质量发展的薄弱环节和不足

（一）经济增长和转型仍然存在难点

对外贸易面临较大不确定性。欧美新一轮大规模对俄制裁，导致跨境结算受限、资金流转周期延长，影响台州对俄正常贸易（2023 年全市对俄出口占全部出口的 4.9%，首次位列出口国别第 2 位）。欧美陆续出台和发起新一轮 301 调查、碳协调机制、新能源汽车反倾销调查等，多手段设置壁垒限制中国产品出口，对外向型城市影响明显。新旧动能转换有待加快。传统产业占比较大，而半导体、

生物医药、数字经济、新能源、新材料等新兴产业相对不足。2023年战新产业增加值仅占全省的5.1%，占规上工业增加值比重居全省第9位。

（二）扩大投资和消费仍然存在堵点

民间投资处于下行区间。受准入门槛高、融资难融资贵、回报周期长等因素影响，“不敢投、不想投、不能投”的现象仍然较多，民间投资活力不足。2023年，全市民间投资下降，民营房企拿地积极性下降，国企托底现象增多，而国有房地产开发投资可持续性较低，难以带动民间投资持续稳定增长。居民投资和消费意愿不足。在宏观经济不景气尤其是房地产保值增值属性降低的大环境下，收益高、风险低的投资项目减少，叠加就业不稳定等因素，资金安全性、可见性倾向增强，活期存款定期化、短期存款长期化等现象增多。2023年末，全市住户定期存款余额占住户存款的比重达73.5%，创近十年来新高。

（三）区域发展仍然存在不平衡矛盾

缩小区域差距任重道远。台州南北之间互利共赢的局面还没有完全打开，协调合作机制仍需协调完善，人均GDP最低的仙居县与最高的路桥区倍差达1.65倍；人均可支配收入最高的玉环市与最低的仙居县倍差达1.68。“一盘棋”产业布局还需强化。县（市、区）产业同构化现象仍然存在，错位发展格局还待完善，区域间产业互补性、协同性尚有不足，跨区域产业链、创新链尚不健全，要素资源配置效率仍有提升空间。

四、城市高质量发展政策建议

（一）坚持转型升级，着力优化产业结构

加强新兴产业招引。放眼长远，结合台州本地产业需求，用好海洋、港口、电力等差异化资源禀赋，精准招引和集聚一批龙头链主企业以及上下游核心企业，推动新材料、新能源汽车、新医药健康等5大优势产业以及智能光电、汽车电子等5大新兴产业聚核成链、集聚成群。重视优势产业培育。继续壮大新能源汽车、医药和船舶制造等优势产业，努力推动高端装备、生物医药、电子信息等行业快速发展，力争实现更多新兴产业规模快速壮大，持续推动实现工业倍增。加快传统产业改造。持续推进低效工业用地、老旧工业小区整治，强化亩均论英雄综合评价，以税收、能耗、效益等倒逼企业加快转型。引导企业加大研发投入，加快新产品开发，提升市场竞争力。

（二）坚持需求导向，着力稳订单促消费

联工贸促产销。强化产业链上下游对接，组织外综服平台、外贸公司等进企业、进园区、进产

业基地，帮助工业企业融入贸易新业态、拓展新市场。稳外贸争订单。通过搭平台、找平台、出政策等途径，全力以赴助力外贸企业稳订单、拓市场。探索制定 RECP 对口区域高附加值商品优惠激励政策，拓展台州产品市场占有率，提高客户黏性。抓落实促消费。积极推动消费品以旧换新活动，支持新能源汽车和绿色智能家电下乡，促进汽车、家电更新消费。稳就业增收入。聚焦消费倾向高的中低收入群体，努力提升中小企业的就业承载能力，积极推广农民持股模式、闲置农房盘活利用、共富工坊等措施，推动就业——收入——消费等指标形成良性循环。

（三）坚持优化服务，着力提升营商环境

强化精准帮扶。紧盯企业需求，千方百计帮助企业解决生产经营中的难点和堵点，助力企业降成本、拓销路、促流通。优化营商环境。积极推进审批制度改革，简化审批流程，提高审批效率，为企业提供更加便捷的服务。加强对企业的支持和指导，帮助企业解决实际困难和问题，提高企业的竞争力和市场占有率。积极应对出口风险。鼓励中信保等机构丰富套期保值、降低汇率和利率风险的金融创新工具，保障企业回款安全、促进融资增信。加强政府部门、行业协会、企业的联动，前瞻性预警研判可能的贸易壁垒风险，加强外贸风险提示。

（四）坚持协同发展，着力抓好民生保障

推进农业转移人口全面融入城市，推进山区海岛县高质量发展，加快三大“产业飞地”建设，推进“消薄飞地”建设。推进房地产平稳发展。落实房地产融资协调机制，积极支持符合“白名单”要求的合规项目的融资需求，保障项目按时建成交付。鼓励金融机构加强房企授信风险的监测、处置，综合运用重组、核销、转让等方式化解风险。

（执笔人：许光宇 阮官寿）

合肥市高质量发展监测报告

城市是推动高质量发展、创造高品质生活、全面建设社会主义现代化国家的重要载体。合肥居皖之中，左右逢源，连南接北，是长三角城市群副中心城市，党的十八大以来，习近平总书记先后两次考察安徽、亲临合肥，点赞合肥是“养人的地方”“创新的天地”。全市总面积 11445 平方公里（含巢湖湖面面积 780 平方公里），建成区面积 506.6 平方公里，常住人口 985.3 万人，辖肥东、肥西、长丰、庐江、巢湖 5 个县市，瑶海、庐阳、蜀山、包河 4 个区和合肥高新区、合肥经开区、新站高新区、安巢经开区 4 个开发区。新时代合肥坚持以习近平新时代中国特色社会主义思想为指导，以新发展理念统领经济社会发展全局，更加注重质量变革、效率变革、动力变革，科技创新迎来新突破、转型升级取得新进展、人民生活得到新改善，经济总量连续跨越，高质量发展迈上新的台阶。

一、城市规模与定位

（一）城市发展定位

2022 年，安徽省出台《安徽省新型城镇化规划 (2021—2035 年)》，以建设合芜蚌国家自主创新示范区、合肥综合性国家科学中心、中国（安徽）自由贸易区合肥片区为引领，支持合肥争创国家中心城市，增强合肥创新标识度，加快聚集全球创新资源，提升城市创新资源“密度”和“浓度”。打造“五大名城”，推动合肥综合实力较大幅度前移，打造具有国际影响力的创新高地、全国重要的先进制造业高地、具有国内比较优势的数字经济高地、具有重要影响力的改革开放新高地和优质优良宜居宜业的生态高地，全面提升长三角世界级城市群副中心功能，加快建成国际化新兴特大城市。

（二）新型城镇化加快推进

2023 年末，合肥常住人口 985.3 万人，比上年增加 21.9 万人，增量居全国万亿城市首位，城市吸引力凸显，迁移来肥人口占比超九成。统筹城乡发展，推进新型城镇化成效显著，全市城镇人口 842.9 万人，常住人口城镇化率 85.6%，高于全国、全省 19.4 个和 24 个百分点。

（三）合肥都市圈高水平建设

发挥承东启西的区位优势和创新资源富集优势，持续提升省会城市能级，加快都市圈同城化步伐，将合肥都市圈打造成为东中部科技创新中心、全国重要的现代产业基地、内陆改革开放新高地、支撑全省发展的核心增长极和动力源。加快合六经济走廊、合淮产业走廊建设，加快推动合淮、合六同城化发展。2023 年，合肥都市圈常住人口超 3000 万人、GDP 达 3 万亿元，分别占全省五成和 63.9%，成为支撑安徽发展的强劲引擎和有力支撑。

二、城市高质量发展成效

（一）以奋进姿态写好时代答卷，城市发展质效明显提升

作为全国发展最快的城市之一，合肥在构建科技创新体系、培育新兴产业、全面深化改革开放、改善生态环境、增进民生福祉上不断实现新突破。党的十八大以来，经济总量从 2012 年的 4168 亿元增长到 2023 年 12673.8 亿元，由全国城市第 32 位前进到第 20 位，增幅位居全国 26 个万亿城市首位。2023 年，全市人均 GDP130074 元，高于全国、全省 40716 元和 53244 元；全员劳动生产率 25.4 万元 / 人，高于全国、全省 9.2 万元 / 人和 10.6 万元 / 人。

合肥 2023 年城市高质量发展指数 84.4、较上年增加 1.0，均高于全省平均水平。

（二）以科技创新为第一动力，创新驱动优势加快塑造

研发投入强度攀升。R&D 投入占 GDP 比重由 2010 年的 2.44% 提高到 2022 年的 3.91%，高于全国、全省 1.37 个和 1.35 个百分点，居省会城市第 2 位。2023 年，科技投入占财政一般公共预算支出比例达 17.4%，居全国城市前列。科技成果转化应用。推进科技型企业梯度培育，拥有国家高新技术企业 8467 家，居全国城市第 15 位；专精特新“小巨人”企业 188 家，居全国城市第 14 位；科创板上市企业 20 家，居全国城市第 6 位。高起点规划建设滨湖科学城，建成运行安徽科技大市场，与清华大学、中国科大等共建新型研发机构 55 家。全年技术合同成交额 1269.4 亿元、同比增长 17.1%；登记科技成果 6563 项，增长 13.3%。聚力打造科创策源地。服务保障国家战略科技力量建设，综合性国家科学中心全国第二个获建，国家实验室全国首批首个挂牌，已建、在建和预研

大科学装置13个，全力打造量子信息、聚变能源、深空探测三大科创引领高地，涌现出光纤量子密钥分发、“九章三号”量子计算原型机等一批原创性成果。全市汇聚各类人才超260万人，在肥服务院士145人。世界知识产权组织发布2023年全球创新指数报告中，合肥位居全球“科技集群”第40位。

（三）以转型升级引领发展，新质生产力聚链起势

战新产业“新题大做”。推进动能转换、结构转型，产业升级和结构调整步伐不断加快，新动能加速成长。新型显示器件、集成电路、人工智能三大产业入选国家首批战新产业集群，智能语音入列国家先进制造业集群，“芯屏汽合”“急终生智”成为合肥产业新名片。长鑫、京东方、晶合晶圆、维信诺、蔚来、比亚迪等一批带动力强的先进制造业项目相继落地，形成龙头引领、链条延伸、集群共进的产业发展格局。十年来，战略性新兴产业产值年均增长18.3%，占规上工业比重由26.4%提高到54.7%，对规上工业增长贡献率由39.3%提高到84.1%。传统产业“数字赋能”。加快产业智能化改造、数字化转型，推动“合肥制造”向“合肥智造”跃升。集聚长虹美菱、惠而浦、海尔、美的、格力等10余个品牌，2023年家电“四大件”（空调、彩电、洗衣机、冰箱）产量6461.03万台，占全国的10.1%，智能家电“四大件”产量连续13年全国第1位；江淮与蔚来、大众牵手，造车新势力赋能传统车企。未来产业“无中生有”。瞄准量子科技、空天信息、类脑智能、核超导技术、精准医疗等前沿领域，前瞻布局未来产业。“中国声谷”实现入园企业超千家、产值过千亿，国盾、国仪、本源等量子企业快速成长，中科星图、航天宏图、银河航天等企业相继落户。

（四）以长三角一体化为最大机遇，开放高地全力打造

全面融入长三角。深入落实长三角高质量一体化发展国家战略，加快建设长三角世界级城市群副中心，扎实推进基础设施共建、科创协同共进、产业协作共兴、生态环境共治、公共服务共享。商合杭高铁开通运营，合肥、上海张江综合性国家科学中心“两心”共创，与长三角城市共建集成电路、生物医药、新能源汽车、人工智能4个产业链联盟，G60科创走廊8个产业合作园区挂牌运行。推进高水平开放。加快建设自贸试验区、服务贸易试点市、跨境电商综合试验区、进口贸易示范区等四个国家级开放平台。2023年，全市进出口总额3588亿元，占全省44.6%；经济外向度28.3%，高于全省11.2个百分点；新增外资企业205家，创历史新高。大通道大通关建设。构建公铁水空多式联运体系，江淮运河全线贯通，合肥中欧班列2023年发运868列、净增100列，累计发运量全国城市前10。

（五）以绿色发展绘就城市底色，生态环境更加宜居

坚持两山理念。全力打造巢湖“最好的名片”，巢湖水质稳定保持Ⅳ类及以上，出湖入江水质稳定保持Ⅱ类，对长江干流的环境效益为正贡献。投入60亿元全面建成100平方公里环湖十大湿地，入选“国际湿地城市”，十八联圩湿地修复三期工程入选“联合国生态系统恢复十年”行动案例。助推低碳增效。加强能源资源节约和环境保护，追求生产发展、生活富裕，努力实现人与自然和谐相处的目标。“十三五”以来，以年均4.1%的能源消费增速、支撑了年均7.1%的GDP增长，以占全省约1/6的能耗、贡献了全省1/4以上的GDP。2023年，单位GDP能耗0.24吨标准煤/万元，相当于全国的1/2、全省的2/3；单位GDP用水量22.4立方米，同比下降20%。打好污染防治攻坚战。空气优良天数比例连续两年达到86%，空气质量连续三年达到国家二级标准。河流国考断面连续四年全部达标，水质优良率达到90%，“派河行动”经验入选全国河湖长制典型案例。

（六）以共享理念共建城市，幸福民生书写答卷

教育事业均衡发展。幼儿园公办率、普惠率分别达60.3%和92%，优质教育集团城区覆盖面达七成，义务教育课后服务、幼儿园延时服务实现全覆盖，普通高中“双新”示范区建设成为全国典型，教育数字化做法全国推广。截至2023年底，拥有中国科技大学等各类高等院校58所，在校学生94.52万人；每10万人口中拥有大学文化程度的人数2.7万，是全国的1.8倍。医疗资源加速汇聚。深入实施“名医名科名院”工程，80%社区卫生服务中心建成紧密型医联体，年末全市医疗卫生机构4013个，其中医院230家，每千人拥有执业（助理）医师3.66人、注册护士4.84人。民生支出较快增长。坚持以人民为中心，推动高质量发展与高品质生活有机结合。2023年，全市民生支出1219.4亿元，占一般公共预算支出86.4%，同比提高1.9个百分点；城乡居民基本养老保险人均每月超过238元，全年发放城乡低保金10.2亿元。城乡收入差距缩小，近10年城镇居民收入增长1.2倍、农村居民收入增长2.2倍，城乡收入差距由2.8倍缩小为1.91倍。

三、城市高质量发展仍需关注

（一）城市影响力仍需扩大

2023年，合肥GDP在全国城市排名第20位，较上年前进1位。作为区域经济中心，经济总量占全省比重达26.9%，集聚了省内16.1%的常住人口，城市高质量发展各方面基础条件良好。但大而不强的问题依然存在，与中部省会城市相比，GDP总量分别低于武汉7337.9亿元、长沙1658.2亿元、郑州944亿元，省会首位度低于武汉、长沙8.9和1.7个百分点；在长三角城市群中，

GDP 总量居长三角万亿九市第 7 位，经济实力、产业规模需进一步壮大。

（二）圈层聚合力仍需加强

合肥都市圈是长三角城市群向中西部延伸的重要枢纽和门户，经过近年的快速发展已成为安徽发展的核心增长极，地域面积、经济总量、人口规模等方面在省内有绝对优势，发展方向和质量将在很大程度上决定区域高质量发展的成色。当前合肥都市圈内各城市发展能级尚不均衡，产业转型、创新发展不同步，同质化竞争问题依然存在，在资金投放、消费能力等方面也参差不齐，都市圈之间互利共赢的局面还没有完全打开，协调合作机制待进一步完善，以推动都市圈高质量发展聚力融合成势。

（三）城乡服务均等化水平仍需提升

合肥下辖 81 个乡镇、拥有 142.4 万乡村常住人口，城乡二元结构还没有根本改变，城乡综合承载力和统筹发展水平待提高。城乡一体化发展依然存在难点，如要素流动不顺畅，乡村自我发展能力不完善，农村消费市场扩容提质升级、农村要素市场化配置等存在短板。从公共事业与服务看，切实提高县域医疗卫生共同体、城乡义务教育一体化建设，努力实现县域内基本公共服务均等化仍需发力。

四、城市高质量发展建议

（一）加快提升城市综合实力和竞争力

对标先发城市，进一步提升城市能级。激发“合肥创造”活力，高水平建设综合性国家科学中心，服务保障好国家实验室，加快大科学装置集群建设，高标准建设滨湖科学城，打造科技大市场和人才集聚强磁场，加快成为具有国际影响力的科创名城。塑造“合肥制造”优势，坚持以“亩均论英雄”为导向，大力实施战新产业集聚、现代服务业提速提质、数字赋能、开发区升级等行动，打造具有国际影响力的产业地标，加快成为新兴产业集聚的产业名城。提升“合肥服务”品质，强化现代金融服务创新能力，做大做强创投基金、产业基金、专项基金等，打造区域金融中心，实施标识性消费场景塑造行动，推进重点专业市场、商业综合体、商业街区转型升级，建设国际消费中心城市。

（二）加快推进都市圈一体化发展水平

合肥都市圈的优势在于区位、交通、科技等方面，要结合优势禀赋、提高政策协同、强化要素流动、促进一体发展，以建设城市的标准打造都市圈，打造具有全国重要影响力的都市圈。加强产业链协同发展，有效整合圈内产业资源和创新要素，建立健全产业发展规划和政策体系，利用溢出效应，形成上中下游合作的产业链条和产业体系，实现产业强链补链延链，带动圈内城市高质量错位互补发展。加快企业融通发展，明确区域制造业分工定位，促进上下游企业合作，推动分工和资源共享，提升产业集聚力，带动新兴产业从点向面扩展、进而形成集群优势。打造发展“软硬环境”，促进都市圈内部公共政策的互联互通，推进城市、产业、企业和人才的全面开放，最大限度地让人才、资金、技术等资源要素得到充分流动，优化交通运输体系，协同打造多式联运集疏系统，共建进出口商品集散中心，高标准建设好完善的基础设施。

（三）加快提升城乡公共建设和服务水平

加快城市更新行动，打造宜居、韧性、智慧城市，建设“和谐宜居生活城市”，围绕居民居住需求、生活质量推动公共服务提质升级，努力实现“城市让人民生活更美好”的愿景。注重空间科学规划，进一步加大规划、用地、资金等扶持力度，全面提高县域内要素协同配置效率，统筹县域农田保护、生态涵养、城镇建设、村落分布等空间布局，推动形成田园乡村与现代城镇各具特色、交相辉映的城乡融合发展形态，推动公共服务在城乡间自由流动，实现公共服务供给水平和便利程度高效发展。

（执笔人：晏飞 谷瑾琼）

芜湖市高质量发展监测报告

芜湖是拥江发展的安徽省域副中心城市、经济第二大市，国家长江三角洲城市群发展规划的大城市，合肥都市圈、南京都市圈、G60科创走廊的重要成员，市域面积6009.0平方公里，下辖镜湖区、鸠江区、弋江区、湾沚区、繁昌区5个区和南陵县，代管县级无为市，设有2个国家级开发区、1个自由贸易试验片区、1个国家级综合保税区、7个省级开发区。近年来，全市上下坚持以习近平新时代中国特色社会主义思想为指导，推动思想大解放、环境大优化、能力大提升、作风大转变、任务大落实，坚持以经济发展为中心，以群众福祉为初心，在探索中发展，在发展中创新，城市综合实力显著提高，高质量发展稳步推进。

一、城市规模与定位

2023年，安徽省政府办公厅出台《关于支持芜湖市加快建设省域副中心城市的若干意见》，支持芜湖真正成为安徽经济增长第二极和省域副中心城市。明确了芜湖发展的五个定位，即全国重要的先进制造业基地，全国创新创业引领发展的新高地，联通长三角和中部地区的开放枢纽，长江经济带绿色低碳发展的先行区，长三角具有重要影响力的现代化大城市。根据发展目标，到2027年，省域副中心城市建设将取得重大进展，综合实力进一步增强，GDP力争达到8000亿元，占沿江五市GDP比重提高到40%以上。到2035年，现代化省域副中心城市基本建成，综合实力进一步增强，GDP较2020年增加两倍。

2023年末，芜湖常住人口375.6万人，比上年末增加2.5万人；常住人口城镇化率为74.5%，提高0.9个百分点。

二、城市高质量发展成效

（一）发展质量不断提高，综合实力不断提升

面对“十四五”规划的关键时期，芜湖坚持以科技创新引领现代化产业体系建设，大力推进新型工业化，激发有潜能的消费，扩大有效益的投资，深化重点领域改革，增强发展信心；扩大高水平对外开放，发挥综合交通枢纽作用，突出推动城乡融合、区域协调发展，借力长三角一体化高质量发展，借势建设人民城市，坚持人、产、城互促共进提升城市核心竞争力，推动全市实现全面高质量发展。2023 年，全市 GDP 达到 4741 亿元、占全省比重超过 10%、达到 10.1%，在全国地级市位次达到 57 位，比 2018 年提高 7 位。人均 GDP126648 元，比上年增加 5369 元。社会消费品零售总额突破 2000 亿元，金融存贷款双双突破 6000 亿，一般公共预算收入突破 600 亿元。

（二）首位产业引领发展，“双招双引”更加聚焦

坚持“工业强市”战略，充分发挥芜湖汽车产业优势，首位产业首位推进，强化产业链、创新链、资金链、人才链一体布局，全力打造一流的创新、智造、服务、人才、文化、资本和开放的汽车全产业生态，加快建设“一区四地”。2023 年芜湖集聚“整车——零部件——后市场”规模以上企业 814 家、整车企业 10 家，汽车产业营收突破 3000 亿元，增长 36%，增加值占工业增加值比重达 27%、提高 4.5 个百分点。战略性新兴产业产值增长 16.7%，占规上工业比重提高 4.7 个百分点。持续实施规上企业三年递增行动，新增规上工业企业 318 家，居全省第二。围绕十大新兴产业 25 个优势细分领域，精准开展“敲门行动”，举办“投资芜湖行”系列活动，新签约亿元以上项目 713 个，滨江文旅产业新区、中国联通长三角（芜湖）算力中心等一批重点项目签约落地；一体推进招商引资项目开工、建设、投产，新开工亿元以上项目 332 个，天宸能科、比亚迪新能源汽车零部件等优势产业链项目开工建设，天马微电子等重点项目建成投产。

（三）创新能力持续提升，“产业 + 科创”迈出新步伐

以“供与需”的实践，走出创新型城市的芜湖之路。芜湖作为全国创新驱动示范市，早已将创新融入城市基因，坚持以产业需求为导向，深化“产业 + 科创”融合发展，形成了城市“土壤”与创新“果实”良性循环与共生迭代的关系。研发投入不断加大，全市社会研发投入占 GDP 比重提高至 4.28%，成功入选全国创新驱动示范市，城市创新能力跃居全国第 26 位。建成芜湖科技大市场，2023 年全市企业技术合同成交额首次破千亿。新引进高层次科技人才团队 95 个，国家高新技术企业、科技型中小企业分别突破 2000 家和 3000 家。新增国家级专精特新“小巨人”企业 27 家，占

全省 21%。推动规上企业研发“双清零”，270 家规上工业企业实现“零”突破。年末全市拥有省级及以上工程技术研究中心 40 个，省级及以上重点（工程）实验室 26 个，院士工作站 10 个。拥有高新技术企业 2006 家，其中当年新认定 438 家；拥有省级高新技术产品 1471 个，其中当年新认定 310 个。获批高水平新型研发机构、产业创新研究院数量分别占全省 36% 和 22%。“芜湖造”通用航空发动机填补国内自主研发空白。成功举办长三角（芜湖）人工智能视觉算法大赛。长三角（芜湖）智算中心建成投用。

（四）生态本底不断夯实，环境质量持续改善

坚持把生态文明建设放在突出位置，持续改善生态环境质量，经济高质量发展和生态环境高水平保护协同推进。2023 年全市重点实施“碳达峰十二大行动”，加快构建废旧物资循环利用体系，新增可再生能源发电装机容量达 50 万千瓦。加快虚拟电厂建设，开展二期试点，接入负荷资源 80 万千瓦。海螺新型二氧化碳储能电站列入国家新型储能试点示范项目。2023 年全市 $PM_{2.5}$ 平均浓度达到国家二级标准，空气质量优良天数比率上升 3 个百分点。国省控水质考核断面优良率 100%，居全省前列。10 个县级及以上集中式饮用水水源地水质全部达到或优于Ⅲ类。全市固废（危废）和辐射环境安全形势总体稳定，未发生重大环境安全事件。升级改造智慧长江综合管理平台，船舶污染物接收量位居全省前列。长江天门山段凤鸣湖流域生态治理项目入选国家级 EOD 项目库。

（五）开放势能持续释放，融入长三角取得务实成果

全力推进芜湖市与上海核心发展区域的深度链接，抢抓海外市场，优化外贸结构，进一步提高开放水平。2023 年，沪苏浙在芜投资亿元以上项目 416 个，实际到位资金占省外投资总量近 57%；吸纳沪苏浙高校院所技术合同成交额近 1.7 亿元，增长 1.5 倍。推动数据中心集群与长三角生态绿色一体化发展示范区联动发展。成功举办低空经济发展大会、长三角（芜湖）人工智能视觉算法大赛、氢能产业合作发展大会。发起成立长三角快递物流智能装备产业联盟、长江城市氢能产业协同发展联盟。协同共建科创飞地等 2 项创新案例入选全省扎实推进长三角一体化发展“十佳”。实施“徽动全球·出海芜优”行动，2023 年，全市进出口总额 1274.8 亿元、比上年增长 40.6%，其中，出口总额 1034.7 亿元、增长 63.7%，增速均居全省第一。实际利用外资 18.4 亿元，比上年增长 18.1%。实际利用省外资金 1681.9 亿元，增长 7.8%。芜湖港集装箱吞吐量达 140 万标箱，占全省比重近六成。开通全省首条集装箱万吨级外贸直航近洋航线。芜湖自贸片区上线运行“一站式审批平台”，实施“首席审批师”改革，办事时效优化提升 84%。保税跨境贸易电商业务交易量和交易额均增长 100%。

（六）人民城市加快建设，发展成果惠及全体

树牢城市发展的先进理念。在价值取向上，芜湖把“人民城市人民建，人民城市为人民”作为城市建设的核心理念和价值基准，坚持共建共治共享，让群众唱主角、当裁判。全市财政支出中有80%以上用于民生。其中社会保障和就业支出89.2亿元、增长20.6%，教育支出95.7亿元、增长7.6%，住房保障支出 20.3 亿元，增长 13.8%。新建、改扩建公办幼儿园 11 所、中小学 10 所，义务教育优质资源覆盖率达 75%。新增托位数 7100 余个，千人口托位数居全省首位。年末全市拥有各类卫生机构 1813 个，其中，医院 86 所，基层医疗卫生机构 970 所（不含村卫生室），专业公共卫生机构 34 所。卫生机构拥有床位 27345 张，其中医院 23189 张。卫生技术人员 30127 人，其中执业（助理）医生 12061 人，注册护士 14301 人。城市公共服务质量位居全国 120 个监测城市第 19 位。年末全市参加城镇职工基本养老保险人数为 155.0 万人。城乡居民基本养老保险参加人数为 154.4 万人。失业保险参加人数为 64.9 万人。参加基本医疗保险人数为 367.9 万人，工伤保险参加人数为 82.2 万人，2.8 万人享受城市居民最低生活保障，6.2 万人享受农村居民最低生活保障，农村特困供养对象 1.3 万人。全市居民人均可支配收入 46022 元，比上年增长 6.7%。其中城镇常住居民人均可支配收入 54189 元、增长 5.3%，农村常住居民人均可支配收入 31517 元、增长 7.9%。

三、城市高质量发展存在问题

（一）城市能级仍需扩大

2023 年，同中部六省副中心城市相比，芜湖 GDP 总量仅超过大同和九江，同洛阳、襄阳、岳阳相比仍有不小差距。在长三角 40 个地级市中，芜湖 GDP 总量仅居第 20 位，前位城市总量均已超过 5 千亿元。面对毗邻的上海、南京、合肥等大城市，集聚效应的逐步增强，芜湖城市的承载力、吸引力和辐射力亟待加强。

（二）新旧动能接续转换的深度和潜力不足

受市场需求疲软、产业能级较低、生产要素成本较高等多重因素影响，投资动能减弱，消费恢复不快。2023 年，投资、社消零增长均不及预期。且从芜湖长期发展来看，全市整体产业结构偏重、能源结构偏煤、综合效率偏低，制造业中水泥、玻璃、钢铁、化工等高耗能行业占全市规模以上工业比重较高，能耗压力较大。第三产业发展不充分，体量规模还不够大，三产增加值较合肥、杭州等先发地区，差距较大。要素资源保障仍存在短板，能源、土地、数据等要素供给相对匮乏。

（三）城市高品质专业化服务业发展短板仍突出

与人民群众多样化的需求和期待相比，教育、医疗、养老、托育等优质公共服务供给仍存在不充分、不均衡等问题。中心城区中小学规划建设滞后，大型体育场馆、高品质旅游景区供给等仍显不足。每千人口执业（助理）医师数、每千人口注册护士数等与合肥相比有不小差距。特色文化标识还不鲜明，基层治理平台的网格化管理、精细化服务和信息化支撑水平有待提升。

四、城市高质量发展对策建议

（一）提升产业核心竞争力，激发经济增长新动能

推进首位产业迈向世界级。以“建设具有国际竞争力的新能源汽车产业集群”为目标，加快强主体、延链条、建生态，巩固提升首位产业优势地位。推动传统产业高端化、智能化、绿色化发展。加快推进空调压缩机、智能电气等项目建设，打造千亿级智能家电产业集群。培育壮大新兴产业。聚焦十大新兴产业 25 个优势细分领域，在节能环保、高端装备、新能源汽车等领域争创国家级战略性新兴产业集群。加快布局未来产业，大力推进新型工业化。

（二）围绕产业链部署创新链，提升“芜湖科创”品牌

塑造“芜湖科创”品牌，建立产业需求导向的创新路径，优化科技创新政策和管理服务体系，以制度创新促进技术创新、产业创新。强化企业主体地位，支持企业加大研发投入、建设研发机构，推动高校围绕优势产业设专业、围绕专业建平台、围绕平台搞科创，推动更多科研要素和创新资源向创新主体集聚。提升创新平台能级，围绕产业链布局建设创新园，引育汇聚增量创新资源，打造创新活力迸发、创业生态优越、科产城融合的创新生态。加快引育创新型企业，实施高新技术企业、科技型中小企业“双倍增”行动，聚焦优势产业培育，加速新技术、新产品、新模式示范应用、迭代升级、产业孵化。做优人才服务，迭代升级“紫云英人才计划”，加大高层次人才引育力度，打造青年发展型城市，推动人才服务数字化转型，建立多元化创业融资机制，持续打造“创业芜优”之城。

（三）坚持以人为本，着力保障和改善民生

完善财政转移支付制度，推动财力下沉，兜实兜牢基层“三保”底线。推动教育事业健康发展。进一步提高普惠性幼儿园覆盖率和优质教育资源覆盖率，推动职业教育提质培优。实施“鸠兹英才”培育工程，打造优质高等教育资源聚集区。提升健康芜湖建设水平。推动公立医院改革和高质量发展，实施公立医院服务质量提升年行动。全面开展“优质服务基层行”，加强社区医院建设，提升

基层医疗卫生服务水平。完善和落实积极生育支持政策，发展多种形式的普惠托育服务。织密扎牢社会保障网。实施稳就业提质扩量服务“家门口”三年就业行动。创建新一轮全国双拥模范城。健全多层次医保体系，深化按病种分值付费改革。构建居家社区机构相协调、医养康养相结合的养老服务体系。

（执笔人：王寅 张佩 后世慧）

福州市高质量发展监测报告

福州简称“榕”，是福建省省会，拥有7000多年的历史文化积淀和2200多年的建城历史，位于福建省东部、闽江下游，现辖鼓楼、台江、仓山、晋安、马尾、长乐、福清、闽侯、连江、闽清、罗源、永泰、平潭6区1市6县，陆域面积1.2万平方公里。福州先后荣获中国优秀旅游城市、国家卫生城市、国家园林城市、国家环保模范城市、全国绿化模范城市、中国温泉之都、全国文明城市、国家森林城市、中国十大“大美之城”等称号，是全国唯一荣获首届全球可持续发展城市奖的城市，是一座历史悠久、人文荟萃、开放包容的文化名城。

一、城市规模和发展格局

（一）城市规模现状

党的十八大以来，福州全方位推进高质量发展，形成了纺织化纤、冶金建材等6个千亿产业集群，建成16条重点产业链，拥有两岸融合发展示范区、海丝核心区、福州都市圈、福州新区、自贸试验区、自主创新示范区、海洋经济发展示范区、中印尼“两国双园”等“多区叠加”的政策资源。2023年，福州年末常住人口846.9万人，同比增加2.1万人，其中，市辖区常住人口419.1万人，占全市总人口比重为49.5%，全市城镇化率达73.9%。

（二）城市发展格局

福州地处长三角、粤港澳之间，面向台湾省，与东南亚联系紧密，是中国首批14个沿海开放港口的城市之一，形成了海陆空三位一体、多层次、多功能的交通网络体系。“城在山水中，山水在城内”是福州地理的突出特色，“三山两塔一条江”构成了福州古城独特的城市格局。近年来，福州坚持“3820”战略工程思想精髓，引领带动福州都市圈高质量发展，奋力谱写城市高质量发展新篇章。

二、城市高质量发展成效

福州坚持以习近平新时代中国特色社会主义思想为指导，全面贯彻党的二十大和二十届三中全会精神，深入实施“深学争优、敢为争先、实干争效”推动“党建领航、经济领跑、民生领先”行动，加快建设现代化国际城市，2023 年，福州城市高质量发展指数为 83.7，较上年提高 0.6，分别比全国、全省平均值高 8.3、4.2，城市发展质量稳步提升。

（一）综合质效

2023 年，福州综合质效指数为 83.5，比上年提高 1.3，分别比全国、全省平均值高 9.6、4.0。

经济综合实力持续提升。全年实现 GDP 总量 12928.5 亿元，比上年增长 5.2%，市辖区 GDP 为 7760.8 亿元，占全市 GDP 比重达 60.0%，增速为 4.5%，比上年提高了 0.7 个百分点。全市人均 GDP 为 152846 元，市辖区人均 GDP 为 185531 元，高于全市平均水平 32685 元。

财政收入平稳增长。2023 年，全市一般公共预算总收入 1189.8 亿元，比上年增长 12.3%，其中地方一般公共预算收入 754.1 亿元，比上年增长 8.0%。市辖区一般公共预算收入 420.5 亿元，比上年增长 10.1%，占全市的比重为 55.7%。

（二）创新发展

2023 年，福州创新发展指数为 83.1，居全省第一。比上年提高 0.6，分别比全国、全省平均水平高 9.2、6.0。

科技成果加快转化，新增国家级科技企业孵化器 1 家、省级众创空间孵化器 14 家。新增省级以上“专精特新”企业 177 家、中小企业特色产业集群 5 个。现有高新技术企业 4509 家，省级科技小巨人企业 749 家，均位居全省第一，其中市辖区高新技术企业共 2543 家。全市专利授权 23545 件，发明专利授权 5379 件。截至 2023 年末，有效发明专利 2.94 万件，同比增长 18.6%。每万人口发明专利拥有量 36.4 件。全年共登记各类技术合同 9239 项，成交金额 105.1 亿元。

创新动能有力释放。2023 年，国家自主创新示范区福州片区推出改革创新举措 67 项，科创走廊超额完成建设目标。拥有国家重点实验室 3 个、省创新实验室 2 个、省级重点实验室 134 个、国家级工程技术研究中心 4 个、省级工程技术研究中心 136 个、省级新型研发机构 77 家。“好年华 聚福州”人才工作品牌持续打响，福州国际人才港加快建设，入选国家重大人才计划专家 11 人，引进培养高层次人才 3650 人、高技能人才 1.6 万人，吸引来榕留榕就业创业应届高校毕业生 7.5 万人，连续 3 年获评中国年度最佳引才城市。

（三）协调发展

2023年，福州协调发展指数为87.5，比上年提高0.8，分别比全国、全省平均水平高6.8、4.4。

服务业发展动能活跃。2023年，福州开展街头艺术演出1200场，开通内河游航线9条，投用海丝国际旅游中心，全年接待境内外游客（含一日游）11262.6万人次，同比增长43.3%。其中，接待境外游客26.7万人次，增长284.3%；国内游客11236.0万人次，同比增长43.0%。旅游总收入983.9亿元，同比增长65.0%，旅游外汇收入3.4亿美元，同比增长707.1%。举办第六届数字中国建设峰会、第三届数博会，数字经济规模突破7000亿元，入选全国首批中小企业数字化转型试点城市。

消费市场保持较强韧性。2023年，福州开展“惠聚榕城”促消费活动超2740场，获评全国夜间经济新锐十城、国际（闽菜）美食之都。社会消费品零售总额4963.8亿元，同比增长6.1%，其中市辖区社会消费品零售总额3828.8亿元，同比增长6.6%，城镇消费品零售额2383.1亿元，增长3.9%。全年限额以上通过公共网络实现的商品销售额达14201.3亿元，其中市辖区占比75.5%。

三次产业结构优化调整。2023年，全市第一产业增加值721.6亿元，同比增长4.0%，第二产业增加值4675.1亿元，同比增长4.8%，第三产业增加值7531.8亿元，同比增长5.5%，三次产业比例为5.6:36.1:58.3，其中市辖区第一产业增加值107.4亿元，第二产业增加值2242.8亿元，第三产业5410.6亿元，市辖区第三产业比重高达69.7%。

（四）绿色发展

2023年，福州绿色发展指数为93.0，比上年提高0.2，分别比全国、全省平均水平高8.7、0.4。

生态环境质量保持优良。改造提升福道134.4公里，新改建口袋公园65个、郊野公园3.5平方公里。年末公园数100座，公园绿地面积5577.3公顷，人均公园绿地面积14.9平方米，城区实体地域绿化覆盖率达44.2%。建成安全生态水系25公里，水环境质量达到历史最好水平，闽江（福州段）干流优良水质比例、敖江（福州段）干流优良水质比例、龙江流域优良水质比例、5个市级饮用水水源地水质达标率、县（市）级以上饮用水水源地水质达标率均为100%。全市细颗粒物（$PM_{2.5}$）年平均浓度为19微克/立方米，城区环境空气达标天数358天，城区环境空气达标率98.1%，空气质量排名全国重点城市第4位、历史最佳。全市污水处理率96.5%，城镇、农村生活垃圾无害化处理率均为100.0%。

（五）开放发展

2023年，福州开放发展指数为84.0，分别比全国、全省平均水平高11.3、5.0。

改革开放蹄疾步稳。2023年，全市实际使用外资9.2亿美元，合同外资额83.2亿美元。新设外资企业数585家。长乐国际机场综合保税区获批，新开空白航点航线11条，中欧等国际班列开行17列，民航运输机场货邮吞吐量达9.3万吨，旅客吞吐量为1320.5万人次。获批港口型国家物流枢纽，福州港货物吞吐量位居全省第一。举办第三届中国跨境电商交易会，跨境电商交易规模突破850亿元。

对外交流更加深入。2023年，中印尼经贸创新发展示范园区获国务院批复，中印尼“两国双园”项目入选第三届“一带一路”国际合作高峰论坛务实合作项目清单。赴境外举办经贸合作推介会8场，签约项目45个。与塞浦路斯尼科西亚市缔结友好城市关系，与阿根廷马德林港市、尼日利亚埃多州建立友好交流关系。新批境外投资项目76项，新批境外协议投资总额22.3亿美元。

（六）共享发展

2023年，福州共享发展指数为75.7，比上年提高0.7，分别比全国、全省平均水平高5.1、5.0。

居民收入稳定增长。2023年，全市居民人均可支配收入48861元，同比增长5.3%，城镇居民人均可支配收入58009元，农村居民人均可支配收入28636元，城乡人均可支配收入比为2.03。

社会保障不断健全。2023年，全市城镇新增就业14万人，失业保险参保人数159.1万人，其中市辖区128万人。城镇职工基本养老保险参保人数为317.1万人，城乡居民基本养老保险参保人数233.5万人。年末基本医疗保险参保人数684.6万人，年末工伤保险参保人数196.8万人。新增保障性租赁住房2.4万套。各级财政用于民生的支出为814.5亿元，占一般公共预算支出的八成。

医疗服务更加完善。2023年，全市共有医疗卫生机构5205个，其中市辖区2470个；三甲医院数15个，市辖区占14个。全市卫生机构床位47592张，市辖区32519张。年末卫生技术人员78752人，其中，执业医生、执业（助理）医师29835人，市辖区占比73.8%。

教育强市建设加快推进。2023年，全市教育支出在地区财政支出中比重为21.2%，比上年提高0.7个百分点；市辖区教育支出在地区财政支出中比重为22.0%，比上年提高1.1个百分点。全市省级达标中学共78所，新增义务教育学位9000个，公办幼儿园学位1.2万个。

三、城市高质量发展中存在的问题

（一）有效需求不足

2023 年，全市社会消费品零售总额增长 6.1%，固定资产投资增长 3.2%，市辖区固定资产投资下降 4.2%，出口总额仅增长 0.2%，需求总体增长较为乏力。一是民间投资下降拉低投资增速，受民间房地产开发投资下降影响，全市（不含平潭）民间投资下降 18.4%，市辖区民间投资下降 31.9%；二是外需持续走弱，订单需求不足对出口影响较大，国际市场需求下降、订单减少，同时贸易壁垒增高，经贸不稳加剧，出口对经济增长贡献率有所回落。

（二）民营经济带动作用弱

2023 年，福州民营经济增势不如往年，增加值增速从 2021 年高于全市 GDP 增速 1.3 个百分点回落到 2022 年低于 GDP 增速 1.0 个百分点，2023 年低于 GDP 增速 0.3 个百分点，差距虽有所缩窄，但仍不及 GDP 发展速度。2023 年民营经济增加值占比较 2021 年低 1.8 个百分点，较 2022 年低 0.7 个百分点，民营经济占比有所回落。

（三）科技创新引领作用还不够

一是产业链关键共性技术研究存在明显短板制约，高水平的科技创新平台不多，国家级企业技术中心数量偏少，科技成果转化率偏低，产业链集中在“微笑曲线”的中间环节，高技术产业占比仍然偏低，市辖区高技术产业投资同比增速仅 3.4%，高技术制造业营业收入同比下降 3.0%。二是数字化转型动力不足。部分企业尚未充分认识数字化的重要性，不少企业存在“不想转、不会转、不敢转”问题。数字化服务能力偏弱，工业互联网发展创新服务有待提高。

四、推动城市高质量发展的意见建议

（一）多方位拉动市场需求

挖掘内需潜能。持续争创国际消费中心城市，开展 2024 消费促进年、“惠聚榕城”系列活动，发展数字消费、绿色消费、健康消费，培育智能家居、文娱旅游、体育赛事、闽菜福品等新消费增长点。聚焦打造“文化中轴”“诗画闽江”“魅力海滨”文旅轴线，推进鼓山、船政创建国家 5A 级旅游景区，加快长乐海滨、连江环马祖澳创建国家级旅游度假区。充分发挥海滨、山水、古厝、温泉和生态的独特优势，打响“有福之州”品牌。

拓宽外部市场。支持企业开拓“一带一路”等新兴市场，做强“福品销全球”等平台，加快发展市场采购、海外仓等外贸新业态。建设对台跨境电商集散枢纽，打造侨商集采中心，推动侨商在榕设立总部。加快中印尼“两国双园”建设，推动设立中印尼合资银行。

（二）支持民营经济高质量发展

落实新时代民营经济强省战略。全面落实公平竞争政策，实施政府和社会资本合作新机制，建立标准化、规范化的民营企业综合监测评价体系，支持社会资本参与新型基础设施等领域建设和重点项目投资。支持民营企业深度融入全国统一大市场，加强跨省、市产业对接合作。引导民营企业抢抓 RCEP 全面生效机遇，积极开拓多元化市场。

打造一流营商环境。完善产权保护、市场准入、公平竞争、社会信用等制度，争创全国营商环境标杆城市。打造“榕 e 办”政务服务品牌，优化“e 福州”、12345 等市民服务平台，打造标杆型便民服务中心。深化国家知识产权强市示范城市、国家知识产权保护示范区建设。

（三）加快推进科技创新

推进传统产业升级。深化“工业提振”三年专项行动，推动工业经济高质量发展。实施产业链重点项目，遴选培育制造业产业链链主企业 30 家。实施“榕升计划”攻坚行动，鼓励引导传统产业“智转数改”。创建绿色工厂、绿色园区，深化质量强市建设，力争新增多家省政府质量奖企业。

做大做强数字经济。积极融入国家数字经济创新发展试验区建设，力争数字经济规模不断壮大。拓展数字贸易，推动数字人民币交易量实现突破。在海洋、金融、医疗、交通等领域探索数据创新场景与试点应用，发展数据要素市场，开展中小企业数字化转型城市试点。

增强科技创新能力。发挥国家自主创新示范区福州片区优势，推进福州高新区、福州软件园、一流大学城、东南（福建）科学城、科创走廊建设。加快科创中国试点城市建设，做大做强闽都创新实验室等平台，支持海洋科创高地建设。健全完善科技重大专项“揭榜挂帅”攻关机制，力争国家级高新技术、省级以上专精特新企业、创新型中小企业不断增加。

（执笔人：王迪）

厦门市高质量发展监测报告

厦门别称鹭岛，位于福建省东南、九龙江入海口，辖思明、湖里、集美、海沧、同安、翔安6个区，有37个街道、8个镇，404个社区、147个村。厦门是习近平新时代中国特色社会主义思想的重要孕育地和先行实践地，是一座“高素质的创新创业之城”“高颜值的生态花园之城”和“经济蓬勃发展、人民安居乐业、对外交流密切的现代化、国际化城市”。自首届开始蝉联六届全国文明城市、九届全国双拥模范城，获得联合国人居奖、国际花园城市、平安中国建设示范市、全国法治政府建设示范市等称号。

一、城市高质量发展基本情况

（一）城市发展规模概况

厦门陆域面积1699平方公里，海域面积333平方公里。2023年，厦门市年末户籍人口302.1万人，常住人口532.7万人，城镇化率90.8%。厦门是我国改革开放后最早设立的四个经济特区之一，实行计划单列，确定为副省级城市，授予经济特区立法权。福建自贸试验区厦门片区于2015年4月21日正式挂牌运作，包括两岸贸易中心核心区和厦门国际航运中心海沧港区两大功能园区，面积43.8平方公里。

（二）城市建设水平稳步提升

厦门深入贯彻“提升本岛、跨岛发展”战略，高起点组团式推动岛外新城建设。城市运行更具韧性，厦门新机场飞行区、航站区等项目加快建设，翔安大桥通车，福厦高铁开通运营，轨道交通3号线南延段和4号线、6号线建设有序推进，2号线二期工程等3个项目获鲁班奖。城市治理更加智慧，高水平建设城市大脑，累计建成5G基站1.47万个，率先开展智慧港口、公交、医疗等5G场景应用，是全国第三个公共交通“一码多乘”城市。

二、城市高质量发展主要成就

厦门加快打造新发展格局节点城市，增创高质量发展新优势。2023 年，厦门城市高质量发展指数为 84.6，比上年提高 0.4，居全省首位。其中，创新发展、协调发展和共享发展指数较上年有所提高。

（一）综合发展：经济实力稳步增强，发展质效明显提升

厦门市委、市政府出台经济稳增长一揽子政策，助力经济回升向好，推动经济实现质的有效提升和量的合理增长。2023 年，厦门综合质效指数 83.2，分别比全国、全省均值高 9.3、3.7。一是经济整体回升向好。全市 GDP 总量 8066.5 亿元，增长 3.1%。一般公共预算收入 932.1 亿元，占财政总收入的 59.1%。二是发展质效逐步提升。厦门以占全省 1.4% 的土地面积，创造出全省 14.8% 的 GDP、26.7% 的财政收入和 48.0% 的外贸进出口。人均 GDP 达 15.17 万元，增长 2.6%。人均地方一般公共预算收入 1.75 万元，增长 5.1%，呈现较好增长态势，政府财政可支配能力的增强使社会民生得到更有效保障。

（二）创新发展：科技创新迸发活力，高等教育提质升级

厦门坚持聚焦关键领域，以培育新质生产力为主线，促进创新链、产业链、人才链协同发力。2023 年，厦门创新发展指数为 83.0，比上年提高 0.7，分别比全国、全省均值高 9.1、5.8。一是创新能力不断提升。2022 年，R&D 经费支出 250.7 亿元，与 GDP 之比达 3.2%。截至 2023 年底，全市拥有高新技术企业 4220 家，技术先进型服务企业 62 家，国家级专精特新“小巨人”企业 22 家，省级科技小巨人企业 655 家，市级科技企业孵化器 54 家，中国制造“隐形冠军”企业 21 家。厦门科学城建设加快，火炬高新区争先进位，省级海洋高新区获批设立，厦门生物医药港提质增效，四大科创“引擎”驱动厦门高质量发展。二是科技创新活力增强。技术合同成交额占 GDP 的 2.2%，比上年提高 0.5 个百分点。国内专利授权量 31454 件，其中发明专利授权量 5375 件，万人有效发明数 53.6 件，增长 19.7%，经营主体更加注重发明专利，自主创新能力增强。三是高等教育实力提升。高等教育在校生数 22.6 万人，增长 6.7%，更多人享受优质教育资源，为城市发展提供人才储备。支持高校“双一流”建设，推动厦门理工学院更名为“厦门理工大学”，推进厦门医学院建成区域一流高水平应用型医学院本科院校，推动“厦门海洋职业大学”筹建，现有高等教育结构持续优化，教育发展综合实力不断增强。

（三）协调发展：城乡融合深度推进，经济社会协调发展

厦门坚持以协调发展理念为引领，建设均衡协调的现代化城市，优化城市空间布局，实现产城融合。2023 年，厦门协调发展指数为 90.2，比上年提高 0.5，分别比全国、全省均值高 9.6、7.2。一是城乡融合扎实推进。厦门常住人口城镇化率 90.8%，比上年提高 0.6 个百分点，为全省最高，城镇吸引力和容纳能力增强。城乡居民人均可支配收入比值为 2.13，城乡居民收入相对差距缩小。深化山海协作，闽宁产业园一期初步建成，东西部协作 3 项创新做法在全国推广。二是产业结构优化升级。全市三次产业结构为 0.3∶35.6∶64.1，第三产业增加值 5170.8 亿元，增长 7.0%，占 GDP 的比重比上年提高 5.9 个百分点。全力构建“4+4+6”现代化产业体系，入选全国首批中小企业数字化转型试点城市，工业战略性新兴产业占规上工业增加值的 46.6%，新能源产值增长 32.5%；新兴服务业快速发展，互联网软件业、租赁和商务服务业营业收入分别增长 37.5% 和 24.8%，产业结构转型升级助力推动经济高质量增长。

（四）绿色发展：生态文明成绩斐然，绿色经济富有活力

厦门加大力度构建绿色低碳发展模式，加快建设美丽中国先行示范市，全域获评“国家生态文明建设示范区”，海洋生态修复与保护工作成效获习近平总书记重要批示，习近平生态文明思想“厦门实践”在全国推广。2023 年，厦门绿色发展指数为 92.0，比全国均值高 7.6。一是生态环境稳中改善。城镇建设用地面积 380.9 平方公里。拥有公园数量 202 个，占地面积 4070.6 公顷，增长 1.0%；全市建成区绿地覆盖面积 20613.9 公顷，建成区绿化覆盖率超四成，人均公园绿地面积 14.8 平方米，绿色生态建设富有成效。生态环境满意度为 91.3%，比上年提高 0.2 个百分点，满意率全省第一。空气质量综合指数在全国 168 个重点城市中排名第 7 位，比上年上升 2 位，空气质量优良天数比例为 99.7%，并列全国第一。二是经济社会绿色转型。污水集中处理率、生活垃圾无害化处理率均为 100%；全年城市声环境功能区昼间、夜间达标率分别为 100%、86.2%；万元地区 GDP 电耗为 447.2 千瓦时，保持相对稳定。创建 ABB 工业中心等 24 个低碳试点，鼓浪屿完成二星级近零碳景区创建，成为福建省首个实现近零碳排放景区的世界文化遗产地。

（五）开放发展：外贸发展稳中提质，开放水平不断提升

作为“21 世纪海上丝绸之路”战略支点城市，厦门深度融入共建“一带一路”，努力建设更高水平开放型经济新体制。2023 年，厦门开放发展指数为 93.5，分别比全国、全省平均值高 20.8、14.5。一是对外开放持续扩大。新设立外商直接投资企业数 1682 个，居全省首位，增长 47.4%；

其中，第三产业企业最多，有 1640 个，占比达到 97.5%；按行业分，企业数量排名前三的行业为批发和零售业，科学研究、技术服务和地质勘查业，租赁和商务服务业，分别占比 33.5%、25.7% 和 19.5%。启动建设中国—金砖国家新时代科创孵化园，对金砖国家进出口增长 14.4%；实施厦门自贸片区提升战略，新增全国首创经验 16 项；持续打造海上合作战略支点城市，“丝路海运”命名航线突破 110 条，开放水平整体提升。二是跨境贸易质升量稳。外贸进出口总值为 9470.4 亿元，居全省首位，增长 2.7%，高于全国、全省平均水平。人均外贸进出口总值为 17.8 万元，增长 2.3%。新能源汽车、锂电池、光伏产品“新三样”出口额增长 1.7 倍，跨境电商进出口额增长 65.0%，电子信息产业入选国家外经贸提质增效示范产业，获批首批全国内外贸一体化试点城市。三是两岸融合稳步推进。贯彻落实《中共中央 国务院关于支持福建探索海峡两岸融合发展新路建设两岸融合发展示范区的意见》，厦台交流交往恢复扩大，举办 270 多场两岸交流活动。设立全国首支数字人民币台企融资增信基金，新批台资项目数、实际使用台资分别增长 64.0% 和 408.3%。落实落细台企台胞同等待遇政策，全国首创“两岸通保”专案并给予保费补贴，厦门两岸行业标准共通服务平台正式上线。

（六）共享发展：社会治理成效显著，民生保障坚实有力

厦门坚持以人为本，扎实推进共同富裕，让市民共享文明建设成果，共建宜居宜业家园。2023 年，厦门共享发展指数为 74.9，比上年提高 2.1，分别比全国、全省均值高 4.4、4.3。一是民生保障更加有力。民生支出占财政支出的 73.5%，比上年提高 1.8 个百分点。教育支出 203.8 亿元，居全省首位，占财政支出的 18.8%，全年完成 53 个中小学幼儿园的项目建设，新增学位 6.3 万个，2 项基础教育教学成果全省首次获评国家级一等奖。万人医护人员数为 86 人，增长 6.2%，深化国家区域医疗中心试点建设，川大华西厦门医院、苏颂医院正式运营，新增医疗床位 2000 张，获批全国健康城市建设试点，医疗服务水平进一步提升。出台促进青年就业创业等措施，城镇新增就业 16.5 万人。建设保障性租赁住房 4.2 万套，推出来厦大学生“5 年 5 折租房”等政策。二是生活水平稳步提升。城镇居民人均可支配收入 7.3 万元，增长 3.4%。城镇居民人均教育文化娱乐支出为 4292 元，居全省首位，增长 9.9%。百户城镇居民家庭家用汽车拥有量为 46 辆，增长 17.9%。医疗、文化教育、交通通信类等发展型消费支出较快增长，推动厦门居民消费结构持续优化。

三、城市高质量发展存在的问题

（一）经济增长形有波动，工业生产增速放缓

2023 年，厦门经济整体呈现“稳开、回调、恢复、回升”的波动态势，GDP 增速比上年回落 1.3 个百分点。分产业看，第一产业增加值下降 4.0%，比上年回落 5.4 个百分点；第二产业增加值下降 2.8%，比上年回落 6.6 个百分点。分行业看，工业年初延续上年走势深度下滑，后逐步企稳回升，全年规模以上工业增加值与上年持平。

（二）外贸出口面临考验，利用外资下滑明显

厦门作为高度外向型城市，2023 年，经济外贸依存度高达 117.4%，在同类城市中居首位。从对外贸易看，外贸进出口总值增速比上年回落 1.3 个百分点，特别是出口表现不佳，下降 3.9%，比上年回落 12.1 个百分点。厦门出口下滑对工业经济产生了直接影响，全市工业企业出口交货值下降 6.4%，企业出口下降面达 57.2%。从利用外资看，全年合同外资下降 38.2%，实际利用外资下降 10.8%。从对外劳务与投资看，全年对外协议投资额下降 16.5%。

（三）出生人口持续减少，社会老龄化迈向深度

近年来，厦门出生人口增量和增速呈放缓趋势。厦门人口出生率 7.15‰，比上年下降 0.41 个千分点，出生人口 3.8 万人，比上年减少 0.2 万人。从年龄分布看，0 至 15 岁人口比上年下降 1.4%，占人口总数的 17.5%，回落 0.3 个百分点；60 岁及以上人口增长 10.8%，占人口总数的 11.6%，提高 0.9 个百分点；65 岁及以上人口增长 8.1%，占人口总数的 7.3%，提高 0.5 个百分点。

四、推动城市高质量发展的对策建议

（一）赋能企业内外兼修，提升工业创新动能

一是加快推进政策落地显效，切实落实好国家、省、市出台的一系列减税降费、金融支持和产业扶持政策。二是大力增强内生动力，聚焦前沿性技术创新，充分释放人才创新活力，不断优化大数据、人工智能等新型创新要素，探索科技创新赋能工业新质生产力发展新路径。三是激活出口新动能，鼓励企业“抱团”拓展海外市场，支持企业参展洽谈，对企业出境参展给予产业指导和展品运输、展台布置、人员往来等便利化服务。

（二）构建新发展格局，推动对外开放稳步前行

一是加强国际交流合作，鼓励开展跨境商务活动，对外商来华提供入境签证、子女入学、医疗等高效便捷服务，带动海外优秀科技人才及团队落户；推进外籍“高精尖缺”人才认定标准试点，

鼓励吸引更多境外专业人才就业创业。二是加大政策支持力度，结合厦门“4+4+6”现代化产业体系，积极支持多领域外资项目纳入重大和重点外资项目清单，享受税收优惠政策和金融服务；优化外资管理机制和流程，提升外资研发便利性。三是优化公平营商环境，落实外商投资准入负面清单，强化知识产权行政保护，为外商企业提供专利“一站式服务”。

（三）多措并举提升人口规模，积极应对老龄化挑战

一是多层次吸纳外来人口，强化人才引进政策支持，在税收、住房、子女教育等多方面给予人才政策倾斜，吸引更多人才来厦发展，合理规划住房建设，创新住房供给制度，提升外来务工人员留厦意愿。二是持续深入宣传生育鼓励政策，依法实施三孩生育政策，促进消除生育顾虑，切实提升民众的生育意愿。三是发展多元养老服务，利用“互联网＋养老”新模式，借助智能化管理系统建立完整、连续性的老年人长期护理服务体系。

（执笔人：苏文婷 郭利扬）

泉州市高质量发展监测报告

2023年，泉州市全面贯彻习近平新时代中国特色社会主义思想，传承弘扬、创新发展“晋江经验”，深入实施“深学争优、敢为争先、实干争效”行动，大拼经济、大抓发展，持续开展“抓项目、促发展”系列专项行动，召开全市创新、金融、文旅、教育、营商环境等大会，加快推进新型工业化和新型城镇化步伐，高质量发展迈出坚实步伐，城市发展水平稳步提高。

一、城市基本概况

泉州市地处福建省东南部，是福建省三大中心城市之一，辖鲤城、丰泽、洛江、泉港4个区，晋江、石狮、南安3个县级市，惠安、安溪、永春、德化、金门[1] 5个县和泉州经济技术开发区、泉州台商投资区。全市土地面积11295.57平方公里，2023年末常住人口888.3万人。泉州是“晋江经验”的发源地、全国18个改革开放典型地区之一、21世纪海上丝绸之路先行区、国家创新型城市、国家生态城市，拥有“泉州：宋元中国的世界海洋商贸中心”世界文化遗产。

二、城市高质量发展成效

泉州全方位推进高质量发展，经济发展提质增效，社会大局保持稳定。2023年，泉州城市高质量发展指数为81.3，比上年提高0.1，在省内仅次于厦门、福州，高于全国和全省均值。综合质效、创新发展、协调发展、绿色发展、开放发展、共享发展等六个方面均高于全国均值。其中，创新发展、协调发展和共享发展指数较上年有所提高。

（一）综合质效明显提升

泉州设立“泉州企业家日”，致力于优化营商环境，深化万名干部进万企、局长走流程走基层

1. 本文所有数据不含金门县。

等活动；实行线上全闭环纾困，开通综合性企业服务专线，上线“政策找企”平台，推动稳经济政策措施应出尽出、应落尽落、应享尽享，全市经济社会发展综合质效明显提升。2023 年，泉州综合质效指数 78.6，高于全国均值。

经济发展稳中向好。2023 年，全市地区生产总值 12172 亿元，比上年增长 4.8%，人均地区生产总值 137060 元，增长 4.6%。

居民收入稳步增加。全年全市居民人均可支配收入 49486 元，增长 6.0%，其中，城镇居民人均可支配收入 60697 元，增长 5.1%。

人口规模持续扩大。年末全市常住人口 888.3 万人，其中，市辖区常住人口 178.5 万人，比上年末增加 1.2 万人。全年全市人口出生率为 7.43‰，自然增长率为 0.11‰。年末全市户籍人口 775.70 万人，比上年末增加 1.87 万人。

营商环境优化提升。深化“营商环境持续提升”专项行动，12 个指标进入全省标杆，数量全省最多，建立营商环境监督员制度；实现县级诚信促进会全覆盖，获评全国社会信用体系建设示范区。

（二）创新发展动能增强

泉州深化“抓创新促应用”专项行动，升级人才“港湾计划”，落细落实“涌泉”行动，新引建香港理工大学晋江研究院等高水平科创平台 8 家，成立集成电路创新实验室、海洋生物产业研究院，获批国家国防科技工业军民融合创新示范基地创建试点，全市创新发展动能增强。2023 年，泉州创新发展指数为 81.5，比上年提高 0.7。

研发投入力度加大。2022 年，全市规上 R&D 经费支出 188.20 亿元，比上年增长 25.1%，规上 R&D 从业人员 73066 人，增长 9.1%。

创新能力稳步提高。联动实施质量、标准、品牌战略，强化知识产权发展与保护，2023 年末，全市有效发明专利拥有量 17400 件，每万人口发明专利拥有量达 19.6 件。全年全市共签订各类技术合同 814 项，技术合同成交额 14.74 亿元，占 GDP 比重 0.12%，市辖区技术合同成交额 8.46 亿元，占 GDP 比重 0.33%。

人才资源加速聚集。举办首届泉州人才节，创新人才自主认定“配额制”办法，新引聚高层次人才团队 15 个、各类人才 10.8 万名，入选中宣部《中国式现代化面对面》典型案例。年末全市拥有全日制高校 18 所，研究生在校生 8046 人，高等教育学校在校生 26.58 万人；共有各类专业技术人员 56.93 万人，其中高级职称 4.18 万人，中级职称 23.09 万人。

高新企业扩量提质。2023年末，全市拥有国家高新技术企业3084家，福建省科技“小巨人”企业716家，科技型中小企业2528家，省级新型研发机构27家，市级新型研发机构126家。市辖区高技术产业投资占固定资产投资比重7.3%。

（三）协调发展成效显著

泉州深化“抓城建提品质”专项行动，抓好农村建设品质提升行动，城乡建设融合发展；深化“抓开放招商促项目落地”专项行动，实施“文旅+”专项行动，把恢复和扩大消费摆在优先位置，服务业发展提质增效。2023年，泉州协调发展指数为85.1，比上年提高1.5。

城乡人口加快集聚。2023年，全市城镇常住人口628.8万人，占总人口比重为70.79%，比上年末提高0.75个百分点。

居民收入差距缩小。城乡居民人均可支配收入比值为2.05，比上年缩小0.04。城乡居民家庭恩格尔系数分别为31.0%和37.8%。

第三产业提质增速。市辖区第三产业增加值1514.34亿元，占GDP比重58.3%，比上年提高6.8个百分点，显著高于全市的44.7%。

消费需求稳步复苏。2023年，全市社会消费品零售总额6271.34亿元，增长4.8%。市辖区社会消费品零售总额1308.96亿元，与GDP之比为50.4%，比上年提高3.5个百分点。全市快递业务量24.78亿件，增长17.6%；共接待国内外游客8652.97万人次，增长53.9%，旅游总收入1002.40亿元，增长68.9%。

财政支出保障有序。2023年，市辖区财政支出收入比为1.54，比上年降低0.16，财政收支稳健运行。

（四）绿色发展效益递增

泉州推进国家盘活利用低效用地试点工作，提格“工业园区标准化建设”专项行动，土地资源集约利用水平有效提升；开展青山碧水碧海精准治理工程，深化“绿色数字技改”“绿满泉城”等专项行动，绿色发展成效明显。2023年，泉州绿色发展指数为89.6，高于全国均值。

国土经济密度提高。成立中心市区城建总指挥部，实行重点区域、重大项目规划设计和工程施工“双监理”，完善中心城区规划建设一体化管理机制。2022年，市辖区万元GDP建设用地面积9.99平方米，比上年下降5.2%。

生态环境全面提升。2023年，全市新改建公园绿地121.7公顷，中心市区建成区绿化覆盖率为

43.81%，人均公园绿地面积为 15.47 平方米。全面落实河湖长制，主要流域国、省控断面和县级及以上饮用水水源地Ⅰ—Ⅲ类水质比例保持 100%，成功入选国家农村黑臭水体治理试点城市。全市各城市、县城环境空气质量均达到国家二级标准，其中市区空气质量优良天数共 351 天，占总天数的 96.2%。

绿色技改加速推进。实施重点技改项目 432 个；新增国家级绿色工厂、绿色供应链管理示范企业 15 家、数量全省第一。

（五）开放发展格局拓展

泉州实施“聚侨引侨和泉商回归”专项行动，召开首届“海丝”侨商投资贸易大会，获批全国侨汇结汇便利化试点；实施泉州优品出海行动，推动市场采购全国通关一体化，建成全省首个跨境电商公共服务中心，落地海外展销中心、海外仓 32 个，外资外贸稳中提质。2023 年，泉州开放发展指数为 83.1，高于全国、全省均值。

外资招商成效良好。2023 年，全市新设外商直接投资企业 764 家，比上年增长 30.2%。外商投资总额 22.6 亿美元，增长 50.4%；合同外资 17.4 亿美元，增长 20.2%；实际使用外资 8.5 亿美元。

对外合作更加广泛。2023 年，全市共签订对外经济技术合作合同金额 5231 万美元，增长 28.9%；完成营业额 12351 万美元，增长 4.9%。全年批准境外投资企业 13 家，境外投资金额 15371 万美元。

外贸结构日益优化。全面恢复晋江机场国际航班，常态化运行中欧班列，新开通泉州至中东海上航线，2023 年，全市进出口总额 2599.29 亿元，出口额 1885.52 亿元，进口额 713.77 亿元，进出口顺差 1171.75 亿元。高附加值产品出口增长较快，全市机电产品出口 391.98 亿元、增长 3.4%，高新技术产品出口 93.55 亿元、增长 87.5%。

（六）共享发展品质提升

泉州深化“惠民生补短板”专项行动，坚持超七成五财力投入民生，强化公共就业服务和社会保障，人民共享经济社会发展成果。2023 年，泉州共享发展指数为 75.2，比上年提高 0.6。

教育事业全面进步。2023 年，全市初中招生 12.49 万人，小学招生 15.12 万人，幼儿园招生 9.08 万人，在园幼儿 31.78 万人，学前三年入园率 99.44%。在泉就读随迁子女义务教育阶段在校生 33.03 万人。

健康服务换挡提升。2023 年末，全市共有各类医疗卫生机构 5610 家，卫生技术人员 57032 人，医疗卫生机构实有床位数 48824 张。市辖区执业（助理）医师 8228 人，注册护士 10658 人，分别比上年增长 5.7%、3.3%。

社会保障均衡覆盖。2023 年末，全市参加养老保险人数 628.51 万人，比上年末新增 14.64 万人。参加城乡居民基本医疗保险人数 604.11 万人，基本医保参保人数居全省第一。

就业形势基本稳定。开发“招聘导航”和“泉通行——高校毕业生就业平台”，促进高校毕业生等重点群体就业创业，入选全国公共就业服务能力提升示范项目。2023 年末，全市城镇新增就业 9.32 万人，市辖区人均社保、住保和就业支出 1981.21 元，比上年增长 9.0%。

民生福祉增进增效。2023 年，全市城镇居民人均住房建筑面积 59 平方米，城镇居民人均教育文化娱乐支出 3764 元，百户城镇居民家庭家用汽车拥有量 45 辆。

三、城市高质量发展中存在的问题

（一）市区集聚带动不够

从主要经济指标看，2023 年，市辖区地区生产总值同比增长 1.7%，比上年回落 1.5 个百分点，低于全市平均水平 3.1 个百分点；市辖区人均实际使用外资 125.74 美元，同比下降 26.6%，低于全市平均水平 13.8 个百分点；市辖区新设外商直接投资企业 99 家，增长 13.8%，低于全市平均水平 16.4 个百分点；市辖区国家级高新技术企业数 761 个，增长 16.2%，低于全市平均水平 14.4 个百分点；市辖区教育支出占一般公共预算支出比重 21.0%，低于全市平均水平 4.2 个百分点。

（二）绿色发展仍需提升

单位电耗有所增加。2023 年，全市全社会用电量 642.53 亿千瓦时，同比增长 6.2%，用电量增速高于 GDP 增速 1.4 个百分点。万元地区 GDP 电耗 527.86 千瓦时，增长 5.6%。人均绿地面积减少。2023 年，市辖区人均公园绿地面积 11.62 平方米，下降 0.5%。

（三）对外开放有待扩容

使用外资降幅较大。2023 年，全市人均实际使用外资 95.51 美元，同比下降 12.8%。外贸市场需求回落。2023 年，全市货物进出口总额占地区 GDP 比重 21.4%，比上年回落 1.0 个百分点。

四、推动城市高质量发展的意见建议

（一）增强市区集聚能力

增强中心市区空间辐射力。以东海行政中心为核心，抓好金屿大桥、百崎大桥、晋江隧道等跨海通道建设，摆脱“半岛式”困境，拓展多维径向，强化地理空间中心，抓住 324 国道、北高干渠、漳泉肖铁路等线性工程外移后的机遇，盘活土地空间，优化城市景观，嵌入更多产业载体、公共服务资源。

做大市区服务业。推动市区加快发展高端生产性服务业、高品质生活性服务业，在金融、工业设计、会展经济、现代物流、养老育儿等领域再发力，带动发展文旅经济、夜间经济、商圈经济、电商经济、银发经济、儿童经济等，进一步提升市区现代服务业能级。

做强都市型工业。聚焦发展以产品设计、技术开发和加工制造业为主体，能在市中心区域内生存和发展，并与城市功能和生态环境相协调的有就业、有税收、有环保、有形象的“四有”工业。培育打造融合通信及电子信息产业、电气设备及智能电网制造、成套装备及智能传感制造、新材料开发制造等 4 个超百亿产业集群，“一企一策”充分保障专精特新龙头企业增资扩产用地需求。

加大市辖区公共资源投入。统筹市本级财政资金，加大对市辖区教育、医疗、社保、住房保障和就业等方面财政支出倾斜力度，优化市辖区新老城区优质公共服务资源，以优质公共资源加快市辖区人口和产业集聚，提升市辖区辐射带动能力。

（二）提升绿色发展水平

推动传统产业转型升级。引导传统产业加大科技投入，鼓励企业引进和转化科技创新成果，打通成果转化应用“最后一公里”，通过科技创新和产业结构调整，推动传统产业向高端化、智能化、绿色化方向发展。瞄准新能源、新材料、数字经济、智慧城市等新兴产业，打造一批新的千亿级增长引擎。重点实施好“绿色数字技改”专项行动，加快“智改数转”量上覆盖、质上提升，争取在 2025 年前，把规上企业数字化覆盖率从 78% 提升至基本全覆盖。

加强城市绿化建设。推广绿色屋顶、垂直绿化等绿色基础设施的建设，有效利用城市空间。对于已经退化或被破坏的绿地，实施生态修复工程，恢复其原有的生态功能和景观价值。

提升土地集约利用水平。以园区标准化建设推动国土空间高质量重构，把握建设节奏，精准对接企业需求和园区建设，高品质实施工业园区标准化、历史文化街区、现代服务业街区、商业休闲街区等集聚区建设，有效提升土地集约利用水平。

（三）扩大开放发展规模

加大外资招商力度。围绕本地重点产业链和新兴产业链精准招商，充分发挥专业化、市场化招商队伍作用，着力引进一批外资高新技术项目、科技成果转化项目，简化外商投资企业的办事流程，加强对知识产权的保护，创新对企业监管的方式，吸引更多的外资企业来泉投资。

加快培育外贸龙头企业。落实稳外贸政策，做大做强国贸等市县两级国企，顶格支持和培育外贸综合服务龙头企业，加强重点外贸企业跟踪服务，支持外贸企业赴境外参加专业展会，提升外贸市场占有率。

加快外贸新业态培育。加大市场采购贸易、跨境电商、保税物流等外贸新业态支持力度，扩大市场采购贸易通关一体化出口，推动市场采购预包装食品试点出口扩区扩项，持续激发外贸新业态动能。

（执笔人：王荣水 陈佳茹）

南昌市高质量发展监测报告

南昌是江西省省会，是全国文明城市、国家历史文化名城、国家卫生城市。下辖东湖区、西湖区、青云谱区、青山湖区、新建区、红谷滩区六区，南昌县、进贤县、安义县三县，南昌国家经济技术开发区、南昌国家高新技术产业开发区、南昌小蓝经济技术开发区三个国家级开发区以及湾里管理局，面积 7195 平方公里，2023 年末常住人口 656.8 万人。

一、城市基本概况

南昌联通东西、承接南北、通江达海，是国务院批复确定的中国长江中游地区重要的中心城市、鄱阳湖生态经济区中心城市。2023 年 10 月，习近平总书记第三次来到江西考察，并在南昌主持召开了第四次长江经济带发展座谈会，为江西和南昌的发展把脉定向、擘画蓝图。

当前，南昌正深入贯彻落实党的二十大精神和习近平总书记考察江西重要讲话精神，聚焦“走在前、勇争先、善作为”的目标要求，全面落实省会引领战略，加快推进“一枢纽四中心”建设（打造具有全国重要影响力的综合交通枢纽和区域科创中心、金融中心、先进制造业与高品质服务业集聚发展中心），不断提升综合实力和发展能级，为奋力谱写中国式现代化江西篇章贡献南昌力量。

二、城市高质量发展成效

近年来，南昌坚持以习近平新时代中国特色社会主义思想为指导，完整准确全面贯彻新发展理念，高质量发展取得显著成效。2023 年，全市上下锚定“项目为先、实干奋进，争分夺秒拼经济”工作主线，真抓实干、担当作为，有效克服各种风险挑战，奋力推动经济回升向好、保持社会大局稳定。在 2023 年城市高质量发展评价结果中，南昌城市高质量发展指数为 80.6，比上年提高 0.5。

（一）城市发展势能积蓄，综合实力有了新提升

2023 年，南昌发展能级实现新跨越，在城市高质量发展指数评价中，综合质效指数为 77.8。

一是经济总量稳步提高。全市经济总量站上新台阶，在全国省会城市列第 15 位，人均 GDP 超过 11 万元，列全国省会城市第 9 位，其中市辖区人均 GDP 达到 12.3 万元。从所辖县区（含开发区、管理局）看，南昌县和南昌国家高新技术开发区 GDP 分别为 1281.1 亿元和 1002.1 亿元，是全市 GDP 破千亿的行政县区和开发区。二是产业发展能级提升。全市加快建设具有南昌特色、在全省具有引领地位的现代化产业体系，全市规模以上工业营业收入突破 6500 亿元，电子信息（含电子信息服务业）全产业链营业收入突破 2400 亿元，汽车及装备、新材料等全产业链营业收入均超千亿元。高新区新型计算机及信息终端设备制造产业集群获批国家级创新型产业集群。三是人口集聚态势延续。在上年新增常住人口 10.1 万人的基础上，南昌顶住全省常住人口负增长的压力逆势而进，又新增常住人口 3.0 万人，常住人口数量达 656.8 万人，人口自然增长率 0.22‰，高于全省 1.06 个千分点。四是财税增收态势向好。全年地方一般公共预算收入规模突破 500 亿元，达到 500.2 亿元，增长 9.3%，净增收 42.5 亿元。人均地方一般公共预算收入达 7600 元，其中，市辖区人均一般公共预算收入首次超过 8000 元。税收收入 330.1 亿元，税占比为 66.0%，比上年提升 5.7 个百分点。

（二）科技引领作用增强，创新驱动汇聚新动能

全市厚植科技创新土壤，研发规模持续增大，科技创新实力显著增强，城市创新发展指数 83.2，比上年提高 1.6。一是科研基础强化支撑。全年新认定高新技术企业 691 家，增长 23.8%。累计拥有国家级工程技术研究中心 5 家、重点实验室 4 家；省级工程技术研究中心 119 家、重点实验室 180 家、产业技术创新联盟 42 家，加快打造中部地区有影响力的区域科创中心。二是高教规模持续扩大。全市共有高等院校 53 所，其中拥有普通高等学校 49 所，高等教育在校生数达 107.1 万人，其中在校研究生 5.6 万人，拥有教职工数 5.6 万人，其中专任教师 4.2 万人，人数均较上年有所提升。三是科技创新成果丰硕。南昌持续加大创新投入，2022 年全市研发费用支出 96.9 亿元，增长 8.6%。全年新增专利授权量 15106 件，占全省总量的 25.1%，有效发明专利拥有量 18071 件，每万人有效发明专利拥有量 28.9 件，增加 7.1 件，是全省的 3.16 倍。登记技术合同 6220 项，技术合同成交金额 391.2 亿元，增长 188.3%。四是新质生产力加快发展。全市规上工业增加值中战略性新兴产业、高技术产业增加值增速分别达到 11.3% 和 12.1%，均大幅高于规上工业增速。生产性服务业占 GDP 的比重约为 26.3%，比上年提高 0.8 个百分点，占第三产业的比重约为 51.8%。数字经济核心产业快速培育，全年实现增加值 636.3 亿元，增长 8.6%。

（三）结构调优深入推进，协调发展实现新突破

全市发展协调推进，产业结构持续优化，城乡收入差距缩小，城市协调发展指数为 86.6，比上年提高 0.9。一是三次产业协同发展。南昌加快经济结构战略性调整和经济转型升级步伐，产业结构由上年的 3.6∶47.1∶49.3 调整为 3.4∶46.3∶50.3，第三产业占比首次超过经济总量的 50%，对经济增长的贡献率达到 50.1%。二是新型消费潜力释放。全市把恢复和扩大消费摆在优先位置，着力推动消费潜力充分释放。全年社会消费品零售总额达 3202.4 亿元，增长 6.3%。新能源汽车成为稳消费基石，限上新能源汽车零售额增长 41.6%，拉动全市限上零售额增长 1.7 个百分点；网络电商消费蓬勃发展，网络零售额达 673.3 亿元，增长 18.1%。三是民营经济发展提速。非公有制经济发展壮大，其增加值占 GDP 的比重达到 58.2%。政府服务企业质效提升，全市征集服务清单 38 项，匹配需求商会（企业）580 个，促进民营经济健康发展。四是城乡发展携手共进。南昌深入推进乡村振兴战略，学习“千万工程”经验，全年投入衔接推进乡村振兴补助资金 3.5 亿元，累计消除返贫致贫风险 444 户 1283 人。农民收入增速高于城市居民收入，城镇居民人均可支配收入 54911 元，增长 4.3%；农村居民人均可支配收入 25803 元，增长 6.5%。城乡居民收入比为 2.13，收窄 0.04，收入差距进一步缩小。

（四）生态环境更加优美，绿色发展取得新进展

全市坚持生态优先、绿色发展，统筹推进生态环境保护和经济社会发展，城市绿色发展指数为 88.2，比上年下降 0.3。一是污染防治常抓不懈。全市深入推进大气污染防治，全年空气质量优良率为 92.3%。城市生活污水集中处理率达到 99.4%，比上年增长 3.1%，赣江、抚河南昌段国考、省控监测断面共 19 个，水质优良率 100%。二是“双碳”目标稳步推进。全社会用电量 307.0 亿千瓦时，下降 2.6‰，单位 GDP 能耗下降 1.4%，万元规上工业增加值能耗下降 1.6%。工业污染物排放量下降明显，全年工业氮氧化物、二氧化硫、化学需氧量排放量同比下降 31.8、13.3、3.9 个百分点。三是绿化工作蓬勃开展。国家森林城市品牌持续擦亮，全年共完成造林面积 6.2 万亩，封山育林 0.33 万亩，退化林修复 2.5 万亩，积极推进 6 个乡村森林公园建设，实施完成 13 个森林村庄建设。四是生态屏障建实筑牢。生态文明建设成效凸显，现拥有国家生态文明建设示范区 2 个，国家生态县（市、区）1 个，国家级生态乡镇 18 个，省生态文明建设示范市（县）4 个，省生态文明建设示范乡镇 67 个，省级生态村 91 个，市级生态村 844 个。

（五）双向开放纵深推进，内外循环呈现新格局

全市稳抓建设更高水平开放型经济新体制，城市开放发展指数为 78.1，比上年下降 1.0。一是经营主体活力增强。全市持续加快催生壮大各类经营主体，全年净增经营主体 8.8 万余户，新增“五上企业”1681 家，批准外商投资企业 78 家，利用省外项目资金 1471.3 亿元，比上年增长 3.6%。二是区域合作走深走实。南昌积极参与“一带一路”建设，对共建“一带一路”国家进出口 454.4 亿元，占外贸总值的 40.8%，国际友好（交流）城市达 40 个；向塘国际陆港开通首条中亚班列，并与广州港签订“昌穗一港通”协议；签署长江中游城市群省会城市合作行动计划以及重点合作事项，长江中游城市群合作更加紧密。三是开放理念不断深化。依托现代化立体交通体系、专业化招商服务指导、便利化关口审批流程，南昌招大引强成效明显，国内外经贸成果丰硕。2023 年，南昌举办、参加各类招商活动 219 场，其中世界 VR 产业大会、中国航空产业大会暨南昌飞行大会等大型产业活动集中签约项目 158 个，总投资超 1000 亿元。推动“省企入昌”签约项目 65 个，签约金额 935.0 亿元。四是出口结构持续优化。全市进出口总额 1112.9 亿元，占全省进出口总值的 19.5%，是江西省唯一进出口值超千亿元的城市。工业产品出口比重提升，机电产品出口 521.6 亿元，占全市出口总值的 66.2%，提升 7.9 个百分点，其中汽车出口首次突破百亿，增长 68.8%；以太阳能电池、锂电池、电动载人汽车为代表的“新三样”产品合计出口 6.6 亿元，增长 10.2%。

（六）民生福祉继续增进，共享发展再上新台阶

全市加快健全社会保障体系，一体推进城市更新建设，在居民教育、医疗、文化服务等方面强化供给，城市共享发展指数为 74.2，比上年提高 2.5。一是优质医教辐射扩大。全市深入提升教育医疗等服务质量，新投入使用幼儿园 40 所、中小学 21 所，市辖区教育支出占一般公共预算支出 16.1%，比上年增长 2.8%。全市各类医疗卫生机构、床位、各类专业卫生技术人员、执业（助理）医师数量分别增长 33.6%，9.8%，12.9% 和 18.3%。二是公共服务供给提质。市辖区社保、住保和就业支出占地方一般公共预算支出的 13.7%，增长 1.3%。居民文化生活更加充实，全市居民人均教育文化娱乐支出 4144 元，较上年增多 1275 元，增长 44.4%。三是物价就业总体稳定。全年居民消费价格总指数总体保持平稳，上涨 0.6%。南昌入选 2023 年国家公共就业示范项目城市，城镇新增就业 6.9 万人，增长 1.3%；“4050”等就业困难人员再就业 0.8 万人，增长 10.0%；发放失业补助金、公益性岗位补贴等共计 1.2 亿元，切实兜牢困难群体保障。四是城市更新快速推进。南昌连续获评第五届、第六届全国文明城市，将全国文明城市创建工作做在平常和经常，城市风貌持续提升。城市更新五年规划被住建部列入实施城市更新行动可复制经验做法清单，全年实施改造 303 个老旧小区，完成 248.3 公里老旧燃气管网、3517 栋既有建筑安全隐患整治，累计完成安置房源分配入住 813.3 万平方米，居民获得感、幸福感不断提升。

三、城市高质量发展继续深化的政策建议

2023年，南昌高质量发展虽取得了一定的成效，但依旧存在城市体量相对较小、对外开放稍显不足、科教创新较为薄弱等影响高质量发展的一些关键因素。下一步，南昌将对照城市高质量发展的测评结果，采取针对性措施，着力补短板、锻长板，持续提升高质量发展能力水平，具体来看有以下三点措施。

（一）深度对接地域合作，强化地区之间协同发展

加强与赣江新区深度融合交流，促进产业发展协同协作、基础设施互联互通、公共服务共建共享，充分发挥省会中心资源集聚优势与赣江新区政策高地优势，强化在规划衔接、招商引资、产业发展等方面政策统筹，实现各类要素流通“零障碍”。深入实施省会引领战略，强化南昌对都市圈高质量发展的引领带动力，推进南昌与丰樟高地区同城化发展，与鄱余万、奉靖地区、九江、抚州等相关区域协同发展，强化制度创新和规划统筹，打破行政壁垒，推动各类要素在都市圈内畅通流动，提升南昌制造与服务发展等资源外溢效应，促进更高水平区域协作。

（二）抢抓国家战略新机遇，扩大对内对外开放水平

对接国家区域重大战略，深度融入共建“一带一路”，不断开拓共建国家市场，加强贸易互通。大力发展口岸经济，全力提升昌北国际机场航空口岸能级，推进南昌国际陆港和南昌龙头岗综合码头智能化、信息化建设，推动跨境电商综试区、综保区平台升级，放大“口岸区＋综保区＋特色产业”联动效应。重点对接和服务长三角一体化发展、粤港澳大湾区建设，推进与浙、闽、粤等沿海港口深化合作。完善外商投资政策，引导外资更多投向电子信息、航空、生物医药、装备制造、数字经济以及工程咨询、现代物流、检验检测认证等领域，积极引进外资金融机构。

（三）强化科技教育投入，打造中部科技创新高地

紧抓国家创新体系战略性重构重大机遇，实施国家级创新平台攻坚行动。积极对接科技部、中科院，争取国家大科学装置布局，力争“零的突破”。推动国家级“大院大所”在昌设立分院、分校，跟进北京大学南昌创新研究院、浙江大学南昌研究院、中山大学南昌研究院、北京理工大学（南昌）虚拟现实研究院等落地见效。通过引导企业加大研发投入、改善科研条件、引进科技人才、实施技术改造工程。深入实施科技强市战略、人才强市战略、创新驱动发展战略，优化创新生态，建设更高水平的创新型城市。

（执笔人：李家文 夏子超）

济南市高质量发展监测报告

党的二十大报告明确提出："加快构建新发展格局，着力推动高质量发展"，强调高质量发展是全面建设社会主义现代化国家的首要任务。近年来，济南市委、市政府高度重视城市高质量发展，坚持以习近平新时代中国特色社会主义思想为指导，锚定"走在前、开新局"，全市经济社会发展持续向好，城市面貌焕新升级，"强新优富美高"新时代社会主义现代化强省会建设取得新成绩。

一、泉城济南碧水悠，迈步向前展新容

济南，地处山东省中部，南依泰山，北跨黄河，是国务院公布的历史文化名城，因地处古四渎之一"济水"之南而得名。作为享誉中外的天下泉城，济南是山东省省会，全省政治、经济、文化、科技、教育和金融中心，行政区域土地面积1.02万平方公里，下辖10区2县，呈一个大大的"人"形。济南北接京津冀、南连长三角、东承环渤海经济圈、西通中原经济区，具有承东启西、衔南接北的区位优势。济南自然景色秀丽，名胜古迹众多，拥有"七十二名泉"，素有"济南泉水甲天下"和"泉城"之美誉，主要风景名胜有趵突泉、黑虎泉、大明湖、千佛山、灵岩寺等，是拥有"山、泉、湖、河、城"独特风貌的旅游城市。新时代的济南，国家黄河流域生态保护和高质量发展战略强势赋能，新旧动能转换起步区建设加力提速，科创金融改革试验区建设成效显著，万亿体量不断攀升，动能、生态、活力持续喷涌，城市发展路径更加清晰，发展势头更加强劲，发展氛围更加浓厚，城市高质量发展的新画卷在泉城大地不断展开。

二、奋发有为，聚力攻坚，城市高质量发展取得突出成效

经过不懈地努力，济南逐步形成了经济实力稳步提升、发展动能不断革新、城市品质宜居宜业、居民生活富足安康、城市环境绿意盎然、城市治理更加有效的六大发展优势。2023年，济南城市高质量发展指数为83.5，较上年增加1.2。

（一）经济总量不断提升，城市综合实力持续增“强”

2023年，济南锚定“走在前、开新局”，抢抓机遇、实干快干，经济运行持续回升向好，量质齐升。2023年济南综合质效指数为83.0，较上年增加2.4。

经济总量稳步提升。2023年，全市GDP为12757.4亿元，自2020年突破万亿大关以来一直稳居全国GDP万亿城市前20行列，按不变价格计算，比上年增长6.1%，分别领先全国、全省0.9、0.1个百分点。产业结构优化升级。三次产业构成比由上年的3.5∶34.1∶62.4调整为3.4∶33.8∶62.8。2021—2023年，全市GDP三年平均增长5.5%，经济总量稳步提升，经济基础日益雄厚。

各领域发展成效显著。坚定不移实施工业强市战略。2023年，全部工业增加值2886.1亿元，比上年增长7.9%，三年平均增长5.3%。规模以上工业增加值增长12.4%，全年增速始终保持两位数的高增长态势，分别领先全国、全省7.8、5.3个百分点，三年平均增长6.5%。全市固定资产投资平稳运行。2023年固定资产投资比上年增长2.1%，三年平均增长5.7%。服务业发展提质增效。2023年，规模以上服务业企业实现营业收入4264.0亿元，增长14.4%，分别领先全国、全省6.1、9.1个百分点，三年平均增长12.5%。消费市场稳步恢复。2023年，全市社会消费品零售总额5199.0亿元，比上年增长6.6%，三年平均增长5.2%。

（二）新动能不断发力，城市发展方式向前更“新”

新旧动能转换加力提速，产业转型为济南城市发展增添了新的动力。2023年，济南创新发展指数为86.7，较上年增加1.5。

新旧动能转换加快推进。2023年全市高技术产业投资增长16.6%，三年平均增长8.0%，拉动全市投资增长1.3个百分点。规模以上高技术制造业实现增加值增长6.1%，三年平均增长11.4%，拉动规模以上工业增长1.3个百分点。规模以上高技术服务业企业实现营业收入1425.1亿元，增长5.9%，占规模以上服务业企业营业收入比重33.4%。2023年，国务院批复《济南新旧动能转换起步区建设实施方案》已满3年，济南起步区发展跑出加速度。黄河国际会展中心启用，中科新经济科创园等产业载体集聚效应明显增强，起步区全域实现GDP370亿元，较2020年增长101%；固定资产投资较2020年增长201%；规上工业总产值较2020年增长227%。

创新能力提质升级。深入实施创新驱动发展战略，中科院济南科创城加快建设，电磁橇轨道、放射性药物转化平台相继建成。2022年全市研究与试验发展（R&D）经费投入346.8亿元，比上年增长13.1%，分别领先全国、全省5.0、1.0个百分点，2021—2022年两年平均增长14.3%。R&D

经费投入占 GDP 比重 2.9%，分别高于全国、全省 0.3、0.4 个百分点，比 2021 年提高 0.2 个百分点。2023 年，全市万人有效发明专利拥有量 61.9 件，比上年增长 26.5%，三年平均增长 23.1%。

图 1 “最强大脑”——国家超级计算济南中心

（三）城市功能提升向好，城市品质争先创“优”

济南人口规模不断增长，人口吸引和集聚效应不断显现，城市交通日益完善，文化旅游持续升温。2023 年济南市协调发展指数为 85.1，较上年增加 0.5。

人口集聚效应不断显现。2023 年末常住人口 943.7 万人，比上年增长 0.2%，三年平均增长 0.7%。其中，城镇常住人口 710.4 万人，比上年增加 10.6 万人，常住人口城镇化率达 75.3%，提高 1.0 个百分点。成功举办首届“海右人才节”，组织活动 206 场，全市人才资源总量达到 278.2 万人，连续两年获评“中国最佳引才城市”。

城市交通体系不断健全。2023 年，全市年末公路通车里程 18356.5 公里，比上年增长 0.3%。其中，拥有境内高速公路 18 条，通车总里程 828.4 公里，在全国 15 个副省级城市中排名第 6 位，增长 4.2%。全市新能源汽车保有量 17.1 万辆，获批全国首批公共领域车辆全面电动化先行区试点城市。轨道交通运营年客运量 9621.0 万人次，增长 76.4%。济郑高铁全线通车运营，“米字型”

高铁网加快成型，高铁运营里程达 446 公里，跃居全省第一。

文旅事业繁荣发展。2023 年全市拥有公共图书馆 13 个，拥有馆藏图书 1093 万册，博物馆 94 个。全年接待国内游客 10631.1 万人次，比上年增长 61.9%。实现国内旅游收入 1132.9 亿元，增长 65.5%。济南国际泉水节、“二安”文化旅游节、“涌动泉城”济南游泉打卡系列活动等重大文旅活动成功举办，印象济南·泉世界获评国家级旅游休闲街区，济南荣获“2023 年度活力城市”。

（四）城市生活更有温度，城市居民生活安“富”

济南城乡居民收入稳步提升，收入差距不断缩小，教育医疗事业迈步向前。2023 年，济南市共享发展指数为 78.7，较上年增加 1.8。

城乡居民收入差距进一步缩小。2023 年，全市居民人均可支配收入 51757 元，比上年增长 6.0%，三年平均增长 6.3%。其中，城镇居民人均可支配收入 62506 元，增长 5.1%；农村居民人均可支配收入 25587 元，增长 7.3%。城乡居民收入比由上年同期的 2.49 下降至 2.44，城乡居民收入差距缩小。

教育事业普惠发展。2023 年全市高等教育学校在校生数达 69.1 万人，比上年增加 2 万人，其中研究生在校生数 5.9 万人，增加 0.1 万人。普通高中在校生、初中阶段在校生数分别达到 15.3、28.4 万人，分别增加 0.2、1.4 万人。高中阶段毛入学率 98.9%，九年义务教育巩固率 100%，学前教育毛入园率 99.5%。每千人口拥有 3 岁以下婴幼儿托位数 4.6 个，增加 0.4 个，3 岁以下婴幼儿入托率达 6.4%。入选建设国家儿童友好城市名单，“泉心托”成为全国首个托育城市品牌。

医疗卫生服务水平不断提升。2023 年末，全市共有医疗卫生机构 8136 个，比上年增加 471 个。医疗卫生机构床位 8.2 万张，增加 0.6 万张。年末卫生技术人员 12.2 万人，增加 0.9 万人。加快国际医学科学中心建设步伐，广安门医院济南医院、宣武医院济南医院获批国家区域医疗中心。

（五）城市环境生态宜居，城市颜值山清水“美”

济南坚持生态优先、绿色发展，扎实开展造林绿化工程，全力推进绿色城市建设。2023 年济南市绿色发展指数为 87.3，较上年增加 0.1。

城市环境再添新绿。2023 年，全市绿化覆盖面积 3.9 万公顷，比上年增长 9.2%，建成区绿化覆盖率达 44.5%，提高 2.6 个百分点。公园绿地面积 1.0 万公顷，增长 10.8%，其中公园面积 0.5 万公顷，增长 2.8%。“四面荷花三面柳，一城山色半城湖”的泉城美景更加靓丽。做好泉水的保护和利用，持续推动市民泉水直饮工程，累计建设 118 处市民泉水直饮工程，覆盖人口达到 38 万人，重点泉群保持 20 年连续喷涌。

图 2 “山泉河湖城”交相辉映的泉城胜景

生态环境质量加力改善。紧紧围绕建设美丽济南“一条主线”，打造绿水青山“高颜值”。空气质量进一步改善。细颗粒物（$PM_{2.5}$）浓度 38 微克 / 立方米，在全省 7 个传输通道城市中最优。国控断面好Ⅲ类水体比例连续三年保持 100%。城市更有颜值、更有气质，生态宜居成为城市新名片。

（六）城市治理提质增效，城市现代化治理水平不断提“高”

高标准推进平安济南建设。常态化开展安全生产“审计式”监督检查服务，安全生产形势总体稳定。2023 年，全市发生各类生产安全事故 104 起，比上年下降 25.2%，死亡 87 人，下降 20.9%。未发生重大及以上生产安全事故。社会治安状况保持良好。全年共破获刑事案件 25418 起，命案现案破案率保持 100%，成为全国唯一连续 13 年命案全破的省会城市，获评首批全国社会治安防控体系建设示范城市。

政务服务有“速度”。上线国内首个政务服务云大厅，309 项高频服务事项实现智慧受理，政务服务效能加快升级。2023 年，全市政务服务便民热线受理市民反映量 909.6 万件，其中派单量 387.9 万件。市民派单办理时长压缩在 4 天以内，市民派单响应率达到 100%，解决率达 94.1%，满意率达 97.9%。

三、直面问题，提高认识，时刻做好“再出发”的准备

总的来看，济南城市高质量发展成效显著，城市发展动能进一步增强，城市发展活力不断焕发。但也要清醒地认识到当前发展中还存在着一些短板弱项，要直面这些问题挑战，采取针对性措施加以解决，为济南城市高质量发展“添薪加柴”。

（一）经济发展质效仍需提升

一是工业经济规模偏小。2023 年，全市工业实现增加值 2886.1 亿元，占 GDP 的 22.6%。二是民间投资持续低迷。全市民间投资同比下降 21.8%，低于全市固定资产投资增速 23.9 个百分

点。三是房地产业低位运行，投资端和销售端双双“遇冷”。2023年，全市房地产开发投资共完成1399.7亿元，下降19.7%，低于全市固定资产投资增速21.8个百分点；全市商品房销售面积1170.2万平方米，下降5.8%。

（二）外贸外资亟待提振

一是外贸增长水平不高，外贸出口额呈下降趋势。2023年，全市外贸进出口总额2161亿元，同比增长0.3%，低于全省1.4个百分点，其中，出口1373.4亿元，下降1.1%，外需稳增长压力较大。二是利用外资水平有待提高。受复杂的国际局势及外部环境因素影响，2023年，全市实际使用外资24.8亿美元，同比下降21%，低于全国7.3个百分点。2023年，济南开放发展水平为81.6，较上年减少0.4。

（三）城市管理尚有短板

一是社会保障力度有待增强。2023年，全市年末城镇职工基本养老保险参保人数456.6万人，全市城乡居民基本养老保险和基本医疗保险参保人数分别为312.1、499.8万人，均较上年有所减少。二是城市环境质量需要关注。2023年，全市空气质量优良天数比例为62.6%，比上年下降4.2个百分点，全市$PM_{2.5}$年平均浓度38微克/立方米。三是城市安全还需加强。2023年，全市火灾事故造成的直接经济损失达0.5亿元，比上年增长2.7%，城市消防安全能力还需提高，安全生产水平仍需提升。

四、重整行装再出发，奏响泉城高质量发展“新乐章”

如今的济南，机遇交汇叠加，发展时不我待，要从以下三个方面凝心聚力，走好城市高质量发展的“济南路径”，把高质量发展的“施工图”变为“实景图”。

大力稳增长扩增量，全面塑强高质量发展引擎。围绕工业强市等重大战略部署，优化民间投资激励政策，激发民间投资活力。促进外经外贸协同发展，用好广交会、进博会等高端平台，帮助外贸企业“出海”抢订单、拓市场，提升外资利用水平。

大力完善城市功能，全面创优城市高质量建设品质。有序推进城镇老旧小区改造，着力构建房地产发展新模式，托起群众的“安居梦”。深入打好蓝天碧水净土保卫战，开展新一轮重点行业环保绩效升级，强化移动源污染治理，全面改善空气质量。

大力提升治理水平，全面提升城市高质量治理效能。健全社会保障体系，实施“全民参保计划”，力争应保尽保。加强城市安全监测预警，强化消防安全能力建设，深化安全生产“审计式”监督检查服务，坚决防范和遏制重特大事故发生。

（执笔人：韩冰 徐盛堂）

青岛市高质量发展监测报告

青岛地处黄海之滨，山东半岛南端，陆域面积 1.1 万平方公里，海域面积 1.2 万平方公里，辖七区三市，全市常住人口 1037 万人，是中国北方一座富有人文魅力、自然禀赋优越的沿海开放城市。

图 1 青岛五四广场

一、山海相拥映岛城，活力之都谱新章

青岛昔称胶澳，后因有海中小岛“小青岛”、古渔村“青岛村”而得名，青岛是东夷文化的发祥地，是古代海上丝绸之路的北线起点。1984 年，青岛成为中国首批 14 个沿海开放城市之一。1986 年，被列入计划单列市。1994 年，被批准为副省级城市。2016 年，青岛市城市总体规划获国务院批复，青岛被定位为我国沿海重要中心城市和滨海度假旅游城市、国际性港口城市、国家历史文化名城。

青岛是一座以改革开放著称的城市。作为改革开放的前沿阵地，承担了一批国家改革试点任务，国资国企、军民融合、财富管理等改革走在前列。拥有中国—上海合作组织地方经贸合作示范区、山东自由贸易试验区青岛片区等高能级开放平台，被赋予打造“一带一路”国际合作新平台的重大使命。青岛港货物、集装箱吞吐量分别居全球第4位、第5位，海铁联运量连续9年保持全国第一。胶东国际机场年旅客吞吐量达到2140万人次，国际及地区旅客占比居全国第5位。

青岛是一座充满科技创新活力的城市。连续三年位列国家创新型城市前十强。拥有崂山实验室和国家高速列车技术创新中心、国家高端智能化家用电器创新中心、国家虚拟现实创新中心等多个“国字号”创新平台。“透明海洋”“蓝色药库”等大科学计划纵深推进，超算互联、画质芯片、远洋深潜、合成橡胶等前沿领域创新成果不断涌现。人才总量突破278万人，连续多年入选“中国最佳引才城市”。

青岛是一座产业基础雄厚的城市。作为中国最早开启工业化的城市之一，创造了纺织工业“上青天”的辉煌，培育了海尔、海信、青啤等一批世界知名企业。拥有39个工业门类，智能家电和轨道交通装备入选国家先进制造业集群，连续三年跻身全国先进制造业百强市第7位。打造了卡奥斯、柠檬豆2个国家级“双跨”工业互联网平台，获批中小企业数字化转型试点城市。船舶海工、海洋生物医药、海洋交通运输等居于全国领先水平，海洋生产总值位列全国沿海城市第3位。

青岛是一座宜居宜业宜游的城市。“山、海、城”浑然一体，城市“红瓦绿树、碧海蓝天”“冬无严寒、夏无酷暑”，荣获中国人居环境奖，是联合国评选的中国最宜居的十大城市之一。康有为、蔡元培、闻一多等文化名人在青岛留迹深远，拥有崂山风景区、奥帆海洋文化旅游区等5A级旅游景区，是著名的“电影之都”“帆船之都”“音乐之岛”“博物馆之城”。城市功能完善，创业生态良好，创业密度位列副省级城市前三，12次入选“外籍人才眼中最具吸引力的中国城市”十强。

青岛是一座营商环境良好的城市。入选全国首批民营经济示范创建城市，在全国工商联2023年“万家民营企业评营商环境”中位列全国前十。政务服务事项网上可办率、一次办好率分别达到98%和99%，数字政府建设水平位居全国第一梯队。全市各类经营主体超过214万户，已吸引179家世界500强企业投资兴业，多次被世界银行评为“中国投资环境金牌城市”。

二、开拓进取、勇毅前行，青岛高质量发展迈出新步伐

习近平总书记对青岛寄予厚望。2018年以来，习近平总书记两次亲临青岛，出席上海合作组织青岛峰会和庆祝人民海军成立70周年多国海军活动，对青岛做出“办好一次会，搞活一座城”、建设现代化国际大都市等重要指示要求，为青岛发展指明了方向，提供了根本遵循。

2023年是全面贯彻党的二十大精神的开局之年，青岛牢牢把握高质量发展这个首要任务，着力扩大内需、优化结构、改善民生、防范化解风险，高质量发展迈出新步伐。城市高质量发展指数测算结果显示，2023年，青岛城市高质量发展指数为85.0，比2022年提高1.0。其中，各分项指数“四升二降”，综合、发展、协调、共享发展指数比2022年均有所提升，绿色、开放发展指数比2022年略有下降。

2023年青岛城市高质量发展总指数与分指数

指标＼年度	2023年	2022年	2023年较2022年变化
总指数	85.0	84.0	1.0
综合质效	85.4	83.8	1.7
创新发展	86.1	85.1	1.0
协调发展	86.8	86.2	0.7
绿色发展	87.7	88.3	-0.6
开放发展	88.2	88.7	-0.5
共享发展	79.1	76.8	2.3

（一）综合实力稳步增强，发展质效持续提升

面对复杂严峻的国际环境和艰巨的国内经济恢复发展任务，青岛着力扩内需稳外需，经济运行持续回升向好，经济增长质量、社会发展活力发生积极变化。2023年，全市综合质效指数为85.4，比上年提高1.7。

经济总量持续扩大，2023年全市生产总值达到15760.3亿元，按不变价格计算，比上年增长5.9%，增速比上年加快2.0个百分点。人均地区生产总值稳步增加，2023年达到152174元/人，比上年增长5.3%。财政收支运行稳健，全年一般公共预算收入1337.8亿元，比上年增长5.1%，其中税收收入1006.0亿元，增长14.2%，占一般公共预算收入比重75.2%，比上年提高1.5个百分点；一般公共预算支出1718.9亿元，其中民生支出1286.3亿元，占一般公共预算支出比重74.8%，比上年提高1.1个百分点。金融信贷支撑有力，年末金融机构本外币各项存款余额27114亿元，同比增长8.3%，比年初增加2076亿元；本外币各项贷款余额30147亿元，同比增长11.7%，比年初增加3157亿元。

全市加力推进实体经济振兴和城市更新建设，重点领域投资成效明显，基础设施投资比上年增长38.0%，制造业投资增长10.8%，其中高技术制造业投资增长32.4%。新动能较快成长，规模以上高技术制造业和服务业营业收入分别比上年增长16.3%和9.2%，分别高于规模以上工业和服

务业 11.0 个和 14.3 个百分点。消费潜力加快释放，社会消费品零售总额突破 6000 亿大关，达到 6318.9 亿元，比上年增长 7.3%，增速比 2022 年提高 8.7 个百分点，比疫情三年平均增速（4.7%）提高 2.6 个百分点。

（二）科技投入不断加大，创新成果持续涌现

青岛始终坚定不移把科技创新摆在核心位置，以科技创新引领现代化产业体系建设，加快培育发展新质生产力。2023 年，全市创新发展指数为 86.1，比上年提高 1.0。

科技研发强度持续增长，2022 年，全社会研发投入 400.18 亿元，比上年增长 12.8%；全社会研发投入强度为 2.68%，比上年提高 0.17 个百分点。科创平台建设成形起势，2023 年，崂山实验室实现规范化运行，3 个全国重点实验室获批建设，目前，全市拥有 1 个国家实验室、3 个国家技术创新中心、12 个国家级重点实验室、29 所高校、33 个省级技术创新中心和 56 个省级重点实验室。科技创新的企业基座不断夯固，全市高新技术企业总数达到 7920 家，比上年增加 1240 家；入库国家科技型中小企业达到 9343 家；新培育国家专精特新"小巨人"企业 38 家，总数累计达到 190 家。

科创成果不断涌现，2023 年，全市累计有效发明专利达到 73676 件，比上年增长 24.0%，每万人有效发明专利拥有量 71.83 件，比上年增加 12.84 件；技术合同交易额 632.3 亿元，增长 60.0%，其中涉海技术合同成交额 69.4 亿元，增长 70.0%。

（三）区域发展统筹推进，产业发展更趋协调

青岛坚持区域协调发展，统筹新型城镇化和乡村全面振兴，城市发展更加均衡；坚持把发展经济的着力点放在实体经济上，加快发展先进制造业，做优做强现代服务业，大力发展现代农业，三次产业发展更加多元。2023 年，全市协调发展指数为 86.8，比上年提高 0.7。

城镇化发展达到新水平，2023 年末，全市常住人口城镇化率达 78.30%，比上年末提高 0.98 个百分点。城乡居民收入差距不断缩小，全年全市城镇居民和农村居民人均可支配收入分别为 65751 元和 29736 元，城乡居民人均可支配收入之比为 2.21，比上年缩小 0.05。城乡消费趋于优化，全年全市城镇居民人均消费支出 39663 元，增长 5.5%；农村居民人均消费支出 19070 元，增长 8.9%，高于城镇居民 3.4 个百分点。

三次产业协调发展。第一产业稳步增长，2023 年第一产业增加值比上年增长 4.1%，增速比上年加快 1.9 个百分点，为打造乡村振兴齐鲁样板提供了有力支撑。第二产业持续扩大，增加值增长 5.6%，比上年加快 2.8 个百分点，其中规模以上高技术制造业和工业战略性新兴产业增加值分别增长 16.3% 和 8.6%，成为推动全市实体经济高质量发展的重要引擎。第三产业较快增长，增加值增长 6.1%，比上年加快 1.6 个百分点，其中生产性服务业增长 7.7%，占服务业比重（60.0%）比 2022 年提高 0.8 个百分点，为服务业蓬勃发展注入新的动力。2023 年，全市三次产业结构调整为 3.1：33.4：63.5。

（四）城市环境升级改善，绿色发展蹄疾步稳

全市持续优化城市规划布局，深入推进城市更新建设十项攻坚，城市宜居宜业宜游水平不断提升；进一步优化产业和能源结构，持续打好污染防治攻坚战，美丽青岛建设取得积极进展。2023 年，全市绿色发展指数为 87.7。

地铁工程加快建设，西海岸轨道交通快线全线贯通，2023 年末，全市轨道交通线路长度达到 326 公里，年客运量 4.7 亿人次。主城区“四纵五横”快速路网基本形成，年末公路总里程达到 15634 公里，其中高速公路里程 909 公里。人居环境得到新改善，全年实施 14 个城中村改造，高标准完成 473 个老旧小区改造；年末地下综合管廊长度达到 189 公里。

环境品质显著提高，2023 年，城市空气质量优良天数比率为 78.9%；$PM_{2.5}$ 平均浓度为 29 微克 / 立方米，连续 4 年达到国家二级标准；地表水达到或好于Ⅲ类水体比例达到 71.4%；污水处理厂集中处理率达到 98.59%，比上年提高 0.15 个百分点；生活垃圾无害化处理率达到 100%。“双碳”工作扎实开展，入选国家首批碳达峰试点城市；新能源发电装机占比超过 50%；新能源汽车保有量达到 26 万量，比上年增长 45.2%。

（五）对外合作纵深拓展，开放发展持续推进

青岛把握开放发展大势，充分发挥上合示范区、自贸试验区开放引领作用，加强与“一带一路”共建国家和上合组织、RCEP 成员国的联动，全方位对外开放稳步推进。2023 年，全市开放发展指数为 88.2。

对外贸易有序扩大，全年货物进出口总额 8759.7 亿元，稳居全省首位，比上年增长 4.6%。其中，出口额 4713.6 亿元，增长 0.3%；进口额 4046.1 亿元，增长 10.1%。对外合作加速推进，全市对外直接投资额 20.5 亿美元，比上年增长 29.0%；实施重点产业链全球招商计划，新引进世界 500 强投资项目 31 个；全年新设外商投资企业 745 家，比上年增长 7.5%。

对外贸易新业态发展势头良好，跨境电商进出口额 314.8 亿元，比上年增长 10.8%。海外市场多元拓展，全年对“一带一路”共建国家进出口 4531.7 亿元，增长 4.4%；对 RCEP 其他成员国进出口 3383.4 亿元，增长 2.9%；对“上合组织”成员国投资项目 10 个，中方协议投资额 6.3 亿美元，实际对外投资额 1.1 亿美元、增长 26.1%。

图 2 上合之珠国际博览中心

（六）生活水平大幅改善，民生福祉继续增进

青岛聚焦更好满足人民对美好生活的向往，构建覆盖城乡的多层次民生保障体系，经济社会发展成果更多惠及民生，人民群众的获得感、幸福感、安全感不断增强。2023 年，全市共享发展指数为 79.1，比上年提高 2.3。

居民生活水平日益提高，2023 年全年全市居民人均可支配收入 56961 元，比上年增长 6.0%；每百户城镇居民家庭家用汽车拥有量达到 93 辆，比上年增加 21 辆；城镇居民人均住房建筑面积达到 35.3 平方米，比上年增加 1.3 平方米。

社会保障体系更加完善，年末参加基本养老、基本医疗、失业、工伤保险人数分别为 848.2 万人、932.9 万人、286.1 万人和 334.0 万人，分别比上年增长 4.5%、2.1%、1.7% 和 1.2%。全市养老机构床位数 46655 张，比上年增长 6.6%；医疗卫生机构数、床位数、卫生技术人员数分别达到 8980 个、69611 张、104894 人，分别比上年增加 217 个、1627 张、5773 人。文化体育事业蓬勃发展，年末全市博物馆数、体育场地数分别达到 136 个和 27035 个，分别比上年增加 15 个和 1733 个。

三、务实笃行、因地制宜，积极探索城市高质量发展青岛经验

自 2017 年党的十九大提出“高质量发展”新表述以来，青岛坚持以习近平新时代中国特色社会主义思想为指导，深入学习贯彻党的十九大、二十大和二十届二中全会精神，加快推进高质量发展。2023 年，聚焦“实体经济和招商引资、城市更新和城市建设、提升作风能力和优化营商环境”等重点工作，推动城市高质量发展再上新台阶，积累了丰富经验。

在综合发展方面，青岛持续加强政策集成化供给，围绕稳增长、稳就业、扩内需、强产业等重点领域，出台“稳中向好、进中提质”政策清单，全年减轻经营主体税费负担 376 亿元，为稳住经济大盘发挥了重要作用。制定全市扩大内需三年行动方案，更好发挥内需对经济增长的拉动作用。

在创新发展方面，青岛采取多元化方式引导企业增强研发能力，在全国首创“云端研发”新模式，帮助广大中小企业链接创新资源，为企业解决难题、转化成果 1800 余项，相关典型经验获国务院领导批示。加快实施“硕果计划”，制定概念验证、场景应用、绩效评价等举措，增设科技成果转化贡献奖，大力促进科技成果转化。

在协调发展方面，青岛聚焦区域协同发展，推动青岛都市圈发展规划正式获批印发，一批重大事项纳入规划布局。主动融入服务黄河战略，成功举办黄河流域“9+1”城市陆海联动高质量发展合作会议等 20 余项重大活动。扎实推进新型城镇化建设，构建与功能定位、资源禀赋和环境特征相适应的城镇发展布局，3 个区市获评全省县域经济高质量发展先进县，莱西市入选县城城镇化建设省级试点。

在绿色发展方面，青岛坚决扛牢全省建设绿色低碳高质量发展先行区的“强龙头”担当，在全省率先出台三年行动计划。加快落实“双碳”目标，制定印发全市碳达峰工作方案，建立碳达峰“1+N”政策体系，构建形成“双碳”工作四梁八柱。印发实施《美丽青岛建设规划纲要（2022—2035 年）》，着力打造山风海韵、魅力宜居、活力善治的美丽青岛。

在开放发展方面，青岛加快构建对外开放新格局，成功承办首届“中国 + 中亚五国”产业与投资合作论坛，揭牌成立青岛国际能源交易中心，出台全市更好参与共建“一带一路”高质量发展行动方案，成功申建空港型国家物流枢纽。在全国同类城市中率先出台《青岛市推动外贸稳规模优结构若干政策措施》，稳定企业发展预期。不断增强改革开放综合试验平台作用，2023 年青岛自贸片区实践形成 32 项高质量制度创新成果，“动产质押融资业务模式”获国务院认可并在全国复制推广。

在共享发展方面，青岛着力提升就业创业能力，制定稳定和扩大就业促增收促消费促增长 20 条行动方案，在全省率先试点“街区创业生态圈”，持续推进城乡公益性岗位扩容提质行动，2023 年城镇新增就业 36.8 万人，扶持创业 4.5 万人，开发城乡公益性岗位 5 万余个。加快推进多层次保障体系建设，在全省率先试点人才年金政策，获批个人养老金制度全国先行试点城市，在全国率先试行补充工伤保险与伤养服务相结合的新型工伤保障制度，市民群众多样化的保障需求得到更好地满足。

四、查找短板、奋力争先，不断开创青岛高质量发展新局面

总的来看，2023 年青岛在持续推进城市高质量发展各方面均取得了明显成效，但也应看到，全市高质量发展还存在一些薄弱环节，需予以高度重视。

（一）现代化产业体系仍需加快培育

当前青岛市制造业规模不够壮大，2023 年制造业增加值占 GDP 比重仅为 23.8%。从产业结构看，高耗能行业占比仍然较高，传统产业数字化转型覆盖不广，除家电、汽车、纺织服装等领域外，其他行业数字化转型相对较慢，一些中小企业数字化应用意愿不强烈。新兴产业规模仍然偏小，与深圳、苏州等城市相比，战略性新兴产业、高技术产业占比偏低，总部企业、龙头企业数量偏少，缺乏全球、全国影响力大的新兴产业集群。

（二）科技创新引领作用仍需进一步加强

2022 年青岛全社会研发经费投入强度虽比上年有所提升，但在全省和副省级城市中竞争优势不明显。企业自主创新能力有待进一步激发，全市科技企业数量相较于深圳、杭州等城市明显偏少，新一代信息技术等新兴产业起步较晚，企业核心技术积累不足，创新型人才相对不足。同时，科技成果转化体制机制还不够顺畅，产学研用衔接不够紧密，创新协同和产业协作水平不够高，城市创新的整体竞争力有待增强。

（三）对外开放能级仍需进一步提高

从内外部环境看，国际经济政治环境复杂多变，经济全球化遭遇逆流，对稳外贸外资造成较大压力；国内中西部外贸快速崛起，部分订单、产能发生转移。随着青岛外贸规模不断壮大，保持高速增长的难度加大，近年来青岛外贸进出口、实际利用外资等压力持续加大。从内生动力看，与深圳、上海等城市相比，青岛外贸产品自主品牌占比较低，产品附加值不高，国际市场营销体系尚不健全，跨境电商带动企业转型发展的作用有待进一步发挥。

习近平总书记擘画了“青岛建设现代化国际大都市”的雄伟蓝图，山东省委省政府赋予青岛在现代化强省建设中“打头阵、当先锋”的光荣使命。下一步，青岛要持续强化责任担当，纵深推进新旧动能转换，突出新兴产业引领、“两业”深度融合和数字化转型，打造国家战略性新兴产业基地和国家级服务经济中心。着力增强创新资源集聚力、产业创新策源力、创新人才吸引力，推动国际化创新型城市建设迈出坚实步伐。坚定实施区域协调发展战略，统筹优化空间和生产力布局，建设宜居宜业宜游高品质湾区城市。坚定不移走生态优先、绿色低碳发展道路，坚持降碳、减污、扩绿、增长协同推进，推动经济社会发展全面绿色转型。持续深化改革开放，发挥青岛在构建新发展格局中的战略节点作用，建设国际门户枢纽城市。始终把人民对美好生活的向往作为奋斗目标，把促进全体人民共同富裕作为为人民谋幸福的着力点，在全省勇当龙头、在全国争先进位、在全球彰显特色，奋力谱写青岛建设新时代社会主义现代化国际大都市宏伟篇章。

（执笔人：刘伟 陈骁聪）

淄博市高质量发展监测报告

2023年，淄博市坚持以习近平新时代中国特色社会主义思想为指导，锚定“走在前、开新局”，抢抓黄河重大国家战略和全省绿色低碳高质量发展先行区建设重大机遇，聚焦实现“3510”发展目标和“强富美优”城市愿景，统筹做好优供给、扩需求、稳增长、提质效、化风险各项工作，大力倡树“提效率争先锋、提效能争先例、提效益争先进”，深入推进服务淄博、诚信淄博、志愿淄博、劳动淄博、文化淄博“五个淄博”建设，城市美誉度、知名度、影响力大幅提升，绿色低碳高质量发展迈出坚实步伐。

一、城市基本情况

淄博市位于山东省中部，南依泰沂山麓，北濒九曲黄河，西邻省会济南，东临潍坊、青岛，是省会都市圈次中心城市，辖张店、淄川、博山、周村、临淄5个区，桓台、高青、沂源3个县和淄博高新技术产业开发区、淄博经济开发区、文昌湖省级旅游度假区3个功能区，总面积5965平方公里，常住人口467.4万人。淄博作为齐国故都和齐文化发祥地，拥有三千年的历史文明，是中华民族古代文明的重要发祥地之一；近现代工业已有120年的历史，是全国唯一涵盖资源枯竭城市、独立工矿区、老工业基地三种类型的城市，是国家级新材料成果转化及产业化基地，国家火炬先进陶瓷、精细化工、生物医药、功能玻璃、泵类、聚氨酯等特色产业基地，全国41个工业行业大类中有40个在淄博实现规模化发展，老工业城市和资源型城市产业转型升级示范区建设五次获国务院督查激励；先后荣获全国文明城市、全国双拥模范城、国家森林城市、中国优秀旅游城市、全国社会治安综合治理优秀市并获得“长安杯”，国家卫生城市并荣膺“中国人居环境范例奖”。

二、城市高质量发展成就

（一）经济运行稳中向好，综合实力稳步提升

坚持稳中求进工作总基调，扛牢稳增长政治责任，攻坚克难、真抓实干，加力推动经济实现质的有效提升和量的合理增长，经济社会发展呈现加快复苏、稳中向好的态势，经济总量和综合实力稳步提升。2023 年，淄博综合质效指数为 78.2，比上年提高 0.6。全市实现生产总值（GDP）4561.8 亿元，按不变价格计算，比上年增长 5.5%；近三年年均增长 6.5%，高于全省年均增速 0.4 个百分点。人均 GDP 达 97267 元 / 人，比 2020 年增加 19686 元 / 人。工业增加值占 GDP 的比重稳定在 40% 以上，近三年年均增长 6.7%，有效发挥了经济增长压舱石作用，其中，规模以上工业增加值三年年均增长 9.6%，高于全省年均增速 2.3 个百分点；规模以上工业营业收入年均增速达到 12.7%，高于全省年均增速 4.2 个百分点。全市固定资产投资三年年均增长 15.2%，高于全省年均增速 9.4 个百分点。“四新”经济投资比上年增长 10.7%，高技术产业投资增长 20.4%，装备制造业投资增长 45%，均快于全部投资增速。“四新”经济投资占全部投资的比重由 2020 年的 49% 提高到 2023 年的 60.6%。三年间全市金融机构存、贷款余额分别逾 7000 亿元、5000 亿元；外贸进出口总额突破千亿元大关，实际使用外资达到 10 亿美元。

（二）科技创新引领发力，国家创新型城市建设扎实推进

坚持科教兴市、人才强市，深入实施创新驱动发展战略，积极推动科技创新与产业创新深度融合，不断激发高质量发展新动能。2023 年，淄博创新发展指数达到 82.1，较上年提高 0.4。强化企业科技创新主体地位，深入实施高新技术企业“双培育”工程和科技型中小企业“育苗”计划，支持企业与高校院所联合建设创新平台，全市省级以上创新平台达到 505 家，高新技术产业产值占规上工业比重达到 50.8%，比 2020 年提高 8.3 个百分点。推动教育链、人才链、产业链、创新链深度融合，实施产业领军人才引领计划，强化“校城融合”人才双向交流，淄博成为全省首批人才集聚节点建设城市。加强关键核心技术攻关，新材料、新能源等领域取得一批原创性、应用型科技成果，2023 年实施省级以上创新项目 100 余项，4 个项目获省技术金桥奖，“10 微米超薄氢燃料电池全氟质子膜”入选山东省十大科技创新成果，发明专利有效量、授权量分别达 11576 件、2536 件，分别比上年增长 25.4%、22.6%。坚持产业数字化、数字产业化一体发力，促进数字经济与实体经济深度融合，2023 年，培育省“产业大脑”2 个、数字经济晨星工厂 147 家、省级数字经济园区 4 家。实施“工赋淄博”行动，推动新一代信息技术与制造业深度融合，建成全国首个电机行业工业互联网二级节

点、水泥工业大脑、窑炉数字大脑。

（三）动能转换蓄势突破，现代化产业体系加快构建

坚定不移做大做强实体经济，大力推进新型工业化，制定《先进制造业强市实施方案（2023—2025 年）》，加快建设制造业“单项冠军之城”，推动产业向高端化、智能化、绿色化、集群化加速迈进。2023 年全市制造业增加值占 GDP 比重达 38.1%；累计培育国家级专精特新“小巨人”企业 81 家，省级以上制造业单项冠军 131 家，其中国家级单项冠军示范企业 24 家，数量居全省第 3 位。坚持存量做优、增量做强，启动实施短板产业补链、优势产业延链、传统产业升链、新兴产业建链“四链共进”行动，深入推进传统产业“强基工程”，聚焦化工、机械、建材、纺织、轻工、陶琉等优势产业，纵深开展“千项技改、千企转型”，500 项年度市重点技术改造项目落地实施，工业技改投资占全部投资的比重保持在 20% 以上。深入推进新材料、智能装备、新医药、电子信息“四强”产业攀登计划，2023 年“四强”产业增加值占规上工业增加值比重达到 54%，比 2020 年提高 6.7 个百分点。前瞻布局未来产业，扎实开展新经济培育“沃土”行动，聚焦储能、新能源汽车、光伏、工业机器人、氢能等领域，加快培育 31 条新经济细分赛道，淄博氢能及储能产业集群入选山东省未来产业集群。

图 1 双臂继电器组装机器人

（四）城市功能日臻完善，品质活力持续提升

坚持科学布局、建管并用，加强基础设施建设，加快推进城市更新，持续提升精细化管理水平，着力建设宜居、韧性、智慧城市。2023 年，全市常住人口城镇化率达 75.7%，比上年提高 0.8 个百分点。稳步推进主城区有机更新，加快推进全域公园城市建设，实施老旧小区、棚户区改造项目 46 个，建成口袋公园、街头游园 48 个。优化综合立体交通网络，济潍、临临高速淄博段建成通车，小清河复航工程通过交工验收，张博铁路电气化改造全面启动，城市快速路串线成环，经十路东延等互联互通项目有序推进，公路通车里程达到 11638.3 公里，其中，高速公路里程达 400.1 公里。加快布局现代化新型信息基础设施，大力推进“千兆城市”建设，2023 年底全市累计建成 5G 基站 9346 个，固定宽带接入用户数 199.9 万户，其中 1000Mbps 及以上接入速率用户数 61.9 万户。完善城市公用设施，公共供水总量 34628 万立方米，比上年增长 3.8%，城市供水普及率、燃气普及率、生活垃圾无害化处理率均达 100%。

（五）生态环境明显改善，城市底色焕新向绿

坚定不移走生态优先、绿色发展之路，先后实施两轮“四减四增”行动，生态环境显著改善。2023 年，淄博绿色发展指数达 84.4，比上年提升 1.1；万元 GDP 能耗较 2020 年累计下降 20.9%。坚决打好污染防治攻坚战，空气质量明显优化，全市 $PM_{2.5}$ 为 41 微克 / 立方米，空气质量优良天数达 219 天，环境空气质量综合指数改善率居全省第 2 位；7 个国控河流断面优良水体比例达到 100%，水环境质量指数位列全省第 2 位，19 处城市集中式饮用水水源地水质达标率达 100%。积极培育省绿色低碳高质量发展先行区建设试点，25 个区域、园区、企业列入首批试点范围。深入实施减碳降碳十大行动，扎实推进“两高”行业能效改造升级，高标准开展“亩产效益”评价，积极探索“虚拟电厂”“碳数字化管理平台”等新模式，有效提高能源资源利用效率，2023 年全市规上工业企业煤炭消费量较 2020 年削减 195.0 万吨。

（六）社会事业全面进步，民生福祉持续增进

坚持在发展中保障和改善民生，深入推进建设高品质民生促进共同富裕三年行动，扎实办好民生实事，民生支出占比达 84.3%，群众获得感幸福感安全感不断增强。2023 年，淄博共享发展指数为 76.4、比上年提高 1.4，协调发展指数为 84.1、比上年提高 0.6。城镇居民人均可支配收入 55181 元，增长 4.7%；农村居民人均可支配收入 26338 元，增长 7.2%。城乡居民收入倍差为 2.1，比上年缩小 0.1。积极发展社会事业，全市高等教育学校在校生数达 21.2 万人，高中阶段毛入学率

图 2 淄博火车站南广场

113.0%，学前教育毛入园率 99%；每千人口拥有 3 岁以下婴幼儿托位 4 个；公共图书馆图书藏量 362 万册，比上年增加 12.5 万册；体育场地数达到 14042 个；全市共有医疗卫生机构 4691 个，年末卫生技术人员 4.8 万人，比上年末增加 0.2 万人；提供住宿的养老机构数（民政）及养老机构床位数（民政）分别为 179 个、22392 张，新建居住区配建养老服务设施达标率达 100%。坚持和发展新时代“枫桥经验”，大力践行问题要解决、政策要解释、群众要解气的信访“三解”工作法，推深做实困难群体想到、走到、看到、问到、解决到“五到”关心关爱机制，加强矛盾纠纷多元化解，成功创建全国市域社会治理现代化试点合格市。

（七）市民游客双向奔赴，城市品牌更加彰显

抓住用好“淄博烧烤”出圈的巨大流量，坚持顺势而为、主动服务，统筹做好引流与分流、服务与管理、客人与家人、流量与留量的工作，进一步提升了城市知名度、美誉度和市民归属感、荣誉感，形成了“人好物美心齐、共促城市发展”的良好局面。积极应对流量，全流程全方位全链条做好食品安全、社会治安、物价管理、消防安全、酒店住宿等服务保障，“五一”、中秋国庆假期期间，在淄外地人数日均超过 120 万。分别发布致全市人民和广大游客的一封信，上线“智慧淄博”服务小程序，设立“您码上说 · 我马上办”民意平台，及时有效做好沟通，形成了相互理解、彼此信任、双向奔赴的良性互动。精心做好“流量+”文章，以“淄博烧烤”为契机拓展个性化、多样化消费模式，组织开展汽车、住房、陶瓷等展销活动90余场，在济南举办“好品山东·淄博美物”展销会，400余家企业、上万种名优产品参展。扎实推进全域旅游城市建设，深入实施旅游基础设施提升三年行动，高质量承办中国文旅企业合作发展大会，推出“好客山东·好美淄博”品牌，制定提振文旅消费11条政策，全年共接待国内游客6114.9万人次，实现旅游收入630.0亿元，分别比上年增长67.6%、68.4%。开展“沉浸式”文明城市创建，制定《关于聚力打造“五个淄博”进一步推进文明建设的实施意见》，加力打造人民满意的“服务之城”、重信践诺的“诚信之城”、互助互爱的“志愿之城”、干劲充盈的“劳动之城”、和谐美好的“文化之城”。

三、城市高质量发展存在的问题

（一）经济持续向好基础尚不稳固

从主要指标增速看，与省内先进城市相比还有一定差距。从城市开放水平看，经济外向度还不够高，全市开放发展指数为78.6，较上年下降1.3。从产业结构方面看，传统产业占比较高的问题尚未得到根本扭转，战略性新兴产业支撑作用不强，动能转换任务依然艰巨。

（二）科技创新能力还有待提升

科技战略资源布局不足，高能级创新平台偏少，关键核心技术供给能力不足，创新资源配置和创新生态环境培育有待加强，“科技——产业——金融”循环还不够畅通有力。部分企业科技创新动力不强、研发投入不足，原始创新能力、科技成果转化效率不高，导致缺乏核心技术和拳头产品，难以迈向产业链中高端。同时，受地理条件、生活环境、薪资待遇等因素影响，高端人才难引进、本地人才难留住问题较为突出。

（三）绿色低碳转型压力仍然较大

作为依托资源发展起来的老工业城市，产业结构偏重、能源结构偏煤的状况短时间内难以改变，生态环境保护结构性、根源性、趋势性压力尚未根本缓解。受产业结构、能源结构、交通运输结构等影响，空气环境质量存在季节性、反复性等问题，污染物溯源能力、数字化治理能力、固废资源化利用水平还有较大提升空间，水资源刚性约束不够强，粗放利用现象还不同程度存在。

四、城市高质量发展建议

（一）突出加速培育新质生产力，进一步激发高质量发展新动能

立足淄博资源禀赋、产业基础，健全因地制宜发展新质生产力体制机制，加快推动质量变革、

效益变革、动力变革。以创建国家创新型城市为引领，围绕产业链布局创新链、人才链、资金链，充分发挥企业创新主体作用，深化“揭榜挂帅”“科技副总”等引用机制，实施一批重大科技创新项目，攻克一批“卡脖子”难题，不断增强创新策源能力、成果转化能力。聚焦高端化、智能化、绿色化、集群化方向，用足用好大规模设备更新机遇，加快推动化工、机械、纺织、陶琉等传统产业改造升级，积极拓展新材料、智能装备、新医药、电子信息等新兴产业核心优势，卡位布局人工智能、氢能储能、机器人、钙钛矿电池、低空经济等新领域新赛道，加快形成结构优化、接续有力、融合互动的产业梯队。

（二）突出加力防范化解重大风险，进一步彰显新时代社会治理新成效

坚定不移贯彻总体国家安全观，健全完善防风险、保安全、护稳定、促发展制度机制，努力建设更高水平的平安淄博。健全重大突发公共安全事件处置保障体系，深入开展安全生产治本攻坚三年行动，强化危化品、道路交通、燃气、食品药品、森林防火等安全监管，提升粮食、能源、产业链供应链等领域安全保障能力，以高水平安全保障高质量发展。健全共建共治共享社会治理体系，完善矛盾纠纷多元化解机制，认真践行信访“三解”工作法，切实营造安全稳定的社会环境。

（执笔人：牛海霞 张硕 李致民）

东营市高质量发展监测报告

近年来，东营市委、市政府深入学习领会习近平总书记关于城市工作的重要论述，完整准确全面贯彻新发展理念，深入实施黄河重大国家战略、创新驱动战略“两大战略”，全力打造产业转型“升级版”，协调推进新型工业化城镇化加快突破，谱写了高水平现代化强市建设新篇章。

一、区位独特、产业兴旺，正值青春的石油之城、生态之城

东营是适应胜利油田和黄河三角洲开发建设需要，于 1983 年 10 月成立的省辖地级市，辖东营、河口、垦利三区和广饶、利津两县，面积 8257 平方公里，常住人口 220.6 万。黄河从这里入海，兵圣孙武在这里诞生，胜利油田在这里崛起，吕剧在这里发源。1925 年建立的中共刘集支部是山东省最早的农村党支部之一，保存着全国最早的《共产党宣言》中文全译本。

东营区位优势明显，是衔接环渤海地区与黄河流域的重要战略节点，黄河流域重要出海通道，环渤海地区合作发展和京津冀协同发展城市。自然资源丰富，是胜利油田的主产区。生态特色鲜明，拥有“河海交汇、新生湿地、野生鸟类”三大世界级旅游资源，是全国文明城市、中国优秀旅游城市、全国环保模范城市、国家生态园林城市、全球首批国际湿地城市。产业基础雄厚，炼油、轮胎、石油装备、新闻纸产能产量居全国前列。

东营是一座国家战略垂青的城市，是黄河流域生态保护和高质量发展国家战略的重要承载区。2021 年 10 月 20 日至 21 日，习近平总书记亲临东营视察，作出一系列重要指示，为黄河三角洲生态保护和高质量发展把舵领航，赋予东营新的重大使命。东营正全力推动黄河三角洲生态保护和高质量发展，努力在全省全国大格局、黄河全流域中展现东营担当、作出东营贡献。

二、宜居宜业、富有活力，事争一流的发展之城、奋进之城

多年来，全市上下紧紧围绕高水平现代化强市建设，着力在推动高质量发展、激发创新活力、

加强生态保护、扩大对外开放、促进共同富裕上争一流、走在前，高质量发展迈出新步伐、取得新成效。2023 年，东营城市高质量发展指数为 81.3，较上年增加 1.2，居全省第 5 位。

（一）综合实力稳步增强

落实各项稳经济政策举措，靶向解决难题，主要经济指标增速保持全省前列。2023 年，东营综合质效指数为 83.1，比上年增加 2.6，居全省第 3 位。全市地区生产总值、规模以上工业增加值分别比上年增长 7.0%、12.7%，均居全省第 1 位；一般公共预算收入增长 7.2%，居全省第 2 位。人均地区生产总值达到 17.66 万元，居全省第 1 位，高于第 2 位的青岛 2.44 万元，按年均汇率折算超过 2.5 万美元，达到发达国家水平。市辖区“主阵地”地位更加巩固，市辖区地区生产总值、一般公共预算收入、社会消费品零售总额分别占全市的 69.5%、70.5%、73.9%，人均地区生产总值达到 18.78 万元，高于全市平均水平 1.12 万元。高端石化产业基地建设快速推进，东营港经济开发区综合实力跃升全国化工园区第 6 位。综合看，东营资源型、能源型、资本型的产业结构，与较低的人口规模形成较大反差，工业化、城市化水平较高，人均地区生产总值长期保持全省首位、全国前列，是东营综合实力和竞争力的鲜明体现。

（二）创新驱动成效显著

深入实施创新驱动发展战略，推动科技创新与产业深度融合，塑造高质量发展新动能。2023 年，东营创新发展指数为 78.7，比上年增加 1.2。研发投入持续加大，2022 年，全市研发强度为 2.5%，比上年提高 0.2 个百分点；万人拥有研发人员数达到 152.19 人年，居全省第 3 位；有研发活动的规上工业企业占比达到 56.6%，居全省第 6 位，较上年大幅提高 20 个百分点。深入实施科技企业“双倍增”“一提升”专项行动，2023 年，国家科技型中小企业达到 1540 家，高新技术企业连续三年保持 30% 以上增长。获批国家知识产权强市建设示范城市，全市发明专利有效量、技术合同成交额分别达到 7443 件和 186.65 亿元，分别是 2018 年的 4.2 倍和 3.6 倍。数字经济攻坚突破成效显著，海克斯康在东营建成国内第 3 家赋智中心，胜软“云帆”获评国家级工业互联网“双跨”平台，数字经济核心产业增加值连续两年翻倍增长。

（三）区域协调融合发展

加强全域统筹，坚持城乡一体、区域融合，深入实施乡村振兴战略，推进油地校融合、区域协调发展。2023 年，东营协调发展指数为 80.3，比上年增加 0.6。产业结构更趋优化，三次产业对经济增长贡献率分别为 3.3%、58.9% 和 37.8%。工业化进程加快，全部工业增加值占地区生产总值比重达到 54.6%，规模以上工业营业收入突破万亿大关，位居全省前列。油地校融合发展取得突破性进展，胜利油田办社会职能分离移交工作走在全国前列，胜利学院成功转设为山东石油化工学院，石油大学研究生院落地东营。新型城镇化深入推进，全市城镇化率达到 72.5%，高于全省 7 个百分点，居全省第 5 位；城镇、农村居民人均可支配收入分别达到 6.22 万元、2.55 万元，分别居全省第 3 位、第 7 位。乡村振兴加快推进，全市羊存栏 142 万头、出栏 318 万头，居全省第 2 位；牛奶产量 47.7 万吨，居全省第 1 位；现代高效农业增加值占农林牧渔业增加值比重达到 17.8%；市级以上现代农业产业园发展到 24 个、农业龙头企业发展到 191 家，黄河口大闸蟹、滩羊等产业加快提升，全国名特优新农产品达到 8 个。

（四）生态环境大幅改善

持续打好污染防治攻坚战，纵深推进城市更新建设，打造特色生态城市“升级版”。2023 年，东营绿色发展指数为 84.9，居全省第 5 位。黄河口国家公园创建工作顺利推进，在全省率先制定贯彻落实“四水四定”原则工作方案、率先开展区域水权和排污权市场化交易改革，圆满完成全国首批、黄河流域首家自然资源领域生态产品价值实现机制试点。深入打好蓝天保卫战，全市细颗粒物（$PM_{2.5}$）浓度连续 2 年达到国家二级标准，成为省内继青烟威日后唯一达到二级标准的市；环境空气质量综合指数为 4.3，居全省第 5 位。地表水环境质量持续改善，国控断面优良比例达到 55.6%；近岸海域优良水体面积比例为 78.7%，比上年改善 30.6 个百分点，达到近年来最好水平。全力推进公园城市建设，市辖区人均公园绿地面积达到 18.53 平方米，位居全省前列。推窗见绿、出门进园，天蓝、水清、地净已成为东营生态环境的新常态。

（五）对外开放成果丰硕

积极参与共建“一带一路”，主动融入国家和省区域发展战略，开放经济稳中提质。2023 年，东营开放发展指数为 82.0，居全省第 5 位。东营港区 10 万吨级内航道北支、4 个 10 万吨级液体泊位建成投用，货物吞吐量首次突破 7000 万吨。实施境外百展市场开拓计划，货物进出口总额 2494.27 亿元，居全省第 4 位。其中，出口 657 亿元，橡胶轮胎、石油装备出口快速增长；进口 1837.27 亿元，原油、燃料油进口量居全省首位。全市新设立外商直接投资企业数由 2018 年的 13 家增长到 2023 年的 48 家，增长了 2.7 倍；实际使用外资额由 2018 年的 0.97 亿美元增长到 8.03 亿美元，增长了 7.3 倍。沿黄沿海的特殊地理位置，塑造了东营“大进大出”的产业结构和原料、市场“两头在外”的外向型经济。全市对外贸易依存度达到 64%，居全省第 1 位。

图 1 东营港

（六）民生福祉持续增进

扎实推进社会民生建设，加大民生保障力度，推动基本公共服务优质共享。2023 年，东营共享发展指数为 79.2，比上年增加 1.9，居全省第 1 位。经济快速增长带动居民收入和生活水平不断提升，全市居民人均可支配收入达到 5.11 万元，居全省第 3 位；城镇非私营单位、私营单位从业人员平均工资分别达到 12.9 万元、7 万元，大幅高于全省平均水平，分别居全省第 3 位、第 1 位；城镇人均现住房建筑面积 42 平方米，每百户城镇居民家庭家用汽车拥有量 101 辆，均居全省前列。社会保险覆盖面扩大，年末居民基本养老、基本医疗保险参保人数分别为 69.46 万人、122.99 万人；企业退休人员基本养老金月人均 2856 元；城镇、农村最低生活保障标准分别达到每人每月 1004 元、850 元，城乡特困人员基本生活标准按照城乡低保标准的 1.5 倍执行。较低的人口规模，较高的城镇化水平，雄厚的财税收入，人均公共资源相对富裕，使得居民能更好共享经济社会发展成果。

三、牢记“国之大者”、打造竞争优势，探索高质量发展的“东营逻辑”

40 年风雷激荡，40 年春潮涌动，40 年岁月如歌，东营是伴随着改革开放开发建设又“后来居上”的城市典范，因资源改写命运，用奋斗铸造辉煌，走出了一条特色鲜明、步履稳健的蝶变之路，为全国资源型城市、重工业城市跨越发展提供了可借鉴、可复制、可推广的东营样本。

（一）坚持工业立市、制造强市

东营是典型的石油资源型城市，从建市初期“一油独大”到建立较为完善的工业体系，走的是一条工业优先、集群发展之路，这是立足东营资源、区位、人口等多种因素考量的必然选择，也是历届市委、市政府的统一认识。近年来，全市聚焦延链补链强链深入实施重点产业“链长制”，“一链一策”加强项目谋划、精准招引、龙头培育、集群打造，全力打造产业转型“升级版”。2023年市委、市政府主要领导和各“链长”亲自带队外出开展产业链招商，重点产业链新签约项目219个、签约金额1745亿元。连续两年获评“全省促进工业稳增长和转型升级成效明显市”。全市11家企业入围中国企业500强，15家企业入围中国民营企业500强，17家企业入围中国制造业企业500强，数量均居全省首位。

（二）坚持科技赋能、创新驱动

当前，新一轮科技革命和产业变革突飞猛进，科技创新在城市竞争中的作用愈发明显。东营以建设高水平国家创新型城市为契机，深入实施创新驱动战略，持续优化科技创新生态，加大创新资源导入，不断提升科技成果转化水平。围绕产业布局，强化高能级平台建设，打造形成了以15家国家级创新平台为龙头、127家省级创新平台为支撑、544家市级创新平台为基础的科技创新支撑保障体系。深入实施规模以上工业企业研发机构全覆盖计划，鼓励支持企业引进高层次人才，建设重点实验室、企业技术中心、工程研究中心和离岸研发机构，有力支撑了企业发展。2023年，东营在全国城市创新能力百强榜中再进7个位次，排名第62位。

（三）坚持生态优先、绿色发展

东营以黄河口国家公园创建为牵引，率先编制实施黄河三角洲生态保护和高质量发展“1+9”规划体系，深入实施湿地生态保护修复和生物多样性保护工程，黄河口国家公园成为全国正式启动创建的第一家陆海统筹型国家公园，创建工作加快推进。创建成为全球首批国际湿地城市、国家生态园林城市。纵深推进环境综合治理，强化$PM_{2.5}$和臭氧协同控制，突出大气治理精准化、科学化，主要环境指标稳中提质。加快实施“双碳”目标，落实“两高”项目碳排放替代要求，加快发展风光储氢等绿色产业，可再生能源装机超越火电成为第一大电源，增量能源消费（扣除原材料用能）全部由可再生能源提供，胜利油田CCUS项目年捕集能力达到53万吨。

四、聚焦差距、对标对表，明确高质量发展的瓶颈制约

（一）产业结构偏油偏重，发展质效有待提升

长期以来，第二产业在东营经济发展中始终占据主导地位，第三产业增加值占地区生产总值比重远远落后于全省平均水平，长期居全省末位。从工业结构看，油气开采、石油加工、化工、有色金属、橡胶轮胎5大重化工业增加值占规模以上工业比重超过80%，产品多为基础化工原料，附加值低，处于价值链的底端，经济发展的质量效益和活力动力有待加强。2023年全市“四新”经济增加值占地区生产总值比重、高新技术产业产值占规上工业比重、高技术制造业增加值占规上工业比重、高技术产业投资占全部投资比重分别为21.4%、47.6%、2.7%、8.2%，长期处全省下游水平。

（二）传统路径依赖较强，科技进步对经济增长贡献不足

东营传统产业受益于资源、资本的大量投入，海运便利、土地价格便宜，便于规模化生产，路径依赖强，应对市场变化能力差，主动转调意愿弱，缺少依靠科技进步实现转型升级的动力。近年来产能升级主要靠先进设备和技术的购进，开展自主研发、具有自主知识产权创新成果的企业少之又少。2023年，全市创新发展水平低于全省平均1.7个百分点，居全省第12位。全市研发强度既低于济南、青岛、淄博等经济大市，也低于聊城、滨州、威海等经济总量不如东营的市。

（三）民生福祉存在短板，城乡发展不够均衡

东营民生发展水平总体处于全省第一方阵，但发展速度放缓，部分领域分化明显。2023年，全市协调发展指数低于全省平均1.99个百分点，居全省第13位。受制于人口规模和市场容量，居民服务、修理和其他服务业，住宿和餐饮业，文化、体育和娱乐业等生活性服务业发展滞后，规模处于全省较低水平。优质供给偏少，服务领域狭小，价格偏高，制约了居民生活品质进一步提升，市辖区第三产业增加值、社会消费品零售总额占地区生产总值比重均为全省最低。农村居民与城镇居民收入差距偏大，城乡居民人均可支配收入之比为2.44，长期与济南并列为全省最高。

五、抓住机遇、乘势而上，开创高水平现代化强市建设新局面

纵横正有凌云笔，乘风破浪再扬帆。面对高质量发展这道时代考题，东营以独具优势的发展逻辑，交出了精彩“答卷”、彰显了“东营担当”。站在新的历史起点，东营将以“争一流、走在前”的境界，以“走在前、挑大梁”的担当，凝心聚力谋发展，创新实干勇争先，努力开创高水平现代化强市建设新局面。

（一）聚力落实黄河重大国家战略

高质量建设黄河口国家公园，系统加强生态保护治理，服务保障生态安全。持续推进盐碱地种

业创新和综合利用，加快突破盐碱地生物育种关键核心技术，服务保障粮食安全。推进打造国家油气安全战略保障基地，加快建设现代能源经济示范区，服务保障能源安全。

（二）聚力构建现代化产业体系

因地制宜发展新质生产力，推进科技创新与产业创新深度融合，大力推进新型工业化，建设先进制造业强市。加快推动传统优势产业改造升级，培育壮大新兴产业，前瞻布局未来产业，深入实施服务业补短提升行动，加力突破数字经济，大力发展现代海洋经济，打造产业转型“升级版”。

（三）聚力保障和增进民生福祉

建好管好特色生态城市，全力推进公园城市建设，因地制宜建设公园游园。大力发展富民产业，推进共富乡村建设，开展共富公司试点，将农民增收嵌入农业农村发展链条，打造乡村振兴“升级版”。扎实做好安居富民工作，多渠道促进就业增收，用心用情用力办好民生实事，厚实民生成色、加热民生温度。

（执笔人：徐钦奇 高凯 周少帅）

烟台市高质量发展监测报告

烟台地处山东半岛东部，濒临黄海、渤海，陆域面积 1.39 万平方公里，海域面积 1.23 万平方公里，海岸线长 1071 公里，常住人口 703 万人，黄金储量和产量均居全国城市首位，“烟台制造”助力航天、高铁、核电、深潜等“大国重器”问天探海。烟台是全国首批 14 个沿海开放城市之一、山东新旧动能转换综合试验区“三核”之一、山东自贸试验区“三区”之一、山东国际招商产业园“三园”之一，获评联合国人居奖城市、中国优秀旅游城市，是亚洲唯一的国际葡萄·葡萄酒城，是国家历史文化名城，连续六届荣获全国文明城市，被世界银行评为投资环境“金牌城市”。

图 1 烟台山

一、扎实苦干、拼搏进取，城市高质量发展成效显著

2023 年是烟台发展史上具有重要里程碑意义的一年，全市上下坚持以习近平新时代中国特色社会主义思想为指导，牢记习近平总书记嘱托，锚定“走在前、开新局、作贡献”，奋发进取，经济总量历史性迈上万亿元台阶，新时代社会主义现代化强市建设迈出坚实步伐。2023 年，烟台城市高质量发展指数为 82.6，比上年提高 1.0。

（一）综合实力稳步提升，发展质效持续提高

2023 年，烟台以勇挑大梁的三核担当，着力改善市场预期、切实提振发展信心、不断增强内生动力，经济运行稳健恢复、回升向好，经济发展质量呈现“均衡、提质、增效”。2023 年，全市综合质效指数为 84.1，比上年提高 2.0。一是经济总量迈上新台阶。2023 年，全市 GDP 为 10162.5 亿元，按不变价格计算，比上年增长 6.6%，增速比全国、全省分别高 1.4 和 0.6 个百分点。人均 GDP 为 144241 元，比上年增长 7.0%。产业结构进一步优化，三次产业结构由上年的 7.0:42.6:50.4 调整为 6.9:42.1:51.0。二是经济发展协同有力。将工业稳增长摆在突出位置，推进制造业强市三年行动，工业经济持续稳中向好，烟台跃居全国先进制造业百强市第 23 位、较上年前移 6 位。2023 年，全部工业增加值 3682.35 亿元，比上年增长 7.5%。规模以上工业增加值增长 11.7%，比全国、全省分别高 7.1 和 4.6 个百分点，连续 3 年保持两位数增长。服务业经济恢复向好。2023 年，全市服务业增加值比上年增长 6.1%，占 GDP 比重达到 51.0%，对经济增长的贡献率为 47.4%。省、市、县三级重点项目建设高效推进，有效投资稳步扩大。2023 年全市固定资产投资比上年增长 5.8%，比全国、全省分别高 2.8 和 0.6 个百分点。工业投资增长 12.2%、占全部投资比重 47.8%，基础设施投资增长 11.1%、占全部投资比重 26.3%。把恢复和扩大消费摆在优先位置，消费需求持续释放。2023 年全市社会消费品零售总额 3545.7 亿元，比上年增长 9.2%，增速比全国、全省分别高 2.0 和 0.5 个百分点。对外贸易承压前行。2023 年，全市进出口总额 4568.5 亿元，比上年增长 1.5%。

（二）新兴动能稳步增强，创新发展成效明显

烟台深入实施创新型企业培育行动，发挥创新引领作用，加快培育发展新质生产力，新旧动能转换实现新突破。2023 年，全市创新发展指数为 83.3，比上年提高 1.0。一是新兴动能稳步增强。2023 年，全市规模以上高技术制造业增加值比上年增长 7.6%，占全部规模以上工业比重为 15.2%、比上年提高 1.1 个百分点。高技术产业投资增长 33.1%，占全部投资比重为 9.5%、比上年

提高 1.9 个百分点。规模以上高技术服务业企业实现营业收入 251.1 亿元，增长 10.6%，占规模以上服务业企业营业收入比重 27.9%。二是创新动能更加强劲。2022 年，全市 R&D 经费投入 197.5 亿元，比上年增长 14.0%，比全国、全省分别高 5.9 和 1.9 个百分点，2021—2022 年两年平均增长 17.3%。R&D 经费投入占 GDP 比重为 2.1%，比 2021 年提高 0.1 个百分点。年末全市拥有有效发明专利 18066 件，比上年末增长 30.1%；每万人有效发明专利拥有量 25.51 件，比上年提高 5.95 件。技术合同交易额 449.3 亿元，比上年增长 51.9%。2023 年有 31 项成果获省科学技术奖，2 项成果入选山东省十大科技创新成果。先进药物递释系统全国重点实验室揭牌，万华全球研发中心二期投用。先进材料与绿色制造省实验室累计解决企业“卡脖子”技术 30 多项，全市省级以上科创平台突破 420 家。国家级专精特新“小巨人”企业达到 115 家、省级专精特新中小企业达到 1028 家、省级“瞪羚”企业达到 264 家。成功举办第二届全国博士后创新创业大赛，新引进高层次人才 1.2 万人。

（三）城乡品质提档升级，区域化发展步伐加快

烟台建立完善城乡融合发展工作机制，研究出台城镇化配套改革措施，加快推进公共服务均等化，以“三城联创”为抓手提升城市品质，城镇化高质量发展取得新成效。2023 年，全市协调发展指数为 82.5，比上年提高 0.6。一是城镇化水平稳步提升。2023 年末，全市常住人口城镇化率达 69.2%，比上年末提高 1 个百分点。二是城乡居民收入差距不断缩小。2023 年全市城镇居民和农村居民人均可支配收入之比为 2.09，比上年缩小 0.03。三是三次产业协调发展。全市第一产业、第二产业、第三产业增加值分别比上年增长 4.7%、7.6%、6.1%。四是城乡功能布局进一步优化，交通设施更加完善。2023 年，全市年末公路通车里程 19886.74 公里，比上年增长 0.3%，烟台机场二期建成，莱荣高铁开通运营，潍烟高铁主线铺轨，荣乌高速烟台至威海段改扩建工程建成通车，山海、德润快速路首段开通。城市更新试点通过国家验收。

（四）绿色发展硕果累累，城市环境生态宜居

烟台协同推进社会经济高质量发展和生态环境高水平保护，围绕“改善环境质量、确保环境安全、促进科学发展”三条主线，坚决打赢污染防治攻坚战，持续改善生态环境质量，美丽烟台建设迈出坚实步伐。2023 年，全市绿色发展指数为 89.1。成功举办 2023 绿色低碳高质量发展大会，烟台位居国家低碳试点城市中期评估第 3 位。全市清洁能源装机容量达到 1325 万千瓦、居全省首位。绿色低碳转型步伐加快，建成全国首个投运的城市级虚拟电厂。“双碳”载体建设取得实效，招远通过国家循环经济示范市验收，4 个区市、14 家企业入选全省绿色低碳高质量发展先行区建设试点，长岛国际零碳岛规划研究成果在联合国气候变化迪拜大会发布。空气质量优良率保持 80% 以上，细颗粒物（$PM_{2.5}$）年平均浓度 26 微克 / 立方米，连续 4 年达到国家二级标准，近岸海域优良水质面积占比达到 99%，实施造林 3800 多亩，拥有国家级省级自然保护区 20 处和海洋生态牧场 43 处，数量、面积均居山东省第一，昆嵛山国家自然保护区赤松林入选“中国最美森林”。

（五）民生保障有力有效，群众幸福感不断攀升

牢固树立以人民为中心的发展思想，以人民满意为标尺增进福祉，坚持在发展中保障和改善民生，教育、卫生、文化、体育等社会事业稳步发展，经济社会发展成果更多惠及全体人民。2023 年，烟台共享发展指数为 74.6，比上年提高 1.9。一是居民收入稳步提升。2023 年，全市居民人均可支配收入 48155 元，比上年增长 6.7%。二是居民生活更加舒适便捷。2023 年，全市城镇居民人均住房建筑面积达到 41.2 平方米，比上年增加 1.8 平方米；每百户城镇居民家庭家用汽车拥有量 64 辆，比上年增加 5 辆。三是教育供给更加丰富。2023 年，全市新改扩建公办幼儿园 13 所、中小学 33 所，学前教育普惠率达到 95%。烟台大学八角湾校区、山东建筑大学产学研基地（烟台）建成投用，山东城市服务职业学院、烟台城市科技职业学院获批设立，连续两年入选山东省职业教育改革发展成效明显市。四是医疗资源优化提升。2023 年，全市医疗卫生机构数、床位数、卫生技术人员数为 6140 个、4.6 万张、6.0 万人，分别比上年增加 147 个、0.16 万张和 0.29 万人，烟台入选全国首批紧密型城市医疗集团建设试点城市。五是文化体育事业蓬勃发展。2023 年，全市新建城乡书房 54 处，组织文化惠民活动 1 万多场，年末拥有公共图书馆 13 个、文化馆 14 个、博物馆、纪念馆 55 个。拥有健身场地 8687 处，体育器材设施覆盖率达到 95% 以上。举办各级各类群众体育赛事活动 3325 场、参与人次超过 50 万，烟台体育健儿在杭州亚运会上获得奖牌总数全省第一。烟台历史文化名城保护规划正式获批，山东手造烟台综合展示中心获评“沉浸城市故事会”国家级试点，朝阳街、亚东柒号文创园分别入选国家级、省级旅游休闲街区。

二、城市高质量发展的经验

烟台能够在各地竞相发展的大潮中超越自我、脱颖而出，迈入万亿级城市行列，既有普遍规律、更有独特因子。

走出一条牢记嘱托、矢志不渝的感恩奋进之路，烟台坚定不移跟党走，沿着习近平总书记指引的方向笃定前行。党的十八大以来，深入学习贯彻习近平新时代中国特色社会主义思想，全面落实

2018 年 6 月总书记亲临烟台视察作出的重要指示精神，感恩于心、知恩于行，自觉把总书记的殷切嘱托转化为砥砺前行的强大动力，以新发展阶段把握大势，以新发展理念谋篇布局，以新发展格局推动实践，干成了一系列打基础利长远的大事，办好了一系列惠民生聚民心的实事。

走出一条时不我待、栉风沐雨的奋勇争先之路，烟台抢抓重大战略机遇，在融入全国全省大局中率先走在前。抢抓 2018 年山东新旧动能转换综合试验区、2022 年山东绿色低碳高质量发展先行区建设重大机遇，应势而动、借势而为、聚势而强，把政策红利转化为发展动力，把机遇优势转化为竞争胜势。

走出一条唯实求实、与时俱进的赓续传承之路，烟台科学研判烟台市情和阶段特征，守正创新推动城市发展承前启后、继往开来。党的十八大以来，烟台城市目标定位在继承中发展、在发展中创新，从“蓝色文明幸福之都”到“让本地人自豪外地人向往的成功城市”，从“创新开放包容、宜居宜业宜游的现代化国际滨海城市”到“制造业强市、海洋经济大市、宜业宜居宜游城市和现代化国际滨海城市”，再到“更具竞争力的新时代现代化国际滨海城市”，接续实施“1+233”工作体系、“十个发展新突破”和“六个加力奋进”，发展方向更明确、路径更清晰、重点更突出、成效更显著。

走出一条工业立市、制造业强市的产业振兴之路，烟台坚守实体经济不动摇，稳扎稳打夯实高质量发展的硬支撑。党的十八大以来，完整准确全面贯彻新发展理念，大力实施新旧动能转换，聚力培育 9 大制造业集群，加力提速腾笼换鸟、凤凰涅槃，主导产业塑成优势、新兴产业聚链成势、未来产业加速起势，实现了老工业城市的转型升级、传统产业的蝶变跨越。

走出一条重商亲商、政企同心的共进共兴之路，烟台大力弘扬企业家精神，推动创新创业创造焕发强劲动力。烟台历来有厚商亲企的传统。近代以来，相继涌现出张弼士、李东山等一批优秀民族企业家，凝聚成“品重醴泉、实业兴邦”的家国情怀。改革开放初期，敢为人先的胶东农民企业家敏锐捕捉时代气息，乡镇企业异军突起，创造了影响深远的“胶东模式”。伴随着市场经济大潮，一大批骨干企业勇立潮头、逐浪前行，呈现出老中青三代企业家头雁领航、群雁齐飞的生动格局，“抓实业、干事业、创大业”成为烟台最广泛的共识、最坚毅的行动。

三、城市高质量发展的短板弱项

总的来看，烟台城市高质量发展成效显著，但还存在着一些短板弱项，要采取针对性措施加以解决，不断推动烟台高质量发展取得新成效。

经济发展质效仍需提升。一是工业产业结构转型升级任重道远。烟台高技术制造业增加值占规上工业增加值比重仅为 15.2%，还没有成为工业经济的主导，烟台工业经济的增长主要还是依靠有色金属冶炼和压延加工业、有色金属矿采选业、食品制造业等传统优势行业的拉动，新经济对工业经济增长的拉动力明显不足。二是投资后劲仍需增强。2023 年，全市投资项目 2309 个，比上年下降 15.6%。其中，新开工项目 753 个，下降 39.7%。三是房地产供需两端仍然低迷。从供给侧看，2023 年房地产开发投资下降 15.5%，下拉全市投资增速 2.5 个百分点，商品房新开工面积下降 25.1%。从需求侧看，2023 年商品房销售面积增长 2.9%，房地产销售整体仍现疲态。

外贸外资亟待提振提质。一是外贸增速较慢。受全球贸易增长乏力等因素影响，2023 年全市外贸进出口总额 4568.5 亿元，比上年增长 1.5%，低于全省 0.2 个百分点，其中，出口 2653.1 亿元，下降 1.9%。二是利用外资水平下降。2023 年，全市实际使用外资 23.2 亿美元，比上年下降 22.3%，增速低于全国 8.6 个百分点。2023 年烟台开放发展指数为 85.0，较上年下降 0.5。

城市环境质量需要关注。2023 年，全市空气质量优良天数比例为 82.5%，比上年下降 3.8 个百分点；全市细颗粒物（$PM_{2.5}$）年平均浓度 26 微克 / 立方米，比上年增加 2 微克 / 立方米。

2024 年是中华人民共和国成立 75 周年，也是实现“十四五”规划目标的关键一年，更是烟台站上万亿级城市新起点接续奋斗再战新征程的起步之年。烟台将以习近平新时代中国特色社会主义思想为指导，深入贯彻党的二十届三中全会和习近平总书记视察山东重要讲话精神，坚持稳中求进工作总基调，完整准确全面贯彻新发展理念，主动服务和融入新发展格局，锚定 2035 年跃升成为环渤海地区中心城市目标，着力推动高质量发展，统筹扩大内需和深化供给侧结构性改革，统筹新型城镇化和乡村全面振兴，统筹高质量发展和高水平安全，加快打造绿色低碳高质量发展示范城市，奋力谱写中国式现代化烟台篇章。

（执笔人：位正革 王振华 梁辰）

威海市高质量发展监测报告

党的二十大报告明确提出："加快构建新发展格局，着力推动高质量发展"，将高质量发展作为全面建设社会主义现代化国家的首要任务。近年来，威海市委、市政府牢记习近平总书记"威海要向精致城市方向发展"的殷切嘱托，完整准确全面贯彻新发展理念，全面落实省委、省政府决策部署，聚焦聚力"大抓基层、大抓经济、大抓落实"，全力推进城市高质量发展，"精致城市·幸福威海"建设不断开创新局面。

一、千里海岸线，一幅山水画

威海地处山东半岛最东端，辖环翠区、文登区、荣成市、乳山市，设有高技术产业开发区、经济技术开发区、临港经济技术开发区三个国家级开发区和综合保税区。全市面积 5822.5 平方公里，常住人口 291.4 万人。

威海三面环海，拥有近千公里海岸线，占全省的 1/3、全国的 1/18；海域面积 1.13 万平方公里，是陆域的两倍。近千公里海岸线上，山海相依，风景秀丽，有 185 个岛屿、59 处品质优良的沙滩，建成千里山海自驾旅游公路，形成"千里海岸线、一幅山水画"品牌。

威海四季分明、气候宜人，环境空气质量在全省唯一连续 8 年达到国家二级标准，连续 3 年达到世卫组织标准，荣获联合国人居奖，全域建成国家生态文明建设示范区，被誉为最适合人类居住的地方。

2018 年，习近平总书记亲临威海视察，提出"威海要向精致城市方向发展"的殷切期望，为威海城市高质量发展指明了前进方向。近年来，全市上下牢记嘱托，全域推进"精致城市·幸福威海"建设，"用绿色和温情来打造精致城市"作为全球 15 个国家和地区的 21 个典型案例之一，入选联合国世界城市日全球主场活动 2022 版《上海手册》。连续 4 年获评"中国最具幸福感城市"。

图 1 威海地标建筑“幸福门”

二、真抓实干，久久为功，城市高质量发展成效显著

近年来，全市牢牢把握高质量发展这个首要任务，锚定“走在前、开新局”，积极主动融入全省绿色低碳高质量发展先行区建设，加快推进精致城市建设，全力打造共同富裕先行区。经过不懈努力，威海的城市品质显著提升，市民的获得感、幸福感、安全感不断增强。2023 年，威海城市高质量发展指数为 81.4，较 2022 年提高 1.1。其中，综合质效指数、创新发展指数、协调发展指数、共享发展指数 4 项指数较 2022 年均有不同程度提高。

（一）经济发展量质齐升，城市综合实力显著增强

近年来，威海树牢大抓经济工作的鲜明导向，坚决扛牢稳增长政治责任，出台推动经济高质量发展“1+N”政策体系，在全社会营造凝心聚力谋发展、真抓实干求突破的浓厚氛围。2023 年，威海综合质效指数为 80.3，较 2022 年提高 3.8。

经济规模不断扩大。2023 年，全市 GDP 达 3513.5 亿元，较上年增长 5.7%。人均生产总值达到 12.1 万元，增长 5.7%。经济持续、快速发展的同时，宏观经济效益稳步提高，地方财政实力稳步增强。2023 年，全市一般公共预算收入 237.4 亿元，增长 5.4%。

产业结构逐步优化。威海产业结构本身就比较合理，没有高耗能、高污染产业，培育发展了新一代信息技术、新医药与医疗器械、海洋生物与健康食品等八大产业集群，是全国重要的医疗器械、碳纤维、打印机、船舶及海工装备等生产基地。近年来，全市坚持扩量与升级并重、传统与新兴协同，

促进生产性服务业向专业化和价值链高端延伸，生活性服务业向高品质和多样化转变，持续推动服务业转型升级，全市服务业取得长足发展。2023 年，全市三次产业结构达到 10.5：37.9：51.6，第三产业高出第二产业 13.7 个百分点，产业结构进一步优化。

（二）深入实施创新驱动战略，经济发展动力持续增强

威海始终把创新作为引领发展的第一动力，加快集聚各类高端创新资源，提升要素配置能力，着力建设高水平区域创新中心。2023 年，全市加快建设国家创新型城市，以理念创新、制度创新打开新局面，以科技创新、企业创新抢占新赛道，激活高质量发展动力源。2023 年，威海创新发展指数为 79.7，较 2022 年提高 0.2。

创新投资持续加大。2023 年，全市“四新”经济投资增长 14.6%，高于全部投资增速 10.3 个百分点；工业技改投资增长 11.0%，列全省第 2 位；高技术产业投资增长 64.2%，列全省第 3 位，占全部投资的比重达 30.3%，高居全省首位。2022 年，全社会研发经费内部支出达 87.0 亿元，增长 4.5%，占 GDP 的比重为 2.56%，较 2021 年提高 0.08 个百分点。

优势产业集聚突破。2023 年，威海高端医疗器械产业集群入选中国百强产业集群，文登区商用车关键零部件产业集群获评国家级中小企业特色产业集群，核能产业集群入选全省首批未来产业集群。有 6 个制造业集群入选省“十强”产业“雁阵形”集群名单，初步形成医药医疗器械、船舶与海工装备等十条优势产业链。

创新动力更加充沛。2023 年，高新技术产业产值占规模以上工业产值比重达 72.7%，高于全省 21.3 个百分点，居全省首位。规上装备制造业增加值增长 13.8%，高于规上工业平均增速 5.7 个百分点，占全市的比重达到 54.5%，再次挺进全国先进制造业百强市。

（三）区域协调发展统筹推进，均衡发展新格局加快形成

威海积极统筹新型城镇化和乡村全面振兴，深入推动城市有机更新，全力打造乡村振兴样板，推动城乡均衡发展，不断增强区域发展的协调性和承载力。2023 年，威海协调发展指数为 84.0，较 2022 年提高 0.5。

重大基础设施加快建设。大力实施基础设施“七网”建设工程，夯实城市发展“硬支撑”。加快推进 15 项交通重点项目，荣乌高速文登至双岛湾科技城段全面开工，环山快速路二期加速推进前期工作，启动昆嵛山机场配套设施建设，完成威海站、威海北站设施改造提升。开展“四好农村路”提质增效行动，2023 年新改建农村公路 31 公里、改善 360 公里农村公路通行条件、改造危桥

9 座，打造“美丽农村路”威海样板。

城镇化水平位居全省前列。2023 年末，全市常住人口 291.4 万人，其中城镇人口 211.8 万人，比上年末增加 2.38 万人，常住人口城镇化率达 72.7%，较上年末提高 0.92 个百分点，高于全省 7.15 个百分点，列全省第 4 位。城乡居民收入差距不断缩小。2023 年城乡居民人均可支配收入比为 2.03，较上年缩小 0.04。

图 2 威海全景鸟瞰图

（四）全面推进绿色低碳转型，城市生态优势更加凸显

威海深入践行“绿水青山就是金山银山”的理念，积极稳妥推进碳达峰碳中和，协同推进降碳、减污、扩绿、增长，让绿色低碳成为高质量发展最鲜明的底色。2023 年，威海绿色发展指数为 90.5，处于较高水平。

新能源产业加快发展。2023 年，明阳高端海洋装备智能制造产业园正式投产，文登抽水蓄能电站 6 台机组全部并网发电，华能高温气冷堆核电示范工程投入商运，半岛南海上风电项目并网发电，华能石岛湾核电扩建一期工程获国务院核准，乳山市获批创建省级能源绿色低碳转型试点，威海成为“核风光储”绿色能源最齐全的城市。2023 年，全市万元 GDP 能耗下降 9.3%，三年累计下降 15.0%，提前超额完成了“十四五”5 年目标任务，节能降耗成效显著。

环境质量保持全省第一。2023 年，威海大力实施环境质量和环保工作“双领先”战略，深入打好蓝天碧水净土保卫战，以高品质生态环境支撑高质量发展，成功入选首批国家级减污降碳协同创新试点城市。2023年，威海环境空气质量优良率为86.6%，各项指标继续保持全省第一；全市13条重点河流、12处集中式饮用水水源地水质达标率100%；国控地下水考核点位水质全部消除五类。

（五）全力以赴稳住外资外贸，对外开放水平不断提高

威海是东联韩国日本、西出中亚欧洲的东西国际物流大通道的枢纽节点。一直以来，威海充分利用区位优势，持续完善物流通道，深化对外经贸合作，为打造高水平对外开放新高地积累势能。2023年，威海"四港联动"取得实质性突破，整车运输试运行业务正式启动，服务贸易创新发展试点通过国家验收，跨境电商综合试验区建设经验入选商务部"外贸新业态优秀实践案例"，城市开放发展指数为83.5，处在全省前列。

外贸保持稳中向好态势。2023年，全市有进出口实绩的外贸企业达4782家，外贸主体数量增加，创历史新高。新兴市场开拓有力。2023年，全市实现外贸进出口2006.8亿元，其中出口1501.7亿元，约占75%。与俄罗斯、阿联酋、巴西等新兴市场贸易呈快速发展态势，分别增长43.8%、57.1%、34.1%。高附加值产品出口向好。2023年，威海机电产品出口增长16.8%，占全市出口的比重达52.3%。新业态新模式发展迅速，不断形成新的增长点，保税物流进出口额增长83.7%。

实际使用外资量稳质优。2023年，全市进一步强化招商引资，高水平举办了20多场重点招商活动，重大项目招引取得新突破，全年新设外资项目197个，实有外商投资企业达到1776家，数量居全省第三；实际使用外资7.94亿美元，其中投资过20亿元以上项目有26个。

（六）民生保障取得更大突破，居民幸福指数持续走高

威海聚焦聚力增进民生福祉，锚定共同富裕先行区建设，在就业、社会保障、教育、医疗卫生等多方面开展系列工作，优化公共服务供给，构建覆盖城乡的多层次民生保障体系，经济社会发展成果更多惠及民生。2023年，威海民生支出占财政支出比重80%左右，城市共享发展指数为75.3，较2022年提高1.2。

城乡居民收入稳步提升。2023年，全市城镇新增就业3.87万人，增长6.3%，就业形势总体稳定，居民人均可支配收入达到49221元，增长5.5%，其中城镇居民收入58799元，列全省第5位，增长5.0%；农村居民收入29013元，列全省第2位，增长7.3%。

文旅产业蓬勃发展。威海顺应文旅产业发展规律和消费升级趋势，坚持整合资源、提升品质，丰富旅游业态和产品供给，构建全域、全季、全龄文旅产业发展格局，打造国际滨海休闲度假旅游目的地城市。2023 年，全市接待旅游总人数 5906.5 万人次，实现旅游总收入 630.8 亿元。

教育事业取得积极成效。2023 年，全市共有普通高中 18 所，普通初中 102 所，小学 100 所，普惠性幼儿园覆盖率 95.7%，威海所辖县全部通过义务教育发展基本均衡国家评估认定，是全国唯一所辖全部行政区市均通过国家评估认定的地级市。

卫生事业迈出新步伐。全市拥有各类医疗卫生机构 2668 个，各类医疗卫生机构实有床位 20669 张，卫生技术人员 26466 人。人均期望寿命 81.5 岁，获评全国健康城市建设样板市。

三、总结经验再出发，扬帆起航新征程

在城市高质量发展的历史实践中，在发展环境深刻变化、风险挑战明显增多的情况下，威海顶住了压力、经受住了考验，用实际行动走出了一条精致城市高质量发展的威海路径。

（一）找准“精致城市”的目标方向

近年来，威海坚持把“威海要向精致城市方向发展”作为总目标总方向总遵循，深入把握城市发展规律，精密布局、高屋建瓴，提高标准、久久为功，打造了城市建设的精致“威海样本”。

一是精心规划城市发展框架，以“规矩”框定城市发展的“方圆”。威海的精致城市建设立足实际，抓立法、出纲要、定标准，从“法律体系”到“指标体系”再到“标准体系”，顶层设计“三部曲”使威海的城市建设与保护有了“刚性约束”；从“规划文本”到“规划执行”再到“规划问责”，一套科学规范、精准高效的城市建设管理体制机制正在形成。由威海探索制定的精致城市可持续发展指数成为联合国人居署指导和监测全球同类型城市发展的权威标准。

二是精准把握城市发展的脉络，以“和谐”丰富城市发展的“内涵”。“一城繁华三面海，水光山色两相依”，精致威海要“显山、露水、透海”，依托山水脉络，传承历史积淀，塑造城市文化。威海在全国率先开展第四代城市设计，以数字化掌握城市发展的脉动，优化发展布局，在保护城市风貌的基础上深挖城市资源与内涵，为未来发展预留充足空间，从“一元化”向“多中心”的城市设计转变。

三是精美设计城市发展细节，以“匠心”雕琢城市发展的“质感”。威海在城市建设中创造更多的开放空间和共享设施，不断促进公共服务均等化、普惠化，居民在家门口就能感受城市发展的温度。口袋公园和设计步道工程等的设计，充分考虑居民、游客的多样需求，因地制宜、“开门见绿”，在保护城市文化、维护历史人文景观上下足“绣花功夫”，让历史的厚重与文化的特色在城市细节处自然流露。

（二）树牢“大抓经济”的鲜明导向

威海第十六次党代会提出，争当全省走在前列排头兵。为此，市委市政府提出在全市上下牢固树立大抓经济的鲜明导向。从 2022 年开始，威海市委陆续出台了 4 部重要文件，在全市上下牢固树立大抓经济，推动经济高质量发展的政策导向。

2022 年 11 月，出台《关于进一步加强基层治理能力建设的实施意见》，目的是打牢基层基础，腾出手来全力推动经济发展。

2023 年 2 月，出台《关于进一步健全激励机制、推动经济高质量发展的意见》及系列配套文件，统筹全市政策资源向经济建设领域倾斜。

2023 年 9 月，出台《关于深化开发区管理制度改革、推动高质量发展的实施意见》，进一步突出开发区在经济发展中的主阵地作用，通过开发区的示范带动引领，推动威海经济实现高质量发展。

2024 年 2 月全市工作动员大会上，同步印发《2024 年威海市大抓经济 20 条》，从企业培育、产业发展、扩大内需、对外开放、营商环境等方面提出了推动经济高质量发展的政策措施，每一条都指向支撑高质量发展的关键点发力，每一条都是让企业和市场主体有获得感的干货政策，为推动威海经济高质量发展明确了思路、方向和路径。

（三）加力提速营商环境优化

威海扎实推进营商环境创新提升行动，对标国内最优标准，擦亮“威海营商行”品牌，让市场化、法治化、国际化一流营商环境成为威海的金字招牌。

一是推出全省首个线上营商环境全景式集成平台，全市政务服务满意率长期保持 99% 以上，获评国际化营商环境建设标杆城市。2023 年，全市企业数量持续增长，新登记各类市场主体（不含外资企业）6.3 万户，年末实有各类市场主体达到 45.8 万户。

二是构建政企常态化沟通交流机制，推动企业大走访活动常态化长效化。实现对 3797 家“四上”企业的走访联系和精准服务全覆盖，为企业量身定制“政策明白纸”和“专属服务包”，集中为企业解决一批急事难事、办成了一批好事实事，在全市掀起服务企业、助力发展的热潮，让企业更加顺心、更感舒心、更有信心。2023 年，企业大走访共办理企业问题建议 1616 个，办结率和回访满意度均达到 99.9%。

总体上看，2023 年，威海经济保持持续恢复增长态势，但外部环境正发生深刻复杂变化，制约经济社会发展的困难问题仍然存在，经济稳增长基础尚不牢固。一是产业结构调整亟需深化。虽然近些年全市积极推进产业结构调整，高技术产业和现代服务业发展取得了显著成效，但当前全市产业结构仍面临着不够均衡协调、产业基础依然较为脆弱等问题。二是内外需求提振亟需加力。从内需情况看，消费投资恢复基础不牢固，房地产投资降幅缓慢收窄；从外需情况看，进出口负重承压，稳外贸挑战十分突出。三是经济增长后劲亟需深挖。“大块头”企业和优质项目支撑不足，特别是在全省有重大影响的大项目、好项目偏少，突破引领作用有限。

风劲潮涌，自当扬帆破浪；任重道远，更需快马加鞭。威海要继续保持战略定力和发展信心，坚持以习近平新时代中国特色社会主义思想为指导，以习近平总书记“威海要向精致城市方向发展”为总目标总方向总遵循，全面落实“走在前、挑大梁”使命任务，迎难而上、创新突破、实干争先，以更加饱满的激情、更加务实的作风，努力在城市高质量发展的新阶段展现更大作为和担当！

（执笔人：孙丹丹 徐倍倍 李苏玫）

郑州市高质量发展监测报告

郑州为河南省省会，在上古时代属九州中的“豫州之域”，下辖6区6县（市），全市总面积7567平方公里。郑州坚决落实中共中央、国务院决策部署，紧紧围绕省委“当好国家队、提升国际化，引领现代化河南建设”总要求，奋力拼搏、奋发有为、奋勇争先，国家中心城市现代化建设迈上新台阶。2023年，郑州城市高质量发展指数为83.8，比上年增长2.6%。

一、综合实力，全面提速提质

2023年，郑州综合质效指数为84.0，比上年增长8.3%。

经济人口稳步发展，财政收支结构稳定。2023年，郑州全市GDP超过1.3万亿元，增长7.4%，常住人口1300.8万人，比上年增加18万人，其中市辖区GDP为7770亿元，人口为686.0万人，人均GDP达11.3万元，比全国平均水平高26.7%。全市规模以上工业增加值增长12.8%，增速居9个国家中心城市首位；全市社会消费品零售总额5623亿元，增长7.7%，其中，市辖区为3965亿元，占全市的70.5%；市辖区一般公共预算收入858亿元，一般公共预算支出1087亿元，支出收入比例为1.27，与上年基本持平。

二、创新发展，展现喜人成果

2023年，郑州创新发展指数为86.7，比上年增长1.2%。

创新成绩硕果累累。2023年，郑州专利授权量4万件，其中，发明专利授权量8430件，发明专利有效量为38563件，比上年增长25.6%，万人高价值发明专利拥有量9.8件。全市技术合同成交额654.8亿元，其中市辖区为259.7亿元，占比为39.6%，比上年提高5.7个百分点。高新区、金水科教园区获批全省科技成果转移转化示范区，经开区“智慧岛”孵化器面积达到900万平方米，在孵企业（团队）1.4万余家，国家级孵化器考核优秀率全国第一。

创新主体不断壮大。2023 年，郑州新组建全国重点实验室 4 家，国家级重点实验室总数达 14 家；新增省实验室 5 家、总数达 12 家，新增科技型企业 1547 家，支持龙头企业组建产业研究院 13 个，凝练一流课题 8 个。截至 2023 年，郑州拥有国家级高新技术企业 5844 家，市辖区为 4901 家，全市规模以上工业企业研发活动覆盖率突破 70%。河南首个大科学装置超短超强激光实验装置加快推进，国家超算互联网核心节点项目开工建设。大型科学仪器设施共享平台入网突破 4500 台（套），超硬材料领域实现国际标准制定历史性突破。

人才引育成效显著。发布“郑聚英才计划”，引进培育顶尖人才 94 名、各类高层次人才 1566 名，在郑院士 84 人，支持高层次创新创业团队项目 512 个，签约重点人才项目 113 个、资金 935.6 亿元，成功获批国家海外人才离岸创新创业基地。“双拎”服务体系持续完善，建设人才公寓 17.2 万套（间），完成配租 3.5 万套（间）。

数字经济发展进入快车道。5G 基站总数近 5 万座，5G 网络规模居全国第一方阵；国家级互联网骨干直联点扩容总带宽达 2620G，互联网网内、网间平均时延分居全国第一、第三；启动建设郑庆哈城市算力网实验场，郑州联通、华润数科等人工智能计算中心落地建设。实施“智改数转”，新增“上云上平台”企业 1 万家、累计超 7 万家，部署工业 APP 超 1200 个、服务企业 3.5 万家、连接设备 650 万台，新增国家级工业设计中心 3 家、省级工业互联网平台 3 家、智能工厂（车间）28 个，入围国家首批中小企业数字化转型城市试点，智能制造发展指数晋级全国 20 强。国家区块链发展先导区加快建设，落地知名企业 42 家。数字经济规模达 6500 亿元。

三、协调发展，迈向更高水平

2023 年，郑州协调发展指数为 91.0，比上年小幅增长。

都市圈区域协调发展。2023 年 10 月《郑州都市圈发展规划》获批实施，推动以郑州为中心，构建“主副协同、区域统筹、圈层一体”的发展格局。以推进加快转变发展方式为主线，以国家中心城市为身份当好“国家队”，加快建设“四个高地”，不断优化城市空间结构和布局，持续增强本身核心功能和竞争力，引领带动都市圈区域发展，服务支撑国家战略。

周边县市承接产业布局。郑州以中原科技城为引领，联动航空港区、经开区、新郑市、中牟县，打造东部产业协同创新片区，以郑州高新区为核心，联动中原区，辐射带动荥阳市、新密市、巩义市、上街区、登封市，打造西部科技创新辐射片区，发挥科教资源密集优势，提升产学研协作与科技创新成果转化承接能力，周边县市正逐步发展为卫星城承接产业布局，目前，郑州共开通 12 条地铁线，覆盖了郑州的主要区域，城乡户籍制度全面放开，要素流动进一步顺畅。

主导产业与新兴产业并重。郑州制定 20 条重点产业链三年行动方案，形成“一链一专班一研发机构一图八清单”推进机制。新签约亿元以上工业项目 238 个，签约额 2918.1 亿元，新兴产业项目占比 78.2%，328 个项目开工建设，291 个项目建成投产；工业投资完成 1058.8 亿元、增长 31.1%。六大主导产业增加值增长 14.1%、占规模以上工业比重达 84.5%，战略性新兴产业、高技术制造业增加值分别增长 13.8%、13.6%。专精特新企业 3554 家，其中“小巨人”企业 122 家。智能传感器、汽车、现代食品与加工 3 个产业集群入选全国百强，入围全国公共领域车辆全面电动化先行区试点。

四、绿色发展，贯穿建设始终

2023 年，郑州绿色发展指数为 85.1，比上年增长 1.5%。

绿色生态底色持续擦亮。截至 2023 年底，郑州绿化覆盖面积 4.5 万公顷，公园绿地面积 1.6 万公顷，市辖区为 1.2 万公顷。全年完成营造林 5.09 万亩，新建森林特色小镇 9 个、森林乡村 100 个；新建绿地 480 万平方米，建成公园游园 57 个，完成道路绿化建设 73 条。

黄河国家战略向纵深推进。积极开展黄河湿地生态保护修复，沿黄生态廊道持续提升，黄河（郑州段）数字化生态保护监测平台（一期）建成投用。创建市级幸福河湖 10 个，黄河干流水质断面稳定达到地表水Ⅱ类。创建国家级水土保持示范县 1 个。

污染防治攻坚成效显著。2023 年，全市空气质量优良天数比例达 61.9%，$PM_{2.5}$ 年平均浓度 43 微克/立方米，万元GDP耗电量为478.8千瓦时，比上年降低2.2%。深层地下水位三年累计回升36米、居全国前列，地下水污染防治“精准管控”郑州模式全国推广，南水北调“一渠清水永续北送”；国家“无废城市”中原样板初具规模，建成“无废细胞”260 余个。城市宜居指数全国居第 16 位。

五、开放发展，构建共赢格局

郑州坚持把开放发展摆在经济发展重要位置，继续强化对内、对外合作，日益融入全国和国际市场，内陆开放高地建设实现新突破。2023 年，郑州开放发展指数为 82.0。

强化对内，提高营商环境。营商环境综合配套改革全面展开，“一网通办、一次办成”政务服务改革实践入选全国智慧城市运营典型案例，建成政务服务统一预约平台，新增 50 个“一件事”一次办、200 个事项“免证可办”、111 个事项“跨省通办”。“12345 便民热线”转办群众各类诉求 75.4 万件，办结率、落实率、群众满意率分别达 99.3%、97.5%、96.3%。

积极对外，搭建交流平台。成功举办全球豫商大会、中国侨商投资（河南）大会、中国（郑州）国际期货论坛、中国粮食交易大会、全球跨境电商大会等重大活动。郑州—卢森堡“空中丝绸之路”贯通欧亚、辐射全球，在“一带一路”建设中发挥着重要支撑作用，郑州—柬埔寨—东盟“空中丝绸之路”全面搭建，中欧班列集结调度指挥中心试运行。

成果显著，对外贸易稳定发展。2023 年，郑州全市进出口总额 5522.4 亿元，居中部城市第一，其中货物贸易进口额 1953.2 亿元，货物贸易出口额 3569.2 亿元，跨境电商年交易额为 1261.6 亿元，增长 10%。国际陆港航空港片区启动建设，新开通客运航线 15 条、全货机航线 9 条，完成旅客吞吐量 2535.8 万人次、增长 175%，货邮吞吐量 60.8 万吨。中欧班列超额完成全年 2800 班的任务目标，成功开行越南、泰国进口水果冷链专列和农产品出口冷链专列，海铁联运突破 4 万标箱、增长 151%。

六、共享发展，坚守发展初心

持续完善收入分配机制，保障民生支出，多措并举提升居民生活水平，改善人居环境。2023 年，郑州共享发展指数为 77.2，比上年增长 2.8%。

居民收入稳步增长。2023 年，郑州居民人均可支配收入 43785 元，比上年增长 6.7%。其中，城镇居民人均可支配收入 48740 元，增长 5.3%。全年居民人均生活消费支出 29501 元，增长 11.4%。其中，城镇居民人均生活消费支出 31843 元，增长 10.0%。开展“寒冬送温暖”“夏季送清凉”等专项救助行动，向 5.4 万名低保、特困人员发放“爱心消费券”1600 余万元。

统筹城乡确保民生支出。坚持建设完善各项民生设施，保障民生支出。2023 年，地方财政一般公共预算支出 1519.6 亿元，比上年增长 4.3%。其中，民生支出 1098.7 亿元，增长 5.9%，占一般公共预算支出比重 72.3%。

社会保障体系不断完善。2023 年年底，郑州城镇职工基本养老保险和城乡居民基本养老保险参保总人数为 932.5 万人，职工基本医疗保险和城乡居民基本医疗保险参保总人数为 922.5 万人。大力推进 300 米普惠托育圈建设，千人口托位数达到 4 个，荣获首批全国婴幼儿照护服务示范城市。2017—2023 年，城镇老旧小区开工改造 2563 个，惠及户数 39.4 万户。

积极提升教育医疗服务。2023 年，郑州新建投用公办幼儿园 24 所，普惠率达 89.3%；市区新建、扩建中小学校 15 所，投入使用 16 所，新增学位 2.3 万个，义务教育阶段适龄儿童实现“应收尽收”；12 所高中加快建设，投入使用 2 所，新增学位 6600 个。拥有医疗卫生机构数 6108 个，其中医院

289家（三甲医院21家）；医疗卫生机构床位数11.7万张，其中医院床位数10.1万张；卫生技术人员数14.9万人，其中执业（助理）医师数5.7万人，注册护士数7.1万人。国家创伤区域医疗中心落地，获批国家临床重点专科建设项目1个，8家紧密型县域医共体全部实体化运行，获批全国紧密型城市医疗集团国家试点城市。

多措并举保障居民就业。开展“10+N”公共就业专项服务活动，打造“郑聚英才·职等你来”及夏季招聘夜市等特色品牌。减征失业、工伤保险费11.1亿元，阶段性减征职工医疗保险费近10亿元、惠及企业17万家，发放稳岗返还补贴4.2亿元。新增城镇就业14.4万人，推进“人人持证、技能河南”建设，累计培训46万人次。

文旅互融打造城市名片。打响“天地之中、华夏之源、功夫郑州”品牌，全力打造大嵩山世界级旅游景区，中国郑州少林功夫节，持续建设伏羲山神仙洞康养旅游度假区等休闲康养基地，打造特色鲜明、具有国际水准的旅游度假康养目的地。以只有河南·戏剧幻城、电影小镇、方特、海昌等主题公园为载体，打造中国幻乐之城，国家文化产业和旅游产业融合发展示范区建设，培育一批知名度高、影响力大的网红旅游打卡地。2023年，接待国内游客达1.5亿人次、境外游客达45.9万人次、旅游总收入1817.5亿元。

七、聚焦短板，突破发展瓶颈

经济发展体量还比较小。全国GDP超过万亿元的城市已达26个，郑州经济总量为1.4万亿元，是武汉的68%，成都的62%。经济总量占全省的比重为23%，低于武汉（36%）、成都（37%）。

制造业竞争力还不够强。工业大而不强，产业发展层次总体较低，具有高附加值、行业领先水平的产品少，传统资源型产业占比较大，高新技术制造业占比不到一半，产业的创新力、竞争力不强。

科教创新基础还很薄弱。国家及部属重点院校和高层次科研机构较少，在校研究生数量不足武汉的1/10。2023年专利申请量为4.0万件，仅为武汉的55%，成都的40%。

国际化程度不高。武汉有4家领事馆，成都有23家，郑州尚无一家。在郑全球500强企业数量（113家），只有武汉和成都的1/3。2023年接待国际游客人次（49.5万人次）是武汉的1/4、成都的1/6。郑州国际友好城市数量（10个）远低于武汉（29个）和成都（37个）。政府治理体系和治理能力与国际化现代化大都市要求还有一定差距。

思危方能居安，知忧才能克难。聚焦以上短板和不足，应坚持以习近平新时代中国特色社会主义思想为指导，坚持稳中求进工作总基调，完整、准确、全面贯彻新发展理念，围绕“当好国家队、提升国际化，引领现代化河南建设”总目标，突破发展瓶颈，迈向更高质量发展水平。

自觉站位全球全国全省发展全局，审视郑州、谋划郑州，准确把握郑州的定位、国内外发展趋势和城市发展规律，围绕“国际一流、中国风貌、郑州特色”，全面提升城市规划、建设、管理、设计水平，以更高的站位、更宽的视野、更新的规划理念和建设标准，引领推动国家中心城市建设，融入“一带一路”机制。

内涵发展、精明增长。统筹兼顾长远目标的实现和当前问题的解决，坚持集约发展，树立“紧凑城市”“精明增长”理念，科学划定城市开发边界，推动城市发展由外延扩张向内涵提升转变。

改革创新、提升功能。深入推进供给侧结构性改革，聚合国内外创新资源，推进创新链、产业链融合，提升科技创新、产业集聚功能，加快形成发展新动能，形成更多以制度创新为引领、高端功能为支撑的发展新优势。

开放引领、区域联动。建设贯通南北、连接东西的现代立体交通网络和现代物流体系，提升内陆开放门户地位，深化与郑州都市圈以及沿海地区的联动，形成新亚欧大陆桥经济走廊区域互动合作的重要平台，辐射带动郑州都市圈和中西部地区开发开放。

生态优先、文化传承。充分发挥城市文化底蕴优势，传承弘扬中华优秀传统文化和华夏历史文明，建设绿色低碳可持续发展城市，增强城市软实力和吸引力。

（执笔人：陈旭）

武汉市高质量发展监测报告

党的十八大以来，习近平总书记先后多次考察武汉，作出一系列重要指示。中国共产党湖北省第十二次代表大会提出，武汉经济高质量发展应紧扣习近平总书记对武汉的定位和要求，在湖北建设全国构建新发展格局先行区中当先锋、打头阵，担当主力军。全市上下牢记嘱托、砥砺奋进，2023 年 GDP 迈上 2 万亿元新台阶，创新动能持续增强，发展方式加快转变，高质量发展站上新起点、展现新气象。

一、城市基本概况

武汉，简称“汉”，别称江城，湖北省会，是国务院批复确定的中国中部地区的中心城市，全国重要的工业基地、科教基地和综合交通枢纽。截至 2023 年末，全市下辖 13 个区，总面积 8569.2 平方千米，常住人口 1377.4 万人。武汉地处江汉平原东部、长江中游，长江和汉水在此交汇，市内江河纵横、湖港交织，水域面积占全市总面积四分之一，素有“九省通衢”之称，是中国内陆最大的水陆空交通枢纽、长江中游航运中心，高铁网辐射大半个中国，可直航全球五大洲。

武汉是国家历史文化名城、楚文化的重要发祥地。春秋战国以来，一直是中国南方的军事和商业重镇，元代成为湖广行省省治，明清时期被誉为“楚中第一繁盛处”和“天下四聚”之一。清末汉口开埠和洋务运动开启武汉现代化进程，作为辛亥革命首义之地，数度成为全国政治、军事、文化中心。现今，武汉已成为长江经济带核心城市、中部崛起战略支点和全面创新改革试验区，中国光谷致力打造具有全球影响力的创新创业中心。

二、“六大维度”共同发力，武汉高质量发展答卷亮眼

2023 年，武汉城市高质量发展指数为 84.5，比上年增长 1.5%，居全省第一。从六大维度看，综合质效指数为 83.3，增长 1.9%；创新发展指数为 90.6，增长 2.0%；协调发展指数为 89.3，增长 0.6%；

绿色发展指数为 85.7，与上年持平；开放发展指数为 83.3，与上年持平；共享发展指数为 77.9，增长 2.4%。

（一）经济回暖进中提质，综合实力更上一层

2023 年，武汉 GDP 为 20011.7 亿元，按不变价格计算比上年增长 5.7%。人均 GDP 为 145471 元，增长 5.3%。年末常住人口 1377.4 万人，增长 0.3%；户籍人口 949.5 万人，增长 0.5%。完成一般公共预算总收入 2961.4 亿元，增长 10.1%，其中，地方一般公共预算收入 1601.2 亿元，增长 6.4%，人均地方一般公共预算收入 11624.8 万元，增长 6.1%。经济整体回升向好，进中提质。

（二）科技领航活力涌现，创新驱动势头强劲

2023 年，武汉技术合同认定登记 34712 项，比上年增长 6.9%；发明专利有效量（累计）115756 件，增长 22.6%。技术合同登记成交额 2198.4 亿元，增长 62.2%。近五年，技术合同成交额占 GDP 之比逐年提升，科技创新内生动力不断增强。规模以上工业中，高技术制造业增加值增长 6.8%。高等教育在校生数 1667443 人，增长 8.2%，持续为经济高质量发展提供高技术人才支持，促进科技成果转化，加速新旧动能转换，推动全域创新发展。

（三）布局优化扎实推进，区域协同行稳致远

2023 年，武汉城镇常住人口 1167.9 万人，占总人口比重为 84.8%，比上年末提高 0.1 个百分点，高于全国 18.6 个百分点。居民人均可支配收入 57105 元，增长 5.8%。城镇居民人均可支配收入是农村居民人均可支配收入的 2 倍，降低 2 个百分点，城乡差距逐渐缩小。第三产业增加值 12736.4 亿元，增长 6.2%。三次产业结构由 2022 年的 2.5∶35.6∶61.9 变为 2.4∶34.0∶63.6，第三产业增加值占 GDP 比重增加 1.7 个百分点，产业结构进一步优化。社会消费品零售总额 7531.9 亿元，增长 8.6%。地方财政支出收入比为 1.4，下降 6.8 个百分点。

（四）绿色优先生态优良，低碳引领持续提质

2023 年，武汉建成区绿地面积 39019.7 公顷，比上年增长 5.2%。人均公园绿地面积 15.0 平方米，建成区绿化覆盖率达 43.1%，增加 0.03 个百分点，新增绿地 1005.4 万平方米，新建绿道 103.2 公里。$PM_{2.5}$ 年均浓度值 38 微克 / 立方米，增长 8.6%，空气质量优良天数 289 天，空气质量优良率 79.2%。城市生活垃圾无害化处理率达 100%。全社会用电量 755.4 亿千瓦时，增长 2.4%，其中，全行业用电 608.0 亿千瓦时，增长 4.6%；城乡居民生活用电 147.4 亿千瓦时，下降 5.7%，万元 GDP 能耗下降 2.2%，能源效率和绿色发展取得积极进步。

（五）对外合作步伐加快，开放交流互利共赢

2023 年，武汉实际使用外资金额 208637 万美元，比上年增长 2.0%；新批外商投资企业 378 家，增长 32.6%。货物贸易进出口总额达 3606.5 亿元，增长 2.9%，其中，出口 2165.9 亿元，增长 1.9%；进口 1440.6 亿元，增长 4.5%，货物贸易进出口总额占 GDP 比重为 18.0%，近五年整体呈现上升趋势。截至 2023 年底，共有外国驻汉领事馆 4 个；国际友好城市 29 个，新增 1 个；国际友好交流城市 93 个，新增 3 个；境外驻汉代表机构 23 家。

（六）成果普惠民心同聚，基础保障福利共享

2023 年，武汉城镇居民人均可支配收入 61693 元，比上年增长 5.6%；城镇居民人均消费支出 40673 元，增长 8.7%。住房保障支出 759073 万元，增长 22.0%；社会保障和就业支出 2594768 万元，增长 2.1%；城镇居民人均教育文化娱乐支出 5023 元，增长 17.9%。每百户城镇居民家庭家用汽车拥有量 60 辆；城镇居民人均住房建筑面积增长 2.3%。执业（助理）医师数 50326 人，增长 5.6%；注册护士数 66177 人，增长 4.4%。各项基础保障日趋完善，市民生活质量持续改善。

三、“三大优势”加速转化，武汉高质量发展乘势笃行

近年来，武汉融合自身原有的科教人才、交通区位和生态资源三大优势，加快新旧动能转换，着力构建新的三大优势，探索出了一条适合自身发展的新路子。武汉市委审议通过《中共武汉市委、武汉市人民政府关于加快推动“三个优势转化”为奋力推进中国式现代化湖北实践加快建成中部地区崛起重要战略支点作出武汉市贡献的实施意见》，进一步明确了武汉加快推动“三个优势转化”的具体实施路径。

（一）加快把科教人才优势转化为创新发展优势

武汉拥有高校 92 所、在校大学生近 130 万人、国家级创新平台 149 个，是全国三大智力密集区之一。“要把科技的命脉牢牢掌握在自己手中，在科技自立自强上取得更大进展。”党的十八大以来，习近平总书记先后三次考察武汉东湖高新区，对科技创新工作作出系列重要指示。2022 年 4 月，武汉成为全国第五个获批建设具有全国影响力的科技创新中心。截至 2024 年 6 月，武汉已连续 3 年聚焦科技创新，发布促进科技成果转化“20 条”，大力推进科技成果就地转化和产业化，把武汉科教人才优势转化为创新发展优势。全国首个无人驾驶车“萝卜快跑”在武汉完成“万里长江第一跨”；国内首条悬挂式空中轨道列车“光谷光子号”悬空飞行；“独树一帜”的光电子信息产业串起万亿级产业集群，全球首套肺部气体磁共振成像系统获批上市，国产大飞机 C919 百余个

零部件“武汉造”。

（二）加快把交通区位优势转化为国内国际双循环枢纽链接优势

武汉发布《关于加快推动交通区位优势转化为国内国际双循环枢纽链接优势的实施意见》，做大枢纽能级，做强枢纽贸易，做实枢纽产业，高水平建设枢纽经济示范区。2023 年 5 月，汉亚航线上的第三艘直达船“长越 1”国际海轮从韩国釜山港出发抵达阳逻港，成为武汉对外开放以来首次入境的万吨海轮，阳逻国际港从“内陆辐”到“远洋辐”，集装箱吞吐量年均增长 12% 以上；截至 2022 年底，武汉新能源公交占比增至八成，交通出行更低碳环保，出炉全国首个城市级智能网联道路建设规范《智能网联道路建设规范》，建成智能网联汽车测试道路 751.6 公里，建设 5G 宏站 139 个；2023 年 6 月，武汉天河机场累计旅客吞吐量已突破 1000 万人次，机场高峰小时容量从 42 架次扩容至 55 架次，第三跑道工程开工，建成投用后将新增 6 万 / 年至 8 万 / 年起降架次的保障能力，可满足年旅客吞吐量 6300 万人次的需求，天河机场也将成为全国第 7 家拥有三条跑道的机场。

（三）加快把生态资源优势转化为绿色发展优势

武汉是全球唯一人口超千万的国际湿地城市，在《湿地公约》第十四届缔约方大会开幕式上，习近平总书记称赞武汉同湿地融为一体，生态宜居。2023 年 4 月，武汉水资源保护交出亮眼答卷：武汉连续三年劣Ⅴ类湖泊实现“清零”，水质达到或优于三类标准的河流断面占比 75%，水质优于Ⅳ类标准的湖泊占比 84%，这是武汉深入推进长江大保护和流域综合治理的“结晶”。近年来，长江武汉段水质已稳定保持在二类，为 20 年来最优，长江江豚“逐浪”频现武汉，万千鸟类诗意栖居天兴洲。自 2021 年起，武汉以通顺河、道观河、府澴河为试点，联合仙桃、黄冈、孝感、随州等地在武汉都市圈推进河湖水质生态保护补偿机制，上游来水水质优良，下游地区出钱奖励，上下游携手共治，确保了“一江清水向东流”。

四、薄弱环节有待提升，武汉高质量发展还需蓄力

奋力推进中国式现代化湖北实践，加快推动“三个优势转化”，武汉城市高质量发展仍存在一些薄弱环节和不足。一是产业能级有待进一步提升。2023 年，规模以上工业增加值增速排名前三的分别为石油、煤炭及其他燃料加工业增长 17.2%，计算机、通信和其他电子设备制造业增长 13.2%，电气机械和器材制造业增长 12.1%。传统制造业仍占较大比重，电子信息、装备制造、生物医药等新兴产业集群优势不突出。第三产业增加值 12736.4 亿元，占 GDP 比重 63.6%，信息服

务、数据服务、科技服务等高端生产性服务业发展相对滞后。二是创新成果转化水平有待进一步提升。2023 年，高技术制造业增加值仅占规模以上工业的 17.8%，规模以上高新技术制造业增加值增速 6.5%，比上年回落 4.6 个百分点。科技优势与产业发展结合不够紧密，创新成果转化与同类城市相比存在差距，潜在优势有待进一步挖掘。三是引才用才留才有待进一步提升。2023 年，城镇常住居民人均可支配收入 61693 元，在 19 个副省级及以上城市中排名第 11 位，相比国内一线城市存在一定差距。第七次全国人口普查显示，近十年间，武汉新增常住人口排名全国第 9 位，与第六次全国人口普查相比，排名倒退 2 位。四是对外开放水平有待进一步提升。2023 年，经济外向度 18.0%，回落 0.6 个百分点，规模在全国副省级及以上城市中排名第 14 位，武汉对外开放程度落后于东部沿海先进城市和部分中部同类城市，“黄金水道”和中欧班列武汉还有较大发挥空间。

五、知重负重，勇毅前行，再塑新时代武汉之“重”

站在新的历史起点，武汉要推进城市高质量发展，须争当先锋、打好头阵，成为湖北建成中部地区崛起的重要战略支点：一要坚持以科技创新引领产业创新，打造发展新质生产力的重要阵地。二要加快提升城市辐射带动能力，打造支撑中部地区崛起的重要增长极。三要统筹推进深层次改革和高水平开放，打造国内国际双循环的重要枢纽。四要协同推进生态环境保护和绿色低碳发展，打造人与自然和谐共生的重要典范。五要扎实推进乡村全面振兴，打造超大城市农业农村现代化的重要样板。六要推动发展和安全动态平衡，打造保障国家发展安全的重要支撑。

（执笔人：俞楚玥）

长沙市高质量发展监测报告

2023 年，长沙深入学习贯彻党的二十大精神和习近平总书记对湖南重要讲话重要指示批示精神，切实扛牢主体责任，奋力实施强省会战略，加快推进长沙现代化建设，努力把“三高四新”蓝图变成美好现实，奋力推动城市高质量发展走深走实、见行见效。

一、城市高质量发展主要成效

长沙是湖南省省会，别称“星城”，全省政治、经济、文化、科教、商贸、金融中心，是“一带一路”重要节点城市和长江经济带中心城市。全市总面积 1.2 万平方公里，现辖芙蓉、天心、岳麓、开福、雨花、望城 6 区和长沙县 1 县，代管浏阳市、宁乡市 2 个县级市，拥有 6 个国家级园区及全国两型社会建设综合配套改革试验区、长株潭国家自主创新示范区、湖南湘江新区、中国（湖南）自由贸易试验区（长沙片区）等重大战略平台。2023 年，长沙城市高质量发展指数为 84.8。

（一）以经济建设带动全局，综合实力跃上新台阶

2023 年长沙综合质效指数为 82.1，比上年增长 0.1%。

经济总量稳步提升。2023 年，长沙 GDP 突破 1.4 万亿元，从 2013 年的 6902.3 亿元增长至 2023 年的 14332.0 亿元，连续跨越 8 个千亿台阶，年均增长 7.6%。长沙 GDP 占全省比重达 28.7%，在全省首位度和贡献率进一步提升，在全省的影响力、辐射力、带动力不断增强。人均 GDP13.7 万元，比上年增长 3.4%。

人口集聚效应持续增强。长沙作为长株潭城市群中心城市，人口总量持续增长，常住人口占全省比重持续攀升，由 2020 年的 15.1% 提升至 2023 年的 16.0%。2023 年，常住人口 1051.3 万人，比上年增加 9.3 万人，增长 0.9%。

财政收入保持增长。在减税降费、经济增速放缓等因素影响下，长沙财政收入实现平稳增长。

2023年，地方一般公共预算收入达1227.1亿元，比上年增长2.1%，增幅提高0.9个百分点。

（二）以科技创新驱动发展，产业升级增添新引擎

2023年，长沙创新发展指数为87.9，比上年增长1.7%。

创新要素不断聚集。长沙出台人才政策"升级版"45条、全球研发中心城市人才政策十条，实施科学家引航等引才育才工程，全国第一个正式揭牌运营的海归小镇落户长沙。近3年，通过实施多项激励措施，引进各类人才超过80万。长沙人才吸引力指数不断攀升，获评中国年度最佳引才城市。

创新生态持续优化。2023年，高新技术企业总量突破7800家，研发投入近80%来自企业、科技项目80%由企业承担、技术合同成交额80%以上由企业贡献、创新平台80%在企业布局、创新资源90%以上部署在"1+2+N"先进制造业集群，创新链与产业链的结合愈加紧密。5个区县（市）获批国家级、省级创新型区县（市）。

创新成果竞相涌现。拥有有效发明专利6.5万件，比上年增加1.2万件，增长22.6%。每万人口发明专利拥有量为62.6件，增加10.6件，远超全省平均水平。技术合同成交额突破1200亿元，在长高校科技成果本地转化率提升到49.7%，创新能力连续三年排名国家创新型城市第一方阵，再次获批全国"创新驱动示范市"。

（三）以统筹协调促进共赢，城乡融合呈现新气象

2023年，长沙协调发展指数为90.8，在六大指数中较为亮眼。

城镇化水平持续提升。人口总量持续增长，城镇化水平稳步提升。2023年，城镇人口878.8万人，比上年增加11.1万人，占常住人口的83.6%，提高0.3个百分点，城镇化率高于全国、全省水平17.4个和22.4个百分点。

城乡收入差距逐步缩小。统筹城乡一体化发展，以"一县一特""一乡一品"为标志的现代农业加速发展，乡村振兴全面推进，城乡融合不断加深。农村居民人均可支配收入从2013年的2.0万元增加至2023年的4.3万元，年均增长8.2%，城乡收入比值从1.71下降至1.56。

产业结构不断优化。坚持把经济结构战略性调整作为主攻方向，加快推进经济转型升级，经济发展的协调性和可持续性不断增强。三次产业占比由2013年的3.9：44.0：52.1调整至2023年的3.2：37.4：59.4。2023年，二三产业对GDP增长贡献率分别为45.8%和51.6%，第三产业对经济增长的贡献不断增强，二三产业在发展上并驾齐驱。

（四）以绿色理念改善生态，山水洲城绘就新画卷

2023 年，长沙绿色发展指数为 84.3。

低碳转型更加深入。深入推进碳达峰碳中和，加快建设“无废城市”试点，大力推动能源、交通、城乡建设等重点领域节能降碳，获批国家碳达峰试点城市。从 2013 年至 2023 年，以年均 2.9% 的能源消费增速实现了年均 7.6% 的经济增长，单位 GDP 能耗累计降低 20% 以上。

城市环境更加宜居。单位工业增加值主要污染物排放量下降 4.9%。空气质量优良天数达 321 天，增加 19 天。国、省控地表水考核断面水质优良率 100%，圭塘河成为全国唯一同时获得“两山”实践创新基地和美丽河湖两项国家级生态殊荣的河流。

交通出行更加便利。主城区公交车超 7900 台、公交线路超 290 条、公交站点 500 米半径覆盖率达 100%，公交线路与轨道交通的接驳率超过 94.9%。城市公共交通客运总量 15.8 亿人次，其中轨道交通客运总量 9.4 亿人次，核心城区绿色交通出行比例近 75%。

（五）以开放胸怀拥抱世界，国际合作开创新局面

2023 年，长沙开放发展指数为 81.2，超全国均值 8.5，超全省均值 9.2。

开放水平显著提高。外贸进出口总额连续多年实现跨越式发展：2018 年突破 1000 亿元，2019 年突破 2000 亿元，2022 年突破 3000 亿元。跨境电商、服务贸易和生产型外贸企业进出口增长 10% 以上。经贸“朋友圈”遍布世界 200 多个国家和地区，超 1/3 的世界 500 强企业在长沙投资兴业。开放经济首位度持续攀高，连续两年获评“中国投资热点城市”。

开放通道不断拓展。中欧班列（长沙）连续四年开行量超 1000 列，稳居全国第一方阵。国际货运航线实现通达亚洲、欧洲、北美洲、南美洲、非洲五大洲，机场货邮吞吐量位列中部六省前三，长沙霞凝港与岳阳城陵矶港、上海港的联动不断加强。长沙获批国务院推动外贸稳定和创新发展成效明显地区，入选中央外经贸提质增效示范工作试点。

开放平台能级跃升。中非经贸深度合作先行区建设深入推进，对非贸易总额增长 200% 以上，全国首个“中非评议基地”“植物提取物评议基地”落户长沙。对非贸易总额超过 200 亿元，约占全省总量的 40%。中国（湖南）自由贸易试验区长沙片区为全省贡献了近 1/5 的进出口总量和 2/5 的进出口增量，获评全国“高质量发展示范园区”。

（六）以为民情怀保障民生，幸福长沙迸发新活力

2023 年，长沙共享发展指数为 84.0，比上年增长 1.9%。

生活水平稳步提升。城镇居民人均可支配收入6.7万元，高于全国1.6万元，高于全省1.8万元，且城乡收入差距在同体量城市中最小。城镇居民人均教育文化娱乐支出1.0万元，比上年增长5.8%；每百户城镇居民家庭家用汽车拥有量72辆，增长1.2%；城镇居民人均住房建筑面积41.8平方米。

公共服务不断改善。年末医疗卫生机构6379个，市辖区万人医护人员数增长13.8%。年末全市有艺术表演团体13个，文化馆11个，公共图书馆12个，博物馆（纪念馆）22个，档案馆14个。全年建设社区养老服务设施100家，新改建室外运动场155个，新增停车位16.3万个，扩充基础教育学位7.7万个，获评“全国公共就业服务能力提升示范项目”。

社会保障有力有效。地方一般公共预算支出中，用于教育、社会保障和就业、卫生健康的支出比上年分别增长2.2%、0.2%和0.5%，基本养老金社会化发放率达100%，城镇新增就业15.3万人，降低企业社保负担10.6亿元，稳岗补贴惠及企业7万余家。企业退休人员养老金、城乡居民基础养老金连续上调，待遇水平稳居全省前列。

二、城市高质量发展主要经验

近年来，长沙牢牢把握“强省会”战略机遇，站在首位，干在实处，坚定捍卫“两个确立”、坚决做到“两个维护”，在打造“三个高地”、践行“四新”使命、推动高质量发展上闯出新路子。

锚定高质量发展目标“强功能”。把高质量发展作为自觉追求，强化省会意识、省会责任，切实增强全球影响力、全国竞争力、区域引领力、全省辐射力提升省会功能。

提高高质量发展能力“强产业”。以“五个十大”项目为抓手，把“1+2+N”特色优势产业和人工智能、云计算、北斗等新兴产业作为主攻方向，在先进制造业上树立标杆、在科技创新上谋求突破、提升城市能级和核心竞争力。

夯实高质量发展基础“强品质”。围绕做大城区、做强园区、做优片区、做实县区、做靓社区（村），抓好规划建设管理，坚持世界眼光、一流标准，进一步彰显“国际范”“长沙味”；坚持现代化、法治化、智能化，不断提升治理体系和能力现代化水平，让城市更为安全、更具韧性、更有温度。

做优高质量发展载体“强平台”。创新体制机制，在辐射带动上精准发力，强化与长三角城市群、粤港澳大湾区对接合作，更好融入中部地区和长江经济带高质量发展，引领带动长株潭一体化取得突破性进展。

激发高质量发展活力“强人才”。“用育引留”全链条发力，深入实施“芙蓉英才星城圆梦”计划，紧扣人才需求，坚决破除体制机制障碍，持续优化人才服务。加强干部队伍能力作风建设，激发创新实干战斗力。

三、城市高质量发展存在的主要问题及对策

长沙坚决落实中共中央和省委决策部署，切实扛牢强省会主体责任，奋力推动城市高质量发展，但由于外部环境和客观条件等因素的制约，在城市高质量发展上还有提升空间。一是高水平对外开放有待进一步加速。受国际环境影响，外需增长显著放缓，外贸增长压力较大，货物贸易进出口总额比上年下降 15%，进出口总额占 GDP 比重为 19.6%，下降 4%，外贸依存度在中部地区仍处于偏下水平，进出口贸易的发展仍需加大力度。二是科技成果转化有待进一步增强。2023 年末，长沙拥有 54 所高等院校、79.6 万名高校在校生和 7800 余家高新技术企业，但万人有效发明专利拥有量较低，科技成果转化存在“墙内开花墙外香”的现象。2023 年技术合同成交额虽突破 1200 亿元，占 GDP 比重为 8.4%，仅略高于全省平均水平。三是生态环境质量有待进一步提升。2023 年，$PM_{2.5}$ 年平均浓度 37.7 微克 / 立方米，创下新低，空气质量仍未摆脱“气象影响型”，$PM_{2.5}$ 年平均浓度高于全国年平均浓度 7.7 微克 / 立方米，与全国年度目标（32.9 微克 / 立方米）存在差距。

有差距，更有机遇，长沙将牢牢把握高质量发展重大历史时机，在“强省会”战略中补齐短板，谋划新作为。一是要全面激活外贸潜能。加大外向型企业招引力度，培育市级外贸供应链企业，引导中小外贸企业走“专精特新”道路。发挥中国（湖南）自由贸易试验区长沙片区平台作用，支持黄花综保区、金霞保税物流中心扩大主营业务。充分发挥跨境电商综合试验区、市场采购贸易方式试点、加工贸易产业示范园、进口贸易促进创新示范区等国家级试点平台优势。为企业从事跨国并购、海外投资、国际电子商务提供税收优惠、法律咨询、信息服务、技术支持等全方位服务。二是要不断提升成果转化效能。做优做实科技成果转化服务，借鉴先进城市成功经验，联合高等院校、科研院所、龙头企业建设概念验证中心，为早期科研成果在实验场地、资金、人才团队、技术与商业化验证等关键环节提供支撑，促进科技成果就地转化、就地交易、就地应用。加快建设科技创新资源共享服务平台，建立科技成果转化信息库，强化技术交易、知识产权价值评估、技术投融资、转移转化咨询等专业化服务。三是要持续改善生态环境。持续重点打好蓝天保卫战，实施空气质量达标攻坚行动，深入推进工业源、移动源、扬尘源、面源污染防治，推动结构减排、工程减排、管理减排、应急减排。加强城市设计，持续优化“一江一河”城市风貌规划管控，打造具有典型示范效应的高品质建设项目，塑造具有湖湘特色、国际水准的城乡风貌，切实打好蓝天、碧水、净土保卫战。

（执笔人：李妮红 周长胜）

广州市高质量发展监测报告

2023年是全面贯彻党的二十大精神的开局之年。习近平总书记亲临广东视察，寄望广州积极推进粤港澳大湾区建设，继续在高质量发展方面发挥领头羊和火车头作用。广州深入学习贯彻习近平总书记视察广东重要讲话和重要指示精神，坚决贯彻落实中共中央、国务院决策部署，在省委省政府和市委市政府坚强领导下，大抓经济、大抓产业、大抓投资、大抓招商，致力提升发展“含金量”“含绿量”“含新量”，高质量发展之路不断取得新成效。

一、城市基本概况

作为广东省省会，国家重要的中心城市、国家综合性门户城市、国际商贸中心和国际综合交通枢纽，广州的发展一直备受国家的大力支持和高度关注。中共中央、国务院2019年发布的《粤港澳大湾区发展规划纲要》明确广州为粤港澳大湾区区域发展的核心引擎之一。国务院2022年发布《广州南沙深化面向世界的粤港澳全面合作总体方案》（以下简称《南沙方案》），提出打造广州南沙成为立足湾区、协同港澳、面向世界的重大战略性平台。2022年中共中央、国务院印发的《国家新型城镇化规划（2021—2035年）》和经国务院批复同意印发的《“十四五”新型城镇化实施方案》均将广州都市圈纳入国家培育的重点都市圈。2023年广州市委十二届六次全会提出，优化城市发展战略空间格局；2024年初印发的《广州面向2049的城市发展战略》提出“两洋南拓、两江东进、老城提质、极点示范”的空间发展方针，明确广州“三核”：老城区“历史文化核”、东部中心“现代活力核”、南沙“未来发展核”。

2023年，广州行政区域总面积7434.4平方千米，年末辖越秀、海珠、荔湾、天河、白云、黄埔、花都、番禺、南沙、从化、增城11个区，共34个镇、143个街道；年末常住人口达1882.7万人，增量、增速均为近3年最高，稳居全省人口第一大市的位置。

二、城市高质量发展取得的成效

（一）综合质效发展成效明显

经济发展韧性增强。2023 年，广州 GDP 突破 3 万亿元，达 30355.7 亿元，同比增长 4.6%，增速提高 3.6 个百分点。回顾广州总量增长，GDP 从 1 千亿到 1 万亿用了 15 年，从 1 万亿到 2 万亿元经过 8 年，从 2 万亿到 3 万亿元仅历时 5 年，体现了面对需求收缩、供给冲击、预期转弱三重压力，广州经济发展的韧性、全力推动经济社会高质量发展的底气。社会消费品零售总额连续 3 年超万亿元，2023 年达 11012.6 亿元。全市网络经营主体达 90 万户，网络零售活跃商铺数居全国第一，全国直播电商百强中，广州占据 9 席，数量居全国首位。年末，广州地区金融机构本外币各项存款、贷款余额分别为 8.7 万亿元、7.7 万亿元。

图 1 广州珠江新城 CBD

新型智慧城市建设稳步推进。广州以智慧城市建设为着力点，以新基建为抓手，持续推进智慧城市基础设施建设，2023 年全市基础设施同比增长 12.2%，增速提高 13.7 个百分点。自 2016 年成功入选全国地下综合管廊试点城市，积极在城市地下建造隧道空间将电力、通信、广播电视、给水等各类市政管线集于一体敷设，在综合管廊内实现对城市生命线的信息化、可视化、智慧化管理，2023 年末全市累计建成地下综合管廊 175 公里，大幅提升供电、供水的保障和应急能力，形成地下管线“大动脉”。持续扩大制造业投资，印发《广州市加快先进制造业项目投资建设的若干政策措施》，2023年制造业投资增势向好，增长22.9%。对标对表国际一流智慧城市建设标准，2019年以来先后成为全国首批CIM平台建设试点城市、全国首批“新城建”试点城市、全国首批创建“新城建”产业与应用示范基地城市。广州自2020年起实施数字新基建三年行动计划，加快工业互联网、大数据中心、智能充电桩等新型基础设施建设，获评全国首批“千兆城市”；随后《广州市数字经济高质量发展规划》进一步推进5G规模化部署，持续提高5G基站覆盖密度，统筹推进5G、F5G建设。截至2023年末，广州累计建成5G基站9.2万个，5G基站建设持续居广东省首位。

（二）创新发展快步向前

科创投入增长较快。2022年，广州R&D经费988.4亿元，同比增长12.1%，比全国、全省同期分别高2.0个、1.9个百分点。R&D经费投入强度为3.4%，提升0.3个百分点，创下15年来的最大增幅。2023年，全市有效期内高新技术企业超1.3万家，增长6.8%。

科创成果有效转化。2023年，全年专利授权11.8万件；其中发明专利授权突破3万件（3.6万件），同比增长31.6%。全市共登记技术合同20555项，成交额2550.8亿元，其中技术交易额1014.7亿元。截至年末，全市拥有有效发明专利15.2万件，获得中国专利奖105项，广东专利奖40项。在知识产权运用效益方面，2023年新增国家知识产权示范企业18家、知识产权优势企业35家。全市完成专利转让2.9万次，增长36%；专利许可885次，增长64%，“知产”成为企业发展“资产”，进一步激发企业创新动力。

（三）协调发展持续推进

城乡差距进一步缩小。广州推动形成更加协调、更有效率的城镇化格局，2023年城镇居民人均可支配收入突破8万元，同比增长4.8%；农村居民人均可支配收入38607元，增长6.4%，农村居民收入增速连续多年高于城镇居民。城乡收入比由2022年的2.12缩小至2023年的2.09。城镇和农村居民恩格尔系数分别为31.2%、37.7%。得益于城市基础设施和公共服务制度等不断完善，常住人口与户籍人口城镇化率差距从2020年的5.7个百分点缩小至2023年的4.9个百分点。

积极推进数产融合。推动现代服务业与农业、制造业融合发展，以数字技术赋能传统产业，形成三次产业融合发展的良好格局。2023年，广州三次产业结构调整为1.1：25.6：73.3。全市现代服务业增加值14782.5亿元，同比增长4.9%，占第三产业比重为66.4%；生产性服务业增加值12595.5亿元，增长7.2%，占第三产业比重为56.6%。“3+5”战略性新兴产业实现增加值9334.5

亿元，占 GDP 的比重为 30.7%，近年占比均超三成，新动能培育取得一定成效。《粤港澳大湾区发展规划纲要》提出，将粤港澳大湾区打造成为“具有全球影响力的国际科技创新中心”。广州着力为“数产融合的全球标杆城市”蓄积数字技术新势能，2022 年颁布实施国内首部城市数字经济地方性法规《广州市数字经济促进条例》，明确推动数字技术同实体经济深度融合，建设具有全球影响力的数字经济引领型城市。2023 年，全市数字经济核心产业增加值 3896.9 亿元，占 GDP 比重为 12.8%，提升 0.04 个百分点。新一代信息技术产业、数字创意产业增加值规模均超 1500 亿元。

（四）绿色低碳“底色”更亮

绿美广州打造城市新名片。广州牢固树立“绿水青山就是金山银山”理念，努力向“美丽宜居花城，活力全球城市”的总体目标愿景迈进。2023 年，广州以《活力 包容 开放 特大城市的绿色发展之路——联合国可持续发展目标广州地方自愿陈述报告》，在联合国官网可持续发展目标专栏全文发布，是全国首个向联合国提交报告并获发布的城市。2023 年全市 $PM_{2.5}$ 浓度为 23 微克 / 立方米，持续在国家中心城市中保持最优；建成区绿化覆盖率 43.8%，建设绿道 40 公里、碧道 97.7 公里，展示绿美广州形象。

生产生活向“绿”而行。早在 2012 年，广州就获批成为国家低碳试点城市，以绿色为“底色”，以低碳为“画笔”，走出减污降碳协同推进的高质量发展之路，推动全社会普遍形成绿色低碳的生产生活方式。2023 年中心城区绿色出行比例 75%，稳居全国超大城市前列；新能源车使用发展迅速，核心区道路系统上行驶的新能源车占比约为四成，选择绿色化交通工具出行逐渐成为新时尚。

（五）对外开放步伐坚定

“全球朋友”成为高质量发展合伙人。2023 年，广州商品进出口总值连续 3 年超万亿元（10913.1 亿元）。跨境电商方面，广州连续 2 年在千亿大关上实现新跨越，继 2022 年跨境电商进出口交易额首次突破千亿后，2023 年又首破 2000 亿元大关。其中，跨境电商进口规模由 2014 年试点开展时的 1.7 亿元增至 2023 年的 293.7 亿元，规模自 2015 年起连续 9 年保持全国首位。广州提出打造全球营商环境新标杆，从 2018 年实施营商环境 1.0 改革到现今的 6.0 迭代升级，“优”无止境的营商环境吸引更多的国际化合作发展伙伴，利用外资活力和质量持续提高。2023 年，广州新设外商投资企业 6629 家，同比增长 92.6%。在穗投资的世界 500 强企业累计 345 家，投资项目累计 1968 个。实际使用外资 483.2 亿元，占全省的 30.4%、占全国的 4.3%；高技术产业实际外资 255 亿元，增长 11.9%；智能制造、新能源汽车等新兴产业实际外资近 170 亿元，约占全市实际使用外资的35%；金融业实际外资达21亿元，增长12.6倍。

城市能级实现跨越式提升。广州紧扣《粤港澳大湾区发展规划纲要》《南沙方案》等重大国家决策部署，全力打造世界级空港、海港、铁路枢纽，推动着交通“流量”转化经济“留量”。2023年，白云机场完成旅客吞吐量6317.4万人次，实现国内单体机场旅客吞吐量“四连冠”。货邮吞吐量再次攀上200万吨大关，连续4年居全国第二。全年完成港口货物吞吐量6.8亿吨，集装箱吞吐量2541.4万标箱，规模均居世界第五。城市公共交通客运量45.7亿人次，同比增长21.4%；广州地铁运送乘客31.4亿人次，地铁客流总量居全国第三，客流强度居国内第一。

（六）城市发展成果共享

教育发展优质均衡。高等教育为高质量发展提供人才支撑。2023年，全市高等教育学校（含市外校区）在校生234.3万人，多年居全国主要城市之首；其中研究生17.2万人，普通（职业）本专科在校生146.9万人。基础教育普惠均衡发展。2023年，中等职业教育在校学生14.9万人，普通中学在校生64.3万人，普通小学在校生129.5万人。幼儿园在园幼儿59.8万人。高中阶段毛入学率、学前教育毛入园率分别为95.5%和126.8%。每千人口拥有3岁以下婴幼儿托位数为4.2个，增长17.3%。

公共服务持续优化。作为华南地区区域性医疗中心，广州拥有的全国百强医院的数量稳居全国前三，向着“病有良医”迈进。2023年末，全市各类医疗卫生机构6677个；其中，三甲医疗机构45家（三甲医院41家），数量居全省第一。全市共有公共图书馆（不含分馆）14间，实现通借通还的公共图书馆（分馆）、服务点、自助图书馆共1020个，已迈入“千馆之城”。共有各类专业艺术表演团体（事业单位）14个，群众艺术馆、文化馆（分馆）244个，博物馆72个。截至年底，全市体育场地共计37120个，体育场地面积共计4571.5万平方米，平均每万人拥有体育场地19.7个。2023年养老、失业、工伤保险参保达2517.9万人次；企业退休人员人均养老金、失业保险金标准分别提高至3993元/月、2070元/月。全市颐康中心（站）2839个实现村居全覆盖，长者饭堂增至1328家，构建全覆盖的社会化“大配餐”服务体系。

三、城市高质量发展需关注的方面及建议

当前，广州正处在新旧动能接续的关键阶段，经济发展既面临政策利好加速释放、技术创新不断演变、新生业态层出不穷的重大机遇，也面临共性问题和个性问题叠加、短期问题和长期问题交织、周期性因素和结构性因素碰头等多重影响。高质量发展对广州产业经济加快转变方式、优化结

图 2 白鹅潭大湾区艺术中心

构、转换动能、推进产业高级化和产业链现代化提出新标准、新要求，在加快科技成果转化、推进新型工业化、引育高能级企业、提升重大平台承载力上寻求破局，创造性引领性改革有待强化，向新质生产力要增长新动能步伐还需加速。此外，广州常住人口城镇化率在本世纪初已超 80%，2023 年提升至 86.8%，按照国际通行的城市化阶段理论，早已进入城市化第三阶段即完善阶段，对社会管理和公共服务挑战加大，加上各区资源禀赋、功能定位、产业结构等存在客观差异，如公共文体方面，全市综合性文化服务中心、乡村综合文化站等设施虽已全覆盖，但公共文体服务在城乡之间、区域之间的充分性和均衡性仍待进一步增强。

广州要坚定不移坚持稳中求进工作总基调，贯彻新发展理念，坚持“经营城市”的理念，服务和融入新发展格局，切入“新赛道”，激活“新业态”，广州以“双区”建设、“双城”联动为战略引领，以新质生产力支撑，以创新之“脉”，壮产业之“骨”，围绕增强制造业核心竞争力、高标准打造产业发展载体、提升现代服务业发展能级，向内优化产业布局，塑造集群化高品质产业空间，提升向外立足大湾区、协调周边城市，深化产业联动、奋力拓展经济纵深的创新能力和效率。驱动生产力向新的质量形态跃升，以科技赋能现代化产业体系，推动科技创新“变量”转化为高质量发展“增量”。推动传统工业产业与新质产业双向赋能，打造高质量发展“强引擎”；增强畅通国内大循环、联通国内国际双循环功能，做优高质量发展“基本盘”；强化创新要素聚集，激发高质量发展“动力源”；扩大有效投资，为夯实高质量发展根基提供“硬支撑”；深化优化营商环境，为高质量发展畅通运行添加“助推器”；加强人才储备，为赋能高质量发展厚积“软实力”，实现从科技强到企业强、产业强、经济强、城市强，全力激发高质量发展新活力，在高质量发展中保障成果由人民共享。

（执笔人：徐菲）

深圳市高质量发展监测报告

2023年是全面贯彻党的二十大精神的开局之年。深圳坚持以习近平新时代中国特色社会主义思想为指导，深入学习贯彻习近平总书记对广东、深圳系列重要讲话和重要指示精神，认真贯彻落实中共中央、国务院决策部署，打造更具全球影响力的经济中心城市和现代化国际大都市，新动能新优势加快形成，高质量发展取得新进展新成效。

一、城市基本概况

深圳于1979年3月建市，1980年8月深圳经济特区成立。40多年来，深圳从落后的边陲小镇发展成为一座现代化国际化大都市，创造了世界城市发展史上的奇迹。2019年8月，中共中央、国务院印发《关于支持深圳建设中国特色社会主义先行示范区的意见》，深圳再次迎来新的重大机遇和光荣使命。

作为中国南部海滨城市，深圳地处珠江三角洲前沿，毗邻中国香港，东临大亚湾和大鹏湾，西濒珠江口和伶仃洋，南边深圳河与香港相连，北部与东莞、惠州两城市接壤。全市面积1997平方公里，海域面积1145平方公里，海岸线总长260.5公里，属亚热带季风气候，温润宜人，降水丰富。全市下辖9个行政区和1个新区：福田区、罗湖区、盐田区、南山区、宝安区、龙岗区、龙华区、坪山区、光明区，大鹏新区。2018年12月，位于汕尾市的深汕特别合作区正式揭牌。深圳人口年龄结构较为年轻，根据第七次全国人口普查结果，常住人口平均年龄32.5岁，15—59岁常住人口占比79.53%；60岁以上老人占比5.36%，人口老龄化程度较低。

二、城市高质量发展主要成就

（一）综合实力实现新飞跃

2023年，深圳地区生产总值34606.40亿元，同比增长6.0%，增速比上年提高2.7个百分点。

全年人均地区生产总值 19.52 万元，比上年增长 5.6%。回顾深圳总量增长，1979 年，深圳地区生产总值仅 1.96 亿元，1996 年突破 1000 亿元，2005 年突破 5000 亿元，2010 年突破万亿元大关，是全国内地第四个突破万亿元大关的城市。2016 年较 2010 年翻番，是内地第三个经济总量突破两万亿元的城市，首次居内地城市第三。2021 年，经济总量稳步跨越 3 万亿元大关。从 1 千亿到 1 万亿用了 14 年，1 万亿到 2 万亿经过 6 年，2 万亿到 3 万亿仅历时 5 年。近年来，面对严峻复杂的国际、国内形势以及新冠肺炎疫情等多重影响，深圳经济表现出韧性强、潜力大、活力足的特点。

2023 年，深圳工业增加值和规模以上工业总产值蝉联国内“双第一”，以“工业立市”“制造强市”支撑深圳高质量发展。社会消费品零售总额首次破万亿元，达 10486.19 亿元，同比增长 7.8%。外贸进出口总额 38710.70 亿元，位居国内城市第二，其中出口总额 24552.08 亿元，连续 31 年居首位。财政收入总量位居国内重点城市第三，仅次于上海和北京。年末，全市金融机构（含外资）本外币存款、贷款分别为 13.34 万亿元、9.21 万亿元。年末深圳证券交易所上市公司 2844 家，比上年增加 101 家。上市股票 2879 只，增加 101 只。其中，A 股 2838 只，增加 102 只。年末常住人口（含深汕特别合作区）达 1779.01 万人，比上年末增加 12.83 万人。

（二）科技创新能力明显提升

研发投入保持快速增长。2023 年，深圳投入研究与试验发展（R&D）经费 2236.61 亿元，同比增长 18.9%，继续保持快速增长态势；R&D 经费投入强度 6.46%，较上年提高 0.65 个百分点，连续九年稳步提升。其中，企业 R&D 经费投入 2085.78 亿元，增长 16.8%；占全市 R&D 经费的 93.3%，创新主体地位不断加强。

战略性新兴产业成为经济发展重要引擎。全年战略性新兴产业增加值合计 1.45 万亿元，比上年增长 8.8%，占 GDP 的比重持续提升至 41.9%。其中，3 大产业实现两位数增长，数字与时尚产业增加值 4099.01 亿元，增长 18.3%；绿色低碳产业增加值 2213.58 亿元，增长 16.9%；新材料产业增加值 352.57 亿元，增长 15.2%。20 个产业集群中，7 个集群实现两位数增长，其中智能网联汽车、软件与信息服务两大集群增速均超 20%。

科技创新生态持续优化。2023 年，深圳国家专精特新“小巨人”企业达 742 家。新增国家高新技术企业 1615 家，总量达 2.47 万家；新增全国重点实验室 3 家、国家企业技术中心 8 家、中小试基地 23 个。

科技创新成果振奋人心。2023 年，深圳市国内专利授权 23.51 万件，居全国首位。其中发明专利授权 6.23 万件、实用新型专利授权 10.83 万件、外观设计专利授权 6.45 万件。有效发明专利拥有量 30.04 万件，其中高价值发明专利拥有量 17.37 万件。PCT 国际专利申请量 1.59 万件，连续 20 年居全国大中城市首位；PCT 国际专利申请公开量 1.72 万件，在国际创新城市对比中排名第二。商标申请量 39.24 万件，商标注册量 24.97 万件，居全国首位。

（三）协调发展成效明显

2023 年，深圳城镇化率为 99.80%，不含深汕特别合作区，城镇化率为 100%。深圳居民人均可支配收入 76910 元，比上年增长 5.8%。居民人均消费支出 49013 元，增长 9.4%。恩格尔系数为 29.4%，较上年下降 0.3 个百分点。平均每一就业者负担人口 1.60 人，同比下降 9.6%。

基本形成以先进制造业和现代服务业为主体，三次产业融合发展的现代产业体系。2023 年，深圳第一产业增加值 24.71 亿元，比上年增长 2.6%；第二产业增加值 13015.32 亿元，增长 6.5%；第三产业增加值 21566.38 亿元，增长 5.6%。第一产业增加值占全市地区生产总值比重为 0.1%，第二产业增加值比重为 37.6%，第三产业增加值比重为 62.3%。就业结构与产业发展协调度提高，2023 年，年末从业人员三次产业结构比重为 0.1：39.0：60.9，第三产业成为吸纳就业主渠道。全市现代服务业增加值 16458.54 亿元，增长 6.2%，占第三产业比重 76.3%。高技术制造业增加值比上年增长 3.3%，先进制造业增加值增长 5.1%，占规模以上工业增加值比重分别为 58.4% 和 66.8%。

（四）绿色发展稳步前进

大气环境质量稳中有升。2023 年，深圳空气质量在全国 168 个重点城市中位居前列，臭氧年均浓度下降 10.9%，$PM_{2.5}$ 年均浓度 17.6 微克 / 立方米。空气质量优良天数占比 97.8%、提升 5.7 个百分点，居超大城市首位。

水环境质量持续提升。地表水国控省控断面水质优良比例达 95.2%，310 条河流按河长计算水体优良比例达 73.9%、提高 6.3 个百分点。城市饮用水水源水质达标率 100%。开工建设 4 座水质净化厂，新建、修复污水管网 118 公里，创建污水零直排小区 4080 个，污水集中收集率 84.7%，再生水利用率提升至 76.0%。

节能降耗成效明显。深圳入选国家首批碳达峰试点城市。新增绿色建筑 2500 万平方米、装配式建筑 2380 万平方米，建成超低能耗、近零能耗、零碳建筑 68 万平方米。创建国家级绿色工厂 29 家、绿色供应链 3 家，获评国家级工业产品绿色设计示范企业 3 家。

城市环境更加优美。全市绿化覆盖面积 10.5 万公顷，建成区绿化覆盖率 43.6%，建成区绿地率 40.9%。年末共有公园 1290 个，比上年增加 30 个，公园面积 3.83 万公顷，增长 0.2%。生活垃圾无害化处理能力 3.09 万吨 / 日，生活垃圾无害化处理率 100%。

枢纽功能更加完善。机场旅客吞吐量 5273 万人次，增长 144.6%，国内航线旅客量居全国第二。年末公路总里程 721 公里，其中高速公路 392 公里。年末公共交通营运线路总长度 19591 公里。年末实有公共汽（电）车营运车辆 35979 辆，比上年增长 1.2%。其中，出租小汽车 20625 辆，增长 5.2%。全年公共汽（电）车客运总量 11.03 亿人次，增长 11.9%。建成轨道交通运营线路长度 567 公里，轨道交通线路 17 条，轨道交通客运总量 27.12 亿人次，比上年增长 54.5%

（五）对外开放不断深化

2023 年，全市累计进出口 3.87 万亿元人民币，同比增长 5.9%。其中，出口 2.46 万亿元，增长 12.5%，出口总额连续 31 年居内地大中城市首位。民营企业进出口 2.54 万亿元，增长 12.3%，占深圳进出口总值的 65.7%，是外贸增长主要推动力。一般贸易方式进出口 2.08 万亿元，增长 14.4%，占进出口 53.6%，带动外贸整体增长。对共建“一带一路”国家进出口 1.3 万亿元，增长 9.3%，占比超三分之一。出口锂电池、电动载人汽车、太阳能电池等“新三样”产品 887.6 亿元，增长 33.9%，增长速度较快。

跨境电商等外贸新业态蓬勃发展，全年跨境电商进出口额首次突破 3000 亿元。服务贸易规模创历史新高，数字贸易、服务外包竞争力持续增强。全年新设外资企业 8002 家，同比增长 86.6%，占全国新设外资企业比重超过 15%。

深港澳合作更加紧密，深港口岸全面恢复通关，日均通关 42.0 万人次、单日最高达 78.4 万人次。深圳国际仲裁院全年化解商事纠纷金额 1419.9 亿元、保持全球前列。

（六）社会事业蓬勃发展

提升医疗卫生水平。年末全市有卫生医疗机构 5431 个，比上年增加 230 个，其中医院 159 个；卫生机构拥有床位 69877 张，增长 6.3%，其中医院病床 64825 张，增长 6.9%；卫生技术人员 125993 人，增长 6.5%。全年各级各类医疗机构完成诊疗量 12884.28 万人次，增长 24.3%；入院人次 225.93 万人次，病床使用率 81.0%。

教育事业发展取得新进步。年末全市各级各类学校总数达 2940 所，毕业生 66.03 万人，招生 74.85 万人，在校学生 274.80 万人。年末全市有幼儿园 1973 所，在园幼儿 55.51 万人。有小学 359 所，在校学生122.66万人。有普通中学554所，在校学生66.92万人。有普通高等学校14所，在校学生16.08万人。全年全市普通高等学校招生4.99万人，在校生16.08万人，毕业生4.57万人；成人高等学校招生1.37万人，在校生4.10万人，毕业生1.27万人。

社会保障能力显著增强。年末提供住宿的各类社会服务机构88个，比上年末增加6个，床位14682张，比上年增长5.5%，其中，养老机构床位13240张，增长3.3%。编办登记生活无着人员救助管理站3个，救助管理站床位312张。全年共发放最低生活保障金4565.75万元。

精神文明建设不断深化。年末全市有各类公共图书馆845座，公共图书馆总藏量6476.33万册，比上年增长7.0%。全市拥有博物馆61座，美术馆13座，拥有广播电台1座，电视台2座，广播电视中心3座，广播、电视人口覆盖率达100%。

三、城市高质量发展存在问题与对策建议

2023年，全市扎实推动高质量发展，经济持续恢复、回升向好。但也要看到，目前经济发展中还存在一些值得关注的问题：一是稳增长面临较大压力，从内部结构来看，行业发展不均衡，部分行业增速较低。二是民间投资低速增长，仍需进一步提振信心，优化民间投资结构。三是消费增速逐步放缓，增长点比较单一。

面对当前复杂严峻多变的外部形势和不断加大的经济压力，深圳应坚定信心、积极进取、迎难而上、攻克难关，坚持稳中求进工作总基调，聚焦发展新质生产力，完整、准确、全面贯彻新发展理念，全面深化改革开放，加快构建新发展格局，抓住一切有利时机，利用一切有利条件，拓展新的经济发展空间。

（一）以科技创新推动产业创新，大力发展新质生产力

一是开展关键核心技术攻关，打造一批硬核科技成果。聚焦产业重大需求和“卡脖子”技术领域，发挥深圳市场化机制优势，强化政府在基础研究和应用基础研究中的主导作用，增强企业在产业创新中的主体作用，集聚力量开展原创性引领性科技攻关。二是持续壮大优势产业集群，夯实高质量发展底盘。培育和优化产业集群结构，提升产业集群核心竞争力，提升产业链供应链韧性和安全水平。优化产业空间布局，对战略性新兴产业重大项目给予政策支持。大力推进新型工业化，推动传统实体产业升级，提升数字化、智能化制造水平。三是持续强化人才支持政策，打造科技产业人才队伍。进一步加强人才引进和培养，通过“鹏城孔雀计划”等人才政策，引进高水平专业人才，靶向引进高端人才、创新团队和管理团队，支持符合条件的人才享受人才税收优惠政策。

（二）着力恢复和扩大消费，增强消费对经济发展的基础性作用

一是发挥科技创新产业优势。支持无人机、智能家居、VR/AR、人工智能等产品与本地消费相结合，支持消费品牌建设，鼓励品牌企业在深圳建设全球总店、旗舰店，深入推进“首店”工程，大力发展首店首发经济。二是释放促销政策红利，激发消费潜力。常态化举办线下促消费活动，聚焦重点消费行业和领域，持续开展消费券投放活动，深度拓展消费新热点。三是促进房地产市场复苏，推动市民住房消费。加快推进保障性住房建设等，满足市民多元化住房需求。探索构建房地产发展新模式，避免房地产市场风险蔓延，防范化解重大风险。

（三）外贸与外资发展并重，扩大高水平对外开放

一是持续扩大对外出口，全力稳住外贸基本盘。加快培育外贸骨干企业集群，增强全球市场“含深度”，加快提升贸易型总部带动力。加强产业与外贸发展联动，全面提升贸易便利化水平，深入推进跨境电商企业阳光化。二是加大力度吸引外资，提高利用外资质量。开展产业链招商、以商招商，聚焦关键产业链环节，招引一批具有雄厚实力和创新潜力的企业。三是重点推进区域创新试点，打造对外开放新标杆。在科技创新、现代服务业、旅游消费等诸多领域持续深化深港合作，促进深港要素流动和服务贸易便利化，加快培育国际合作和竞争新优势。

（执笔人：李冰秀 施洁）

珠海市高质量发展监测报告

珠海区位优越，濒临南海，东与香港水路相距36海里，南与澳门陆地相连，港珠澳大桥通车后，珠海成为内地唯一与香港、澳门陆路相连的城市，拥有独特的人缘地缘优势和“敢为人先”的文化基因。改革开放40余年来，珠海以开放促改革，以改革促发展，从“杀出一条血路”到闯出一条新路，在一次次破冰式的改革创新中实现跨越式发展，呈现出发展动能转换提速、创新环境不断优化、发展活力进一步增强、海陆空交通体系不断完善、生态优势持续巩固、民生保障不断加强的良好发展态势。

截至2023年末，珠海常住人口249.4万人，市场经营主体超44.4万户，规模以上工业企业超1800家，设有拱北、横琴、青茂、港珠澳大桥珠海公路、珠澳跨境工业区5个陆运口岸，九洲港、湾仔港轮渡客运、珠海港、斗门港、万山港5个水运口岸，是中国第二大口岸城市，珠海成为全国经济增长速度快、外向型程度高、投资环境颇具吸引力的地区之一。

党的十八大以来，习近平总书记考察广东时两次来到珠海，多次作出重要指示批示，亲自谋划、亲自部署、亲自推动粤港澳大湾区、横琴粤澳深度合作区建设，勉励珠海经济特区要办得更好、办得水平更高，为新时代珠海改革发展指明了前进方向、提供了根本遵循。2023年，珠海纵深推进粤港澳大湾区澳珠极点建设，深入实施“百县千镇万村高质量发展工程”，以高质量发展新成效扎实推进中国式现代化的珠海实践。

一、城市规模与发展定位

（一）城镇化发展现状

珠海城镇化发展加快推进。2023年末全市常住人口249.4万人，城镇人口达226.6万人，占常住总人口的90.9%，比上年末提高0.1个百分点。目前珠海城镇化率比全省平均水平高15.4个百分点，在广东省排第 4 位。

（二）区域协调发展进程

为解决区域发展不平衡的问题，珠海加速推进城市“南进西拓”战略，随着西部生态新城各片区起步区基础设施建设有序铺开，横琴、保税、洪湾片区一体化加快发展，全市公共服务配套加快完善，城市功能品质逐步提升，西部地区逐渐成为支撑珠海经济发展的重要部分。珠海加快建设特色型现代海洋城市，积极投入重点海岛开发和海岛旅游业特色化发展，有效推动海岛镇村风貌提升。

（三）城市发展格局定位

珠海立足粤港澳大湾区建设大局，一方面加强与港澳资源对接，全力支持服务横琴粤澳深度合作区建设，持续推动珠澳港合作走深走实；另一方面深化与深圳、广州多领域多层次务实合作，围绕全省“一核一带一区”区域发展新格局，加快建设珠江口西岸核心城市，更好发挥口岸城市功能，加快形成珠江口西岸都市圈，推动要素资源在大湾区内优化配置。

二、城市高质量发展成效

珠海牢牢把握高质量发展这个根本要求，从“数量追赶”转向“质量追赶”，从“规模扩张”转向“结构优化”，从“要素驱动”转向“创新驱动”，经济持续较快增长，结构不断优化升级，质量效益持续提升，经济迈向高质量发展起步良好。2023 年珠海城市高质量发展指数为 84.9，比上年提高 0.8，比全省均值高 7.6。

（一）综合质效持续增强

2023 年，珠海主动作为、精准发力，有效应对各种不确定与超预期因素，全市经济在承压波动中回升向好。珠海综合质效指数为 84.2，比上年提高 1.9，比全省均值高 9.5。经济运行稳中向好。2023 年，珠海 GDP4233.2 亿元，增长 3.8%，经济总量居全省第 6 位。质量效益稳步提升。2023 年，全市地方一般公共预算收入 482.5 亿元、增长 10.3%，人均地方一般公共预算收入超万元；社会消费品零售总额增长 3.1%；经营主体总数 44.5 万户、增长 5.8%，新增上市企业 5 家。实体经济增长发力。2023 年，珠海规模以上工业总产值突破 6000 亿元，实现规模以上工业增加值 1565.6 亿元，增长 5.8%。其中制造业增加值占 GDP 比重达 33.8%，集成电路、新能源、智能家电、高端装备制造、精细化工增加值分别增长 27.9%、27.8%、17.9%、4.8%、2.4%。

（二）创新发展稳步提升

2023 年，珠海加快构建全过程创新生态链，持续强化教育、科技、人才支撑，发挥创新要素

图 1 珠海“日月贝”

服务支撑作用。珠海创新发展指数为 80.4，比上年提高 0.3，比全省均值高 4.6。科技创新实力持续增强。2023 年，R&D 经费 171.8 亿元，增长 45.5%；R&D 投入强度为 4.06 %，R&D 人员 6.6 万人，增长 45.1%。2023 年，技术合同成交额 86.3 亿元，发明专利授权量 7892 万件，其中每万人口发明专利拥有量 147.7 件、居全省第二，4 项成果获省科技奖一等奖，1272 家企业参与高新技术企业认定、增长 28.6%。新增国家级专精特新“小巨人”企业 41 家，新增省重点实验室 2 家、省工程技术研究中心 41 家。成功举办博鳌亚洲论坛国际科技与创新论坛第三届大会。人才支撑作用更加明显。“珠海英才计划”深入实施，全市人才总量突破 90 万人，培育珠海首个中国工程院院士，10 人入选国家级重大人才工程。成功举办第一届粤港澳大湾区博士博士后创新创业大赛。科研合作更加紧密。加强与中山大学交流合作，支持南方海洋实验室建设。与暨南大学共建珠海临床医学院。全面支持北京理工大学珠海校区建设。与北京师范大学共同举办第六届中国教育创新成果公益博览会，开展 91 场论坛活动，线上线下观展超 300 万人次。

（三）协调发展成效明显

2023 年，珠海深入实施“百千万工程”，全年市级投入“百千万工程”相关资金 225 亿元，新增专项债 85% 以上安排用于区、镇、村建设，加快推动城乡融合和区域协调发展。珠海协调发展指数为 89.4，比上年提高 0.5，比全省均值高 6.8。人口结构持续优化。2023 年末，全市常住人口城镇化率 90.9%，比上年末提高 0.1 个百分点；全市 3 个行政区中，香洲区、金湾区、斗门区人口城镇化率分别为 99.9%、96.1%、66.3%，区域间人口城镇化水平差异有所缩小。人口学历结构不断优化，“七人普”每 10 万人中拥有大学文化程度提高至 25752 人，比全省高出 10000 人以上。城乡居民收入差距进一步缩小。2018—2023 年，珠海城镇居民人均可支配收入年均增长 6.0%，农村居民人均可支配收入年均增长 7.7%。2023 年，珠海城乡居民人均可支配收入之比为 1.78，缩小 0.05。经济结构持续优化。2023 年，第三产业增加值占 GDP 比重提高 0.32 个百分点；工业投资近十五年来首次超过房地产投资，占固定资产投资比重由 2022 年的 30.1% 提升至 35.8%。

（四）绿色发展深入人心

2023 年，珠海深入实施“绿美珠海”九大行动，加强生态效益转化。珠海绿色发展指数为 93.1，比上年提高 0.2，比全省均值高 3.1。环境污染防治水平稳步提升。空气质量位居全国重点城市前列，6 项大气污染物全面达标，其中 $PM_{2.5}$ 浓度 18 微克 / 立方米、排名珠三角第一，5 个地表水国考断面、9 个集中式饮用水源地水质全部优良，17 条城市建成区黑臭水体实现“长制久清”。全市居民小区、公共机构、公共场所、经营区域生活垃圾分类有效覆盖率 100%。绿色低碳转型发展成效显著。积极稳妥推进碳达峰碳中和，加快富山工业园“零碳科技城”建设。累计创建绿色工厂 27 家，绿色供应链管理核心企业 9 家。认定超低、近零能耗标识建筑超 20 万平方米。打响城市绿化“百团大战”。开展“人人动手、绿美珠海”活动 800 余场，完成市级保障性苗圃建设，全年森林质量精准提升 2.4 万亩、红树林湿地生态修复 268 公顷，新建、改建公园 16 个。“美丽中国”珠海实践项目入选国家首批 12 个正面典型案例、全省唯一。

（五）开放发展步伐加快

2023 年，珠海纵深推进粤港澳大湾区澳珠极点建设，全力稳住外资外贸基本盘，打好“五外联动”组合拳。珠海开放发展指数为 87.8，比上年下降 0.6，比全省均值高 8.1。全面加强珠澳港合作。举办首届广珠澳科技创新走廊圆桌会议，成立澳珠产学研创新联盟。持续推进“湾区通”工程，首创粤澳社保（医保）融合办理，“湾区社保通”累计服务澳门居民超 23 万人次，港澳居民参加珠海养老保险超 4.8 万人、医保超 5.4 万人，在珠海置业超 7.6 万人，港澳投资企业超 1.5 万家。成功举办 2023 年珠澳合作会议、粤港澳大湾区大学生就业实习双选会。更好发挥口岸城市功能。珠海口岸出入境人次增长 68.6%、车次增长 92.1%，横琴口岸、青茂口岸出入境人次均增长超 100%。全市港口完成货物吞吐量 1.2 亿吨、增长 16.1%。国际友好（交流）城市增加至 42 个。全方位服务外向型经济发展。全市新设外商投资企业 2219 家，增长 14.3%。跨境电商经营主体突破 1000 家，新建成跨境电商仓储载体超 5 万平方米，跨境电商进出口 283.2 亿元、增长 27%。2023 年珠海首次采用“一会三地”模式举办 2023 粤港澳大湾区服务贸易大会。

图 2 港珠澳大桥

（六）共享发展扎实推进

2023 年，珠海深化实施“有业有住有家”计划，努力提高共享发展底色成色，推动改革成果更多惠及广大群众。珠海共享发展指数为 79.8，比上年提高 1.1，比全省均值高 11.5。居民收入水平逐步提高。2023 年，珠海居民人均可支配收入 64975 元，增长 3.2%。其中，城镇居民人均可支配收入 67773 元，增长 3.1%；农村居民人均可支配收入 38025 元，增长 6.1%。公共服务供给不断优化。九项民生支出 427.3 亿元，占一般公共预算支出的比重为 63.6%，比上年提高 6.7 个百分点。新筹集各类保障性住房 2.3 万套，全市城镇新增就业 4.5 万人。深化实施“一老一小”优养优育计划，建设“长者饭堂”154 家。推进健康珠海 22 个专项行动，遵医五院三期建设顺利，共建华南理工大学附属珠海妇儿医院，建成全国唯一经科技部建设审查通过的地市级疾控机构 P3 实验室。社会保障体系更加健全。全市基本养老保险参保人数超 140 万人、参保率 99%，基本医疗保险参保人数超 240 万人、参保率 96%。推进药品、医用耗材集中采购改革，全市公立医疗机构线上采购率超 97%。连续 12 年提高最低生活保障标准。

三、城市高质量发展薄弱环节

（一）现代化产业体系仍较薄弱

长期以来，珠海经济依赖格力、伟创力等少数重点企业的情况未获根本性改善，新投产项目的产能尚未形成规模，新动能企业在全市工业经济总量中占比不高，不足以支撑工业经济保持中高速增长。受城市地形地貌条件限制，珠海产业园区呈现“碎片化”分布，园区基础设施和配套服务较为滞后；与珠江东岸城市群比较，珠海产业整体规模不大、产业链完整度较低，在科研人员数量、研发投入以及科技成果转化方面还有差距。

（二）发展不均衡问题仍较突出

由于历史欠账多，当前珠海东西部片区发展不均衡的问题依然较为突出，两者在公共服务、商业配套、金融服务等方面差距仍然较大，呈现出明显的“东重西轻”板块格局。珠海东部地区（香洲区）面积占全市三分之一，常住人口接近六成，但经济规模几乎相当于西部地区经济规模的2倍；西部地区由于纳入珠海经济特区范围时间较晚，在城市化进程中处于被动适应层次，经济发展水平和城市建设水平整体偏低。2023年全市服务业增加值近八成集中在东部地区，东部地区人均GDP较西部地区高出近50%。

（三）城市基础设施配套不足

由于城市规模扩张较快，珠海城市内部的交通拥堵问题较为突出，尤其是东西部地区之间的通勤能力不足。尽管珠海在教育、医疗、文化领域的基础设施建设取得了一些进展，但仍然存在着公共服务不均衡的问题，教育资源分配不足，医疗服务难以满足需求等问题依然存在，这些瓶颈制约了城市发展的速度和质量。

（四）就业市场吸引力不足

与广州、深圳、东莞、佛山等城市比较，珠海城市能级量级较小、产业链不完善，高质量就业岗位偏少、收入薪酬偏低，对优质人力的吸引力不足。同时受人口红利消退及省外劳动力返乡潮影响，珠海制造业就业吸纳能力出现下降，人才在珠海汲取行业最新知识技能的培养成本高于广州、深圳等地，导致人才流失加剧，城市化后劲不足。

四、推动城市高质量发展意见建议

大力调结构培育新兴产业。加快传统产业改造升级，优化现有经济存量，增强现有企业与产业的核心竞争力；培育新兴产业提升其比重，依靠新项目带动产业外延增强经济发展扩张力。

高标准建设西部生态新城。加快西部地区市政及公共服务设施的布局建设，不断提高教育、医疗、养老等基本公共服务均等化水平，促进东西部地区均衡发展。

全面提升城市功能品质。落实智慧城市、低碳城市、海绵城市等先进理念，补齐城市基础设施建设短板。注重科学化、智能化、精细化、长效化城市治理，推动城市治理体系和治理能力现代化。

深度提升科技创新能力。加快产学研合作创新平台建设，鼓励在珠高校直接为企业提供科技服务。进一步创新商业模式，发展企业间电子商务、电子零售、专业服务、增值服务、服务外包等新业态。加大政策创新探索力度，推动电子商务与金融服务、跨境贸易、智能终端应用软件等新业态深度融合。

（执笔人：余伟）

佛山市高质量发展监测报告

2023年，佛山坚持以习近平新时代中国特色社会主义思想为指导，全面贯彻落实党的二十大精神，深入学习贯彻习近平总书记视察广东重要讲话、重要指示精神，全面落实省委“1310”具体部署，奋力实现市委“515”高质量发展目标任务，坚决扛起“经济大市勇挑大梁”的政治责任，高质量推进制造业当家，重点推进制造业高端化、智能化、绿色化发展，靠创新进、靠创新强、靠创新胜，奋力谱写进一步全面深化改革、推进中国式现代化的佛山实践新篇章。

一、城市基本情况

佛山是全国第17个、广东省第3个经济总量超万亿元的城市。2023年，佛山城市高质量发展指数为83.6，2022、2023年高质量发展指数均排名全国前30强。佛山行政区划面积3797.7平方公里，

图1 佛山城市风光

东倚广州，毗邻深圳、香港、澳门，是珠三角地区西翼经贸中心和综合交通枢纽，与广州共同构成粤港澳大湾区三大极点之一，下辖禅城、南海、顺德、高明、三水5个区。佛山享有“全国文明城市”“国家历史文化名城”“国家制造业转型升级综合改革试点城市”“全国服务型制造示范城市（工业设计特色类）”“国家创新型城市”“国家生态文明建设示范区”“国家森林城市”“国家卫生城市”等荣誉。

二、城市高质量发展成就

（一）综合实力显著增强

2023年，佛山综合质效指数为82.6，比上年增长4.3%。其中，市辖区GDP增速指标和人口增长率指标发展水平增速均超两位数，分别增长23.6%、15.4%。2023年，佛山GDP13276.1亿元，增长5.0%，较上年提高2.9个百分点，人均GDP为138526元（按常住人口计算）。生产供给提质升级。规模以上工业增加值6301.4亿元，增长6.6%，五区均入选中国工业百强区。实现金融业增加值782.5亿元，增长11.1%。金融机构本外币存贷款余额分别为27524.4亿元、19981.4亿元，分别增长15.7%、9.6%。需求潜力持续释放。实现社会消费品零售总额3734.5亿元，增长3.7%，岭南天地获评国家级夜间文化和旅游消费集聚区，“放心消费承诺”“线下无理由退货承诺”商家数量均居全省第一。质量效益稳步提升。新登记市场主体40.3万户，增长23.9%，各类市场主体总量达157.6万户，增长19.2%。地方一般公共预算收入800.5亿元，增长0.4%。居民人均可支配收入6.7万元，增长5.2%。年末常住人口961.5万人。

（二）创新动能持续迸发

2023年，佛山创新发展指数为82.6，比上年增长0.2%。2022年，佛山R&D经费支出359.5亿元，增长5.0%。佛山作为国家创新型城市，坚持因地制宜发展新质生产力。新质生产力加快培育。高技术制造业增加值、先进制造业增加值分别增长2.9%、7.6%。佛山入选省级中小企业数字化转型试点，新增国家“数字领航”企业1家，超过5800家规模以上工业企业已实现数智化转型，占比为58%。佛山积极构建“人才引育+技术研发+成果转化+产业应用”协同创新体系，促进产业与科技互促双强。科技型企业加快培育。佛山现有国家高新技术企业10300家，总量居全国地级市前列，新增高新技术企业1600家，拥有省级以上专精特新企业2039家，新增国家级专精特新“小巨人”企业39家。佛山拥有全国重点实验室1家，省级重点实验室24家，省级工程技术研究中心890家，科技企业孵化器114家，众创空间90家。万人有效发明专利拥有量52.8件，增长 24.4%，专利授权量 87421 项，其中发明专利授权量 11314 项。佛山成功创建全国版权示范城市，拥有中国驰名商标 163 件，全国知名品牌创建示范区、中国驰名商标数量均居全国地级市首位。新增制（修）订国际、国家标准 371 项，企业标准“领跑者”数量连续三年稳居全国第一。佛山积极深化科技体制机制改革，设立“人才日”，重构优化人才政策体系。创新创业环境持续优化。佛山已培育引进省、市科技创新团队 342 个、博士超 7000 人，领军人才超 400 人，人才资源总量达 245 万人。新增院士工作站 4 个、博士后科研工作平台 16 个。

图 2 三龙湾

（三）协调发展稳步推进

佛山稳步推进高水平协调发展。2023 年佛山协调发展指数为 89.0，比上年增长 0.1%。佛山形成了优势互补、相互促进的现代化产业体系，为区域经济的持续繁荣注入强劲动力。五区发展齐头并进。2022 年佛山高明区 GDP 突破千亿元，佛山成为全省唯一的所辖县（市、区）经济总量均超千亿元的城市。推动现代服务业和先进制造业“两业”深度融合，形成三次产业融合发展的良好格局。产业结构更加协调。2023 年，佛山三次产业结构调整为 1.7 : 56.6 : 41.7。现代服务业增加值 3361.3 亿元，增长 3.2%，占第三产业比重为 60.7%。龙翔大桥、季华路西延线、富龙特大桥和 4 号线等一批跨区重大交通工程加快推进，为加快佛山城乡区域融合发展“提速”。城乡发展更加均衡。2023 年佛山城镇居民人均可支配收入 68643 元，增长 4.9%，农村居民人均可支配收入 41423 元，增长 6.3%，农村居民收入增速已连续超十年高于城镇居民。城乡居民人均收入倍差由 2022 年的 1.68 缩小至 2023 年的 1.66。

（四）绿色生态持续向好

2023 年，佛山绿色发展指数为 89.7。佛山倾力打造“半城山水满城绿”的良好生态，推出绿美佛山生态建设的“八大行动”，持续优化“林长 +”协调机制，全面推动林长制到“林长治”。城市面貌美丽蝶变。所有行政村达到干净整洁村标准，多个村（社区）获中国美丽休闲乡村、全国乡村治理示范村等荣誉。西樵山国家森林公园、广东云勇国家森林公园获评为国家级森林公园。佛山持续打好碧水、蓝天、净土保卫战，不断加快佛山生态文明的进程。生态质量稳步提升。2023 年佛山空气质量优良天数比例达到 87.7%，提升 3.6 个百分点。$PM_{2.5}$ 年平均浓度为 23 微克 / 立方米，连续四年达到世卫组织第二阶段标准（25 微克 / 立方米）。二氧化硫浓度连续五年稳定保持在个位数。全年酸雨频率为 15.1%，下降 3.2 个百分点。水环境质量稳中向好。2023 年佛山饮用水水源地水质达标率 100%。7 个国考、7 个省考断面连续三年 100% 达标。深入推进“无废城市”建设。在全省率先建成 18 万吨 / 年的铝灰渣处置能力，城镇生活垃圾无害化处理率达到 100%。

图 3 智湖湿地公园

（五）开放体系日益完善

2023 年，佛山开放发展指数为 85.8。佛山积极实施“佛货全球行”战略，支持企业“走出去”拓市场、抢订单。外贸结构持续优化。佛山连续四年外贸进出口总值实现超五千亿元。2023 年，佛山外贸进出口总值为5965.8亿元。全市有进出口记录的外贸经营主体达10814家，增长8.9%。出口方面，佛山家电出口额占全省比重超1/5，贵金属首饰出口额增长20%。同时，“新三样”产品出口18.6亿元，增长10.6%，充分展示了佛山制造的国际竞争力。进口方面，全市积极扩大先进技术设备、关键零部件及优质消费品的进口，进口高新技术产品158.5亿元，增长16.4%。外资吸引力显著增强。2023年，外资在佛签订项目数共968个，增长33.1%，实际利用外资62.6亿元。其中制造业实际利用外资24.3亿元，占比38.8%。科学研究和技术服务业实际利用外资9.5亿元，增长5.4倍。金融业实际利用外资1.9亿元，增长310.2倍。国际合作不断拓展。佛山积极响应国家“一带一路”倡议和粤港澳大湾区建设等重大战略部署。2023年，成功举办国际（佛山）陶瓷及卫浴博览交易会、国际塑料产业展览会、佛山门窗博展会等国际展会和经贸洽谈会。

（六）民生福祉加速共享

2023年，佛山共享发展指数为77.3，比上年增长1.7%。佛山坚持教育优先发展战略不动摇，持续加大教育投入力度，推动教育资源均衡配置。教育质量稳步提升。教育平台方面，2023年，全市共有小学430所、在校生73.2万人。普通中学243所、在校生43.8万人，技工学校14所、在校生3.1万人，普通高等院校14所、在校生15.7万人。师资队伍建设方面，全市教职工共10.1万人。佛山以“病有良医”为目标，持续深化医药卫生体制改革和公共卫生体系建设。医疗卫生体系不断健全。全市共有医疗卫生机构3083家、床位4.2万张。共有卫生技术人员7.2万人，其中医生2.6万人、护士3.3万人。每千人拥有执业医生数达2.7人、拥有注册护士数达3.5人。佛山以建设岭南文化名城为目标，持续推动文化事业和文化产业发展。文体事业繁荣发展。全市共有博物馆30座、文化馆6个、县级以上公共图书馆6座，图书馆图书总藏量达911万册。佛山注重文化遗产的保护与传承，成功申报粤剧、佛山咏春拳、石湾陶塑技艺等多项国家级和省级非物质文化遗产项目。同时，大力发展体育事业，推进全民体育和基层体育。佛山人均体育运动面积2.8平方米。举办全民健身活动及比赛共959场，参加人数达703万人次。举办各项国际及国内单项比赛共394次。

三、城市高质量发展的问题及建议

在看到成绩的同时，也清醒地认识到佛山发展还面临不少困难和挑战，主要是：当前房地产市场低位运行，有效需求仍显不足；企业自主创新内生动力不强，高层次科技人才和创新团队不足；工业经济对骨干传统产业强依赖，战新产业发展不及时；城市规划建设管理科学化、精细化、品质化水平仍需提升，优质公共服务布局不够均衡，生态环境质量有待持续改善；教育、医疗、养老、托育等领域仍有不少短板，化解各领域安全风险任务繁重。对此，佛山将增强忧患意识，在接下来的工作中努力加以解决。

（一）进一步全面深化改革

深化经济体制改革。深化国有资本投资、运营公司改革，支持民营经济发展，推进要素市场化改革，清理和废除妨碍全国统一市场和公平竞争的规定和做法，深化财税、金融体制改革。深化营商环境滚动改革。加快推动“高效办成一件事”，拓展佛山“益晒你”企业服务平台应用场景，加快推动“数字＋市场监管”转型升级。推进法治政府示范创建。加强重点领域、新兴领域立法，深化综合行政执法改革，完善“1+6+N”基层社会治理工作体系建设。

（二）加快发展新质生产力

培育壮大新兴产业和未来产业。高水平建设“双十”园区，推动低空经济高质量发展，布局一批开放性中试平台，加快培育新型储能产业，发展沿链经济和平台经济。推进新型工业化。落实新一轮技改政策措施，支持工业企业设备更新和技术改造，积极推动人工智能赋能制造业发展。提升现代服务业能级。加快发展现代金融，完善现代物流体系，深化制造业与生产性服务业融合，深入实施“制造当家 设计赋能”三年行动计划。推动现代都市农业高质量发展。落实好耕地和永久基本农田保护任务，推动“菜篮子”基地提质扩量，加强预制菜产业招商，探索“科技兴渔”新路子，创新金融支农方式。

（三）深入实施“百千万工程”

推动区域协调发展。加力推进北向战略、西进计划，健全“千亿镇街”“亿元村居”梯次培育机制，推进“反向飞地”实践探索。加强城市规划建设管理。深化组团空间规划、临空经济区总体规划等重点片区规划，持续推进城市品质提升“十件实事”，全力推进城镇老旧小区改造，系统化全域推进海绵城市建设。全面推进乡村振兴。深化“百里芳华”乡村振兴示范带建设，高质量建设佛山市“百千万工程”乡村振兴综合示范片、省“百千万工程”典型村，扎实推进“三清三拆三整治”。

（四）扎实推进“绿美佛山”生态建设

提升城市生态绿化水平。全面推行“林长制”，持续推动实施绿美广东“六大行动”，加快绿美示范点的建设，持续打造“名企公园”品牌。打好污染防治攻坚战。打好碧水、蓝天、净土保卫战，扎实推进“无废城市”建设，高标准创建“无废城市细胞”。推进绿色低碳循环发展。实施“碳达峰十三大行动”，推进制造业、建筑业绿色发展，梯度培育绿色工厂，加快形成规范化、长效化培育机制，推动生活垃圾分类提质增效。

（五）深入参与粤港澳大湾区建设

加强与湾区城市联动。加快广佛全域同城化，全力打造“广佛极点”城市，深化“深圳创新+佛山制造”，加强与横琴、前海、南沙、河套等重大平台战略互动。深化与港澳合作。深入实施“湾区通”工程，推动共建香港（佛山）科创转化合作区，加强与澳门中医药协同创新和产业化合作。

（六）在发展中保障和改善民生

推动公共服务优质共享。强化就业优先政策，抓好“粤菜师傅”“广东技工”“南粤家政”三项工程，构建优质普惠的城乡公共文化服务体系，深入实施文化惠民工程。健全社会保障体系。严格落实过紧日子要求，统筹财力保障重点支出，坚决兜牢“三保”底线。加快实施房地产领域“三大工程”建设，进一步完善多层次医疗保障体系，完善生育支持政策体系，扩大普惠托育服务供给，提升退役军人工作服务质量。统筹好发展和安全。纵深推进常态化扫黑除恶斗争，加强重要战略物资储备保障，做好粮食和重要民生商品保供稳价。

（执笔人：黄婷 陈芷茵 高健）

惠州市高质量发展监测报告

惠州地处广东省东南部、珠江三角洲东北端，是粤港澳大湾区重要节点城市，全市陆地面积 1.1 万平方公里，海域面积 4520 平方公里，海岸线长 281.4 公里。现辖惠城区、惠阳区、惠东县、博罗县、龙门县 5 个县区，设有大亚湾经济技术开发区、仲恺高新技术产业开发区 2 个国家级开发区，常住人口 607.3 万人。2023 年，全市实现 GDP5639.7 亿元，同比增长 5.6%；规模以上工业增加值 2513.6 亿元，增长 5.2%；固定资产投资 3407.5 亿元，增长 5.3%；社会消费品零售总额 2144.9 亿元，增长 4.9%；一般公共预算收入 473.2 亿元，增长 7.1%。

2023 年，习近平总书记亲临广东视察，赋予广东新的使命任务，为惠州奋进新征程、推进现代化建设指明了前进方向、注入了强大动力。省委鲜明提出“1310”具体部署，对惠州寄予厚望，明确提出支持惠州奋力打造新的增长极，为全省高质量发展多作新的贡献。惠州围绕高质量发展这个首要任务和构建新发展格局这个战略任务，坚持稳中求进工作总基调，加快做大经济总量、提升发展能级，经济社会发展不断取得新进展。

一、城市规模与发展定位

近年来，惠州坚决按照省委、省政府的部署要求，奋力开创中国式现代化惠州实践新局面，推动全市经济社会高质量发展，全面建设全球石化产业高地、国内一流数字产业基地、绿色低碳安全发展标杆、开放包容现代品质城市，奋力打造广东高质量发展新增长极，为广东在推进中国式现代化建设中走在前列作出新的更大贡献。

惠州深入推进新型城镇化建设。惠州划分为惠城区、惠阳区、惠东县、博罗县、龙门县 5 个行政县区，同时设有大亚湾经济技术开发区、仲恺高新技术产业开发区 2 个国家级开发区，共有 49 个乡镇、22 个街道办、1043 个行政村。2023 年末，惠州 5 个县区及 2 个国家级开发区总人口

607.3万人；城镇人口445.2万人，常住人口城镇化率73.3%。惠州坚持新型城镇化，集中资源力量建设“3+7”产业园区，着力做强县域经济，深入实施县城补短板强弱项行动，推动以县城为重要载体的新型城镇化建设，不断提高城镇化建设水平。

二、城市高质量发展成效

（一）综合能效不断提级

2023年，惠州加快打造广东高质量发展新增长极，全市经济稳中向好。一是宏观经济稳健前行。2023年，全市GDP达5639.7亿元，增长5.6%。建筑业、批零业分别增长16.5%、20.2%；金融业增长9.9%、住宿餐饮业增长9.5%、信息传输业增长9.3%、交通运输业增长9.3%、文体娱服务业增长9.0%，实现较快增长。多项宏观经济指标增速居全省前列。二是质量效益稳步提升。2023年，全市地方一般公共预算收入达473.2亿元，增长7.1%。金融存贷款较快增长。12月末，金融机构本外币存款余额9649.0亿元，增长14.9%；贷款余额10783.9亿元，增长13.8%。三是实体经济韧性增强。2023年，制造业增加值占GDP比重达45.5%，规模以上工业增加值突破2500亿元，分行业门类看，采矿业增加值增长16%；制造业增加值增长4.6%；电力、热力、燃气及水生产和供应业增加值增长13.6%。“2+1”产业中，电子行业增加值增长8.1%；石化能源新材料行业增加值增长5.9%，其中石化产业增加值增长5.1%、能源产业增加值增长15.6%、新材料制造业增加值下降0.5%；生命健康制造业增加值增长7.7%。从消费角度看，限额以上单位粮油食品类、饮料类、烟酒类、服装鞋帽针纺织品类零售额分别增长31.5%、67.7%、21.7%和5.2%。居家生活类消费快速增长，家用电器和音像器材类、通讯器材类零售额分别增长20.5%、39.1%。

图1 大亚湾石化区

（二）创新驱动提质增效

惠州围绕发展新质生产力布局产业链。2022 年，惠州 R&D 经费 185.7 亿元，R&D 人员 6.5 万人，R&D 经费投入占比达 3.4%。先进制造业和高技术制造业增加值占规模以上工业增加值比重分别达 64.9%、39.7%。入选国家知识产权强市建设试点城市，新增有效发明专利 2497 件，万人发明专利量提高到 23 件。一是科创资源投入持续发力。埃克森美孚大亚湾研发中心启动建设，省级以上创新平台超 300 家。科技成果加速转化，华南技术转移中心惠州分中心投用，全市技术合同成交额增长 47.4%。二是高水平人才资源不断壮大。引进培育市级科技领军人才和优秀青年科技人才 30 名、科技创新创业团队 9 个。三是企业创新更加活跃。高新技术企业超 3400 家，科技型中小企业增至 3499 家，遴选发布重点高企二十强，实施 12 项重点领域研发项目。

（三）区域协调不断发展

惠州实施“百千万工程”，建立健全上下贯通、协同联动工作格局，加快推动城乡区域协调发展。2023 年末，全市常住人口城镇化率达 73.3%，比上年末提高 0.4 个百分点。一是人口结构不断优化。2023 年末，分县（区）看，常住人口城镇化率分别为大亚湾区 97.4%、惠城区 85.1%、仲恺区 82.4%、惠阳区 74.9%、惠东县 63.3%、博罗县 59.4%、龙门县 46.0%。区域间人口城镇化水平差异有所缩小。常住人口中，每 10 万人中拥有大学文化程度的人数由 2010 年的 5752 人提高至 2020 年的 12322 人，学历结构不断优化。二是城乡居民收入差距进一步缩小。2019—2023 年，城镇居民人均可支配收入年均增长 6.3%，农村居民人均可支配收入年均增长 8.0%，城乡人均可支配收入比降至 1.72。三是经济结构不断调整优化。2023 年，三次产业协调发展，第一产业增加值 296.1 亿元，增长 6.6%；第二产业增加值 3070.4 亿元，增长 6.0%；第三产业增加值 2273.3 亿元，增长 4.8%。三次产业结构调整为 5.3：54.4：40.3。第三产业增加值占 GDP 比重比上年提高 0.4 个百分点，社会消费品零售总额与 GDP 之比从 37.8% 提高至 38.0%，财政支出收入比从 1.6 降至 1.5。

（四）绿美惠州和谐共生

惠州大力推进绿美惠州生态建设，2023 年，生态环境质量保持优良，国考断面水质优良比例 100%，近岸海域水质优良率保持 100%，土壤环境质量保持稳定，空气质量优良率 98.4%、位居全国 168 个重点城市前列。一是节能减排成效明显。惠州累计有国家级绿色园区 2 个，绿色工厂 34 家，绿色设计产品 286 种，绿色供应链管理企业 3 家，绿色制造名单数量持续走在全省前列。2023 年，二氧化硫、二氧化氮、一氧化碳和可吸入颗粒物 PM_{10} 年平均浓度达到国家一级标准；细

颗粒物 $PM_{2.5}$ 和臭氧年平均浓度达到国家二级标准。二是城市绿化增姿添色。2023 年，建成区绿化覆盖率 44.3%，比上年提高 1.4 个百分点；城市人均公园绿地面积 16.9 平方米，提高 0.8 平方米。

图 2 西湖城市景观

（五）开放水平持续提高

2023 年，惠州进出口规模再创历史新高，达 3409.4 亿元，增长 10.3%；实际使用外资金额 88.9 亿元。高新技术产品较快增长，高新技术产品出口增长 7.9%，自动数据处理设备及其零件增长 16.7%，液晶电视机增长 24.5%。

（六）全民共享不断推进

惠州努力提高共享发展底色成色，坚持财力向民生和基层倾斜，民生支出占一般公共预算支出比重 74.6%。一是居民收入水平逐步提高。2023 年，全市城乡居民人均可支配收入 46637 元，同比增长 3.9%，2019—2023 年年均增长 6.6%。二是居民生活条件不断改善。2023 年，全市城镇居民人均住房建筑面积 39.5 平方米，增长 1.3%；全市农村居民人均住房建筑面积 50.2 平方米，增长 2.4%。全市百户居民家庭家用汽车拥有量 65.8 辆。三是医疗教育水平显著增强。2023 年，全市每万人拥有医疗卫生技术人员数 78 人，增加 5.4 人。常住人口中，劳动年龄（16—59 岁）常住人口的平均受教育年限从2010年的9.8年提高至2020年的10.5年。

三、城市高质量发展经验做法

（一）积极推进融深融湾、深化双向联系，城市融合发展成效不断提升

立足粤港澳大湾区“一点两地”的定位，发挥自身独特地理优势，深入推进融深入湾，加强与大湾区核心城市对接交流。推动基础设施互联互通，建成10个服务区“光储充一体化”项目，惠州北站高铁直达香港，广汕高铁建成通车，高铁总里程258公里、跃居全省第一，惠州机场顺利完成飞行区扩建，惠州港能级提升，新建成生产性码头泊位4个；推动公共服务融通共享，“粤智助”自助服务平台实现296个事项终端办理，支持港澳法律等领域跨境人才在惠便利执业，“一中心、多基地”惠港澳台侨特色服务合作平台加快建设，建成运营基地13个，服务链接港澳台侨企业上千家。

（二）深入实施“百县千镇万村高质量发展工程”，开启城乡区域协调发展新图景

深入推进深惠对口协作、市域内一对一帮扶，构建“一纵一横”财力保障机制，推动城乡区域均衡发展。落实扩权强县工作，18项市级行政职权事项调整由县（区）实施。博罗县入选国家级县域商业建设行动示范县，惠东县入选全国县域旅游发展潜力百佳县。新改建农村公路302公里，升级美丽农村路151公里，改造危旧桥27座。农村生活污水治理率提高到88%以上。行政村100%达到干净整洁标准、80%以上达到美丽宜居标准。

（三）坚持实体经济为本、制造业当家，加快构建现代化产业体系

深入实施制造业高质量发展三年行动方案，扎实推进新型工业化，入选国家消费品工业“三品”战略示范城市，超高清视频和智能家电产业集群、新能源电池产业集群入选“2023中国百强产业集群”；累计推动1696家规模以上工业企业数字化转型、5531家企业“上云用云”，新增15家企业获评国家级、省级智能制造示范企业；推动612家企业开展技术改造；新增国家级专精特新“小巨人”企业19家、省级制造业单项冠军企业（产品）10家。

（四）构建全过程创新生态链、推动新旧动能转换，高水平科技自立自强释放强大动能

制订推进科技体制改革推动科技创新发展的若干措施，R&D经费投入占比提高到3.4%；加快建设“两大科学装置”，东江实验室建设期考核优秀，建成首套国产千瓦级液氦—超流氦温区低温系统，在先进核能系统、精准放疗等领域取得一大批原创性科研成果；科技成果加速转化，华南技术转移中心惠州分中心投入使用，全市技术合同成交额增长47.4%；持续引进培育市级科技领军人

才和优秀青年科技人才、科技创新创业团队。

（五）加强海洋资源开发，推进海洋产业体系建设，绘就陆海统筹、立体开发的现代海洋经济发展蓝图

加速构建滨海旅游、海洋交通运输、现代海洋渔业、临海清洁能源以及石化等现代化海洋产业体系。以发展“深蓝渔业”为着力点，大力建设海洋牧场，重点发展休闲渔业和深水网箱养殖等现代渔业，推动海洋牧场全产业链发展，不断壮大惠州现代海洋渔业；综合开发利用海洋资源，推动“海上风电 + 海洋牧场”等特色产业项目建设，发展现代种业“育繁推”一体化服务；积极推进现代化海洋牧场项目建设，成立种业中心 3 个，耕海牧渔，做大做强“蓝色粮仓”。

（六）大力推进绿美惠州生态建设，绿色低碳发展迈出坚实步伐

持续深入实施河湖长制、林长制，开展绿美惠州生态建设“六大行动”，全市生态环境质量保持优良；新造红树林 1250 亩、总面积达 1.2 万亩，新建成森林城镇 3 个、义务植树基地 62 个；古树名木数量排名全省第一；2 处湿地入选省重要湿地名录，建成惠州好招楼湿地公园等 8 个绿美广东生态建设示范点；完成 30 家重点用能工业企业免费节能诊断，预计总节能量（当量值）3.1 万吨标准煤、减碳量 6.1 万吨；新增国家级绿色工厂 7 家，58 家企业通过自愿清洁生产审核验收；新增城镇绿色建筑面积占比 93.4%。

四、城市高质量发展薄弱环节

一是城市间发展不平衡全市“两区三县”之间发展不平衡，惠城区、惠阳区两区 GDP 占全市比重 68%，规模以上工业增加值占比 78.4%，固定资产投资占比 66.7%，社会消费品零售总额占比 59.3%，地方一般公共预算收入占比 69%。

二是服务业发展需要进一步提速。从产业发展看，第三产业发展仍需进一步发力，生产性服务业体量仍较小，大型龙头企业仍然较少。物流配送、电子商务等新兴服务业态水平不高，现代物流发展有待提升。

三是城市治理水平仍需提升。惠州常住人口、外来人口较多，推动城市规划建设和治理，是满足社会发展的重要途径。同时，“智能化”是时代发展的趋势，在推动智能技术融入城市治理方面工作仍需进一步加强。

五、推动城市高质量发展意见建议

一是全面推进城乡融合发展。聚力提速“百千万工程”建设，继续做强县域经济，积极培育典型镇村，大力发展乡村产业。

二是全面推动服务业发展。充分依托惠州产业基础，不断激发消费潜能，推动科技、电商、金融、现代物流等生产性服务业发展，为经济发展增添新动能。

三是全面加强城市治理。聚力塑造宜居韧性智慧城市，立足群众需求精建精治，创造优良人居环境，推动城市治理体系和治理能力现代化。

（执笔人：廖镜彪）

东莞市高质量发展监测报告

东莞位于广东省中南部，珠江口东岸，毗邻广州和深圳，粤港澳大湾区中心地带，广深港澳科创走廊中部，全市陆地总面积 2460 平方公里。东莞是岭南文明的重要发源地，具有 5000 多年的文明史，近 1700 年的建县史，约 1260 年的建城史，是著名的“龙舟之乡”“举重之乡”“游泳之乡”。东莞是中国近代史的开篇地，1839 年，林则徐在东莞虎门销烟，揭开了中国近代史的序幕。1985 年 9 月撤县建市，1988 年 1 月升格为地级市，现辖 4 个街道、28 个镇。东莞是改革开放的先行地，1978 年，全国第一家“三来一补”企业太平手袋厂在东莞诞生，改革开放以来，东莞以制造产业立市，迅速发展为国际制造名城，被誉为中国改革开放精彩而生动的缩影。东莞连续多年入选新一线城市，蝉联全国平安建设最高荣誉“长安杯”，拥有国家森林城市、全国文明城市、全国篮球城市等称号。

2023 年是全面贯彻党的二十大精神的开局之年，东莞坚持以习近平新时代中国特色社会主义思想为指导，以新发展理念为引领，全面落实省委“1310”具体部署和市委工作要求，坚持稳中求进工作总基调，紧紧围绕高质量发展，聚焦“科技创新 + 先进制造”城市特色，有效实施各项政策措施，推动经济实现质的有效提升和量的合理增长，高质量发展迈出新步伐。2023 年，东莞城市高质量发展指数为 83.6，比上年提高 0.6。

一、城市高质量发展情况

（一）综合实力不断增强

东莞是全国第 15 座 GDP 过万亿元、人口超千万的“双万”城市，市场主体达 172.9 万户，经济运行量质齐升，坚持以制造业为支撑，消费市场稳步发展，金融平稳运行。2023 年，东莞综合质效指数为 79.2，比上年提高 2.0。

近年来，东莞经济综合实力连连攀升，经济总量连续跨越了 9000 亿元、10000 亿元和 11000

亿元大关，2023年实现GDP11438.1亿元，增长2.6%。其中，第一产业增加值36.3亿元，增长5.0%；第二产业增加值6478.2亿元，增长1.4%；第三产业增加值4923.7亿元，增长4.1%。人均GDP为109339元，增长2.8%。

坚持以制造业当家，稳支柱与立新柱并举，推动工业生产回升向好。东莞制造业增加值占GDP比重超过五成，拥有工业企业超22万家，规模以上工业企业1.4万家，专精特新企业3010家，“小巨人”企业170家，全市实现规模以上工业增加值5171.0亿元。

消费市场稳步发展，涌现了万象汇、汇一城、民盈国贸中心等城市商业综合体，招引了以山姆店为代表的知名品牌开创首店，居民消费能力持续提升。全市社会消费品零售总额4408.1亿元，增长3.4%。金融运行稳健，年末金融机构各项本外币存款余额26125.6亿元，增长11.1%，其中，住户存款余额10153.6亿元，增长11.9%；贷款余额18401.7亿元，增长9.7%。

图1 东莞行政中心广场

（二）创新发展成效显著

以创新驱动为引领和支撑，积极培育发展新质生产力，发展动力不断增强，大力加强创新平台建设，奋力推进科研成果转化，完善科技金融制度。2023年，东莞创新发展指数为85.0，比上年提高0.2。

东莞科技投入力度持续增强，创新力量不断壮大。2022年，东莞R&D经费458.7亿元，增长5.6%；R&D经费投入强度为4.1%，提升0.1个百分点。2023年，全市拥有新型研发机构数量35家，其中省级18家；各级工程技术研究中心累计总数1562家，其中国家级1家，省级560家；各级重点实验室累计总数277家，其中国家级1家，省级14家；科技企业孵化器114家，其中国家级28家，省级19家；众创空间51家，其中国家级22家，省级7家。全市国家高新技术企业达10190家，总量突破1万家。规模以上工业企业设立研发机构比例达52.4%。松山湖科学城被纳入综合性国家科学中心先行启动区，有全球第四台、中国首台散裂中子源，集聚了松山湖材料实验室、华为终端总部、国际机器人基地等重大创新平台和科技龙头企业。

科创成果有效转化，金融助力企业创新。2023年，全市国内专利授权量为81117件；其中，发明专利授权量为12826件，数量排全省第三；全市PCT国际专利申请量为3254件，数量排全省第二。大力推进科技信贷、科技保险等工作，724家企业受益。

图2 中国散裂中子源

（三）协调发展扎实推进

坚持以头号工程力度，认真实施“百千万工程”，推动城乡区域协调发展。2023年，东莞协调发展指数为90.9，比上年提高0.2。

城乡收入差距进一步缩小，产业结构持续优化。2023年东莞城镇常住居民人均可支配收入

67286 元，增长 2.9%；农村常住居民人均可支配收入 46865 元，增长 3.8%。东莞三次产业比例为 0.3 : 56.6 : 43.1，第三产业增加值占 GDP 比重比上年提高 1.3 个百分点。东莞现代产业结构持续改善，新动能加快发展，制造业生产向中高端进一步迈进，先进制造业、高技术制造业增加值占全市规模以上工业增加值比重上升至 2023 年的 47%、38.1%。

镇域经济协调发展，东莞所有镇街 GDP 都超过百亿元，28 个镇全部入选全国千强镇。经济总量超过 900 亿元的镇街（园区）有松山湖、长安 2 个；800 亿元—900 亿元的镇街有南城 1 个；700 亿元—800 亿元的镇街有虎门 1 个；600 亿元—700 亿元的镇街有东城、塘厦 2 个；300 亿元—500 亿元的镇街有厚街、常平、大朗、寮步、凤岗、清溪、大岭山 7 个；200 亿元—300 亿元的镇街有 11 个；100 亿元—200 亿元的镇街有 9 个，镇域经济不断做大做强。

（四）绿美东莞全面提质

大力推进绿美东莞生态建设，全面提升城市品质。2023 年，东莞绿色发展指数为 89.3。

空气质量持续优化，2023 年城市环境空气质量优良天数比例为 88.8%，比上年提高 8.8 个百分点，未发生重污染天气；除 O_3 外，其他主要大气污染物年平均值均达到国家二级标准，其中 $PM_{2.5}$ 年平均浓度下降至 21 微克 / 立方米。水环境不断改善，全年国省考地表水监测断面水质状况为水质优良率（达到或者优于Ⅲ类）77.8% 以上，无劣Ⅴ类断面。城市环境增绿添彩，截至 2023 年，全市共有 16 个镇街被认定为广东省森林城镇，有 4 个村（社区）被评为国家森林乡村，有 8 个村（社区）被评为广东省森林乡村，有 8 个村（社区）被评为绿美红色乡村，有 6 个村（社区）被评为绿美古树乡村。共有市级自然保护区 6 个，面积 9054.7 公顷；森林公园 19 个，面积 33908.8 公顷；湿地公园达 24 个，面积 2144.7 公顷。

图 3 黄旗山

（五）对外开放水平持续提升

作为改革开放前沿地的东莞，与超过 200

个国家和地区建立了经贸合作关系，拥有国际港口东莞港，开通了直达欧洲的中欧班列，积极引用外资，不断提高对外贸易水平，形成全方位、多层次、多形式的对外开放格局。2023 年，东莞开放发展指数为 93.0。

2023 年，东莞积极应对外部环境因素，打好“五外联动”组合拳，全市实现外贸进出口总额 12823.6 亿元，居全国第五，其中，进口 4362.7 亿元，出口 8460.9 亿元。按贸易方式分，一般贸易出口 4572.6 亿元，加工贸易出口 2519.6 亿元。市场采购贸易额 385.4 亿元。保税物流出口 978.9 亿元，增长 17.8%。跨境电商进出口额 907.2 亿元，增长 10.8%。按出口的地区分，对“一带一路”共建国家出口 2428.0 亿元，对亚洲出口 4533.5 亿元，对北美洲出口 1632.1 亿元，对欧洲出口 1536.9 亿元，对拉丁美洲出口 446.8 亿元，对大洋洲出口 158.1 亿元。全年机电产品出口 5744.4 亿元，占出口总额比重 67.9%；高新技术产品出口 2984.8 亿元，占出口总额比重 35.3%。全年全市新签外商直接投资项目 1369 宗，合同外资金额 89.3 亿元，占全市实际利用外资比重 46.5%。

（六）共享发展保障改善民生

坚持践行为民造福宗旨，切实在发展中保障和改善民生。2023 年，东莞共享发展指数为 74.9，比上年提高 1.0。

财政支出继续向民生领域倾斜，居民收入水平持续提高。2023 年，东莞一般公共预算支出 905.9 亿元，其中，一般公共服务支出 94.2 亿元，公共安全支出 109.6 亿元，教育支出 237.0 亿元，社会保障和就业支出 58.3 亿元。全年东莞居民人均可支配收入 65701 元，增长 2.9%。

社会保险制度不断完善，健康文化事业蓬勃发展。2023 年，全市参加各类社会保险 2704.6 万人次，其中基本医疗保险 670.4 万人，生育保险 446.9 万人，基本养老保险 634.7 万人，失业保险 455.1 万人，工伤保险 497.5 万人。深入打造健康东莞，医疗卫生体系逐步健全，年末全市医疗卫生机构 4199 个，其中，三级甲等医院 8 个（含妇幼保健院）；全市卫生技术人员 7.0 万人，医疗机构实有病床 3.6 万张。年末全市有文化馆 1 个，文化站 33 个，公共图书馆 806 个，公共电子阅览室 582 个，公办博物馆 18 个，民办博物馆 35 个，文化广场 756 个，电影放映单位 138 个。全市有各类体育运动场地 19012 个（座），健身路径 1411 条，室外游泳池 617 个，室内游泳池（馆）211 个，室外羽毛球场 1673 个。

加快建设高质量教育体系，教育事业长足发展。2023 年，东莞共有幼儿园 1288 所，增加 19 所，其中省、市一级幼儿园 702 所。全市小学 344 所，在校学生 83.7 万人，本市户籍小学学龄儿童入学率 100%，小学毕业生升学率 100%，全市初中 210 所（不含完全中学），在校学生 29.6 万人。全市普通高中 58 所，在校生 13 万人；中职学校 28 所（含技师、技工学校 7 所），在校生 8.6 万人。全市普通高等院校 8 所（含校区），在校学生 15.9 万人；全年普通高等院校共招收学生 5.4 万人，毕业生 4.6 万人。公共文体服务设施日益优化。

总的来看，2023 年，东莞积极应对挑战，经济社会发展总体健康稳定，高质量发展基础得到进一步夯实，但也要看到当前东莞高质量发展仍面临不少挑战，一是经济回升基础还不牢固，外部环境复杂性、严峻性、不确定性上升；二是产业转型任重道远，传统优势产业有待做优做强，新兴产业尚未扛起大梁；三是城市格局、功能、品质亟待优化提升，教育、医疗、托幼、养老、住房等服务供给还不均衡等，需要进一步优化提升。

二、推动城市高质量发展建议

下阶段，东莞要坚持以习近平新时代中国特色社会主义思想为指导，全面贯彻落实党的二十大和党的二十届二中、三中全会精神，深入贯彻习近平总书记视察广东重要讲话和重要指示精神，认真落实省委“1310”具体部署，按照市委工作安排，聚焦“科技创新 + 先进制造”城市特色，坚持稳中求进、以进促稳、先立后破，进一步全面深化改革，着力推动高质量发展，增进民生福祉，保持社会稳定，扎实推进中国式现代化的东莞实践。主要建议如下：

（一）进一步全面深化改革

以经济体制改革为牵引，以促进社会公平正义、增进人民福祉为出发点和落脚点，突出抓好经济和民生领域改革，牵引推动东莞各领域、各方面的改革取得突破性进展。紧紧抓住大湾区建设战略机遇，积极推动重点改革攻坚，全面加强与广深重点规划、重大项目、重要机制的对接，创新升级新时期与港澳的协作模式，营造全方位对接融合的浓厚氛围。

（二）加快培育发展新质生产力

加快传统产业高端化、智能化、绿色化转型发展，布局抢占未来产业制高点，培育壮大战略性新兴产业，推动战略性新兴产业尽快成型成势、挑起大梁。大力支持生产性服务业发展，打造一批生产性服务业集聚示范区，加快推进生产性服务业与先进制造业深度融合，培育壮大发展新动能。深入推进创新发展，构建支持全面创新体制机制，引进培育一批经营型、创新型高端人才，加强科技成果转化，引导更多硬科技走出实验室、走上生产线。

（三）深入实施“投资年”行动

围绕产业、基建、民生等领域，突出空间、项目、效率，推动工业投资提速扩量，挖掘基建投资潜力，全面掀起重大项目建设热潮。积极培育消费增长点，以“平台 + 电商”消费新模式激发新活力，大力发展数字消费、绿色消费、健康消费，精准激发一千多万人口的消费需求，形成消费和投资相互促进的良性循环。

（四）构建更高水平城乡融合发展格局

持续深入实施“百千万工程”，加强市、镇、村“一盘棋”协调联动，积极探索农村集体经济新形式，统筹推进产业升级、城市更新、绿美东莞、乡村振兴，让基层的积极性和创造性得到最大发挥。

（五）持续扩大高水平对外开放

加强内外联动，加快推进内外贸一体化，做好需求对接交流工作，组织外资企业参加境内外展会、跨境电商交易会等，帮助外资企业开拓内外贸新市场、新渠道，助力莞企品牌出海、货通全球。

（六）全面推进绿美东莞建设

加强城市功能布局规划，打造山水城共融共生的城市空间。持续推动绿色低碳转型，积极开展垃圾分类，引导形成低碳生活新时尚。继续加强气、水、废等污染治理，全力建设“无废城市”，精准发力增绿改绿护绿用绿，让东莞生态文明底色更亮、成色更足。

（七）不断提升公共服务供给质量

坚持在发展中保障和改善民生，优化生育配套支持政策，坚定不移推进教育扩容提质。积极探索创新模式，着力破解“停车难”“堵车烦”等群众反映问题。盘活文旅资源，推动文旅产业发展。打造更多新型公共文化空间，建设更高水平文化强市。

（执笔人：张锡铃）

中山市高质量发展监测报告

中山市位于广东省中南部，珠江三角洲中部偏南的西江、北江下游出海处，地处粤港澳大湾区几何中心，北接广州、佛山，西邻江门，南连珠海，东望深圳、香港，是国家历史文化名城、粤港澳大湾区重要一极、大湾区西岸枢纽城市与创新高地、国家自主创新型制造业城市、全国文明城市，荣获全球人居领域最高奖项联合国“人居奖”和“国家森林城市”“国家环保模范城市”等荣誉称号。中山1925年前称香山，古代香山，是孤悬于珠江口外伶仃洋上的岛屿，据宋朝《太平寰宇记》记载：东莞县香山在“县南隔海三百里，地多神仙花卉，故曰：香山”。香山县翠亨村是孙中山的故乡。1925年3月12日，孙中山逝世，同年4月15日，香山县更名为中山县，以纪念孙中山。1983年12月中山县改为中山市（县级），1988年1月，升格为地级市。中山市是全国4个不设区的地级市之一，下辖8个街道、15个镇，另辖1个国家级开发区和1个经济协作区。

近年来，面对艰巨繁重的改革发展稳定任务，中山坚持以习近平新时代中国特色社会主义思想为指导，深入学习贯彻习近平总书记视察广东重要讲话、重要指示精神，认真落实省委、省政府工作部署，围绕高质量发展首要任务和构建新发展格局战略任务，坚持稳中求进工作总基调，完整、准确、全面贯彻新发展理念，埋头苦干、勇毅前行，推动中山高质量发展、现代化建设迈出坚实步伐。2023年，中山城市高质量发展指数为81.5，比上年提升1.4。

一、城市高质量发展成效

（一）综合质效明显提升

2023年，中山全力以赴拼经济、促发展，着力稳预期、强信心，全市经济回升向好，民生保障持续增强，社会大局和谐稳定，发展质量稳步提升。2023年，中山综合质效发展指数为79.0，比上年提升5.0。宏观经济运行稳中向好。2023年，全市GDP3850.65亿元，增长5.6%。工业经济发展较快，规模以上工业增加值突破 1500 亿元，增长 6.1%，工业投资增长 47.3%，工业技改投资增长 53.2%，多项指标增速居全省前列。财税、金融稳健运行，地方一般公共预算收入、一般公共预算收入支出分别增长 5.4% 和 0.6%，税收总收入增长 10.4%，金融机构本外币存款、贷款余额分别增长 9.4% 和 10.7%。人口规模不断扩大。2023 年末，中山常住人口 445.8 万人，增加 2.7 万人。劳动力数量保持增长，年末就业人员人数 268.7 万人，增加 6.0 万人。经济效益稳步提升。资源配置水平、生产效率逐步提高，人均 GDP86636 元，增长 5.7%；全员劳动生产率 144930 元 / 人，增长 7.8%。人均地区一般公共预算收入 7490 元，增长 5.5%，经济发展富有潜力。营商环境持续优化。2023 年，城市综合信用指数达到 93.8，获评国家第四批社会信用体系建设示范区，在全国地级市信用状况监测中稳定保持全省先进位次，“信用中山”的品牌越擦越亮。2023 年年末，中山市场经营主体净增 6.7 万户，总量突破 64 万户，“四上”企业数量超 9000 家。社会大局安全稳定。平安中山建设深入推进，刑事治安警情、刑事立案分别下降 8.1%、12.1%，获评“全国市域社会治理现代化试点合格城市”。城区消防救援 5 分钟可达覆盖率单项得分达 97.0。生产安全事故宗数、死亡人数分别下降 18.4%、15.2%，连续三年实现双位数下降，道路交通安全事故宗数、死亡人数分别下降 42.2%、16.5%，安全生产责任制及消防工作考核获全省优秀等次。

图 1 深中通道

（二）创新能力不断增强

近年来，中山大力推进现代化产业体系建设，加快发展新质生产力，科创水平不断增强。2023 年，中山创新发展指数为 78.5，比上年提升 0.5。研发投入突破百亿。2022 年，全市 R&D 经费投入达

100.7 亿元，晋级研发经费“百亿军团”，增长 24.1%，增速居全省前列。R&D 经费占 GDP 比重提升至 2.8%，提高 0.5 个百分点，提升幅度居全省第一。创新主体、人才队伍不断壮大。全市高新技术企业数量突破 2850 家，创历史新高，3044 家企业入库科技型中小企业，增长 12.8%，科技型中小企业和高新技术企业数量均居全省第 6 位。省市级创新科研团队增至 71 个，博士、博士后平台增至 99 个，累计评定特聘人才 436 人，技能人才总量达 76.5 万人。全社会 R&D 人员达 4.3 万人，增长 17.7%；R&D 人员折合全时当量 3.1 万人年，增长 28.0%。科创成果加快转化。全市发明专利有效量累计 13446 件，增长 22.2%；5 家企业在新能源、新材料、大健康等领域科技成果荣获 2022 年度广东省科技进步奖二等奖。技术交易市场活跃，全年完成技术合同登记 617 项，技术合同成交额达 26.7 亿元，增长 12.4%。入选国家知识产权强市建设试点城市。高端化产业布局初见成效。制造业数字化智能化深入推进，成为省级中小企业数字化转型城市试点，规上工业企业数字化转型覆盖率居全省前列，596 家规上工业企业实现数字化转型，带动 3000 多家企业上云用平台。1 家企业建成世界“灯塔工厂”，4 家企业入选省重点产业链“链主”企业，新增国家级“小巨人”企业 11 家、省级单项冠军企业 7 家。先进制造业、高技术制造业增加值分别增长 10.0% 和 10.7%，占规模以上工业增加值的比重 50.1% 和 16.0%。数字化、智能化、高端化产品产销高涨，集成电路、发电机组（发电设备）、光电子器件产量分别增长 64.6%、45.1% 和 22.2%，限额以上新能源汽车零售额增长 12.8%。

（三）协调发展成效显著

中山积极促进城乡融合发展和区域协调发展，不断优化经济社会结构。2023 年，中山协调发展指数为 90.7，比上年提升 0.1。城镇化程度持续提高。2023 年末全市城镇常住人口 390.4 万人，城镇化率 87.6%，提高 0.5 个百分点。乡村振兴深入实施。镇域发展能级增强，新增 12 个省级特色产业专业村镇，三角镇、横栏镇入选全国“一村一品”示范村镇。开展城乡人居环境综合整治，多管齐下建设美丽乡村，完成农房微改造 1.5 万户，新建农村“四小园”1764 个，农村生活污水治理率提升至 80%，99% 涉农村居达到省级美丽宜居村标准，神溪村获评中国美丽休闲乡村，里溪村和南桥村获评全国乡村治理示范村。农业发展平稳向好，实现农林牧渔业总产值 154 亿元，增长 5.7%。恢复耕地超 1 万亩，粮食播种面积、产量、单产实现“三提升”。城乡收入差距继续缩小。2023 年城镇居民人均可支配收入增长 4.3%，农村居民可支配收入增长 5.2%，城乡居民收入之比降至 1.42。经济结构持续优化。坚持制造业当家，2023 年三次产业结构为 2.4：51.1：46.5，第二产业占比超过50%，实体经济支撑作用明显增强。投资结构显著优化，工业投资占固定资产投资的比重升至四成；民营经济活跃，民间投资增长6.2%，占固定资产投资的比重升至51.1%；现代产业投资火热，先进制造业、高技术制造业投资增长55.7%、53.4%，为产业结构优化升级注入强大动能。地方财政收支结构良好。全市地方一般公共预算收支均保持稳健增长，一般公共预算收入中税收收入占比接近六成，增长11.1%，地方财政支出收入比从上年1.5降至1.4。物价总体稳定。CPI上涨0.4%，其中，消费品价格持平，服务价格上涨1.2%；扣除食品和能源价格的核心CPI上涨0.6%。

（四）绿美中山成色更足

近年来，中山不断加快节能减排，加强资源综合循环利用，加大环境治理投入，积极发展绿色产业，绿美中山生态建设取得显著成果。2023年，中山绿色发展指数为92.3，比上年提升0.2。水污染治理成效明显。新建污水管网1761公里，新建扩建污水处理厂12座，处理能力大幅提升，中心城区实现排水厂网一体化管理。黑臭河涌减少63.7%，河涌水质指数改善18%，国考断面和市级集中式饮用水源水质100%达标，省河长制考核获评优秀等次。节能减排效果明显。规模以上工业单位增加值能耗下降2.7%。万元GDP电耗965.6千瓦时，增速控制在5%以内，工业污染物排放量持续减少，化学需氧量、氨氮、二氧化硫、氮氧化物、颗粒物等主要污染物排放量均下降超过10%。绿美生态建设稳步推进。完成高质量水源林种植434公顷、新造林抚育513公顷，种植绿化苗木8.7万株，新建碧道20.8公里。空气质量优良天数比例88.8%，$PM_{2.5}$年平均浓度仅有20微克/立方米，空气质量综合指数在全国168个城市排第15位。生活垃圾分类工作在全国86个中等城市中位列第七。“无废城市”试点建设稳步推进。51个内涝点完成治理，海绵城市建设工作获全省唯一A档评价。

（五）开放水平持续提升

中山通过全面深化重点领域和关键环节改革，扩大高水平对外开放。2023年，中山开放发展指数为85.7。对外贸易持续活跃。2023年全市进出口总额2576.7亿元，贸易顺差1847.1亿元，货物贸易进出口总额与GDP之比为67%，比全省、全国分别高6个、34个百分点。外贸伙伴不断增多，帮助企业开拓白俄罗斯、卢森堡、尼日尔等10个海外市场，对“一带一路”沿线、中东国家、金砖国家出口额分别增长4.8%、15.3%、21.8%。外资吸引力度不断增强。新批外商直接投资项目847个，增长45.8%，合同利用外商直接投资94.3亿元，增长63.6%，实际使用外资35.2亿元，保持在较高水平。对外旅游显著恢复。全年旅游业总收入184.2亿元，增长93.4%，接待旅游人数超过 2000 万人次。其中旅游创外汇超过 3 亿美元，增长 250.9%，接待外国及港澳台过夜游客超过 62 万人次，增长近 7 倍。

（六）民生福祉日益增进

中山持续加强城市规划和管理，完善基础设施和公共服务设施，打造宜居宜业的现代化城市。民生福祉日益增进，发展成果全体人民共享。2023 年，中山共享发展指数为 72.1，比上年提高 1.2。居民生活水平持续提高。人均可支配收入 62379 元，居全省第六，增长 4.4%。人均消费支出 39165 元，增长 1.3%；恩格尔系数为 34.2%；人均教育文化娱乐支出 4010 元，增长 10.2%。全市民用汽车保有量 157.5 万辆，增长 5.7%。就业、住房保障力度加大。财政支出中社会保障和就业支出 51.2 亿元，增长 0.2%，住房保障支出 14 亿元，增长 121.8%；民生类支出 318.5 亿元，占一般公共预算支出的比重为 68.4%。在全省率先建成三级零工市场和就业驿站，城镇新增就业 4.9 万人，低保标准提高到 1201 元，有效解决“就业难”的问题。新增保障性租赁住房 5018 套，30 个老旧小区完成改造，101 个公园建成开放，不断优化居民住房服务。教育、医疗等资源进一步完善。新增规范化幼儿园学位 6330 个、公办中小学学位 9360 个。医疗卫生机构总数 1517 家，增长 18.5%；卫生技术人员 3.2 万人，增长 9.1%，医护比为 1：1.3；全市共有床位 1.7 万张，每千人口床位 3.8 张。国家级示范性老年友好社区增至 3 个，养老机构护理型床位占比提高到 75.5%。5 个镇街、10 个基地被评为省儿童友好城市建设示范点。居民文体活动不断丰富。2022 年文化及相关产业增加值 140.0 亿元，占 GDP 比重 3.9%，现有市级文化、文物行政事业机构 11 个，市公共图书馆藏量 721 万册，累计建设香山书房 106 家。体育事业蓬勃发展，全市各类运动场所 10888 个，新增 192 个。顺利举办市第九届运动会，中山籍运动员在第十九届亚运会获 6 金 2 银佳绩，金牌数、参赛人数创历史新高。沙溪队获全国首届“村 BA”冠军。

二、城市高质量发展存在问题及对策建议

2023 年，中山市经济社会运行总体向好，发展质量稳步提升，但仍然存在一定的短板，一是推动经济回升向好的基础不够牢固，传统产业改造升级较慢，新兴产业支撑不足，高品质产业空间比较缺乏；二是科技创新能力还需提升，高素质人才依旧紧缺；三是城乡建设管理存在短板，生态环境改善任重道远；四是教育、医疗、养老、托幼等公共服务水平与人民群众的期盼还有差距。

下一步，中山将坚持以习近平新时代中国特色社会主义思想为指导，全面贯彻落实党的二十大、二十届二中、三中全会和中央经济工作会议精神，深入贯彻落实习近平总书记视察广东重要讲

图 2 孙中山故居

话、重要指示精神，认真贯彻落实省委“1310”具体部署和省委十三届四次全会暨省委经济工作会议工作部署，服务和融入新发展格局，着力推动高质量发展，坚持稳中求进、以进促稳、先立后破，抢抓深中通道通车历史性机遇，大力建设省级改革创新实验区，向湾图强、向高而攀，奋力跑出高质量发展、现代化建设的加速度！

（一）坚持开放合作、协同发展，深度参与粤港澳大湾区建设

深入推进深中一体化，从规划、营商环境、产业、交通、创新、公共服务和社会治理等领域推进深中合作，不断探索“深圳 + 中山”新模式。大力建设广东省珠江口东西两岸融合互动发展改革创新实验区，加快形成“东承、西接、南联、北融”一体化融合发展新格局，持续推动区域协调发展。

（二）坚持实体经济为本、制造业当家，加快构建现代化产业体系

以十大万亩级现代主题产业园重塑产业空间，以中山“新十大舰队”重构产业格局，大力推动本土企业增资扩产和传统产业数字化智能化改造升级，招商引资实现重大项目突破。集中优势资源扶持新能源、生物医药与健康、新一代信息技术等战略性新兴产业，加快形成新质生产力，培育壮大产业集群。推动领军企业“一企一策”落地，支持龙头骨干企业发展壮大，努力打造千亿级企业。

（三）坚持城乡统筹、协调发展，深入实施“百千万工程”

落实落细国土空间总体规划，实施城市形象提升行动，稳步推进城市更新，着力提升城市品质。持续探索镇街管理体制改革，推动扩权强镇和强镇扩权工作，加强片区统筹发展，促进优势特色产业跨镇街合作、公共配套跨镇街布局，全面赋能镇域发展。牢牢扛住耕地保护和粮食安全责任，做强做优现代农业产业园，盘活农村闲置土地和农房资源，壮大新型农村集体经济，深入推进乡村振兴。

（四）坚持科教兴市、创新驱动，不断增强高质量发展新动能

优化教育资源供给，大力建设省基础教育高质量发展示范区，深化职业教育产教融合，建设一批产教融合发展平台，培育高素质教师队伍。落实科技体制改革，实施科技创新强市行动计划，加快建设中山科技创新园，促进科技金融深度融合。深入实施“中山英才计划”，加大人才引育力度，加快“产教评”技能生态链建设，培育更多技能型人才，努力打造人才高地。

（五）坚持生态优先、绿色发展，促进人与自然和谐共生

实施绿美中山“七大提升行动”，加快提升绿美生态廊道，巩固绿美河涌创建成果，引导全民参与植树造林、爱林护林，持续提升森林质量。深入开展污染防治攻坚，打赢打好水污染防治攻坚战，坚决打好蓝天保卫战，不断强化土壤和固废污染防治。扎实推动绿色低碳发展，加快发展绿色制造，建设环保共性产业园，加快氢能、光伏发电等清洁能源应用推广，倡导简约适度、绿色低碳、文明健康的生活方式，积极稳妥推进碳达峰碳中和。

（六）坚持人民至上、共享发展，用心用情改善民生福祉

实施就业优先战略，优化稳就业措施，培育多元就业形态，持续扩大就业容量；强化欠薪源头治理，切实维护劳动者合法权益，促进高质量充分就业。提升社会保障水平，推动新业态从业人员、灵活就业人员等群体参保，扩大养老服务供给，深化未成年人保护工作，推动慈善帮扶资源供需精准对接。加快健康中山建设，推动公立医院提质扩容，提升基层医疗卫生服务能力，完善“防治康”一体化服务网络。全面提升教育、医疗、养老、托幼等公共服务水平。

（执笔人：杨杰辉）

海口市高质量发展监测报告

一、城市基本概况

（一）基本概况

海口市是海南省的省会城市，是海南省的政治、经济、科技和文化中心。海口市地处海南岛北部，东起大坡镇老村，西至西秀镇拔南村，两端相距 60.6 千米；南起大坡镇五车上村，北至大海，两端相距 62.5 千米。陆地面积 2296.8 平方千米，海洋面积 830 平方千米，分别约占全省面积的 6.5% 和 0.4‰。海口市设有秀英、龙华、琼山、美兰 4 个区。截至 2023 年末，全市常住人口 300.2 万人，占全省约 28.8%。海口市常住人口城镇化率为 83.3%，比全省平均值高 20.8%。

（二）自贸港核心区建设情况

2023 年是全面贯彻党的二十大精神的开局之年，是加紧封关运作准备、加快推动高质量发展的攻坚之年。在市委、市政府的正确领导下，在市人大、市政协的监督和支持下，封关运作准备有序开展，全力推进自贸港“一号工程”，封关运作准备工作任务清单、项目清单和压力测试“三张清单”扎实推进。自贸港政策落地见效，率先利用自贸港政策开展 28 类“首单”业务。新增“担保即提”“即购即提”离岛免税购物提货方式，离岛免税店销售额 265.1 亿元、增长 39.4%。实施市场准入负面清单制度、“标准制 + 承诺制”投资制度。推进多功能自由贸易账户体系建设，推动跨境货物贸易、服务贸易和新型国际贸易结算便利化，实有自由贸易主账户 3079 个，办理各项本外币融资 407.2 亿元。

二、城市高质量发展成绩及经验

2023 年，海口在高质量发展上紧抓落实，在相关产业，相关领域上下功夫、讲实效，力争通过发展新质生产力拉动全市经济，惠及百姓民生。

（一）经济发展概况

2023 年全市 GDP2358.4 亿元、同比增长 9.3%。地方一般公共预算收入 266.9 亿元，增长 8%。在地方一般公共预算收入中，实现税收收入 224.2 亿元，增长 1.8%，非税收入 42.7 亿元，增长 59.7%。全年地方一般公共预算支出 369.5 亿元，增长 11.1%。其中教育支出 55 亿元，增长 13.8%；科学技术支出 5.6 亿元，增长 34.1%；社会保障和就业支出 53.7 亿元，增长 26.7%；卫生健康支出 33.5 亿元，增长 3.1%；文化旅游体育与传媒支出 5.7 亿元，增长 20.3%；节能环保支出 6.3 亿元，增长 38.7%。城镇常住居民人均可支配收入 46321 元、增长 6.4%，农村常住居民人均可支配收入 22203 元、增长 8.9%，居民消费价格上涨 0.3%，较好完成高质量发展指标体系任务，向现代化国际化新海口加速迈进。

（二）城市高质量发展情况及成绩

科技创新。2023 年，海口全市上下牢牢把握高质量发展首要任务和构建新发展格局战略任务，聚焦发展新质生产力，高新技术产业取得长足发展。高技术制造业营业收入持续提升。规模以上工业营业收入 912.4 亿元，增长 16.6%，其中高技术制造业 273.7 亿元，增长 6.5%。高技术服务业稳定发展。规模以上服务业营业收入 1817.9 亿元，增长 20.7%，其中高技术服务业 675.9 亿元，增长 3.3%。智能设备、智能电器和新能源汽车产业生机勃勃。全年实现社会消费品零售总额 1088.8 亿元，增长 8.6%，其中可穿戴智能设备 1904 万元；智能家用电器和音像器材 1.1 亿元；新能源汽车 121.7 亿元。2023 年，发明专利有效量（累计）达 5607 件，专利授权数 6189 件，其中发明专利授权量 1448 件，实用新型专利授权量 4181 件。海口市秀英区生物医药产业集群（药谷）入选国家中小企业特色产业集群，新增国家级专精特新“小巨人”企业 1 家，累计 10 家，占全省 77%；高新技术企业 871 家，占全省 58%。科技型中小企业 1162 家左右，约占全省 56%。2023 年全市登记技术合同 2005 件，合同成交总金额达 36 亿元，其中技术交易额达 34.8 亿元，同比增长 25%，占全省 70%。

绿色生态。总书记在海南考察时强调，海南要坚持生态立省不动摇，把生态文明建设作为重中之重。海口全市牢记嘱托，力争实现生态保护、绿色发展、民生改善相统一。2023 年，全市绿化覆盖面积达 9397 公顷，绿地面积 8962 公顷，公园绿地面积 2613 公顷。$PM_{2.5}$ 年平均浓度 15.3 微克 / 立方米，空气质量优良天数比例 97.5%，环境空气质量在全国 168 个重点城市排名第一。强化水质预警监测，进一步规范医疗废水、自建污水处理设施监管，全市全年用水总量 6.6 亿立方米，污水处理厂集中处理率100%，地表水达到或好于Ⅲ类水体比例保持100%。“无废城市”建设进展顺利，打造无废会展、无废景区等多领域“无废细胞”试点，全市生活垃圾无害化处理率实现100%。严控工业排放，工业化学需氧量排放量105吨；工业氨氮排放量7吨；工业二氧化硫排放量93吨；工业氮氧化物排放量374吨；工业颗粒物排放量64吨。能源消费旺盛。全年能源消费总量620万吨标准煤；全社会用电量113.2亿千瓦时，其中工业用电17.6亿千瓦时；城乡居民生活用电量23.6亿千瓦时，城镇居民生活用电量18.8亿千瓦时。

对外开放。对外开放稳步扩大。服务保障第三届中国国际消费品博览会成功举办，为畅通国内国际双循环作出积极贡献。恢复新开悉尼、墨尔本、奥克兰等国际客运航线29条，巴黎等国际货运航线6条。美兰机场运送旅客超2433万人次、增长118%，创历史新高。与巴西克伦西亚市结好，国际友好城市增至44个。加快建设“两个基地”，对外投资备案金额增长86%，新设外商投资企业增长36.7%，实际使用外资占全省42.6%。广东海南先进制造业合作产业园有力推进，引进康佳等10家重点企业。加强与四川阿坝州、广东湛江市战略合作。海口经济圈“八个一体化”发展任务取得积极成效，25个先导性项目加快推进。全市货物进出口总额790亿元、增长30.5%，其中货物贸易进口额498.3亿元，货物贸易出口额291.8亿元；服务进出口总额211.2亿元、增长6.3%，经济外向度提升5.1个百分点，跻身中国外贸百强城市；实际使用外资金额13.9亿美元；对外直接投资额18.4亿美元；跨境电商进出口额5.3亿元；新设立外商直接投资企业数1113家。

社会共享。民生实事办实办好。18件省市民生实事全部如期完成。开展补贴性职业技能培训2.4万人次，城镇新增就业6.5万人。改造老旧小区222个，惠及2.9万户群众。34个安居房项目加快建设，配售房源6157套。建成24个便民生活圈，入选全国城市“一刻钟”便民生活圈试点。教育普惠均衡发展。高等教育学校在校生数达23万人；九年义务教育巩固率101.4%；每千人口拥有3岁以下婴幼儿托位数3.5个。文体旅游丰富百姓生活。全市建成公共图书馆5个，图书收藏量344万册；建成博物馆11个，人均接受文化场所服务次数48次；体育场地数6812个，人均体育场地面积4平方米；接待国内游客2422万人次，国内旅游收入391.9亿元；接待入境游客9.7万人次，国际旅游收入2210万美元。

（三）城市高质量发展经验

2023年，海口按照“稳农业、强工业、扩内需、促开放”的工作思路，全力抓好经济社会发展各项工作，经济社会发展取得明显成效，为今后工作积累了宝贵经验。策划举办城市海岸派对等系列主题旅游活动，推出“漫游海口”五大精品旅游线路，海口湾夜游游船项目正式运营。大力发展“演艺＋旅游”，全年举办各类演艺活动200余场，其中万人以上级别营业性演出15场，入场观众38万人次、带动旅游收入17.8亿元。现代服务业创新发展。新增“信用＋供应链融资担保”等金融首单业务20项，现代物流业加快起势，新海陆岛物流园起步区开工建设，推进客货邮融合发展，入选国家现代流通战略支点城市。农业稳定发展。建成海口琼山金棕榈热带果蔬展示示范基地，引进国外425种热带优异果蔬种源进行保存保育，种质资源不断丰富。园区产业集聚成势。江东新区中州航空第二架777宽体全货机租赁引进落地，融资租赁产业累计投放额超过190亿元。航空特货“超级运营人”、航空科技研发基地开工建设，一站式飞机维修基地获得10多个境外飞机维修资质、产值增长68%，宽体飞机发动机维修项目建成投产。高新区线下离岛免税、线上会员购、跨境电商等多维销售网络初步建成。复兴城“游戏出海”“跨境直播”等数据流动试点业务有序开展。

有效投资稳步扩大。项目推进机制更加完善。实行重大项目领导挂包责任制，落实“一对一”对接服务项目，清单化销号堵点问题近400个。常态化开展重大项目“一周一调度”，119个省市重大项目完成年度投资421.2亿元。消费加快回暖。开展“惠聚椰城”系列活动，滚动发放消费券超1亿元，拉动汽车、家电、商圈等消费近25亿元，石油及制品类消费增长9.4%。四套班子带头招商，利用博鳌论坛、消博会等重大展会促成45个项目签约，各区各园区党政一把手赴省外招商71次。策划举办“瞰海口 赢未来”等系列全国招商推介主题IP活动163场，赴德国、瑞士、埃及、南非、香港等20个国家和地区开展境外推介，海口“能见度”得到有效提升。聚焦产业链招商，举办产业投资大会，41个重大项目正式签约，总投资额338亿元。

重点领域改革纵深推进。《海口市2023年全面深化改革工作任务清单》43项重点改革任务有序推进。全面深化国资国企改革，17家市属国企整合重组为6家，形成“2家国有资本投资运营平台+4家行业集团”的国资国企新布局，推进自然资源统一确权登记，农村土地承包经营权纳入不动产登记体系，琼山入选国家农村综合性改革试点名单。常态化实施“交房即交证”，在全省率先实现存量房转移登记全流程不见面审批，不动产登记业务跨省通办、存量房转移登记“带押过户”试运行，累计化解不动产登记遗留问题项目394宗、914万平方米，惠及6.8万户。营商环境持续优化，市区两级营商环境建设局挂牌成立。

三、城市高质量发展的薄弱环节和不足

发展不足，经济体量低、规模小，难以形成规模优势和集聚效应。2023年海口GDP规模为

2358.4 亿元，相比北京、上海、广州和深圳，海口经济规模仍然较小，低于北上广深等城市一个量级。

发展不协调，城乡居民生活设施、收入支出仍有较大差距。2023 年海口城镇化稳步推进，城镇化率达 82.7%，城乡居民收入比为 2 左右，并持续缩小中。但从对比情况看，海口居民收入水平与国内发达地区仍有显著差距。2023 年海口的居民人均可支配收入为 40962 元，不足上海市的一半。从支出看，2023 年海口居民人均消费支出 28508 元，城镇居民人均消费支出 31630 元，农村居民人均消费支出为 17583 元，城乡居民之间仍有较大差距。

产业结构还需优化。2023 年，海口第一产业、第二产业增加值增速分别低于第三产业 5.4%、2.3%。工业增加值 296 亿元，其中制造业增加值 196.2 亿元，装备制造业增加值 28.6 亿元。

四、政策建议

海口全市上下在 2023 年真抓实干，取得了一些成绩，但仍面临不少问题和挑战，面对实践中暴露出来的问题，应采取有力措施加以解决。

学习先进经验，从推动高质量发展卓有成效的一线城市“取经”，并研究探讨，根据海口自身的特点，因地制宜地制定、改进产业政策，找不足，补短板，力争让海口的经济规模、城市规模上一个台阶，缩小与先进城市的差距。

大力推动乡村振兴，提高农村居民收入，缩小城乡在基础设施、生活消费设施、教育医疗等领域上的差距，让农村居民可支配收入、消费支出进一步提升，促进城乡协调发展。

强化创新驱动，加快培育现代化产业体系，推动高质量发展迈出新步伐。在保证第三产业稳步提升的同时，着力发展第一产业和第二产业，在种业和高新制造业上使力气，下功夫，优化产业结构，通过发展新质生产力促进全产业健康发展。

（执笔人：吴雪映 王殿夏）

重庆市高质量发展监测报告

2023 年，重庆全市上下坚持以习近平新时代中国特色社会主义思想为指导，全面贯彻党的二十大精神，贯彻落实习近平总书记对重庆提出的“两点”“两地”“两高”“三个作用”等重要指示，统筹推动高质量发展、创造高品质生活，深入践行人民城市理念，探索超大城市现代化治理的新模式，现代化新重庆建设迈出坚实步伐。2023 年，重庆城市高质量发展指数 80.7，比 2022 年提高 0.7，其中，综合质效、创新质效、协调发展、绿色发展、开放发展、共享发展指数分别为 79.7、87.6、83.7、87.5、83.7、68.2，综合质效、创新质效、协调发展、共享发展指数较 2022 年均有所提升，综合质效指数提升最快。

一、历史沿革和城市规模

（一）重庆市历史沿革

重庆是中国著名历史文化名城。因嘉陵江古称“渝水”，故重庆又简称“渝”。1929 年，重庆正式建市。中华人民共和国成立初期，将重庆确定为中央直辖市，是西南地区政治、经济、文化中心。1954 年，西南大区撤销后确定为四川省辖市。1983 年，作为全国第一个经济体制综合改革试点城市，实行计划单列。为带动西部地区及长江上游地区经济社会发展、统一规划实施百万三峡移民，1997 年 3 月八届全国人大五次会议批准设立重庆直辖市。

（二）重庆市城市规模

重庆市总面积约 8.24 万平方公里，其中市辖区面积约 4.32 万平方公里，是中国面积最大的直辖市，下辖 26 个区、8 个县和 4 个自治县。2023 年，全市常住人口 3191.43 万人，城镇化率 71.67%，其中市辖区常住人口 2534.87 万人。2023 年，重庆市地区生产总值（GDP）首次突破了 3 万亿元，达到 30145.79 亿元，同比增长 6.1%，其中市辖区生产总值 26093.05 亿元，增长 6.0%，占全市的 86.6%。重庆成为全国第 4 个、中西部地区首个地区生产总值突破 3 万亿元的超大城市，在中国经济发展中的地位进一步提升。

二、城市高质量发展情况

（一）现代化建设迈出坚实步伐，发展能级实现新的跃升

2023 年，重庆市政府坚持稳中求进工作总基调，积极融入新发展格局，统筹推动高质量发展、创造高品质生活、创新高效能治理，现代化新重庆建设迈出坚实步伐。重庆综合质效指数 79.7，比去年提高 2.4，发展能级实现新的跃升。

2023 年，全市实现地区生产总值 30145.79 亿元，成为全国第 16 个、西部第 3 个 GDP 总量超 3 万亿的省市，也是特大城市中第 4 个 GDP 总量超 3 万亿的城市。从增速看，全年全市 GDP 比上年增长 6.1%，高于全国 0.9 个百分点，较 2022 年增速提高 3.5 个百分点，也快于新冠疫情三年年均 4.9% 的增速，实现 2023 年市政府工作报告目标任务。分产业看，呈现一产稳、二产快、三产增，走势向好的特征。第二产业增加值比上年增长 6.5%，高于全国 1.8 个百分点，第一、三产业增加值分别增长 4.6%、5.9%。三次产业结构比为 6.9：38.8：54.3，非农比重达到 93.1%，二三产业双轮驱动特征明显。全年人均地区生产总值达到 9.41 万元，比上年增长 6.4%，其中市辖区人均地区生产总值 10.27 万元。全市民营经济增加值 17932.40 亿元，其中市辖区 15184.00 亿元，占全市的 84.7%。一年来，重庆市经济结构持续优化，新动能不断集聚，以新能源汽车和新材料为代表的新兴产业发展势头强劲，全市高质量发展取得喜人成绩。

（二）科技赋能经济高质量发展，创新发展动力显著增强

2023 年，重庆市全面实施科技创新和人才强市首位战略，构建了“416”科技创新布局，持续加强基础研究，鼓励自由探索，增强了“从 0 到 1”的原创能力，实施高新技术企业和科技型企业“双倍增”行动计划，加快建设具有全国影响力的科技创新中心，科技创新对经济高质量发展的能力明显提升。重庆创新发展指数 87.6，比去年提高 0.6，创新发展对城市高质量发展贡献不断提升。

基础建设支撑有力。一是基础平台加速建设。2023 年，全市重组建成全国重点实验室 10 个，新增国家创新型县 2 个、国家农业科技园区 2 个。新增国家生物样本库 1 个、总数 8 个，新增国家临床医学研究中心分中心 1 个、总数 14 个。二是人才队伍持续壮大。举办重庆国际人才交流大会，引进人才 3401 人、引进项目 283 个。做好“两院”院士增选推荐和服务工作，新当选中国工程院院士 2 人，新引进市外人才 7.4 万人，比上年增长 19.4%，新招收博士后 1290 人，增长 21%，出

站留渝率升至90%，新认定高层次人才895人，研发人员总量预计达到24万人，人才总量达到634.7万人。三是资金投入持续增加。全年完成科学技术支出102.5亿元，比上年增长3.7%，占全市一般公共预算支出的比重为1.9%。全市高技术产业投资比上年增长12.7%，其中市辖区增长14.1%。全年技术市场签订成交合同11281项，成交金额865.1亿元。

高新产业带动力好。工业新产业转型扎实推进，高新技术产品产量较快增长。2023年，全市启动实施制造业数字化转型八大行动，新建17个智能工厂、224个数字化车间；全市汽车产量升至全国第二，其中新能源汽车产量达50万辆，比上年增长30.3%；智能手机产量占全国6.7%、智能手表产量增长44.6%、服务机器人产量增长59.1%。数字型、科技型服务业增势良好。规上互联网和相关服务实现营业收入269.23亿元，增长25.4%；规上专业技术服务业实现营业收入542.51亿元，增长11.8%。加快推进服务业扩大开放试点任务，试点任务实施率95.3%，24项改革举措入选国家最佳实践案例。

数字化赋能提质增效。全市扎实推进数字经济与实体经济深度融合，数字经济基础设施持续夯实。2023年，重庆人工智能创新中心正式投用，算力规模超过1000P。新培育国家级工业互联网“双跨”平台1个、累计3个，新部署4个“一链一网一平台”试点、累计7个。工业互联网标识解析国家顶级节点（重庆）联接10个省市、47个二级节点、3.5万家企业，累计标识注册量超过287亿。每万人拥有5G基站数29个，继续保持全国第一梯队。全市5G电话用户达到1981.46万户，增长49.4%。全年完成电信业务总量397.98亿元，增长16.9%。

（三）以人民为中心的发展理念深入践行，共享发展稳步推进

2023年，重庆坚持以人民为中心，采取各种惠民生、暖民心政策措施，健全基本公共服务体系，提高公共服务水平，强化困难群众兜底保障，坚持在发展中保障和改善民生，不断实现人民对美好生活的向往。重庆共享发展指数68.2，比去年提高1.4，全市共享发展水平不断提高。

收入就业稳定增长。2023年，全市居民人均可支配收入37595元，比上年增长5.4%。按常住地分，城镇居民人均可支配收入47435元，增长4.2%；农村居民人均可支配收入20820元，增长7.8%。落实促进青年就业创业35项措施，全年全市城镇新增就业人员73.86万人，比上年增长4.5%。全年城镇调查失业率平均值为5.4%。全市农民工总量756.4万人，比上年增长0.7%。其中，外出农民工515.4万人，增长1.3%。

保障体系持续健全。2023年年末，全市共有21.06万人享受城市居民最低生活保障，其中市辖区 14.84 万人。2023 年，全年资助 135.7 万困难群众参加医疗保险。城市居民最低生活保障标准为 735 元 / 月，农村居民最低生活保障标准为 600 元 / 月，特困人员救助供养标准为 955 元 / 月，其中，集中供养孤儿补助标准 1605 元 / 月，社会散居孤儿补助标准 1405 元 / 月。全年城乡养老保险参保人数达到 2650 万，基本医保参保率超过 97%，“救助通”改革全面推开，新筹集保障性租赁住房 8.4 万套（间），新配租入住公租房 3.5 万套，退役军人服务管理保障能力进一步提升。

普惠服务扎实推进。教育质量稳步提升。2023 年，全市普惠性幼儿园覆盖率为 94.61%，比上年提高 0.62 个百分点；九年义务教育巩固率达 95.90%，提高 0.11 个百分点。打造市域产教联合体 4 个，获批现代职业教育体系建设新模式试点城市。医疗质量全面提升。与 2022 年相比，全市医院增加 5 个，基层医疗卫生机构增加 1116 个，其中新增三级医院 23 家、三甲医院 8 家，专业公共卫生机构增加 3 个。市区（县）两级疾控局挂牌成立，4 个国家区域医疗中心建设项目有序推进。2023 年末，全市卫生人员总数 33.5 万人，比上年增加 1.9 万人，增长 6.0%。免费为符合条件的 19.3 万女学生接种 HPV 疫苗，药品和医用耗材集中带量采购累计为群众减负 65 亿元。

（四）生态文明建设有效加强，绿色发展成效显著

2023 年，重庆全市上下深入学习贯彻习近平总书记关于推动长江经济带高质量发展的重要论述，坚持生态优先、绿色发展的指引，生态文明建设有效加强，绿色低碳发展理念逐步深入人心，协同推进降碳、减污、扩绿、增长，人与自然和谐共生的美丽家园建设正在加速推进。重庆绿色发展指数 87.5，高于西部平均水平 4.2，全市绿色发展成效显著。

绿色生产水平逐渐提升。2023 年，全市万元地区生产总值能耗比上年下降 3.0%，单位工业增加值能耗下降 0.8%。水电、风电、太阳能发电等清洁能源发电量为 271.30 亿千瓦时，同比增长 11.8%。天然气产量 160.24 亿立方米，同比增长 13.3%。累计创建国家级绿色园区 12 个、绿色工厂 133 家。

绿色生活环境持续改善。2023 年，空气质量优良天数 325 天，占全年总天数的 89%，74 个国控断面水质优良比例达到 100%，生活垃圾无害化处理率 100%，污水处理厂集中处理率 99.5%，比上年提升 1.4 个百分点。全市绿化覆盖面积 98553.78 公顷，市辖区 85433.96 公顷；公园绿地面积 31759.45 公顷，市辖区 28540.25 公顷；全市森林覆盖率 55.1%。全市功能区声环境质量稳中向好，点次达标率为 97.8%，其中，昼间点次达标率为 98.4%，夜间点次达标率为 97.2%。

（五）城乡融合发展纵深推进，协调发展不断提升

2023 年，重庆对标落实《成渝地区双城经济圈建设规划纲要》，紧扣“一体化”和“高质量”两个关键词，双城经济圈规划政策体系与常态化合作机制不断完善，城乡融合发展纵深推进。从城市高质量发展指数反馈结果来看，重庆协调发展指数 83.7，比去年提高 0.7，全市协调发展水平不断提升。

双城经济圈建设走深走实。改革创新成效明显。出台经济区与行政区适度分离改革推进方案，成渝（兴隆湖）综合性科学中心启动建设，第二批双城经济圈产业合作示范园区获批，全国一体化算力网络（成渝）国家枢纽节点建设扎实推进，启动建设“一带一路”科技创新合作区。重大项目提速增量。248 个共建成渝地区双城经济圈重大项目完成投资 4138.4 亿元、年度投资完成率 120.1%，超额完成全年目标任务。开放合作持续推进。成渝中线、成达万、西渝等高铁加快建设，川渝省际建成及在建高速公路达到 21 条；全年中欧班列（成渝）累计开行量超过 5300 列，运输箱量超 43 万标箱，均位居全国第一，运行线路近 50 条，覆盖欧亚超 100 个城市。

城乡融合发展稳步推进。2023 年，全市常住人口城镇化率为 71.67%，比上年末提高 0.71 个百分点，其中市辖区城镇化率 77.11%，比上年末提高 0.66 个百分点，城镇化持续推进。城乡收入比进一步缩小，由上年的 2.36 下降为 2.28。城市风景更靓丽，完成 41 个区县和开发区国土空间总体规划编制，实施 226 个城市更新试点示范项目，新开工改造城镇老旧小区 4534 万平方米、棚户区 1.8 万户。乡村颜值更美丽，创建巴渝和美乡村示范村 107 个，农村卫生厕所普及率、生活垃圾分类覆盖率、黑臭水体治理综合推进率分别达到 85.9%、65%、37%，新改建“四好农村路”3360 公里、农村电网 1524 公里，新开工水源工程 15 座，实施农村公路安防工程 4102 公里，新改造农村危房 5759 户，2 个区县获评全国传统村落集中连片保护利用示范区县。

（六）积极融入国内国际双循环，对外开放稳步发展

面对世界经济复苏动能不足、地缘冲突频发、外需持续疲弱等复杂外部环境，重庆积极应对风险压力，抢抓外贸发展机遇，推动进出口结构调整优化，制定实施西部陆海新通道五年行动方案，着力构建开放型经济体系。2023 年，重庆开放发展指数 83.7，比去年回落 1.3。

外贸经济稳定发展。2023 年，全市货物进出口总额 7137.39 亿元，其中，出口 4782.19 亿元，进口 2355.20 亿元。外贸外资结构持续优化，汽车（包括底盘）出口 331.68 亿元，比上年增长 51.9%，其中，电动载人汽车出口 37.75 亿元，增长 1.7 倍；摩托车出口 162.43 亿元，增长

16.3%；锂离子蓄电池出口 49.69 亿元，增长 85.2%。全市新增外商投资企业 387 家，比上年增长 44.4%。全年实际使用外资金额 10.53 亿美元。年末累计有 319 家世界 500 强企业落户重庆。全年对外非金融类直接投资 6.74 亿美元，其中，货币投资 6.67 亿美元。对外承包工程新签合同额 5.57 亿美元，比上年增长 53.3%；对外承包工程完成营业额 3.92 亿美元，增长 26.9%。

开放平台持续打造。2023 年，中国（重庆）自由贸易试验区新增注册企业（含分支机构）18673 户，注册资本总额 1256.79 亿元。其中，新增注册外资企业（含分支机构）172 户，注册资本 7.73 亿美元。自贸试验区累计培育重点制度创新成果 148 项，在全国率先实施铁路运输单证金融服务试点；中新互联互通项目新签约政府和商业合作项目 61 个、金融服务项目 29 个；两江新区、高新区、经开区等园区开放功能不断完善，永川综保区、两路果园港综保区封关运行。

开放通道高效拓展。西部陆海新通道开放水平进一步提升，通道辐射我国 18 个省（区、市）70 个城市 144 个铁路站点，通达全球 120 个国家和地区的 490 个港口。2023 年，全市经西部陆海新通道运输货物 17.8 万标箱，比上年增长 21%，货值 280 亿元，增长 16%。长江黄金水道活力逐步释放，全市港口货运吞吐量 2.23 亿吨，水运集装箱吞吐量 131.7 万标箱；中欧班列（渝新欧）覆盖欧亚 110 个城市，渝满俄班列稳步发展，运输货物分别为 21.7 万标箱、18.4 万标箱。果园港大件码头、鱼嘴铁路货运站南货场等建成投用，沪渝直达快线集装箱班轮开行量增长 8.9%；江北机场国际航线恢复至 33 条，旅客吞吐量增长 106%；重庆成为全国首个“五型”国家物流枢纽城市。

三、城市高质量发展中存在的问题

（一）产业升级、创新发展迈出新步伐，但转型升级任务依然较重

2023 年，重庆接续实施智能网联新能源汽车产业集群发展规划，制定新一代电子信息制造业、先进材料等产业集群高质量发展行动计划，积极构建“33618”现代制造业集群体系，产业升级、创新发展迈出新步伐，但结构性产能过剩依然存在、工业利润持续回升压力较大，转型升级任务依然较重。2023 年，全市规模以上工业产能利用率为 74.2%，总体上处于良好状态，但是分行业来看，产能发挥冷热不均。在全市 39 个行业大类中，有 12 个行业产业利用率低于 70%，其中，汽车产业产能过剩问题突出，全市汽车产能利用率 67.4%，低于全市平均水平 6.8 个百分点。全市规模以上工业企业利润总额比上年下降 3.7%，其中新能源汽车产量比上年增长 30.3%，新能源整车制造企业实现营业收入较上年增长 49.2%，但利润总额亏损 94.07 亿元，亏损额比上年扩大 26.38 亿元，新能源汽车亏损额占全市规上工业总亏损额的 30.3%。

（二）区域协作取得成效，但与其他经济区仍有差距

自2020年《成渝地区双城经济圈建设规划纲要》审议通过，重庆全市上下把双城经济圈建设作为“一号工程”和全市工作总抓手总牵引，重大政策加快落地、重大项目有序推进、重大平台实现突破、重大改革蹄疾步稳，成渝地区双城经济圈地区生产总值于2021年突破7万亿元，2023年再上一个万亿级台阶，发展劲头足、追赶步伐快。但与京津冀、大湾区（不含港澳）、长三角三大经济区相比，仍面临经济总量偏小的问题。2023年，成渝地区双城经济圈实现增加值81987亿元，较上年增长6.1%，虽然增速均高于京津冀城市群、大湾区（不含港澳）、长三角城市群三大经济区，但经济总量分别相当于三大区的78.5%、74.4%、26.9%。

（三）出口呈现边际改善，但外贸发展还需促稳提质

2023年，重庆高质量实施《区域全面经济伙伴关系协定》（RCEP）行动计划，建设“一带一路”进出口商品集散中心，成渝RCEP跨境贸易中心正式成立。实施“百团千企”国际市场开拓计划，“新三样”出口增长1倍，汽车出口额增长51.9%，一般贸易占比达到38.9%。与俄罗斯、墨西哥、巴西贸易额分别增长86.0%、13.7%、10.2%，协同带动全市出口呈现边际改善。但全球经济复苏仍然缓慢，2023年全球制造业采购经理指数全年均值为48.5%。全国制造业采购经理指数为49.0%，仍处于收缩区间。可以预见，2024年外贸环境的复杂性、严峻性、不确定性仍会上升，地缘冲突加剧，贸易保护限制增多等不利影响仍在持续，全球贸易需求疲弱的状态短期难以改变，仍需不断巩固外贸恢复基础，推动外贸高质量发展。

（四）绿色转型不断提速，推进碳达峰碳中和仍需加力

2023年，重庆积极推进工业、城乡、交通等重点领域碳达峰行动计划，加快工业园区循环化和节能降碳改造，坚决遏制“两高一低”项目盲目发展，有序推动能耗“双控”向碳排放“双控”转变，单位地区生产总值能耗下降3%。但从规模以上工业企业情况看，2023年规模以上工业六大高耗能行业增加值比上年增长10.8%，高于全市平均水平4.2个百分点；占规上工业增加值比重的27.1%，比上年提高0.5个百分点。其中，化学、黑色、有色和电力分别增长13.6%、15.9%、11.4%和8.4%，高耗能行业增速较快给全市节能工作带来较大压力。

四、城市高质量发展建议与对策

（一） 坚持以科技创新推动产业创新，加快构建现代化产业体系

深入推进新型工业化，推进重点产业链高质量发展行动，加快构建产业大脑，培育壮大优质企业，强化关键项目招引，促进产业高端化、智能化、绿色化发展。实施重点产业链高质量发展行动和招大引强行动，一体推进稳链强链、基础再造、能级跃升，持续优化产业布局，健全“33618”现代制造业集群体系。智能网联新能源汽车，按照整零协同、软硬结合、共建生态的思路，以长安系、赛力斯等企业为重点加速整车产能释放，加快氢燃料电池商用车推广应用，促进新能源汽车与电网融合互动，发展汽车后市场。加快形成新质生产力，协同推进特色优势产业集群和“新星”产业集群发展。加快建设 8 个市级战略性新兴产业集群，争取创建国家战略性新兴产业集群。加快培育产业新增长点，加快开辟新领域新赛道，不断塑造发展新动能新优势。

（二）纵深推进成渝地区双城经济圈建设，合力打造全国高质量发展增长极

把握“一体化”和“高质量”两个关键，加快构建“一体两核多点”新格局，当好国家战略腹地建设“排头兵”。强化双核联动联建，推进公共服务共建共享、文旅融合发展、交通互联互通、产业协同协作，强化成渝政策协同，提升两地公共服务一体化便利化水平，主动服务国家战略性产业基地、战略性物资储备基地和战略性基础设施建设。促进成渝中部地区高质量一体化发展，加强川渝毗邻地区合作，深化经济区与行政区适度分离、双城经济圈市场一体化等改革，纵深推进毗邻地区合作平台建设，加强产业合作示范园区协作，持续优化成渝中部地区协同发展格局。深化区县对口协同发展，建立健全成本共担、收益共享机制，强化联合招商和产业协作，拓展消费帮扶，促进土地、资金、人才等要素协同高效配置，在全面融入双城经济圈建设中互促共进、联动发展。

（三）全力放大西部陆海新通道优势，加快建设内陆开放高地

落实高质量共建“一带一路”倡议部署，坚持把建设西部陆海新通道作为重要战略任务，扩大高水平对外开放。放大“五型”国家物流枢纽城市、“四向”开放通道的区位优势，积极提升西部陆海新通道、中欧班列（成渝）、长江黄金水道、国际航空枢纽发展能级，强化西部陆海新通道物流和运营组织中心作用，着力打造“一带一路”进出口商品集散中心和国际多式联运示范基地，提升“铁公水空”联通效能，助推过境中转、多式联运业务发展。升级“百团千企”国际市场开拓行动，大力拓展以“一带一路”、RCEP 国家为重点的国际市场，实施“渝车出海”计划，扩大“新三样”出口，大力发展跨境电商。优化对外贸易结构，提升汽摩、通机等优势产品出口，推动装备制造和大型成套设备出口，持续做强一般贸易，推动加工贸易向产业链价值链高端延伸。积极培育新业态新模式，推广“跨境电商 + 产业带”发展模式，深化市场采购贸易方式试点。推动服务贸易创新发展，建设服务外包示范城市，促进服务贸易稳定增长。

（四）深入实施绿色低碳转型行动，加快建设美丽中国先行区

牢固树立和践行绿水青山就是金山银山的理念，加快建设美丽中国先行区。实施工业、农业、城乡建设、交通、能源和新基建等六大重点领域碳达峰行动计划。建立健全碳排放统计核算体系，开展全市碳排放普查试点，逐步推动能耗“双控”向碳排放“双控”转变。着力推进生态产品价值实现机制先行先试，加快建立标准统一的生态产品总值核算体系。推动电力、钢铁、化工等重点行业开展节能降碳改造升级，深入实施制造业高质量绿色发展行动计划，积极发展智能网联新能源汽车、先进材料、清洁能源及储能等绿色新兴产业，开展低碳数字能源试点示范，新建绿色工厂 50 家、绿色园区 5 个。深化地方碳排放权交易市场建设，深入推进全域绿色金融改革创新试验区建设，推进气候投融资试点。准确把握实现“双碳”目标的路径方式、节奏力度，努力在推进长江经济带绿色低碳高质量发展中发挥示范作用。

（执笔人：胡晓霞 何相莹）

成都市高质量发展监测报告

近年来，成都深入学习贯彻党的二十大精神和习近平总书记对四川工作系列重要指示精神，主动服务和融入新发展格局，以成渝地区双城经济圈建设为总牵引，全面落实省委“四化同步、城乡融合、五区共兴”发展战略，以全面建设践行新发展理念的公园城市示范区为统领，加快建设西部经济中心、科技创新中心、对外交往中心和全国先进制造业基地，奋力打造中国西部具有全球影响力和美誉度的社会主义现代化国际大都市。

一、城市基本概况

成都，位于四川省中部，是四川省省会、副省级城市，中国首批国家历史文化名城之一，是西南地区重要的中心城市。成都是古蜀文明的重要发源地，“天府之国”的中心，有着世界罕见的3000年城址不迁、2500年城名不改的历史特征。前316年，秦灭蜀，始设蜀郡并成都县。前311年，仿秦制重建城垣，为有文献记载的城市规划与建设之始，迄今已有2300多年。汉因织锦业发达专设锦官管理，故有“锦官城”“锦城”之称，五代后蜀时遍种芙蓉，故别称“芙蓉城”“蓉城”，简称“蓉”。1921年始设市政筹备处，1928年正式设市。截至2023年末，全市行政区域土地面积1.4万平方公里，下辖锦江、青羊、金牛、武侯、成华、龙泉驿、青白江、新都、温江、双流、郫都、新津12个区，简阳、都江堰、彭州、邛崃、崇州5个县级市，金堂、大邑、蒲江3个县，全市常住人口2140.3万人。

二、城市高质量发展成效

成都抢抓时代发展机遇，锐意进取、砥砺前行，经济发展提质增效，高质量发展扎实推进，社会大局和谐稳定。2023年，成都城市高质量发展综合指数为79.5，居全省首位，较上年提高0.8。

（一）城市综合竞争力跃上新台阶

2023 年，成都综合质效指数为 18.0，较上年提高 0.4。经济发展量质齐升。全力以赴拼经济搞建设，凝心聚力办大运展形象，推动经济运行持续向好。2023 年，实现地区生产总值 22074.7 亿元，五年跨过 7 个千亿级台阶，总量居全国城市第 7 位，其中市辖区地区生产总值 17964.5 亿元，同比增长 6.1%，增速较 2022 年提高 3.6 个百分点。消费能级持续提升，成为第 2 个社会消费品零售总额突破 1 万亿元的省会城市。人口承载能力不断增强。创新推出人才新政，深入实施“蓉漂计划”。2021—2023 年，城市常住人口累计增长 45.6 万人，在此之前的 10 年内，每年都保持着超 50 万人的增长幅度，人才总量突破 650 万，成为全国第四个常住人口超 2000 万人的城市。财政实力不断壮大。扎实推进财政改革发展各项举措，加力提效实施积极财政政策，集中财力办大事。2023 年，全市一般公共预算收入 1929.1 亿元，居副省级城市第 4 位。其中，市辖区地方一般公共预算收入 1408.7 亿元，较 2022 年增加 127.9 亿元，增长 10.0%。

（二）创新驱动发展成效显著

2023 年，成都创新发展指数为 15.5，较上年提高 0.2。科技创新动力强劲。西部（成都）科学城、成渝（兴隆湖）综合性科学中心加快建设，国家超级计算成都中心、全国首个民航科技创新示范区建成投运，国家高端航空装备技术创新中心正式揭牌，国家级科技创新平台达 146 个。科技成果转化持续推进。出台科技成果转化 28 条政策措施，以“揭榜挂帅”“赛马”等方式实施关键核心技术攻关。2023 年，全市技术合同成交额达 1614.2 亿元、增长 10.0%、占 GDP 比重连续三年实现

图 1 兴隆湖鸟瞰图

提升。实施科创企业梯度培育计划，全市高新技术企业突破 1.3 万家、居全国城市第 6 位，高新技术产业营业收入突破 1.4 万亿元。创新生态环境持续优化。西南地区首只科创接力基金、全省首只专精特新基金和成都天使投资母基金在蓉设立，科创生态岛 1 号馆建成试运行，全市拥有有效发明专利 10.4 万件，入选首批国家知识产权保护示范区建设城市，全球城市创新指数排位上升至第 24 位。2022 年全社会研发经费投入增长 16%。

（三）区域一体化发展成势见效

2023 年，成都协调发展指数为 10.6，较上年提高 0.1。双核联建深入开展。聚焦“一极一源、两中心两地”战略定位，全面落实川渝党政联席会议部署，第一批合作事项完成 22 项，311 项“川渝通办”事项和 39 项便捷生活行动深入实施。高校、优质中小学等结对合作增至 166 对，异地就医结算人次增长 66.0%。国家网络安全产业园区（成渝地区）正式授牌，中欧班列（成渝）综合运行指标位居全国首位。省域协作全面加强。成都都市圈建设深入推进，成长期三年行动计划启动实施，283 项年度重点任务全面完成，成都都市圈环线高速公路全线贯通，跨市公交线路增至 15 条，医疗检查检验结果互认机构增至 154 家，跨市域协作配套企业增至 1551 家，都市圈经济总量达 2.78 万亿元、占全省比重达 46.2%。市域协同创新突破。区（市）县结对联动全面启动，成都东部新区连续 3 年位居全国城市新区发展潜力百强榜第 1 名，成都高新综合保税区发展绩效连续 4 年排名全国同类首位，设施蔬菜产业集群（彭州市、金堂县）入选国家优势特色产业集群，新津区获批创建国家农业现代化示范区，郫都川菜产业城片区入选国家农村产业融合发展示范园。以城市有机更新推动重点片区加快建设，完成年度投资超 1200 亿元。

（四）绿色发展绘就新图景

2023 年，成都绿色发展指数为 12.6，较上年提高 0.1。生态优势稳步提升。在人与自然和谐共生的现代化城市建设中持续巩固生态优势，实施“五绿润城”“百花美城”“千园融城”行动，天府绿道累计突破 7000 公里，建成“金角银边”公共空间 229 个，各类公园达 1556 个，公园绿地面积 1.8 万公顷，建成区绿化覆盖率提升至 44.7%。绿色保护成效显著。生态环境质量总体优良并稳定提升，“雪山下的公园城市”成为城市新名片。天府新区直管区成功创建全国“绿水青山就是金山银山”实践创新基地，大邑县探索川西林盘生态产品价值实现路径入选全国典型案例。地表水质大幅改善，市控及以上地表水断面水质全部优良，生活垃圾无害化处理率达 100%。空气质量稳步提升，基本消除重污染天，空气质量综合指数在全国 168 个重点城市排名提升至第 92

图 2 雪山下的公园城市

位。绿色转型步伐加快。城市格局由“两山夹一城”向“一山连两翼”转变，光伏、氢能、锂电等产业集群快速发展，绿色低碳产业规模突破 2500 亿元，完善“轨道 + 公交 + 慢行”绿色交通体系，新能源汽车保有量 63.3 万辆，城市轨道交通运营里程突破 600 公里、居全国城市第 4 位。实施清洁能源替代攻坚，西部地区首座虚拟电厂上线运行，单位地区生产总值能耗实现“六连降”。

（五）高水平对外开放持续推进

2023 年，成都开放发展指数为 8.3。枢纽势能全面提升。“两场一体”高效协同，成为国内第三个拥有双国际机场的城市，国际（地区）定期直飞客货运航线恢复拓展至 72 条、居中西部城市首位，航空旅客吞吐量突破 7000 万人次、居全国城市第 3 位，货邮吞吐量 77.2 万吨、排名提升至全国城市第 6 位。蓉港高铁、澜湄蓉欧快线、越桂蓉欧快线开通运行，全国首列整列高铁货运列车和首列铁水联运“长江班列”在蓉首发，国际班列通达境外 108 个城市、全年开行超 5000 列，成都国际铁路港吞吐量突破 100 万标箱。国际交流深化拓展。充分发挥南向西向开放门户优势，不断扩大“合作圈”“朋友圈”，外国获批在蓉设立领事机构达 23 家、居中西部城市首位，国际友城和友好合作关系城市增至 113 个。开展中国—东盟青年交流周、成都·欧洲文化季、成都国际友城青年音乐周、首届金熊猫奖等文化交流活动，成功举办第 31 届世界大学生夏季运动会。经贸合作加快转型。外贸基本盘保持稳固，创新支持“千团万企出海”，一般贸易进出口增长 16.2%，二手车出口货值增

图 3 成都国际铁路港

长 4.5 倍，市场采购贸易、保税维修规模分别增长 14.7%、41.6%，2023 年进出口总额 7486.5 亿元、外商直接投资规模 22.9 亿美元，均居中西部城市首位，平均每天新增 2 家外商投资企业。

（六）发展成果更加可感可及

2023 年，成都共享发展指数为 14.6，较上年提高 0.1。居民收入稳定增长。树牢以人民为中心的发展思想，强化就业优先政策，实施职业技能提升行动，加强高校毕业生等重点群体就业促进服务，城镇新增就业 26.4 万人。全市城镇居民、农村居民人均可支配收入分别比上年增长 4.7%、6.9%，城乡居民收入差距继续缩小。公共服务扩容提质。以幸福美好生活十大工程为抓手提升幸福成都成色，在全国率先出台新经济新业态从业人员参保办法，基本养老保险参保率达 93.5%。健康服务水平显著提升，全市共有医疗卫生机构 13457 个，其中三级甲等医疗卫生机构 61 家、居全国城市第 2 位。教育投入稳定增长，2023 年全市一般公共预算支出中教育支出增长 10.8%，年末共有在蓉高校 65 所，在校学生突破 120 万人。市民文化活动日益丰富，全市体育场地数 6.9 万个，人均体育场地面积 2.6 平方米，博物馆增至 192 家、居全国城市第 2 位。高效能治理提能增效。"微网实格"社会治理平台"一舱两端"实现村（社区）全覆盖，应急管理、民生服务等实现"多网合一"。政务服务高效便捷，创新集成"蓉易 +"系列服务品牌，12345 热线平台快速响应社会诉求超 720 万件、解决率和满意率均超 90%。全国数字百强市排名提升至第 5 位，智慧蓉城正在成为城市发展"最强大脑"。

三、城市高质量发展的薄弱环节和不足

（一）对照国家战略要求，城市发展能级仍需提升

近年来，成都经济发展虽处于快速发展阶段，但能级仍处于较低发展象限，与先进城市比较，总量规模与发展质量优势均不明显，成都从 2014 年迈入万亿 GDP 俱乐部到 2022 年跨越 2 万亿台阶用时 8 年，较其他 6 个超大城市相比“起跳偏晚偏慢”（上海 5 年、北京重庆 6 年），2023 年经济总量相当于上海的 46.7%、北京的 50.4%、重庆的 73.2%。平均指标仍需提高，人均地区生产总值、人均社会消费品零售总额、全员劳动生产率在同能级城市中排名靠后。对外开放水平与先发城市仍有差距，2023 年成都进出口总额占全省 18 个城市进出口总额的 78.4%，但仅占上海市进出口总额 17.8%。

（二）对标先进城市经验，现代产业体系结构仍需优化

城市高质量发展离不开高质量的现代化产业体系作支撑，但相比国内先进城市，成都产业现代化基础仍相对薄弱。一方面，工业化程度不足导致实体经济产业积累不够。改革开放以来成都工业增加值占 GDP 比重未超过 50%，工业化程度一直未达到其他国内城市最高水平。另一方面，服务业体量质量与先进城市仍有较大差距。成都与北京、上海等先进城市 2 万多亿元的经济总量差距，其中八成左右由服务业所致。金融业、信息传输软件和信息技术服务业等重点行业优势并不明显，缺乏具有全国全球资源市场整合能力的本地电子商务龙头企业或交易平台，现代服务业专业化程度还存在一定差距。

（三）立足超大城市实情，民生领域优质供给仍需强化

成都作为常住人口突破 2100 万的超大城市，交织的利益需求加剧了城市治理的复杂性，城市的安全韧性与治理能力面临新的挑战。人口总量快速扩张加大城市承载压力，当前，成都五城区加高新区常住人口密度依然较高，而天府新区、东部新区生活生产配套尚不成熟，职住分离、潮汐式交通拥堵问题较为突出。人口分布及结构差异加大公共服务供给配置难度，新都区、双流区、成华区、郫都区、龙泉驿区是全市常住人口数前五位的区域，但部分公共服务资源配置明显不足，人均公共服务支出水平均处于全市末位。

四、政策建议

持续优化营商环境，全面实施营商环境政策体系 6.0 版。全力推进工业立市、制造强市战略。全力以赴扩大有效投资，充分利用“三大工程”政策机遇，有效激发民间投资活力。强化企业创新

主体地位，梯度培育重点硬核科技企业。持续优化创新生态环境，推动科技创新平台和资源开放协同共享。推动科技成果创新转化，加快建设先进技术成果西部转化中心，大力引培技术交易服务机构。增强科技创新战略力量，高质量建设西部（成都）科学城和成渝（兴隆湖）综合性科学中心。全面落实吸引外资政策，大力招引落地先进制造、高新技术、现代服务等领域外资项目。建强开放合作平台，推动天府国际空港综合保税区获批。持续完善公服配套，推动配套设施建设与人口相对集聚及经济快速增长的现状相适应。

（执笔人：向阳 孙志刚）

昆明市高质量发展监测报告

昆明，别称春城，云南省省会，位于云南中部地区，为云南唯一一个特大城市、滇中城市群中心城市、西部地区重要的中心城市之一。地处中国—东盟自由贸易区、澜湄合作区域、泛珠三角经济圈交汇点，具有“东连黔桂通沿海，北经川渝进中原，南下越老达泰柬，西接缅甸连印巴”的独特区位优势，是全国唯一一个拥有“边境线和边境口岸”的省会城市，是我国面向南亚东南亚和环印度洋地区开放的前沿和重要门户。

一、城市基本概况

昆明地处云贵高原，以湖盆岩溶高原地貌形态为主，红色山原地貌次之。城区坐落在滇池坝子，三面环山，南濒滇池，湖、山、石、洞、泉、瀑布交相辉映。

昆明属北纬低纬度亚热带—高原山地季风气候，气温温和，夏无酷暑，冬无严寒，四季如春，气候宜人。鲜花常年开放，草木四季常青，有独具特色的花卉、古树、园林名胜，是著名的“春城”“花城”。

昆明自然资源丰富。矿藏资源主要有磷、盐、铁、钛、煤、石英砂、粘土、硅石、铜等，以磷、盐矿最为丰富，昆阳磷矿为全国三大磷矿之一，东川是中国六大产铜基地之一。分布着亚热带常绿阔叶林、针阔混交林、温带针叶林、高山灌丛和草甸等不同类型的植被。有 400 多个传统花卉品种，茶花、玉兰、杜鹃、报春、百合、兰花、绿绒蒿、龙胆是云南八大名花。昆明属高原红壤地区，主要有红壤土、紫色土和水稻土 3 种。昆明是全国“南菜北运”“西菜东调”外销蔬菜优势生产区，亚洲最大的鲜切花交易市场。市域界于金沙江、南盘江和元江的分水岭地带，河流分属三大水系，有我国第六大淡水湖——滇池。地热资源分布较广，出露的温泉有 50 多处。日照时间长，阳光充足，太阳能资源比较丰富。

昆明行政区域总面积21012.5平方公里，现辖五华区、盘龙区、官渡区、西山区、呈贡区、东川区、晋宁区7个区，1个县级市安宁市，富民县、宜良县、嵩明县3个县，石林彝族自治县、禄劝彝族苗族自治县、寻甸回族彝族自治县3个自治县。2023年，全市常住人口达868万人，其中城镇人口714.5万人，城镇化率达82.3%，市辖区常住人口613.1万人。按照《国务院关于调整城市规模划分标准的通知》（国发〔2014〕51号）标准，根据第七次全国人口普查数据，昆明已跻身特大城市行列，为云南省唯一一个特大城市，所辖安宁市为Ⅰ型小城市。

二、城市高质量发展指数情况

2023年，昆明城市高质量发展指数为81.6，较上年提高0.3，比全省平均水平高8.1。

综合质效。2023年，昆明综合质效指数为77.6，比全省平均水平高6.2，与上年基本持平，但与全省平均提高0.8和全国平均提高1.9相比，昆明综合质效方面的优势有所下降。

创新发展。2023年，昆明创新发展指数为81.5，比全省平均水平高12.0，比上年提高0.5，虽然比全省平均提高幅度高0.4，但比全国平均提高幅度低0.2。

协调发展。2023年，昆明协调发展指数为88.4，比全省平均水平高13.0，比上年提高1.3，与全省平均提高1.4、全国平均提高0.8相比，昆明发展协调性稳步提升。

绿色发展。2023年，昆明绿色发展指数为87.7，比全省平均水平高1.0，但与临沧91.4、普洱91.4、丽江89.9、玉溪87.7相比，仍有一定的差距。

开放发展。2023年，昆明开放发展指数为79.7，比全省平均水平高9.9，比上年下降1.1，与全省平均下降0.5、全国平均下降0.1相比，昆明开放发展的优势有所下降。

共享发展。2023年，昆明共享发展指数为79.1，比全省平均水平高8.3，比上年提高1.7，与全省平均水平提高1.2、全国平均水平提高1.6相比，昆明共享发展方面的优势进一步巩固。

三、城市高质量发展成效

（一）高质量发展质效提升

经济发展整体向好。2023年，全市实现GDP7864.8亿元，同比增长3.3%，分产业看，第一产业增加值353.4亿元，增长4.1%；第二产业增加值2281.9亿元，下降2.3%；第三产业增加值5229.5亿元，增长5.9%，三次产业结构为4.5：29.0：66.5，人均GDP90821元。经济结构持续优化，工业新动能加速成长，全市规模以上工业增加值增长6.6%，增速持续高于全国、全省，工业对GDP的贡献率达38.4%，较2021年提高了4.2个百分点，为2009年以来的最高水平。投资结构持续优化，健全重点项目常态化管理、重大项目会办等工作机制，滚动实施“五个一批”项目，全市上下抓项目、促发展的氛围更加浓厚，全市产业投资占全部投资比重达34%，同比提高8.4个百分点，投资结构不断优化，加速从房地产开发、基础设施投资拉动向产业投资拉动转变。

（二）创新驱动取得成效

昆明坚持以科技创新引领现代化产业体系建设，深入推进“七大攻坚行动”，完善科技型企业梯度培育机制，深入实施高层次人才“春城计划”和质量强市战略，扎实开展质量提升行动。2023年，全市3个项目获省市一体化重大科技项目立项，15项重大科技创新项目扎实推进。滇中新区未来交通科学城揭牌，新增云南实验室2个、省级重点实验室24个、省技术创新中心13家。培育专精特新国家级企业9户、省级企业303户。高新技术企业净增365户、增长20.0%。技术合同登记件数、成交额分别增长120.5%、36.3%。“人才强市”战略深入实施，全市专业技术人才、高技能人才均突破50万人。

（三）对外开放成果丰硕

昆明围绕打造开放枢纽、构建开放平台、建设开放支点实施口岸建设与发展三年行动，推进更高水平开放。2023年，“中欧、沪滇、湘滇、云贵+澜湄线”国际班列正式开行，中老铁路“黄金线路”效应凸显，全年运输货物1781.7万吨，增长42.8%，发送旅客1659.8万人次，增长101.3%。新缔结国际友好交流城市2座，国际友城增至52座。磨憨建设取得新成效，磨憨总体发展概念规划等编制完成，创新采取央地合作模式，充分发挥沪滇合作机制作用，实施两轮“百日会战”行动。磨憨智慧口岸一期建成投用，货运车辆验放时间缩减50%，铁路口岸通关时间由运营初期的40小时压缩至5小时。磨憨铁路口岸进境粮食、水果、冰鲜水产品指定监管场地投入使用，成为我国对东盟的第一大铁路口岸。

（四）民生福祉持续增进

昆明坚持以人民为中心的发展思想，健全公共服务体系，提高公共服务水平，不断增进民生福祉，扎实推进共同富裕。2023年，全市民生支出占一般公共预算支出的74.5%。全体居民人均可支配收入增长3.6%。居民消费价格指数上涨0.8%，“菜篮子”更丰富、“米袋子”更充足。新增婴幼儿托位9041个，每千人口拥有托位数3.1个。聚焦民生所需，促进城市健康发展，高质量推进保障性住房建设，推动建立“保障+市场”的住房供应体系，2.1万套保障性租赁住房、5630套城镇棚户区改造住房开工建设。

四、城市高质量发展的薄弱环节和不足

面对国际国内环境发生的深刻复杂变化，昆明坚持以习近平新时代中国特色社会主义思想为指导，认真学习贯彻党的二十大精神，全面贯彻落实习近平总书记考察云南重要讲话精神，围绕“3815”战略发展目标，大力发展资源经济、园区经济、口岸经济，市场化、产业化、法治化、生态化、数字化进程取得了明显实效，“六个春城”建设实现良好开局。但对标对表习近平总书记为新时代城市高质量发展擘画的蓝图还有差距，对标全国先进地区城市高质量发展成效还有差距，发展中还面临一些问题和挑战，比如，产业转型升级步伐不够快，科技创新和人才支撑能力不够强；比如，城市形象品位和国际化程度还不够高，精细化管理水平有待提升；比如，资源环境约束日益趋紧，生态文明建设仍需持续用力；比如，就业、教育、医疗、养老、住房等民生工作与人民群众的新期待还有差距。

五、推动城市高质量发展的意见建议

（一）加快构建现代产业体系

统筹推进工业强市、贸易富市、旅游兴市、金融活市，在“8+N”重点产业链建设上持续发力、精耕细作，不断夯实高质量发展的产业支撑。一是实施工业强市行动，打造区域性制造业高地。推动生物医药及大健康产业创新发展，加快打造国际医疗健康城；推动电子信息制造与数字经济产业突破发展，加快“数字昆明”建设，大力发展数字产品制造、数字产品服务、数字技术应用等数字经济核心产业，以数字赋能实体经济提质增效；推动绿色能源产业加快发展，聚焦光伏、智能电网设备、储能产业，推动绿色能源与绿色先进制造业深度融合，打造清洁能源基地。二是实施贸易富市行动，打造区域性国际经济贸易中心。推动商贸业扩量提质，优化调整商贸业布局，加快发展总部经济、会展经济，培育中高端消费领域新主体、新平台、新模式，争创国际消费中心城市；推动现代物流业降本增效，以国家物流枢纽建设为重点，补齐物流基础设施短板，促进物流业与制造业、商贸业、农业深度融合，推动智慧物流、跨境物流、冷链物流创新发展，建设区域性国际物流枢纽中心。三是实施旅游兴市行动，打造世界知名旅游目的地。推动旅游业转型升级，围绕“产品供给、服务供给”两大核心要素，优化旅游消费结构、消费环节，补齐旅游公共服务短板，推进旅游业态、产品、服务创新，提升昆明旅游的影响力、竞争力和国际知名度。四是实施金融活市行动，打造区域性国际金融服务中心。推动金融业质效跃升，加强区域性国际金融合作，完善金融服务设施，优化金融生态环境，吸引金融机构在昆聚集，提升金融服务层级和水平。

（二）扎实有效开展招商引资

坚持引资与引技、引智相结合，以产业为重点，以园区为平台，以项目为支撑，扎实有效开展“招大引强”攻坚活动，更好地发挥招商引资对经济增长和转型升级的双引擎作用，加快推进全市经济高质量跨越式发展。一是高位统筹招商项目，凝聚招商合力。加强项目谋划，夯实招商项目质量基础，努力提高项目成熟度，切实提高招商引资针对性、实效性，以重大项目带动产业集聚；完善项目共享机制，融合全市各区县、各部门的资源，推动各部门联合招商。二是创新招商策略方法，提升招商效率。推广市场化招商模式，充分发挥市场在资源配置中的决定性作用和政府引导性作用，提高招商引资效率。三是打造政务服务品牌，提高服务效能。打造“昆明效率”，提供简政便民的政务服务；打造“昆明标准”，构建宜居宜业的发展条件；打造“昆明服务”，构建亲清统一的新型政商关系。

（三）深入践行绿色发展道路

坚持保护为先、治污为重、扩绿为基、转型为要、发展为本，坚定不移走生态绿色高质量发展之路。一是推动碳达峰碳中和行动。充分发挥碳达峰碳中和推动经济社会系统性变革的作用，坚持系统观念，把碳达峰碳中和纳入经济社会发展和生态文明建设整体布局。二是构建绿色低碳循环发展经济体系。加快构建绿色工业发展新格局，全面推动经济社会绿色低碳发展，建设高质量绿色零碳循环园区，以国家经济技术开发区和省级产业园区循环化改造为重点，科学制定“一园一策”实施方案，推进园区绿色低碳转型；打造绿色低碳产业链供应链，建立以资源节约、环境友好为导向的全生命周期绿色供应链体系，发挥龙头企业、大型零售商及网络平台的示范带动作用，引导企业自主制定绿色供应链规范，积极应用物联网、大数据和云计算等信息技术，建立绿色供应链管理体系。三是着力提升生态系统质量和稳定性。筑牢长江经济带上游生态屏障，依托金沙江及其支流建设市域北部长江上游重要生态示范带，构建“一带四区、两湖六脉、多点保育”的生态格局和山水相融的城市生态体系，实现城市生态宜居可持续发展；持续开展绿美昆明建设，深入推进国土绿化行动，实施天然林保护行动，加快石漠化、荒漠化、水土流失综合治理等重要生态系统保护工程建设，持续巩固历史遗留矿山生态修复成果，逐步开展生态隔离带建设。

（执笔人：孟子琪 杨辉平）

西安市高质量发展监测报告

西安市认真贯彻落实习近平总书记来陕考察重要讲话重要指示精神，始终牢记“发挥西安国家中心城市龙头带动作用”重大要求，自觉扛起“西部示范、西安先行”重要使命任务，完整、准确、全面贯彻新发展理念，加快转变特大城市发展方式，着力构建“三中心二高地一枢纽”六维支撑体系，锚定“六个打造”奋斗目标，笃定“创新立市、产业强市、文化兴市”战略，加快推进“双中心”建设，高质量发展迈出坚实步伐。2023 年，西安城市高质量发展指数为 82.2，比上年增加 0.8。

一、城市概况

西安位于关中平原腹地，南依秦岭、北跨渭河，是世界历史文化名城。作为省会、副省级城市，总面积 1.0 万平方千米，常住人口 1307.8 万人，下辖 11 区 2 县，拥有 6 个国家及省级重点开发区，代管西咸新区（国家级新区）。2018 年，《关中平原城市群发展规划》获批，成为全国第 9 个国家中心城市。2022 年，《西安都市圈发展规划》获得国家批复，成为北方地区唯一的都市圈发展规划，同年，跻身全国第四个获批建设“双中心”的城市之列。近年来，国家中心城市建设迈出坚实步伐，全面融入共建“一带一路”，辐射带动作用显著提升，成为推动高质量发展的区域增长极。

二、城市高质量发展成效

（一）综合实力迈上新台阶

西安坚持新发展理念，聚焦高质量发展核心任务，经济发展水平显著增强。2023 年，城市综合质效指数达到 79.3，比上年提升 1.0。

经济实力明显提升。自 2020 年成为西北地区首个地区生产总值（GDP）过万亿城市以来，西安经济稳步增长。2023 年，GDP 总量突破 1.2 万亿，达到 12010.8 亿元，比上年增长 5.2%，增速高于全省 0.9 个百分点，GDP 占全省比重提升至 35.5%，比上年增加 0.5 个百分点。

发展质效稳步提高。2023年，人均GDP达到92128元，分别高于全国、全省2770元和6680元。一般公共预算收入951.6亿元，比上年增长14.1%，其中税收收入占比达72.3%。城镇、农村居民人均可支配收入分别比上年增长5.7%和8.4%。全员劳动生产率17.3万元/人，为全国平均水平的1.1倍。

城市辐射纵深推进。2023年末，常住人口1307.8万人，比上年末增加8.2万人。国家中心城市建设和西安都市圈发展深入推进，西咸一体化和西渭融合加速，加快地铁、西安东站、机场三期和西延、西康、西十高铁等重大工程建设，辐射全国重点城市的“米”字形综合交通运输网络加速形成。

（二）科技创新激发新动能

西安坚定不移推进创新驱动发展战略，持续加大科创投入，推动产学研深度融合，培育高新技术企业，建设创新型城市，为高质量发展提供强有力的科技支撑，2023年，城市创新发展指数达到93.4，比上年增加0.5。

科创实力持续增强。协同推进“双中心”和“秦创原”建设，积极当好国家科技力量第一梯队，争取更多重大科技基础设施布局西安。2022年，研究与试验发展（R&D）经费支出与GDP之比5.2%，稳居全国前列。截至2023年末，建成国家级工程技术研究中心2家，国家级科技企业孵化器34家。2023年，技术合同成交额3900.1亿元，占全国6.3%。隆基太阳能电池转换效率刷新世界纪录，奕斯伟12英寸硅单晶抛光片填补我国半导体领域空白。获评国家知识产权保护示范城市，万人发明专利拥有量达到71.5件，比上年增长25.1%。

现代产业建设加速。加快发展以先进制造业、新兴产业、生产性服务业、文化旅游业为核心的“6+5+6+1”现代产业体系，实施支柱产业倍增计划和新兴产业发展行动，推动生产性服务业与先进制造业融合发展。2023年，规模以上工业6大支柱产业产值比上年增长10.1%。新能源汽车产量占全国比重达10.4%。规模以上五大新兴产业和六大生产性服务业营业收入分别比上年增长6.1%和6.6%。

数字化赋能转型升级。数字经济成为西安新兴产业发展和传统产业转型升级的重要引擎。国家超算西安中心、未来人工智能计算中心建成投用。2023年，规模以上计算机、通信和其他电子设备制造业产值比上年增长5.9%；限额以上企业（单位）通过公共网络实现的消费品零售额比上年增长6.8%；规模以上信息传输、软件和信息技术服务业营业收入占规模以上服务业营业收入比重达 24.4%。

（三）协调发展构建新格局

西安始终坚持深化供给侧结构性改革，优化功能布局，推动产业升级，促进区域协调发展，经济结构不断优化，2023 年，城市协调发展指数达到 85.5，比上年增加 0.4。

区域发展协同联动。推进中心城区非核心功能疏解，积极推动开发区体制机制改革，发挥开发区产城融合、区域协调发展作用，强化开发区实体经济主要承载区、创新驱动核心区、改革开放引领区、高质量发展示范区功能。从全面代管西咸新区到整合国际港务区和浐灞生态区，不断提高开发区运行效率。2020 年开发区 GDP 占全市比重超过 50%，2023 年提高至 54.3%，有效带动阎良、长安、高陵、鄠邑、周至等区县经济发展，2023 年 GDP 增速高于全市。

经济结构持续优化。2023 年末，国家级高新技术企业、科技型中小企业数量分别达到 1.4 万家、1.7 万家。制造业、信息服务业、科技服务业成为引领经济发展的“实力盘”，2023 年，三大行业增加值合计占 GDP 比重达 33.5%，对 GDP 增长的贡献率达 47.3%。非公经济稳步壮大，2018 年以来，非公有制经济增加值连续跨越 3 个千亿台阶，2023 年达到 6181.4 亿元，占 GDP 比重 51.5%。

城乡融合加快推进。创新推进农业景区和乡村空间站建设，促进“农文旅”融合发展，“关中忙罢艺术节”入选国家级文旅赋能乡村振兴优秀案例。2023 年，城乡居民收入比 2.6，比上年缩小 0.1。城镇化水平持续提升，2023 年末，常住人口城镇化率 79.9%，比上年提高 0.3 个百分点。县域经济加快发展，2020 年 291 个贫困村全部出列，脱贫攻坚取得决定性胜利。2022 年县域经济规模超千亿，2023 年达到 1178.7 亿元。

（四）绿色发展实现新提升

西安始终践行绿水青山就是金山银山的理念，持续打好污染防治攻坚战，积极开展生态修复工程，大力推广绿色生活方式，生态环境保护和治理成效明显，2023 年，城市绿色发展指数达到 83.0，比上年增加 0.8。

低碳转型成效明显。积极开展国家“无废城市”、气候投融资、海绵城市、气候适应型城市建设试点，加快建设能源节约型社会。2023 年，碳排放强度降低率达 4.9%，单位 GDP 能耗比上年下降 1.6%，降幅超过全国 1.1 个百分点。能源消费结构不断优化，规模以上工业企业天然气、电力消费量占比分别为 20.1% 和 18.1%，比上年分别提升 0.6 和 2.6 个百分点。

城市环境持续改善。2023 年，建成区绿化覆盖率达到 44.6%，高于全省 2.0 个百分点。全面落实河湖长制，加强渭河滩区治理和生态修复，持续开展河湖生态补水工作。污水处理厂集中处理率提高至 97.0%，生活垃圾无害化处理率达到 100%。空气质量优良天数 228 天，优级天数 63 天，刷新 2013 年有监测记录以来优级天数纪录。$PM_{2.5}$ 年平均浓度比上年下降 5.9%。

绿色理念深入人心。坚定履行秦岭生态卫士职责，从人巡、车巡到卫星、无人机、智能监控、网格员组成“空天地网”，智慧监管守护秦岭绿水青山。获评全国绿色出行考核达标城市，公交车实现能源全面清洁化，2023 年，城市公交客运量 6.8 亿人次，比上年增长 15.1%；城市地铁客运量 12.9 亿人次，比上年增长 68.3%；新能源汽车保有量突破 40 万辆。

（五）对外开放打造新高地

西安始终坚持高水平对外开放，深度融入共建“一带一路”，深化落实中国—中亚峰会成果，对外开放和国际化进程稳步前行，2023 年，城市开放发展指数达到 83.4。

对外流通循环加快。在全国率先实现中亚“五国六城”客运航线全覆盖。2023 年，中欧班列（西安）开行量达到 5351 列、比上年增长 15.3%，运送货物 464.8 万吨、比上年增长 12.9%，核心指标稳居全国第一。对共建“一带一路”国家进出口占比 31.2%，比上年提高 9.0 个百分点。新设外商投资企业 309 家，比上年增加 62 家；实际使用外资 12.5 亿美元，比上年增长 13.7%。

外贸新动能不断显现。成功举办欧亚经济论坛等重要活动，持续释放中国—中亚峰会效应，国际“朋友圈”不断扩大，国际友好城市增至 40 个。西安内陆港建成全国首个内陆自动化无人码头。2023 年，高新技术产品进出口占比达 64.3%，电动载人汽车进出口比上年增长 11.5 倍。跨境电商交易额 168.4 亿元，比上年增长 16.7%，跨境电商及相关企业超过 1800 家。

发展要素加速流动。2023 年，客运量 1.5 亿人次，比上年增长 1.5 倍；货运量 3.0 亿吨，比上年增长 10.9%。快递业务量 9.6 亿件，比上年增长 24.1%。证券交易额达 9.8 万亿元。2023 年末，金融机构人民币贷款余额达 3.5 万亿元，比上年末增长 9.8%。

（六）共同富裕取得新成效

西安始终坚持以人民为中心的发展思想，切实解决群众急难愁盼，不断提升人民群众获得感、幸福感、安全感，2023 年，城市共享发展指数达到 73.2，比上年增加 1.7。

生活水平稳步提升。2023 年末，全社会从业人员 699.3 万人，比上年末增加 8.5 万人。2023 年，城镇非私营单位就业人员年平均工资 123670 元。全体居民人均可支配收入 42818 元，比上年增长 6.5%。全体居民人均消费支出 27414 元，比上年增长 14.0%。城镇居民人均住房建筑面积 34.7 平方米，城镇居民家庭每百户拥有家用汽车 48.6 辆。

公共服务持续改善。城市基础设施建设不断完善，2023 年，安全供电能力达到 1400 万千瓦，公共供水综合生产能力 343 万立方米 / 日。获评首批全国婴幼儿照护服务示范城市，2023 年末，每千人口托位数 3.8 个。普通中学、小学数分别为 520 所和 1163 所。各类医疗卫生机构数、卫生技术人员数分别为 7713 个和 14.11 万人，基本医疗保险、基本养老保险参保人数分别为 1079.5 万人和 956.8 万人，实现所有行政区和开发区慢性病定点零售药店 100% 覆盖，7 个社区被命名为全国示范性老年友好型社区。

文旅融合惠及市民。成功举办丝绸之路国际电影节和中国秦腔艺术节，《柳青》《功勋》《装台》等作品荣获多个奖项。陕西历史博物馆秦汉馆、中国国家版本馆西安分馆、陕西考古博物馆相继建成开放，2023 年末，博物馆数达到 134 个。西安国际马拉松、世界泳联跳水世界杯等多项赛事成功举办。2023 年，接待游客达 2.8 亿人次、旅游收入达 3350 亿元，分别比上年增长 33.1%、65.0%。

三、城市高质量发展相关建议

近年来，西安加快推动高质量，展现出巨大的发展潜力。当前，西安正处于发展关键期，面临诸多新的挑战，要充分把握机遇，推动城市综合实力和辐射带动能力进一步增强，以更好地契合国家定位要求。

（一）始终把握高质量发展首要任务

以五大发展理念的内在统一推动高质量发展，持续促进西安在转变发展方式、转换增长动力、优化要素配置上实现新突破。聚焦建设“双中心”，加强创新能力建设，发挥秦创原引领作用，促进技术转化和应用牵引，完善创新驱动生态，打造西部创投高地。聚焦构建现代化产业体系，大力培育新质生产力，加快新兴产业倍增发展，前瞻布局未来产业。

（二）始终坚持特大城市转型发展

全面落实中共中央、国务院加快转变超大特大城市发展方式的重大战略部署，推动城市发展方式由规模扩张向内涵提升转变。聚焦区域协调发展，统筹规划、联动建设，促进协同发展，进一步提升辐射带动能力。聚焦城市规划建设管理，健全城市规划体系，深化城市建设、运营、治理体制改革，推进现代化基础设施建设，构建特大城市智慧高效治理新体系，提升城市安全韧性。

（三）始终坚持精准有效施策

针对发展短板加大投入，强化扶持引导，出台具有牵引力和撬动作用的政策措施，确保政策的精准性和有效性，切实推动高质量发展。聚焦培育壮大企业，加强针对性精准化帮扶，支持专精特新中小企业发展，强化企业科技创新主体地位。聚焦民营经济高质量发展，为民营企业发展营造良好环境，推进要素市场化配置改革，降低企业经营成本，持续激发发展活力。

（执笔人：连鹏 王慧）

附　录

城市高质量发展评价指标体系构建及测算结果简要分析

一、导言：背景和意义

党的十八大以来，基于对我国发展阶段性特征和趋势性变化的准确把握和深入分析，习近平总书记对高质量发展作出一系列重要论述。党的十九大报告明确提出，我国经济已由高速增长阶段转向高质量发展阶段。2017 年中央经济工作会议指出，高质量发展，就是能够很好满足人民日益增长的美好生活需要的发展，是体现新发展理念的发展，是创新成为第一动力、协调成为内生特点、绿色成为普遍形态、开放成为必由之路、共享成为根本目的的发展，并强调高质量发展，就是从“有没有”转向“好不好”。党的二十大报告指出，高质量发展是全面建设社会主义现代化国家的首要任务，实现高质量发展是中国式现代化的本质要求之一。在 2023 年中央经济工作会议上，总书记强调，必须把坚持高质量发展作为新时代的硬道理。2024 年的二十届三中全会对高质量发展做出一系列部署。

近年来，推动高质量发展成为“十四五”乃至更长时期我国经济社会发展的主题，成为各级党委政府工作的中心指导思想。早在 2017 年中央经济工作会议上，习近平总书记就指出，必须加快形成推动高质量发展的指标体系、政策体系、标准体系、统计体系、绩效体系、政绩考核。为深入贯彻落实习近平总书记的重要指示要求，科学衡量监测各地区各部门各方面贯彻落实高质量发展战略具体情况，推动我国高质量发展不断取得新进展，全国的、某些地区的、部门的或方面的高质量发展统计监测评价工作陆续开展，构建指标体系，计算高质量发展指数，为有关地区部门方面的高质量发展提供有效的统计支撑。

城市是我国经济、政治、文化、社会等方面活动的中心，更是高质量发展的战略要地和科技创新资源聚集地，是现阶段推动高质量发展、培育新质生产力、推进共同富裕和中国式现代化的关键枢纽和重要载体。习近平总书记科学把握城市发展大势，深刻洞察城市发展规律，围绕城市工作发表了一系列重要论述。习近平总书记曾指出，城市工作在党和国家工作全局中举足轻重，是各级党委工作的两大阵地之一；城市工作要贯彻创新、协调、绿色、开放、共享的新发展理念，走出一条中国特色城市发展道路；各级党委要充分认识城市工作的重要地位和作用，像重视农村那样重视城市，像抓“三农”工作那样抓城市工作。党的二十大也对城市工作作出重要部署。

为深入贯彻落实党的二十大精神，更好服务高质量发展这一首要任务，我们开展了城市高质量发展评价研究，测算了城市高质量发展指数。借鉴国内外理论和实践成果，基于城市高质量发展内涵，结合城市发展实际，对我国城市高质量发展状态和水平进行动态监测，构建了包含综合质效、创新发展、协调发展、绿色发展、开放发展和共享发展六个方面的城市高质量发展评价指标体系，收集整理了2018—2023年城市统计数据[1]，采用主客观结合的组合赋权法计算了2022年和2023年中国地级以上城市[2]的高质量发展指数。

二、城市高质量发展文献综述

（一）发展观和发展评价的演进

发展是人类永恒的主题，发展评价是历史悠久的人类活动，但最近几十年才逐渐发展出比较规范的定量评价方法体系。发展评价的基础是发展观，世界范围内的主流发展观大致经历了经济增长、社会发展、可持续发展、以人为中心的综合发展、更加包容和韧性的综合发展这样一个演进历程。但这一演进历程并不是彼此替代的历程，而是持续丰富、完善和累积的过程。很多国家或地区的发展观经历了这一演进历程，因此目前国际上主流发展观是内涵非常丰富的发展观，包含了上述提到的多项内容。发展评价亦是如此，随着现代政府统计的不断发展、统计指标的增加、社会调查的普及和统计分析软件的进步，发展评价的维度和内容不断增加，从GDP单一指标发展评价、社会发展综合评价、可持续发展综合评价、以人为中心的综合发展评价到包含共享和韧性理念的综合发展评价，而且评价指标体系日益完善，评价流程和方法不断优化。

当前国内外的发展评价趋向于多元化和个性化，指标设置更加科学、系统、全面、合理，注意

1.本文使用“市辖区”或“城区”口径时会标明，未标明均为“全市”口径。本次监测评价尽可能使用“市辖区”或“城区”统计口径，“市辖区”是中国行政区划之一，属县级行政区，由地级市、直辖市管辖。“城区”指城市实际开发建设、市政公用设施和公共服务设施基本具备的空间地域范围。“全市”指城市的全部行政区域，包括市辖区和所辖县（市）。

2.三沙市不参与评价，本文评价对象为296个地级以上城市。

宏观、中观和微观指标的兼顾，注重客观和主观指标的结合。目前联合国 2015 年确定的可持续发展目标（SDGs）和欧盟 2021 年整合“超越 GDP”（Beyond GDP）倡议发布的《面向 2030 年的行动指南》[3] 是当前国际上影响较大的发展评价指标体系，1990 年联合国发展规划署开始使用发布的人类发展指数（HDI）的仍然影响深远。我国现在正在开展的高质量发展综合绩效评价，亦是维度和内容十分丰富的发展评价。

（二）城市发展评价的研究积累

城市发展评价是发展评价的重要领域，既吸纳了发展评价的理论和实践成果，又聚焦于评估城市各方面发展状况。国内外学者从多元视角诠释了城市发展质量内涵，构建了形形色色的城市发展质量评价指标体系，形成了丰硕的研究成果。

1. 国外城市发展评价

发达国家工业化和城镇化起步较早，其城市发展评价也开展较早，很多国家积累了丰富的理论和实践经验。1960 年日本学者稻本幸男从城市规模、区位、经济活动、就业和人口增长五个领域出发，设立了全球第一套城市发展评价指标体系。系统全面的全球性城市评价实践工作始于 1993 年联合国人居署城市指标项目，该项目涵盖住房、健康、交通、卫生和就业等诸多领域，相关指标应用于 1996 年的《城市议程》和 2016 年的《新城市议程》，同时也成为联合国 2030 年可持续发展目标（SDGs）部分指标的源头。2022 年，联合国人居署发布《全球城市监测框架》以服务 SDGs 和《新城市议程》的全球城市指标监测，涵盖了经济、社会、环境、治理等关于城市发展的多个方面，旨在监测和评估全球城市可持续发展状况。

2. 国内城市发展评价

国内城市发展评价研究始于 20 世纪 80 年代，吸纳了国外发展评价的理论和实践成果，一开始就比较关注社会经济综合发展水平和城市环境质量。进入 21 世纪后，可持续发展理念深入人心，生态城市、创新城市、宜居城市、紧凑城市、低碳城市、智慧城市等理念传入国内，城市发展评价涉及的领域和范围逐渐扩大。近几年随着新冠疫情流行和我国双碳目标的制定，城市健康、城市韧性、城市低碳水平、城市活力、城市体检等成为新的评价研究热点。

3. 该指南包括韧性仪表板、环境行动计划监测框架、社会计分板、可持续发展目标和欧洲绿色协议仪表板等，是 2030 年应实现目标的全景图，可以跟踪欧盟在环境可持续性和福祉等关键方面的进展与表现。

需要注意的是，国内外城市发展评价对象存在较大差别。国外学者在评价城市发展时，往往将评价对象设定为都市区或城市群，注重可持续发展，强调城市发展的长期效益、生态、社会、经济的平衡、居民的主观感受、以及城市的宜居性。国内学者在开展城市发展评价时，往往以建制城市（或建制城市的市辖区）为对象，更多关注城市的综合实力，包括经济实力、社会发展和民生改善等方面内容。

（三）城市高质量发展评价的实践

随着我国城市发展进入注重质量提升的新阶段，高质量发展成为全面建设社会主义现代化国家的首要任务和新时代的硬道理，城市高质量发展统计监测和评价也因此成为当前城市工作和研究领域的热点问题。近年来，专家学者们围绕相关概念内涵、指标体系、评价方法、实证研究、发展路径等开展了内容丰富、方法多样的理论研究和评价实践。

1. 城市高质量发展的内涵

国外城市研究或管理者没有专门提出“高质量发展”的目标或倡议，但提倡的城市“可持续发展”与城市“高质量发展”比较接近，认为一个可持续发展的城市应当具有社会公平、环境友好、重视文化遗产保护、建设密度适当等特质。

国内学者早就有关于城市高质量发展内涵的探索，尽管尚未统一，但学者们一致认为城市高质量发展不能再以城市数量增长、城区面积扩大作为重点，而要以是否环境友好、资源节约、高效集约、居民生活满意度与幸福感提升作为新的评判基准，以人为中心的发展理念贯穿始终。

近年来，高质量发展成为时代主题和首要任务。专家和学者多从五大发展理念和城市构成要素等角度来进行城市高质量发展内涵的界定，比较贴合时代发展和宏观政策走向，决策咨询功能强，能够发现城市发展中的问题并加以引导，切实助推城市高质量发展进程。

2. 城市高质量发展评价指标体系

当前，城市高质量发展评价测度主要有投入产出效率评价和多层级综合发展评价两种方法。多数学者采用多层级综合发展评价方法对城市高质量发展水平进行测度。

（1）评价维度确定

学术界在城市高质量发展评价维度确定方面主要有三种思路：一是从城市发展的核心载体角度出发，侧重于城市发展空间载体的发展评价；二是强调城市发展的构成要素及其协调性，注重从人口、产业、空间和社会等方面的发展评价；三是强调新发展理念，注重从创新、绿色、协调、开放、共享和安全等方面来评价。后者是当前学术界应用最多的一种评价思路。维度包括经济、社会、生态、城市建设、科技创新、对外开放、协调共享等方面。

（2）评价指标选取

指标的选择和确定通常基于文献回顾、专家咨询和实地调研等方法。城市高质量发展评价经常使用的指标包括人均地区生产总值、人均社会保障与就业支出、空气质量优良率、人均道路面积、人均可支配收入、人均预期寿命、城镇化率、单位面积地区生产总值、城乡居民可支配收入比等数十甚至上百个。学者们经常选取一些评价指标构建指标体系，并通过多重共线性检验、反复试算等优化指标体系。

由于城市层级的官方统计资料不太丰富，在评价指标选取过程中，学者们积极拓展统计指标。一是通过复杂计算来构造内涵更为丰富的统计指标（如产业集中度、开放度和耦合度等），二是开展问卷调查收集微观和主观数据，三是利用大数据和监测数据获得各类指标。尽管这些方法并不完美，可能存在信度和数据质量问题，但都拓展了城市高质量发展评价的维度，丰富了评价的指标，显著提高了城市高质量发展评价的效度，完善了城市高质量发展评价方法和理论。

（3）多重共线性筛选

在进行最终的综合评价之前，由于同一维度的多个子指标间可能存在多重共线性，因而还需要进一步对底层子指标进行筛选。通常需要采用专家法来对初步构建的评价体系进行优化，将专家们认为不重要或关联性较大的指标剔除。评价实践中还经常使用统计数据反复试算，不断优化评价指标，完善指标体系。

3. 城市高质量发展评价流程、数据来源和计算方法

城市高质量发展评价的步骤主要包括：确定指标体系、收集整理数据、指标数据处理（无量纲化等）、确定指标权重、计算综合评价指数及开展评价分析等。

高质量发展评价使用的宏观和客观数据通常来源于《中国城市统计年鉴》、各市统计年鉴、统计公报和政府工作报告等政府统计数据，中观和微观数据则基本来自社会调查或大数据。使用的多是“全市”统计口径，也有“市辖区”统计口径和“城区”统计口径。

计算方法主要包括两点：一是指标无量纲化处理，二是综合时权数的确定。指标无量纲化处理就是消除量纲和数量级的影响，将指标的实际值转化为可以综合的指标评价值，解决评价指标的可综合性问题，是综合评价中的重要基础工作。常用的无量纲化处理方法主要有三种：直线型方法（阈

值法、Z-score 法和比重法等）、折线型方法（两折和三折线法等）和曲线型方法。评价体系构建完成后，评价工作的核心是指标赋权。城市高质量发展评价常用指标赋权方法有三种，分别是主观赋权法、客观赋权法和主客观相结合的组合赋权法。组合赋权法结合了主客观方法的优点，是当前大家普遍采用的方法。

4. 城市高质量发展评价主体

城市高质量发展评价主要有两类主体，学术界、政府及相关部门。学术界，构建的评价体系呈现以下特征：在目标设置上从注重城市发展的结果向注重城市发展的过程与能力转变，在评价维度上从注重城市本身的建设与发展向注重居民在城市中的生活与环境转变，在指标选取上从注重定量指标向注重"定性与定量"指标相结合转变，整体科学性和系统性较强，维度丰富，指标多元，但常常存在可行性低、权威性不足等问题。政府及相关部门，构建的评价体系大多都是基于国家政策方针和社会经济发展需要，突出服务大局和决策咨询功能，理论性和创新性稍弱，但具有可行性高、可靠性强、影响力大等特征。而且近年来又将调查数据、主观指标或减分项纳入评价，保持权威性和可靠性之余，又提高了科学性和系统性。

无论是学术界还是政府及相关部门的评价指标体系，经济发展都是其中的核心指标，经济增长结构和效率更受关注。同时，几乎所有学者都关注到生态环境质量、居民生活宜居性和公共服务等维度的重要性，并由此派生出许多有关城市发展某一维度发展质量的评价。

三、城市高质量发展内涵和指标体系构建

基于国内外发展、城市发展、城市高质量发展评价的理论和实践成果，本文界定了城市高质量发展的内涵。经反复试算，构建了指标体系。

（一）城市高质量发展的内涵界定

高质量发展是一个极具中国特色的概念，是以习近平同志为核心的新一代领导集体对我国当下发展问题的综合判断和审慎思考，因而中央领导的讲话指示批示、中共中央和国务院的重要文件就成为学者们和社会各界阐释高质量发展内涵的依据。综合上文习近平总书记关于高质量发展和城市工作的论述以及中央文件精神，参考高质量发展和城市高质量发展评价实践中内涵界定的主流做法，本文认为城市高质量发展内涵主要包括以下几个方面：

一是要有坚实的发展基础。发展是解决我国一切问题的基础和关键，只有经济持续健康发展，才能为社会全面进步和人民生活改善提供物质基础。

二是创新成为第一动力的发展。实施创新驱动发展战略，完善国家创新体系，加快关键核心技术自主创新，为经济社会发展打造新引擎，是推动高质量发展的内在要求和重要着力点。

三是协调成为内生特点的发展。协调既是发展手段又是发展目标，同时还是评价发展的标准和尺度，协调发展是解决经济社会发展中不平衡不充分问题、推动高质量发展的必然选择。

四是绿色成为普遍形态的发展。绿色发展是高质量发展的底色，是我国发展的重大战略。绿色低碳发展深入推进，走出一条生产发展、生活富裕、生态良好的文明发展道路，实现中华民族永续发展。

五是开放成为必由之路的发展。开放是人类文明进步的重要动力，是世界繁荣发展的必由之路。推进高水平对外开放，为加快推进中国式现代化注入强劲动力。

六是共享成为根本目的的发展。共享发展注重的是解决社会公平正义问题，发展为了人民、发展依靠人民、发展成果由人民共享，是中国特色社会主义的本质要求。

（二）城市高质量发展评价指标体系构建

1. 构建目标

全面反映城市高质量发展进展，科学监测城市高质量发展政策成效，有力引导城市发展“补短板、强弱项”，系统推进城市高质量发展各项工作。

2. 构建原则

城市高质量发展评价指标体系构建遵循的主要原则是科学性、系统性、前瞻性、独立性、可行性和简便性等。

（1）科学性原则。突出反映城市“创新、协调、绿色、开放、共享”各方面发展成效，结合城市高质量发展的特点和内涵，选择代表性较强的指标，立足国内，参考国际，使指标体系能充分反映城市高质量发展状况。

（2）系统性原则。系统全面构建指标体系，充分反映城市发展全貌，从大量指标中选择无可替代的指标，构成完整合理的指标评价体系。

（3）前瞻性原则。评价指标体系既立足当下，也兼顾未来，首先反映城市高质量发展现状，然后力求展示城市发展全貌，同时考虑满足未来监测城市新质生产力培育、现代化建设、共同富裕进展的需要，密切关注新形势新要求，坚持与时俱进、动态改进指标体系。

（4）独立性原则。注重评价指标之间的独立性，删除共线性较强的部分指标，确保每个指标都有自己的代表维度。

（5）可行性原则。立足城市高质量发展统计监测指标，充分考虑各专业统计、部门统计和社会调查等城市统计数据基础实际，尽量选择基础较好和质量可靠的指标，保证指标的完整性和可得性。

（6）简便性原则。评价指标不要太多，能够充分反映一级指标即可，避免繁琐和作用互相抵消，从而有效提高工作效率和评价效果。

3. 构建过程

借鉴各种城市评价指标体系，参考高质量发展综合绩效评价指标体系，基于城市高质量发展统计监测报表制度，我们先是初选出 130 多个指标，建立了备选指标库。然后经过多重共线性检验、使用历史数据反复试算、广泛征求局内外专家意见，多次修订完善后最终构建了包含 35 个指标的城市高质量发展评价指标体系。

四、城市高质量发展评价指标体系和计算方法

（一）指标体系基本框架

为充分反映城市高质量发展内涵，主要应用强调新发展理念的指标体系构建思路，在城市高质量发展评价指标体系中设置 6 个维度，即综合质效、创新发展、协调发展、绿色发展、开放发展和共享发展（具体指标 35 个，见下表）。本次评价可用指标为 32 个，前瞻性指标 3 个（规上工业高技术产业增加值占地区 GDP 比重、城镇调查失业率和人均预期寿命数据有较多城市未开展统计，暂不纳入指标计算）。

城市高质量发展评价指标体系包含六方面内容，一是城市综合质效，统筹反映发展和安全，从硬实力和软实力两个方面来反映，具体选择地区生产总值（总量、人均、增速）、人均地方一般公共预算收入、人口增长率、城市综合信用指数、城区 15 分钟社区生活圈覆盖率、城区消防救援 5 分钟可达覆盖率等指标；二是创新发展质量，从创新投入、创新主体和创新成果三个方面来描述，具体选择 R&D 人员数、R&D 经费支出、技术合同成交额与地区 GDP 之比、发明专利有效量、高等教育在校生数等指标；三是协调发展程度，包含区域均衡、城乡融合、产业协调、财政均衡等方面内容，具体选择常住人口城镇化率、城乡人均可支配收入比、第三产业占地区 GDP 比重、社会消费品零售总额与地区 GDP 之比、财政支出收入比等指标；四是绿色发展情况，包含资源节约、环境友好等方面内容，具体选择万元地区 GDP 电耗、万元工业增加值主要污染物排放

城市高质量发展评价指标体系

序号	一级指标	二级指标	计量单位
1	综合质效	市辖区地区生产总值（总量、人均、增速）	—
2		市辖区人均地方一般公共预算收入	元
3		市辖区人口增长率	‰
4		全市城市综合信用指数	—
5		全市城市文明程度	—
6		城区消防救援 5 分钟可达覆盖率	%
7	创新发展	全市 R&D 经费支出（规上）	万元
8		全市技术合同成交额与地区生产总值之比	%
9		全市发明专利有效量	件
10		全市高等教育在校生数	人
11		全市 R&D 人员数（规上）	人
12		全市规上工业高技术产业增加值占比	%
13	协调发展	全市常住人口城镇化率	%
14		全市城乡人均可支配收入比	—
15		市辖区第三产业增加值占地区生产总值比重	%
16		市辖区社会消费品零售总额与地区生产总值之比	%
17		市辖区地方财政支出收入比	—
18	绿色发展	全市万元地区生产总值电耗	千瓦时
19		市辖区万元地区生产总值城市现状建设用地面积	平方米
20		城区实体地域绿化覆盖率	%
21		全市细颗粒物（PM2.5）年平均浓度	微克 / 立方米
22		全市单位工业增加值主要污染物排放量	吨 / 万元
23	开放发展	全市实际使用外资金额	万美元
24		全市货物贸易进出口总额与地区生产总值之比	%
25		全市货物贸易进出口总额	万元
26		全市港澳台居民及外国人员数	人
27	共享发展	全市城镇居民人均可支配收入	元
28		市辖区万人医护人员数	人
29		全市城镇居民人均住房建筑面积	平方米
30		市辖区人均住房保障、社会保障和就业支出	元
31		全市城镇居民人均教育文化娱乐支出	元
32		全市每百户城镇居民家庭家用汽车拥有量	辆
33		全市平均受教育年限	年
34		全市人均预期寿命	岁
35		全市城镇调查失业率	%

量、细颗粒物（$PM_{2.5}$）年平均浓度、城区实体地域绿化覆盖率、万元地区 GDP 城市现状建设用地面积等指标；五是开放发展水平，包含人口、资金和货物往来等方面内容，具体选择港澳台居民及外国人员数、货物贸易进出口总额、货物贸易进出口总额与地区 GDP 之比、实际使用外资额、新设立外商直接投资企业数等指标；六是共享发展成效，包含教育、医疗、社会保障、文化和生活质量等方面内容，选择平均受教育年限、每万人拥有医护人员数、人均社保、住保和就业支出、城镇

居民人均教育文化娱乐支出、城镇居民人均住房建筑面积、百户城镇居民家庭家用汽车拥有量等指标。评价指标体系相关基础指标解释详见附件。

（二）指标体系特点

与其他城市高质量发展评价指标体系相比，木指标体系有四大特点：一是充分体现高质量发展内涵，综合选取总量、人均、比率、结构、效益和速度等方面的指标，创新、协调、绿色、开放、共享和安全等方面内涵皆有体现和反映。二是指标来源更加丰富，除了常规数据，还积极应用了第七次人口普查、文明城市测评、国家发展改革委等部委行政记录和专项调查的城市统计数据。三是评价维度更加多元，“城市综合信用指数”和“城市文明程度”指标的基础数据包含社会调查数据和大数据，整个评价指标体系由此包含了宏观、中观和微观内容，兼顾了客观和主观方面。四是统计口径更加科学合理，尽可能采用“市辖区”和“城区”统计口径，因为“市辖区”是城市的基本空间单元和基本功能单元，相对于“全市”口径，更能反映城市发展情况。

（三）城市高质量发展指数计算方法

参考高质量发展综合绩效评价体系，经专家反复论证，最终确定该测算方法。

1. 指数测算

（1）权重设置

采用专家打分法和主成分分析法主客观结合的方法确定权重。

（2）基期与阈值选取

为实现指数纵向横向可比，将2018年作为监测起点，以2018—2022年作为基期，使用基期内各城市所有监测指标基础数据筛选出正常最大值、最小值作为阈值固定下来，对2023年及以后各年份进行年度测算。

（3）数据标准化

为消除原始数据单位量纲等影响，对监测数据进行标准化处理。根据统计指标属性（正向指标和逆向指标）分别进行标准化处理，计算公式如下：

正向指标（即指标值越大，代表城市高质量发展发展水平越高）：

$Y_i=(X_i\text{-}X_{i,min})/(X_{i,max}\text{-}X_{i,min})$

逆向指标（即指标值越小，代表城市高质量发展发展水平越高）：

$Y_i=(X_i\text{-}X_{i,min})/(X_{i,max}\text{-}X_{i,min})$

其中，Y_i 为第 i 个指标的标准化值，X_i 为第 i 个指标在测算年度的指标值，$X_{i,max}$、$X_{i,min}$ 为第 i 个指标的阈值，i 为监测指标在整个指标体系中的序号。

（4）指数计算

首先采用加法合成法计算指数，即将二级指标标准化值乘以对应二级指标权重，加总求得各领域和城市高质量发展发展指数初值；然后对初值进行处理，计算各领域和城市高质量发展发展指数终值。

A. 计算指数初值

$F=\sum W_i Y_i$

其中，F 表示城市高质量发展发展指数初值，W_i 为第 i 个指标的权重，Y_i 为第 i 个指标的标准化值，i 为监测指标在整个指标体系中的序号。

B. 计算指数终值

$F'=50+F\times 50$

其中，F' 表示城市高质量发展发展指数终值，F 表示城市高质量发展发展指数初值。

2. 特殊情况处理说明

（1）部分指标阈值确定

根据指标特征及专家意见，设定了常住人口城镇化率、市辖区第三产业增加值占地区生产总值比重、货物贸易进出口总额与地区生产总值之比等部分指标的上下限。

（2）缺失数据处理情况

R&D 相关 2 个指标统一采用上一年度数据。剩余缺失数据结合实际情况插补处理。

（3）部分指标处理方式

根据数据分布特征，为提高指标体系准确性，创新发展、开放发展部分指标在指数计算前进行对数处理。

（4）特殊测算情况

北京、天津、上海，厦门、南京、武汉、广州、深圳，乌海、鄂州、珠海、佛山、海口、三亚、克拉玛依等 15 个城市为全域设区市，全市数据即为市辖区数据。东莞、中山市、儋州和嘉峪关不设市辖区，全市数据作为市辖区数据使用。

“城市综合信用指数”和“城区消防救援 5 分钟可达覆盖率”指标，由于实际值即代表各地得分水平，不另作标准化处理。

“城市文明程度”指标根据第六届文明城市测评结果赋分。对于地级市，成功创建文明城市的赋 1 分，仅获得提名的赋 0.2 分，其余城市赋 0 分。四个直辖市均有多个区县被列入全国文明城市，均赋 1 分。文明城市停牌、复牌、摘牌等情况不作考虑。

五、城市高质量发展统计测算结果简要分析

（一）城市高质量发展整体稳步推进

从监测结果看，2023 年，全国城市高质量发展指数[4]为 75.4，比 2022 年提升 1.0，增长 1.34%，整体呈稳步推进态势（见图 1）。

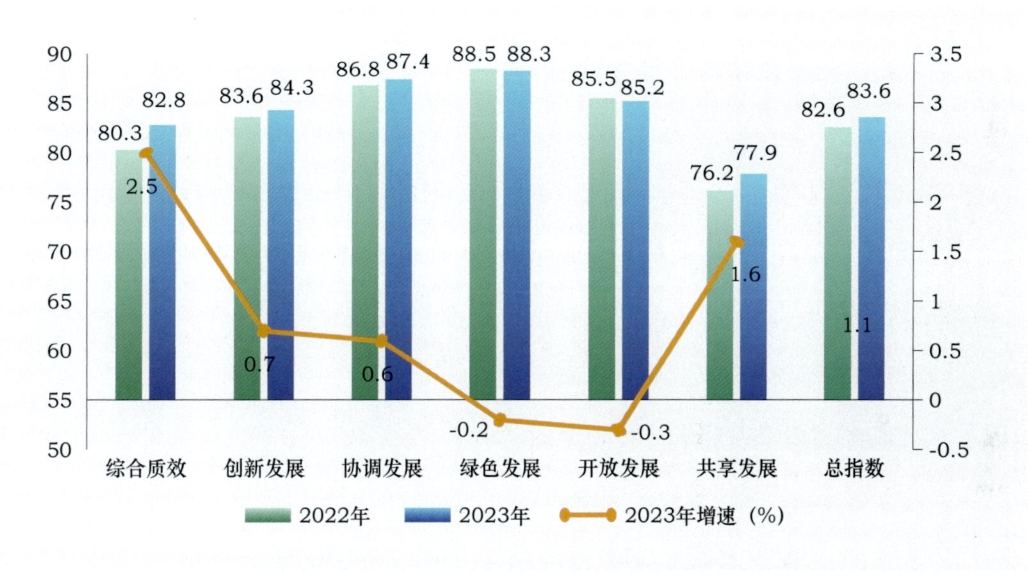

图 1 2022—2023 年城市高质量发展指数

（二）综合质效、创新、协调和共享发展进步明显

综合质效、创新发展、协调发展、共享发展较上年进步明显。受极端天气增多和世界经济波动影响，绿色发展和开放发展指数略有下降，但发展态势仍然向好。综合实力持续提升，城市经济恢复发展，“万亿俱乐部”城市扩容提质，财政收支稳定增长，市辖区人口有所增加，应急管理能力不断增强，全国城市综合质效指数为 73.9，比 2022 年提升 1.9，增长 2.7%。创新发展动能增强，创新投入进一步加大，创新成果加速涌现，科技成果转化加快，创新后备人才充足，全国城市

4. 为全国各地及以上城市高质量发展指数的算术平均值。

创新发展指数为 73.9，比 2022 年提升 0.7，增长 1.0%。协调发展继续深化，我国经济结构优化升级，消费市场稳步回升，城镇化水平继续提高，城乡收入差距继续缩小，全国城市协调发展指数为 80.7，比 2022 年提升 0.8，增长 1.0%。绿色发展稳步前行，我国土地利用效率提升，人居环境持续改善，主要污染物排放强度下降，空气质量保持优良，全国城市绿色发展指数为 84.3，与 2022 年基本持平。开放发展韧性彰显，我国积极打造高水平对外开放新高地，货物进出口总体平稳，港口发展处世界前列，外商直接投资规模仍处高位，全国城市开放发展指数为 72.7，比 2022 年微降 0.1。共享发展成效明显，全国居民收入平稳增长，教育文化娱乐支出显著提高，医护人员持续增加，社会保障水平不断提高，居住条件继续改善，全国城市共享发展指数为 70.6，比 2022 年提升 1.6，增长 2.3%。

（三）直辖市、省会和计划单列市走在前列

直辖市各方面发展水平均领先全国。2023 年，直辖市高质量发展指数为 86.8，比全国城市高 11.4；比 2022 年增长 1.7%，比全国城市快 0.4 个百分点。省会和计划单列市高质量发展成效明显，2023 年，省会和计划单列市高质量发展指数为 81.9，比全国城市高 6.5，比 2022 年增长 1.4%，比全国城市快 0.1 个百分点。地级市高质量发展进步空间较大，2023 年，260 个地级市高质量发展指数为 74.5，比 2022 年增长 1.32%，增速略低于全国城市。

（四）东部城市高质量发展水平领先全国

东、中、西和东北城市高质量发展指数均值分别为 79.4、75.7、72.8 和 72.2，较上年分别增长 0.9、0.9、1.0 和 1.2。东部城市以创新和开放推动城市高质量发展领先全国，中部城市以协调和共享带动城市发展提质增效，西部城市聚焦短板弱项打牢高质量发展基础，东北城市高质量发展各领域呈发力追赶态势。

（执笔人：张丽萍 袁泽庆 李嵩 韩宜臻 李敏）

城市高质量发展评价基础指标及指标解释

1. 地区生产总值（总量、人均、增速）　本指标从总量、人均和增速三个方面综合衡量地区生产总值状况。地区生产总值指本地区所有常住单位在一定时期内生产活动的最终成果。等于各产业增加值之和。人均地区生产总值指一定时期内地区生产总值与同期常住平均人口的比值。地区生产总值增速指地区生产总值在一定时期内的增长速度。

2. 地方一般公共预算收入　指地方本级纳入地方一般公共预算管理的收入，为年度决算数。属于地方一般公共预算的收入，包括部分国内增值税、企业所得税和个人所得税，环境保护税、房产税、城镇土地使用税、城市维护建设税（部分银行总行和保险总公司等集中缴纳的城市维护建设税为中央固定收入），土地增值税，资源税（不含海洋石油资源税），印花税（不含证券交易印花税），车船税，耕地占用税，契税，烟叶税，地方非税收入等。

3. 人口增长率　指一定时期内由人口自然变动和迁移变动而引起人口增长的比率。人口指年末常住人口。

4. 城市综合信用指数　来自国家公共信用和地理空间信息中心开展的城市信用状况监测。依托全国信用信息平台，运用大数据监测技术对全国城市信用状况开展动态监测分析，主要包括信用政策制度贯彻落实、信用信息基础设施建设、事前事中事后信用监管、信用服务实体经济、信用主体守信与失信情况、诚信宣传与社会舆情、政务诚信建设等七方面。年度城市综合信用指数为月度指数的算术平均值。

5. 城市文明程度　由中央文明办第六次全国文明城市及复查确认保留荣誉称号的前五届全国文明城市确定，根据全国文明城市、全国文明城市提名城市和其他城市分档赋分。

6. 城区消防救援 5 分钟可达覆盖率　指一个地区城区内消防站 5 分钟车行范围覆盖城区面积占

城区总面积的比例。

7.R&D 经费支出（规上） 指一个地区规模以上企业内部为实施研究与试验发展活动而实际发生的全部经费，按支出性质分为日常性支出和资产性支出。不包括调查单位委托其他单位或与其他单位合作开展 R&D 活动而转拨给其他单位的全部经费。

8.R&D 人员（规上） 指一个地区规模以上企业内部从事研究与试验发展活动的人员，包括直接参加 R&D 项目活动的人员，R&D 项目管理人员，以及为 R&D 活动提供资料文献、材料供应、设备维护等直接服务的人员等。

9. 技术合同成交额 指本地区报告期内技术开发、技术转让、技术咨询和技术服务类合同的成交额。

10. 发明专利有效量 指报告期末经我国国家知识产权局授权且在有效期内的发明专利数量。

11. 高等教育在校生数 指具有学籍并在本学年初进行学籍注册的高等教育学生数。包括普通本科、职业本专科、成人本专科、研究生，不包括网络本专科。

12. 规上工业高技术产业增加值 根据《高技术产业（制造业）分类》，通常指规上工业中高技术产业常住单位在一定时期内生产活动的最终成果。

13. 常住人口城镇化率 指一个地区城镇常住人口占该地区常住总人口的比例。

14. 居民人均可支配收入 指居民可用于最终消费支出和储蓄的总和，即居民可用于自由支配的收入。既包括现金收入，也包括实物收入。按照收入的来源，可支配收入包含四项，分别为：工资性收入、经营净收入、财产净收入和转移净收入。

15. 城乡人均可支配收入比 指一个地区城镇居民人均可支配收入与农村居民人均可支配收入的比值。

16. 第三产业增加值 指第三产业常住单位在一定时期内生产活动的最终成果。第三产业即服务业，是指除第一产业、第二产业以外的其他行业。

17. 社会消费品零售总额 指企业（单位、个体户）通过交易直接销售给个人、社会集团非生产、非经营用的实物商品金额，以及提供餐饮服务所取得的收入金额。个人包括城乡居民和入境人员，社会集团包括机关、社会团体、部队、学校、企事业单位、居委会或村委会等。

18. 地方财政支出收入比 指地方一般公共预算支出与地方一般公共预算本级收入的比例，衡量一个地区财政收支平衡情况。

19. 万元地区生产总值电耗　指是指一定时期内一个地区每生产万元地区生产总值所消费的电量。

20. 城市现状建设用地面积　指报告期末对应有关城市建设用地实际情况的面积。城市建设用地面积指城市内的居住用地、公共管理与公共服务设施用地、商业服务业设施用地、工业用地、物流仓储用地、道路交通设施用地、公用设施用地、绿地与开敞空间用地等。

21. 城区实体地域绿化覆盖率　指报告期末城区实体地域内绿化覆盖面积与实体地域面积的比率。计算公式为：城区实体地域绿化覆盖率 = 城区实体地域绿化覆盖面积 / 城区实体地域面积 ×100%

22. 细颗粒物（$PM_{2.5}$）年平均浓度　细颗粒物指环境空气中空气动力学当量直径小于等于 2.5 微米的颗粒物。通过年平均浓度衡量一个地区一年内的空气质量。

23. 万元工业增加值主要污染物排放量　指一定时期内一个地区每生产万元地区生产总值主要污染物的排放量，包括工业化学需氧量排放量、工业氨氮排放量、工业二氧化硫排放量、工业氮氧化物排放量、工业颗粒物排放量。

24. 实际使用外资金额　指合同外资金额的实际执行数，包括境外投资者实际缴付的注册资本、营运资金，以及受让境内投资者股权实际支付的交易对价。

25. 货物贸易进出口总额　指实际进入或离开一个地区关境并改变境内物质存量的进口货物和出口货物的总金额。

26. 港澳台居民及外国人员数　指普查标准时点居住在我国大陆 31 个省、自治区、直辖市接受普查登记的港澳台居民和外籍人员，不包括因出差、旅游等原因短期停留的港澳台居民和外籍人员。本指标使用第七次人口普查数据。

27. 万人医护人员数　指一个地区每万人常住人口中执业（助理）医师和注册护士人数。

28. 城镇人均住房建筑面积　指一个地区报告期末，按城镇住户居住人口计算的平均每人拥有的住房建筑面积。

29. 住房保障、社会保障和就业支出　指一个地区地方一般公共预算支出中住房保障支出及社会保障和就业支出之和。

30. 城镇居民人均教育文化娱乐支出　指居民用于满足家庭日常生活消费需要的全部支出中用于教育文化娱乐的支出。

31. 每百户城镇居民家庭家用汽车拥有量　指全国住户收支与生活状况调查中，每百户城镇居民家庭用于消费的各种家用汽车拥有量，包括轿车、面包车等，不包括经营用卡车、面包车、无法上牌的各类非正规车辆等。

32. 平均受教育年限　指第七次全国人口普查中 15 岁及以上人口的平均受教育年限。受教育年限由各种受教育程度折算成受教育年限计算平均数得出的，其中小学 =6 年，初中 =9 年，高中 =12 年，大专及以上 =16 年。

33. 人均预期寿命　指一个地区新出生婴儿预期可存活的平均年数。

34. 城镇调查失业率　指城镇调查失业人数占城镇调查从业人数与城镇调查失业人数之和的比，通过城镇劳动力情况抽样调查所取得的城镇就业与失业汇总数据进行计算。

附　表 ▶▶

50 强城市高质量发展统计监测基础指标数据（2023 年）

城市	常住人口（万人）		常住人口城镇化率（%）	地区生产总值（当年价格，亿元）	
	全市	市辖区	全市	全市	市辖区
北京	2185.8	2185.8	87.8	43761	43761
天津	1364.0	1364.0	85.5	16737	16737
鄂尔多斯	222.0	71.2	79.2	5850	1171
沈阳	920.4	805.5	85.1	8122	7470
大连	753.9		82.9	8753	6873
上海	2487.5	2487.5	89.5	47219	47219
南京	954.7	954.7	87.2	17421	17421
无锡	749.5	442.5	83.3	15456	8158
常州	537.5	456.8	78.5	10116	8559
苏州	1295.8	683.8	82.5	24653	11612
南通	774.9	383.3	72.6	11813	6014
扬州	458.5	265.6	72.8	7423	4382
镇江	322.6	127.3	80.7	5264	2401
泰州	450.7	173.1	70.1	6732	2843
杭州	1252.2	1129.9	84.2	20059	18859
宁波	969.7	527.3	79.9	16453	10471
温州	976.1	311.7	74.7	8731	3347
嘉兴	558.4	158.9	73.2	7062	1904
湖州	343.9	160.0	67.5	4015	1825
绍兴	539.4	305.8	73.1	7791	4678
金华	716.3	149.8	70.4	6011	1126
舟山	117.3	89.5	74.0	2101	1154
台州	671.2	223.0	64.8	6241	2211
合肥	985.3	549.1	85.6	12674	8404
芜湖	375.6	249.0	74.5	4741	3736
福州	846.9	419.1	73.9	12928	7761
厦门	532.7	532.7	90.8	8066	8066
泉州	888.3	178.5	70.8	12172	2595
南昌	656.8	440.6	79.6	7213	5426
济南	943.7	858.1	75.3	12757	12230
青岛	1037.2	743.9	78.3	15760	12561
淄博	467.4	337.7	75.7	4562	3267
东营	220.6	144.4	72.5	3899	2711
烟台	703.2	318.8	69.2	10162	5604
威海	291.4	176.3	72.7	3514	2124
郑州	1300.8	686.0	80.0	13618	7770
武汉	1377.4	1377.4	84.8	20012	20012
长沙	1051.3	635.9	83.6	14332	9197
广州	1882.7	1882.7	86.8	30356	30356
深圳	1779.0	1779.0	99.8	34606	34606
珠海	249.4	249.4	90.9	4233	4233
佛山	961.5	961.5	95.4	13276	13276
惠州	607.3	352.0	73.3	5640	3835
东莞	1048.5	1048.5	92.8	11438	11438
中山	445.8	445.8	87.6	3851	3851
海口	300.2	300.2	83.3	2358	2358
重庆	3191.4	2534.9	71.7	30146	26093
成都	2140.3	1586.0	80.5	22075	17965
昆明	868.0	613.1	82.3	7865	6127
西安	1307.8	1202.5	79.9	12011	11665

50强城市高质量发展统计监测基础指标数据（2023年）

城市	人均地区生产总值（元）	工业增加值（亿元）		第三产业增加值（亿元）	地方（本级）一般公共预算收入（万元）	地方一般公共预算支出（万元）
	市辖区	全市	市辖区	市辖区	市辖区	市辖区
北京	200278	5009	5009	37130	61810970	79712477
天津	122752	5359	5359	10486	20275112	32804209
鄂尔多斯	165297	3644	388	681	4143048	4671580
沈阳	93118			4514	7615534	9615752
大连	117279			3799	6100239	8036569
上海	189828	10846	10846	35510	83125000	96385100
南京	183015	5015	5015	11175	16199827	18386959
无锡	184486	6616	3259	4519	7033144	6747435
常州	187524	4398	3675	4429	5189913	5252568
苏州	170260	10552	4690	6337	13363490	15181403
南通	157185	4832	2419	3015	3511396	4354030
扬州	165101	2852	1634	2267	2236344	4209916
镇江	188701	2272	954	1305	1055992	1461343
泰州	164218	2497	1111	1372	2181151	3363356
杭州	168040	4985	4589	13462	24971916	23866015
宁波	199885	6770	3834	6062	12982707	16064196
温州	108213	2879	988	2064	2881618	4513312
嘉兴	120300	3413	810	954	1856116	2702023
湖州	114687	1764	772	881	1731461	2857414
绍兴	153508	3118	1873	2300	3844295	4862269
金华	75374	2020	311	695	1109638	2361191
舟山	129149	922	261	727	1583936	2744768
台州	99610	2230	751	1295	1984073	3117093
合肥	155434	2813	1546	5566	6712367	8821752
芜湖	150816	1722	1481	1938	3558979	5032766
福州	185531	2997	1436	5411	4204800	4872675
厦门	151697	2163	2163	5171	9321359	10846541
泉州	145887	5681	841	1514	1597497	2466488
南昌	123489	2378	1777	2923	3586878	6465819
济南	142715	2886	2690	7824	10057359	12754294
青岛	169230	3937	3024	8232	10936789	13657115
淄博	96493	1855	1328	1601	3102206	4210064
东营	187810	2128	1441	1108	2008032	2834840
烟台	175654	3682	1994	3003	3846754	5549252
威海	120690	1139	761	1095	1591837	2655664
郑州	114514	3624	1010	5531	8584886	10878105
武汉	145471	4877	4877	12736	16011990	22040782
长沙	145652	3821	1760	6122	9004001	11151189
广州	161634	6729	6729	22262	19441488	29716574
深圳	195230	11819	11819	21566	41127833	50120670
珠海	170306	1652	1652	2291	4825086	6718565
佛山	138526	7091	7091	5534	8004626	9827303
惠州	109171	2726	2005	1504	3266177	3252045
东莞	109339	6180	6180	4924	8050888	9058541
中山	86636	1817	1817	1791	3328861	4659465
海口	79391	296	296	1822	2668655	3695399
重庆	102662	8333	7701	14337	13913907	27695183
成都	113759	5149	3904	12968	14086520	16111223
昆明	100297	1704	1115	4407	4616834	6069069
西安	97348	2533	2465	7351	9397106	16205556

50强城市高质量发展统计监测基础指标数据（2023年）

城市	社会保障和就业支出（万元）	住房保障支出（万元）	发明专利有效量（年末累计，件）	技术合同成交额（万元）	城镇居民人均可支配收入（元）	农村居民人均可支配收入（元）
	市辖区	市辖区	全市	全市	全市	全市
北京	11458242	1860054	574323	85369394	88650	37358
天津	6672890	869314	63761	19573777	55355	30851
鄂尔多斯	312063	65370	1314	77898	58615	27151
沈阳	1942096	447756	32247	6362549	53650	24197
大连	1832238	333386	27284	5058413	53689	26430
上海	11876300	3142000	241387	48502100	89477	42988
南京	2372589	1034933	115465	10015700	79858	36789
无锡	683872	409506	55973	4974840	76644	44617
常州	800257	306913	37098	3203316	71744	40401
苏州	1377874	838952	129899	10115117	82989	46385
南通	728861	296529	45120	6203000	62512	32977
扬州	567392	366224	15874	2599552	56781	31488
镇江	198969	112208	22477	1520228	64602	35466
泰州	449424	241908	16254	2452060	59604	31810
杭州	2822935	464552	153295	21597611	80587	48180
宁波	1614391	406615	55794	8880000	80144	48350
温州	380894	190366	28323	4961674	77973	41622
嘉兴	248705	65111	30584	7404800	75909	49643
湖州	426910	78400	19345	2526700	74400	47455
绍兴	711050	103397	23490	6298200	80392	48825
金华	257596	82491	17292	2088900	73639	38136
舟山	336853	87941	5200	372800	76435	49379
台州	310412	76805	22337	2588300	73879	40153
合肥	669347	208555	67993	6946000	59609	31140
芜湖	648571	146800	25098	3966640	54189	31517
福州	715607	159038	29398	1053536	58009	28636
厦门	1153551	240267	28543	1735822	72880	34206
泉州	283685	69961	17400	147363	60697	29596
南昌	652787	230012	18071	3911506	54911	25803
济南	2079582	250138	57749	9161400	62506	25587
青岛	1994121	357572	73676	6323375	65751	29736
淄博	695332	124871	11576	3074967	55181	26338
东营	236939	7496	7443	1866500	62175	25474
烟台	862615	138926	18066	4492900	59126	28349
威海	370296	118339	6708	1535813	58799	29013
郑州	976668	543630	38563	6548710	48740	30383
武汉	2594768	759073	115756	21984300	61693	31560
长沙	934476	223362	65254	12062812	67276	43200
广州	3471004	1622185	151981	25508200	80501	38607
深圳	3035562	2146223	300379	15802486	76910	
珠海	978645	67280	36589	862700	67773	38025
佛山	1104681	295719	51350	164968	68643	41423
惠州	361802	116282	13924	403405	52621	30530
东莞	600266	246496	66462	924006	67286	46865
中山	512193	139525	13446	267218	64856	45770
海口	537106	219580	5607	360060	46321	22203
重庆	3721031	1201154	64200	8650926	47435	20820
成都	1338357	497929	103777	16142000		
昆明	992022	270992	21871	1147606	55501	22144
西安	1744324	794658	92080	39000500	51178	19826

50强城市高质量发展统计监测基础指标数据（2023年）

城市	城镇居民人均教育文化娱乐支出（元）	百户城镇居民家庭家用汽车拥有量（辆）	全社会用电量（万千瓦时）	货物贸易进口额（万元）	货物贸易出口额（万元）	实际使用外资额（万美元）
	全市	全市	全市	全市	全市	全市
北京	4151	51	13577778	304662637	60000516	1371411
天津	4108	70	10509342	43772059	36313836	577465
鄂尔多斯	4631	103	9579500	471756	1169935	44494
沈阳	3865	48	4299139	9448395	5245071	121190
大连	4042	43	4686142	24720686	20807715	96579
上海	5339	48	18488109	247436650	173779406	2408700
南京	7438	68	7472669	23268158	33331228	493982
无锡	6438	75	8640720	24072172	46581041	412009
常州	6504	75	6250919	6853734	24983529	206377
苏州	7216	92	17193090	94325060	150815900	690482
南通	4734	84	6585292	12105989	22896933	199049
扬州	4903	58	3316720	2043751	8513949	122029
镇江	5344	70	3067996	2449004	7415066	42623
泰州	4739	71	3775239	4062560	9381372	92907
杭州	5684	79	9871300	26910005	53387203	883113
宁波	4746	67	10317964	44915041	82878237	468950
温州	6905	63	5807216	4825091	23393959	53352
嘉兴	5783	90	7225189	10724097	33375330	301347
湖州	5768	84	3849216	1283540	14904326	58178
绍兴	5575	82	5599291	4144966	38102107	97369
金华	5496	65	5536118	10668587	66306636	53001
舟山	5902	47	1920184	24295633	11490063	47648
台州	4797	74	4394454	2299496	25145338	35482
合肥	4537	60	5395426	12610536	23270735	103200
芜湖	3438	56	2683362	2400000	10347300	26380
福州	3853	47	6041044	9558924	26480306	92569
厦门	4292	46	3607258	49959514	44744893	197384
泉州	3764	45	6425333	7137687	18855202	84839
南昌	4144	56	3070132	3252850	7876228	25106
济南	3998	67	5408519	7875984	13734049	247773
青岛	3740	93	6228675	40461611	47135716	375300
淄博	5173	76	4350269	4115824	6249869	62281
东营	3970	101	4085311	18372736	6569952	80283
烟台	2880	64	6181297	19153881	26531063	231887
威海	3135	75	1826169	5051167	15016752	79361
郑州	3651	62	6520429	19532286	35692007	23621
武汉	5023	60	7554445	14405613	21659031	208637
长沙	9551	72	5329436	9147000	18968000	87667
广州	6056	58	12051252	44116412	65026431	691700
深圳	5034	40	11285503	141586240	245520744	901469
珠海	4683	82	2512607	9399473	20223502	116841
佛山	4682	90	8084842	10901299	48752559	91210
惠州	3536	67	5529354	13739507	20354101	128506
东莞	4610	80	10176330	43626911	84608688	102381
中山	4186		3718105	3648000	22119000	50201
海口	3119	58	1132132	4982705	2918230	138709
重庆	3460	46	14530034	23552020	47821928	105260
成都	3168	58	9449087	29480064	45384729	228581
昆明	5619	74	4063167	9071409	4396347	54857
西安	3406	49	5854705	12635971	23339960	125282

50强城市高质量发展统计监测基础指标数据（2023年）

城市	新设立外商直接投资企业数（家）		执业（助理）医师数（人）	注册护士数（人）	城镇居民人均住房建筑面积（平方米）
	全市	市辖区	市辖区	市辖区	全市
北京	1729	1729	133685	152548	34.6
天津	614	614	56473	52052	32.3
鄂尔多斯	17	13	2251	3178	43.0
沈阳	188	186	34807	44381	34.1
大连	286	273	21638	26899	33.0
上海	6017	6017	92300	116300	38.0
南京	541	541	42328	51508	40.8
无锡	340	275	17109	20828	45.0
常州	213	190	15066	17752	52.0
苏州	1339	776	18403	21130	45.4
南通	261	164	13260	16371	51.8
扬州	153	104	8680	9455	51.2
镇江	70	23	4883	6115	51.2
泰州	67	31	6060	7302	50.0
杭州	1066	1036	57495	66940	45.0
宁波	519	413	23332	25682	41.0
温州	156	86	14569	16642	48.0
嘉兴	404	147	7823	9337	44.0
湖州	234	97	6734	8022	44.0
绍兴	281	218	12029	12810	48.0
金华	1541	52	6500	8041	45.0
舟山	60	48	3782	3973	40.0
台州	103	41	8129	9066	52.0
合肥	205	171	28225	38622	34.6
芜湖	80	68	8968	11243	39.0
福州	585	378	22032	25702	47.6
厦门	1682	1682	18842	20261	29.0
泉州	764	99	8228	10658	59.2
南昌	61	52	19133	25098	36.0
济南	267	258	44817	53371	41.0
青岛	745	646	34122	37611	35.3
淄博	82	75	14901	16581	41.0
东营	48	39	6976	8367	42.0
烟台	269	210	13519	14477	41.2
威海	197	176	7274	8185	41.0
郑州	107	33	42170	55299	42.0
武汉	378	378	50326	66177	38.6
长沙	207	159	31252	40413	41.8
广州	6629	6629	71850	95100	
深圳	8002	8002	50630	54444	
珠海	2219	2219	9490	11552	29.9
佛山	968	968	26308	33335	46.1
惠州	528	392	12245	15146	39.5
东莞	1369	1369	27409	33664	43.0
中山	847	847	12230	15290	
海口	1113	1113	12119	16747	32.4
重庆	387	369	85831	108725	37.0
成都	713	686	70404	88198	39.0
昆明	424	387	30938	41403	46.0
西安	309	309	49159	61606	34.7

注：部分城市部分指标暂无法提供。